Managementwissen
für Studium und Praxis

Herausgegeben von
Professor Dr. Dietmar Dorn und
Professor Dr. Rainer Fischbach

Bisher erschienene Werke:

Arrenberg · Kiy · Knobloch · Lange, Vorkurs in Mathematik
Behrens · Kirspel, Grundlagen der Volkswirtschaftslehre,, 2. Auflage
Behrens, Makroökonomie – Wirtschaftspolitik
Bichler · Dörr, Personalwirtschaft – Einführung mit Beispielen aus SAP® R/3® HR®
Blum, Grundzüge anwendungsorientierter Organisationslehre
Bontrup, Volkswirtschaftslehre
Bontrup, Lohn und Gewinn
Bontrup · Pulte, Handbuch Ausbildung
Bradtke, Mathematische Grundlagen für Ökonomen
Bradtke, Übungen und Klausuren in Mathematik für Ökonomen
Bradtke, Statistische Grundlagen für Ökonomen
Breitschuh, Versandhandelsmarketing
Busse, Betriebliche Finanzwirtschaft, 4. Auflage
Clausius, Betriebswirtschaftslehre I
Clausius, Betriebswirtschaftslehre II
Dorn · Fischbach, Volkswirtschaftslehre II, 3. Auflage
Drees-Behrens · Schmidt, Aufgaben und Fälle zur Kostenrechnung
Ellinghaus, Werbewirkung und Markterfolg
Fank, Informationsmanagement
Fank · Schildhauer · Klotz, Informationsmanagement: Umfeld – Fallbeispiele
Fiedler, Einführung in das Controlling, 2. Auflage
Fischbach, Volkswirtschaftslehre I, 11. Auflage
Fischer, Vom Wissenschaftler zum Unternehmer
Frodl, Dienstleistungslogistik
Götze, Techniken des Business-Forecasting
Gohout, Operations Research
Haas, Kosten, Investition, Finanzierung – Planung und Kontrolle, 3. Auflage
Haas, Marketing mit EXCEL, 2. Auflage
Hardt, Kostenmanagement
Heine · Herr, Volkswirtschaftslehre, 2. Auflage
Hildebrand · Rebstock, Betriebswirtschaftliche Einführung in SAP® R/3®
Hofmann, Globale Informationswirtschaft
Hoppen, Vertriebsmanagement
Koch, Marketing
Koch, Marktforschung, 3. Auflage
Koch, Gesundheitsökonomie: Kosten- und Leistungsrechnung
Krech, Grundriß der strategischen Unternehmensplanung
Kreis, Betriebswirtschaftslehre, Band I, 5. Auflage
Kreis, Betriebswirtschaftslehre, Band II, 5. Auflage
Kreis, Betriebswirtschaftslehre, Band III, 5. Auflage

Laser, Basiswissen Volkswirtschaftslehre
Lebefromm, Controlling – Einführung mit Beispielen aus SAP® R/3®, 2. Auflage
Lebefromm, Produktionsmanagement – Einführung mit Beispielen aus SAP® R/3®, 4. Auflage
Martens, Betriebswirtschaftslehre mit Excel
Martens, Statistische Datenanalyse mit SPSS für Windows
Mensch, Finanz-Controlling
Mensch, Kosten-Controlling
Müller, Internationales Rechnungswesen
Olivier, Windows-C – Betriebswirtschaftliche Programmierung für Windows
Peto, Einführung in das volkswirtschaftliche Rechnungswesen, 5. Auflage
Peto, Grundlagen der Makroökonomik, 12. Auflage
Piontek, Controlling
Piontek, Beschaffungscontrolling, 2. Auflage
Piontek, Global Sourcing
Posluschny, Kostenrechnung für die Gastronomie
Posluschny · von Schorlemer, Erfolgreiche Existenzgründungen in der Praxis
Reiter · Matthäus, Marktforschung und Datenanalyse mit EXCEL, 2. Auflage
Reiter · Matthäus, Marketing-Management mit EXCEL
Rothlauf, Total Quality Management in Theorie und Praxis
Rudolph, Tourismus-Betriebswirtschaftslehre
Rüth, Kostenrechnung, Band I
Sauerbier, Statistik für Wirtschaftswissenschaftler
Schaal, Geldtheorie und Geldpolitik, 4. Auflage
Scharnbacher · Kiefer, Kundenzufriedenheit, 2. Auflage
Schuchmann · Sanns, Datenmanagement mit MS ACCESS
Schuster, Kommunale Kosten- und Leistungsrechnung
Specht · Schmitt, Betriebswirtschaft für Ingenieure und Informatiker, 5. Auflage
Stahl, Internationaler Einsatz von Führungskräften
Steger, Kosten- und Leistungsrechnung, 2. Auflage
Stock, Informationswirtschaft
Weindl · Woyke, Europäische Union, 4. Auflage
Zwerenz, Statistik
Zwerenz, Statistik verstehen mit Excel – Buch mit CD-ROM

Grundlagen der Volkswirtschaftslehre

Einführung

Von

Prof. Dr. Christian-Uwe Behrens

und

Prof. Dr. Matthias Kirspel

2., ergänzte Auflage

R. Oldenbourg Verlag München Wien

Die Deutsche Bibliothek - CIP-Einheitsaufnahme

Behrens, Christian-Uwe:
Grundlagen der Volkswirtschaftslehre : Einführung / von Christian-Uwe
Behrens und Matthias Kirspel. – 2., erg. Aufl.. – München ; Wien :
Oldenbourg, 2001
   (Managementwissen für Studium und Praxis)
   ISBN 3-486-25690-4

© 2001 Oldenbourg Wissenschaftsverlag GmbH
Rosenheimer Straße 145, D-81671 München
Telefon: (089) 45051-0
www.oldenbourg-verlag.de

Gedruckt auf säure- und chlorfreiem Papier
Gesamtherstellung: Druckhaus „Thomas Müntzer" GmbH, Bad Langensalza

ISBN 3-486-25690-4

Vorwort

Viele in die Volkswirtschaftslehre einführende Lehrbücher sind geschrieben und publiziert worden. Dieses fügt sich an. Es steht in Tradition, es betont Bekanntes. Nur derzeit als gesichert geltendes Lehrwissen ist eingedrungen. Und doch ist es verschieden. Es stellt nicht nur dar und verknüpft Wissenselemente. In mancherlei Hinsicht zieht es auch Konsequenzen aus den Zusammenhängen. Es bezieht daraus Stellung, bleibt nicht neutral. Mit diesem Lehrbuch soll in ein gesellschaftlich überaus wichtiges Gebiet, die Volkswirtschaftslehre, eingeführt werden, und es soll zugleich, wissenschaftlich untermauert, Position bezogen, gesellschaftliche Verantwortung wahrgenommen werden. Ganz im Sinne von *HORST SIEBERT*, der forderte: „Das Fach muß stärker daran denken, daß es Verantwortung in der Gesellschaft hat und daß auch diejenigen von der großen Konzeption der Ökonomie zu überzeugen sind, die außerhalb des Fachs stehen ... Und vielleicht sollten wir alle einen Tick stärker berücksichtigen, was die Volkswirtschaftslehre für die Gesellschaft insgesamt an verläßlichen Erkenntnissen zu bieten hat: Lassen Sie mich deshalb doch lieber unsere Fragestellung mit einem Klassiker beschließen, mit Pragmatismus, mit *John Stuart Mill*: »If competition has its evils, it prevents greater evils ...«" (SIEBERT (1998), S. 62 f.) In diesem Sinne wünschen wir uns, daß die in diesem Lehrbuch ausgebreiteten Gedanken, von denen wir überzeugt sind, daß sie zu den von *SIEBERT* beschworenen verläßlichen Erkenntnissen gehören, die die Volkswirtschaftslehre der Gesellschaft zu bieten hat, im Wettbewerb um Ideen bestehen und größere Übel vertreiben helfen, als sie hervorrufen können.

Bleibt noch zu betonen, daß natürlich alle hier beschriebenen Gedanken bereits gedacht und publiziert wurden. Das Literaturverzeichnis macht dies deutlich. Es ist zugleich so ausgelegt, daß die Leserin und der Leser zu allen in diesem Lehrbuch angesprochenen Gebieten und geäußerten Gedanken in die Literatur einzudringen vermögen. Es soll nicht allein belegen. Es soll auch weiter und tiefer führen.

Natürlich hat sich bei der Entstehung dieses Lehrbuches auch Dankesschuld angehäuft. Unseren Familien danken wir von Herzen für die Verzichte, die sie durch die anderweitige Beschäftigung ihrer Ehemänner und Väter auf sich genommen haben. Möge der Nutzen des Buches diese Verzichte rechtfertigen. Für kritische Lektüre des gesamten Textes und zahlreiche fruchtbare Anmerkungen und Verbesserungsvorschläge danken wir unserer Kollegin, Frau *Prof. Dr. Christa Drees-Behrens*. Für technische Hilfen danken wir Herrn *Dipl.-Oec. Heinz Loll* ebenso wie für die Anfertigung des Stichwortverzeichnisses.

Wie stets zeichnen allein die Unterzeichner für Fehler verantwortlich, die sich herausstellen sollten. Sie hätten sie vermeiden oder, sofern die Gedanken aus der Literatur stammen, merken und korrigieren sollen. Sie hoffen dabei jedoch, daß die Leser wie die Autoren auch aus diesen Fehlern lernen mögen.

Christian-Uwe Behrens und *Matthias Kirspel*

VORWORT ZUR ZWEITEN AUFLAGE

Die vorliegende zweite Auflage des Lehrbuches wurde schon nach verhältnismäßig kurzer Zeit notwendig. Deshalb haben wir das bewährte Konzept beibehalten und den größten Teil des Textes unverändert in die Neuauflage übernommen. Ergänzend findet sich in der Neuauflage ein neu eingefügter Anhang 3 zum Thema „Preisbildung und Staat", in dem Probleme der Höchst- und Mindestpreissetzung, der Bewirtschaftung eines Klubkollektivgutes bzw. Mautgutes, der Preisbildung im Natürlichen Monopol und der Preissetzung im Falle eines öffentlichen Gutes behandelt werden. Eine weitere Ergänzung aktualisiert Begriffe und Konzepte der Volkswirtschaftlichen Gesamtrechnung.

Christian-Uwe Behrens und *Matthias Kirspel*

Inhalt

I. EINFÜHRUNG

In den Lehrplänen vieler Studiengänge ist heute das Fach Volkswirtschaftslehre zu finden. Dies gilt nicht nur für viele Naturwissenschaften und die Ingenieurwissenschaften, sondern zuerst und vor allem auch für die große Zahl von betriebswirtschaftlichen Studiengängen. Dabei geht es im allgemeinen um elementare Darstellungen des Faches, mit dem Ziel, den Absolventen dieser Studiengänge grundlegendes Verständnis über volkswirtschaftliche Zusammenhänge zu vermitteln, um ihnen in der Praxis zu ermöglichen, sachlich angemessen an der Meinungsbildung über solche Dinge von allgemeinem Interesse mitzuwirken.

Diese Zielsetzung kann aber nicht reichen, insbesondere, wenn es sich um angehende Betriebswirte oder Ingenieure handelt, die ausgebildet werden, an der sachlichen Führung von Betrieben mitzuwirken. Betriebswirte und Ingenieure brauchen ein sachlich fundierteres Bild von der Volkswirtschaft, denn in diesem gesamtwirtschaftlichen Rahmen muß sich ihr Betrieb bewegen und bewähren, wie ein Schiff in der See. Der Untergang eines Betriebes kann wie der eines Schiffes nicht nur seine Ursache haben in einer unsachgemäßen Führung und Handhabung des Betriebes bzw. Schiffes. Er kann auch von der See, der übrigen Wirtschaft ausgehen. Wie der Schiffsführer sich nicht nur mit seinem Schiff, seiner Ausrüstung, seiner Mannschaft, seiner Ladung, seinen Eignern, Lieferanten, Abnehmern u. s. w. auskennen muß, sondern ebenso Kenntnisse besitzen muß von Meteorologie, Nautik, Meeresströmungen, Winden und Stürmen, Schiffahrtslinien und ähnlichem mehr, so genügt es für einen Betriebswirt nicht, alles über seinen Betrieb und seine Steuerung zu wissen und zu kennen. In der Epoche der Entmaterialisierung von Informations- und Kommunikationsströmen, der Verminderung von Kosten der Raumüberwindung, besonders über Grenzen hinweg, und der daraus resultierenden Globalisierung der Märkte, werden volkswirtschaftliche Kenntnisse zunehmend bedeutsam für das längerfristige Überleben von Unternehmen!

Wer heute längerfristig erfolgreich sein möchte, der muß zur Vorbereitung einer entsprechenden strategischen Planung, um nur einige Beispiele aufzuführen, rechtzeitig erkennen, welcher gesamtwirtschaftliche Strukturwandel sich abzeichnet, einschätzen lernen, was auch entfernt (räumlich oder branchenmäßig entfernt) durchgesetzte Innovation für den eigenen Bereich bedeuten, abschätzen lernen, welche politischen Reaktionen aus wirtschaftlichen Problemlagen voraussichtlich erwachsen und welche Bedeutung die Maßnahmen für die eigenen Planungen haben und vieles andere mehr.

Gerade die heutige Zeit erheblichen wirtschaftlichen Wandels bei gleichzeitig begrenzter Anpassungsbereitschaft der Betroffenen legt nahe, Volkswirtschaftslehre in anderen Studiengängen, besonders in der Betriebswirtschaftslehre und in der Ingenieurausbildung, nicht mehr allein als Nebenfach mit vorwiegendem Erkenntnisinteresse zum Zwecke der Allgemeinbildung zu betreiben. Vielmehr ist es an der Zeit zu erkennen, daß *Volkswirtschaftslehre für Betriebe eine Managementlehre* mit erheblicher praktischer Bedeutung, insbesondere aber nicht nur in strategischer Sicht, ist. Und je höher in Rahmen betrieblicher Hierarchien die Verantwortung für das gesamte Wohlergehen eines Unternehmens ist, desto wichtiger wird es, die wirtschaftliche Außenwelt des Unternehmens auf der Grundlage fundierten volkswirtschaftlichen Wissens zu beurteilen.

Zur Vorbereitung einer eingehenderen Beschäftigung mit der Volkswirtschaftslehre im Sinne eines solchen *Managementwissens „Volkswirtschaftslehre"* soll das vorliegende Lehrbuch Grundlagen geben. Es behandelt dementsprechend vorwiegend grundlegende Begriffsbestimmungen, Tatbestände und Zusammenhänge, deren Kenntnis erforderlich ist, um eine managementorientierte Volkswirtschaftslehre beschreiten zu können. Insofern ist es ein konservatives Grundlagenbuch. Es behandelt konventionelle Themen der Volkswirtschaftslehre, auf die nicht verzichtet werden kann. Und es behandelt keineswegs den notwendigen Themenkanon, um damit in der Praxis zureichend arbeiten zu können. Ohne diese Grundlagen ist der notwendige Themenkanon aber nicht abzuarbeiten.

Das vorliegende Buch behandelt:
- Grundprobleme und Begriffe der Volkswirtschaftslehre,
- Wirtschaftssysteme und -ordnungen
- Grundelemente der volkswirtschaftlichen Kreislaufanalyse und einer elementaren Input-Output-Analyse

Die mit diesen Gebieten unmittelbar zusammenhängenden Fragestellungen, die durchaus schon von direkter betrieblicher Relevanz sind, lauten beispielsweise:

* Mit welchen Problemen befaßt sich Wirtschaftswissenschaft? Wie ist die Abgrenzung dieses Gebietes von den anderen Wissenschaften? Wo ist Wirtschaftswissenschaft einzuordnen? Wie verhalten sich Betriebswirtschaftslehre und Volkswirtschaftslehre zueinander? Wo können sich die Gebiete befruchten?
* Welche grundsätzlichen Problemlösungs- und Koordinationsverfahren kennen wir, um der Knappheitsproblematik und der notwendigen Zusammenfügung vielfältiger Planungen und Entscheidungen vieler einzelner Wirtschaftssubjekte Herr zu werden?
* Wo liegen die Grenzen und Probleme dieser Verfahren? Was kann man realistischerweise von ihnen erwarten? Wo liegen die Gefahren ihres Einsatzes und wie groß sind sie? Welches Zusammenspiel von Verfahren ist geeignet, eine möglichst effiziente Lösung von Problemen zu bewirken?
* Welche Instrumente zur Erfassung, Darstellung und Analyse des Wirtschaftsergebnisses haben wir? Was kann man davon erwarten bzw. daraus erfahren, was nicht? Und weitere solche Fragen.

Solche Zusammenhänge müssen erst einmal geklärt, solche Fragen beantwortet werden, bevor man sich weiter vorwagen kann. Weitere überaus wichtige Gebiete müssen folgen. Zu diesen Gebieten zählen besonders: Die Mikroökonomik, Einkommens- und Beschäftigungstheorie und -politik, Konjunktur, Wachstum und wirtschaftliche Entwicklung, Geld und Kreditwesen, die staatliche Finanzwirtschaft und der zwischenstaatliche Wirtschaftsverkehr. All diese Gebiete werden hier nicht behandelt, können aber nur auf der Grundlage des hier dargebotenen Stoffes erfolgreich betreten werden. Dennoch sei, quasi als Verweis über den in diesem Lehrbuch dargelegten Kursus in Grundlagen der Volkswirtschaftslehre hinaus, auf ein paar Aspekte und Fragestellungen aus diesen weiterreichenden Gebieten hingewiesen.

Die Mikroökonomik, die, wie schon ein Blick in handelsübliche Lehrbücher verständlich macht, häufig als zu mathematisch und wenig praxisrelevant betrachtet wird, ist ein von vielen angehenden und auch fertig ausgebildeten Betriebswirten erheblich unterschätztes Gebiet. Auch mit Bezug auf betriebswirtschaftliche Problemstellungen gilt der Satz von OLAF SIEVERT, „Für den Ökonomen ist die mikrotheoretische Basis die Basis von allem"[1], uneingeschränkt. Das Wesen der Veränderungen, die eine intensive Beschäftigung mit der Mikroökonomik bewirkt, ist nicht allein die Zunahme eines Wissensbestandes oder die Anreicherung der „Instrumentenkiste" zur Problemlösung. Wesentlich wichtiger sind die Veränderungen der Denkstrukturen derer, die sich mit Mikroökonomik befassen. Die Mikroökonomik, so wird hier behauptet, ist das, was einen Lernenden zum Ökonomen formt: Fortan wird er nie wieder so denken, wie er das zuvor getan hat. Fortan wird er Präferenzen/Zielgrößen von Restriktionen zu unterscheiden wissen. Fortan wird er Probleme in dieser Begriffswelt sehen und analysieren. Er wird wissen, in welcher Richtung die ökonomisch richtigen Lösungen zu finden sind. Und er wird die Voraussetzungen mitbringen, Instrumente richtig, d. h. nach ökonomischer

---

[1] Präsident der Landeszentralbank im Freistaat Sachsen und in Thüringen. Aus dem Vortrag: Europa - Dominanz des Wirtschaftlichen? In: Deutsche Bundesbank, Auszüge aus Presseartikeln Nr. 40, vom 24. Juni 1996, S. 6.

Effizienz, danach zuzuordnen, ob es um Spielregeln oder Spielzüge geht und somit die korrekten Ansatzpunkte für den Einsatz der Instrumente zu finden. Zugleich gibt dieser Themenkreis Einblicke in vielfältige auch praktisch äußerst relevante Optimalbedingungen, Marktkonstellationen und zweckmäßige betriebliche Anpassungsverfahren.

Des weiteren sollte sich jeder (angehende) Manager mit makroökonomischen Prozessen befassen. Dazu ist es zunächst erforderlich, Klarheit über gewisse makroökonomische Größen, wie sie von der amtlichen Statistik laufend publiziert werden, zu erlangen. Dies betrifft nicht allein die Begriffsdefinitionen, sondern auch die Beziehungen der einzelnen makroökonomischen Aggregate zueinander sowie Fragen der Problemadäquatheit der Konzepte. Darüber hinaus muß jeder Betriebswirt das Rüstzeug erwerben, mit dem er Lage und Entwicklungstendenzen der Gesamtwirtschaft und die Eingebundenheit des eigenen Betriebes darin beurteilen kann. Er muß konjunkturelle Wechsellagen einschätzen lernen und beobachten lernen, wo Auslöser für strukturellen Wandel entstehen und welche Folgen daraus, insbesondere für die eigene Branche und den eigenen Betrieb, erwachsen können. Er sollte schließlich auch die volkswirtschaftliche und gesellschaftspolitische Bedeutung von Zielverletzungen hinsichtlich der Preisstabilität, eines hohen Beschäftigungsstandes, eines ausgeglichenen Außenhandels und eines stetigen und angemessenen Wirtschaftswachstums beurteilen können. Besonders im Hinblick darauf, welche gesamtwirtschaftlichen und wirtschaftspolitischen Kräfte sich aus Problemlagen entwickeln und welche Bedeutung daraus für den eigenen wirtschaftlichen Lebenskreis erwächst. *Schon viele innerlich hervorragend organisierte und ökonomisch durchrationalisierte Unternehmen wurden durch die Marktkräfte zum Ausscheiden gezwungen, weil die Unternehmensleitungen allzu sehr in betriebswirtschaftlicher Nabelschau verharrten und die Zeichen der gesamtwirtschaftlichen Entwicklungen nicht sahen oder, wenn sie sie sahen, nicht richtig zu deuten wußten.*

In einer zunehmend weltoffenen Wirtschaft, deren Hauptentwicklungs-
merkmale derzeit mit dem Begriff der Globalisierung umschrieben werden, wird es dabei auch für Betriebswirte und Manager immer wichtiger,
die Besonderheiten zu verstehen, die die außenwirtschaftlichen Beziehungen kennzeichnen. Gerade weil hier der einzelwirtschaftliche Kalkül *regelmäßig* zu fehlerhaften Schlüssen führt, zu den falschen Vorstellungen
von Außenhandel, wie sie im Merkantilismus herrschten, ist eine intensive
Auseinandersetzung mit der Außenwirtschaftslehre vonnöten. Dies gilt
insbesondere für angehende Betriebswirte, damit sie in den Stand versetzt
sind, dauerhaft einen Rückfall in den betriebswirtschaftlichen Kalkül bei
der Beurteilung außenwirtschaftlicher Ereignisse und Entwicklungen zu
vermeiden.

Schließlich und endlich muß die volkswirtschaftliche Ausbildung in einer
zukunftsorientierten Managementlehre gewährleisten, daß der künftige
Betriebswirt das größte Wirtschaftssubjekt einzuschätzen lernt, den Staat.
Dabei muß er auch erkennen, daß es sich gar nicht *um ein einziges* Wirtschaftssubjekt handelt, sondern um viele verschiedene, die durchaus voneinander unterscheidbare Interessen verfolgen. Die allgegenwärtige An-
wesenheit und umfassende Bedeutung staatlicher Einheiten und Einrichtungen für alle Betriebe macht es für eine dauerhaft erfolgreiche Betriebs-
führung nahezu unerläßlich, zu lernen, wie staatliches Handeln funktioniert, besonders, wie der Staat auf Problemlagen und Wählerstimmungen
reagiert.

Zur Eröffnung der Möglichkeiten, sich diese für den Betriebswirten und
den Ingenieur und ihre späteren Aufgaben wichtigen Themenbereiche auf
systematische Weise, d. h., durch Erwerb lückenlos aufeinander aufbau-
ender Kenntnisse und Fähigkeiten, zu erschließen, legt dieses Lehrbuch
die notwendigen Grundlagen. Ohne diese Grundlagen fehlt die erforderliche Fundierung des Wissens, vor allem auch, um den Zusammenhang
zwischen den Teilgebieten zu erhellen. *Sich in die weiteren Gebiete vor-*

zuwagen ohne Grundlagen, das erzeugt regelmäßig später wenig brauch-
bares Oberflächenwissen, das nicht zum inneren Maßstab und zur inneren
Überzeugung wird, so daß es nicht wie eine wirklich verinnerlichte Fä-
higkeit routinemäßig fehlerfrei eingesetzt werden kann. (Zur Bedeutung
solchen verinnerlichten Wissens vgl. NELSON/WINTER (1982), S. 73 ff.,
POLANYI (1985)). Nicht wirklich systematisch gelerntes und verinner-
lichtes Wissen wird der spätere Betriebswirt als Manager nicht verwenden
können, da er keine Zeit hat und regelmäßig keine Lust verspüren wird,
bei auftretenden Problemen Lehrbücher heranzuziehen, um sich ein fach-
kundiges Urteil über die Problemlage verschaffen zu können. Deshalb ist
es wichtig, den volkswirtschaftlichen Wissenserwerb (a) im Sinne eines
lückenlosen und aufeinander aufbauenden Lehrstoffes zu organisieren und
(b) dabei auf Vollständigkeit der Themen bei gleichzeitig zureichender
Tiefe, um Verständnis für die Besonderheiten der Gebiete gewinnen zu
können, zu achten.

II. WESEN UND AUFGABEN DER VOLKSWIRTSCHAFTS-LEHRE

1. Volkswirtschaftslehre als Wissenschaft

> „Fruchtbar für die Praxis ist die *theoria* nur, so-
> lange sie sich nicht darum sorgt, es zu sein - wie
> der ans Licht steigende Orpheus alles verlor, als
> er sich umblickte nach dem Erfolg."
>
> *Josef Pieper* (1904 - 1997)
> (1964), S. 69.

1.1 Erkenntnisobjekt der Volkswirtschaftslehre

Zu Beginn einer "Einführung in die Volkswirtschaftslehre" erscheint es zweckmäßig, den Erkenntnisgegenstand der *Volkswirtschaftslehre* oder *Nationalökonomie* einzugrenzen und die Forschungszweige der betrachteten Wissenschaft kurz vorzustellen.

Die Volkswirtschaftslehre ist eine Wirtschaftswissenschaft. Wirtschaftswissenschaft befaßt sich, sehr allgemein ausgedrückt, mit den Problemen, die aus der allgegenwärtigen Tatsache der Knappheit von Gütern und Mitteln erwachsen. Zudem befaßt sie sich damit, wie die Menschen mit diesen Knappheitsproblemen umgehen, warum sie das tun und was sie unter bestimmten Zielsetzungen tun sollten. In diesem Sinne *befaßt sich Wirtschaftswissenschaft mit den aus der Knappheit erwachsenden Phänomenen auf* die *drei* im folgenden angerissenen *Weisen*, wobei die Gebiete natürlich hier nur sehr skizzenhaft gekennzeichnet sind.

a) *beschreibend*

Hier werden Fragen der folgenden Art beantwortet: Wie ist eine Volkswirtschaft mit Ressourcen ausgestattet? Welche Rohstoffe sind besonders knapp und werden deshalb eingeführt? Wie hat sich die Arbeitslosigkeit entwickelt? Wie hoch ist das Bruttoinlandsprodukt pro

Kopf der Bevölkerung? Wie ist der Umgang mit knappen Gütern in der betrachteten Volkswirtschaft geregelt? Wie verhalten sich die Wirtschaftssubjekte unter den gegebenen Regeln? Wie haben sie auf Regeländerungen reagiert? Und so weiter und so fort.

Mit Fragen dieser Art befaßt sich die **beschreibende** oder **deskriptive Volkswirtschaftslehre**, die **Wirtschaftskunde**. Soweit sich die Beschreibungen auf die Vergangenheit richten, ist zudem die **Wirtschaftsgeschichte** angesprochen, die darüber hinaus jedoch bestrebt ist, Erklärungen für das vergangene Geschehen zu finden, um so Geschichte für die Gegenwart fruchtbar zu machen und insofern dem nächsten Punkt zuzurechnen wäre. (Von der Wirtschaftsgeschichte zu unterscheiden ist die **Dogmengeschichte**, in der die Geschichte der Lehrmeinungen früherer Ökonomen dargestellt wird.)

b) *erklärend*

Hier werden „Warum-Fragen" der folgenden Art beantwortet: Warum verhalten sich Menschen so, wie es zu beobachten ist? Gibt es Verhaltenskonstanten? Wie würden die Menschen unter anderen Regeln mit Knappheitsproblemen umgehen? Was bestimmt die Handelsströme zwischen Volkswirtschaften? Warum schwankt die Entwicklung des Bruttoinlandsproduktes im Zeitablauf? Warum wächst der Wohlstand in manchen Ländern schneller als in anderen? Und vieles andere mehr.

Solchen Erklärungen widmet sich die **Wirtschaftstheorie**, in der Volkswirtschaftslehre also die **Volkswirtschaftstheorie** oder die **Allgemeine Volkswirtschaftslehre**. Es wird versucht, das Wirtschaftsgeschehen und die zugrunde liegenden Kausalzusammenhänge zu erklären. Die Beschreibung der Zusammenhänge und das Verstehen der Ursachen unter Anwendung intersubjektiv nachvollziehbarer wissenschaftlicher Methoden ist das Untersuchungsziel.

c) *gestaltend*

Hier werden Fragen danach gestellt und nach Antworten darauf gesucht, wie mit knappen Mitteln unter bestimmten Zielsetzungen umgegangen werden sollte. Außerdem wird gefragt, wie man es erreichen kann, daß auf sinnvolle Art mit Knappheit umgegangen wird, und es werden Empfehlungen ausgearbeitet. Die Gestaltungsaufgabe kann sich dabei richten:

c)1. *auf Betriebe und Öffentliche Verwaltungen.* Hiermit befaßt sich die **Betriebswirtschaftslehre** und Teile der **Finanzwissenschaft**.

c)2. *auf die gesamtwirtschaftliche Ebene.* Hiermit befaßt sich die **Wirtschaftspolitik** bzw. **Volkswirtschaftspolitik** und die **Finanzwissenschaft**, die immer dann zuständig ist, wenn der Staat eine Rolle spielt. Die Wirtschaftspolitik untersucht die Gesamtheit politischer Maßnahmen zur Beeinflussung und Bewahrung eines effizienten Wirtschaftsprozesses. Basis der Wirtschaftspolitik sind die Erkenntnisse der Wirtschaftstheorie. Die Wirtschaftspolitik beinhaltet in ihrer Anwendung auch den normativen Bereich der wissenschaftlichen Politikberatung. Dabei wird danach unterschieden, worauf sich die Gestaltungsaufgabe richtet:

- Richtet sich die Gestaltungsaufgabe auf das Regelsystem der Gesellschaft, also auf die *Verbesserung der „Spielregeln" für die Wirtschaft*, spricht man von **Wirtschaftsordnungspolitik**.

- *Soll* hingegen bei gegebenem Regelsystem, also innerhalb der Spielregeln *der Wirtschaftsauflauf zielgerichtet beeinflußt werden*, liegt **Wirtschaftsablaufpolitik** oder **Wirtschaftsprozeßpolitik** vor.

- Ist die Gestaltungsaufgabe auf zielgerichtet optimierendes Verhalten des Staates als Fiskus und als Anbieter von Gütern fokussiert, ist die **öffentliche Finanzwirtschaft** angesprochen.

Die *Volkswirtschaftslehre* oder *Nationalökonomie* versucht demnach, die wirtschaftlichen Probleme der Gesellschaft und ihrer Teile zu erfassen, mit wissenschaftlichen Methoden zu erklären und begründete Anhaltspunkte für eine zweckgerichtete Gestaltung zu geben. Diese Formulie-

rung sei ungeachtet ihrer Abstraktheit zunächst als Arbeitsdefinition angenommen. Der Versuch einer komplexeren Definition des Faches soll
hier nicht unternommen werden, denn es kommt zunächst nur auf eine
verhältnismäßig grobe Vorstellung vom Gebiet an. Näheres erschließt sich
erst durch die Beschäftigung mit dem Fach. Der Erkenntnisgegenstand der
Volkswirtschaftslehre sei nur noch einmal kurz anhand einer Aufzählung
ihrer wesentlichen Teilgebiete präzisiert. Die wenn auch unvollständige
Aufzählung der vielgestaltigen Problembereiche der Nationalökonomie
veranschaulicht unseres Erachtens den Erkenntnisgegenstand Volkswirtschaftslehre am besten.

Grob wird das Lehrgebiet der Volkswirtschaftslehre nicht nur in Wirtschaftskunde, Wirtschaftstheorie und Wirtschaftspolitik eingeteilt. Üblich
ist auch die Einteilung in die großen Teilbereiche **Mikroökonomik, Makroökonomik** und **Finanzwissenschaft**. (vgl. WOLL (1996), S. 3 ff.)

Die *Mikroökonomik* untersucht die ökonomischen Aktivitäten der klein-
sten Wirtschaftseinheiten (Wirtschaftssubjekte) und ihr Zusammenspiel
auf den Märkten.

Die *Makroökonomik* untersucht die volkswirtschaftlichen Aggregate oder
Sektoren (Haushaltssektor, Unternehmenssektor etc.) und die Kausalab-
hängigkeiten zwischen ihnen.

Die *Finanzwissenschaft* untersucht den Staat in seiner Rolle als Fiskus.
Sie erklärt die Einwirkung des Staates auf den Wirtschaftsablauf und un-
tersucht das Verhalten der Politiker mit wirtschaftswissenschaftlichen
Methoden.

Einige Teilgebiete dieser drei Bereiche des Faches sind[1]:

1.   Teilgebiete der Mikroökonomik sind u.a.:

   a)   Haushaltstheorie (Nachfrage- und Angebotsverhalten der Privaten Haushalte)

   b)   Unternehmenstheorie (Faktornachfrage und -einsatz, Produktionsverfahren, Güterangebot)

   c)   Verteilungstheorie (Verteilung des Produktionsergebnisses)

   d)   Preis- und Markttheorie (Preis- und Marktmechanismus)

   e)   Neue Institutionenökonomik

2.   Teilgebiete der Makroökonomik sind u.a.:

   a)   Einkommens- und Beschäftigungstheorie (Gesamtangebots- und Gesamtnachfrageanalyse, Bestimmung des Kreislaufsniveaus und des Beschäftigungsgrads)

   b)   Konjunkturtheorie (zyklischer Wirtschaftsablauf)

   c)   Wachstums- und Entwicklungstheorie (gesamtwirtschaftliches Wachstum und längerfristige Entwicklung)

   d)   Außenwirtschaftstheorie (Handelsbeziehungen zwischen autonomen Wirtschaftsräumen, Währungsprobleme, Internationale Integrationen)

3.   Teilgebiete der Finanzwissenschaft sind u.a.:

   a)   Staatseinnahmen und ihre Wirkung (Steuerlehre und Steuerwirkungslehre)

   b)   Bereitstellung staatlicher Leistungen

   c)   Staatliche Maßnahmen zur Umverteilung von Einkommen und Vermögen

   d)   Staatliche Maßnahmen zur Stabilisierung des Wirtschaftsprozesses

---

[1] Grundlegende Lehrbuchliteratur zu allen angegebenen Teilbereichen findet der Leser im Literaturverzeichnis.

e)   Neue Politische Ökonomie (ökonomische Analyse der politischen Entscheidungsprozesse)

Die Aufzählung dieser Forschungsgebiete der Nationalökonomie mag, obwohl bei weitem nicht vollständig, die Bandbreite des Wissenschaftsprogramms slehre verdeutlichen.

1.2 Einordnung in die Wissenschaftssystematik

Die folgende Wissenschaftssystematik stellt das Verhältnis der Volkswirtschaftslehre zu den anderen Wissenschaften dar. (vgl. WOLL (1996), S. 3)

WISSENSCHAFTSSYSTEMATIK	
Realwissenschaften:	**Formalwissenschaften:**
- Naturwissenschaften	- Logik
- Sozialwissenschaften	- Mathematik
	- Statistische Methodenlehre

Man teilt die Wissenschaften allgemein in die Bereiche **"Realwissenschaften"** und **"Formalwissenschaften "**.

Realwissenschaften haben als Untersuchungsgegenstand die Realität. Sie werden daher auch als empirische Wissenschaften bezeichnet. Die Formalwissenschaften stellen Denkregeln und Verfahren zur Verfügung. Diese werden in den Realwissenschaften im Erkenntnisgewinnungsprozess als Hilfsmittel angewandt.

Die **Volkswirtschaftslehre** gehört als Wirtschaftswissenschaft zu dem Bereich der Sozialwissenschaften. Ihre Nachbarwissenschaften in den Sozialwissenschaften sind u.a. die Politikwissenschaft und die Soziologie.

Es ist in der wirtschaftswissenschaftlichen Literatur durchaus üblich, die Wirtschaftswissenschaft in die Teilfächer **Volkswirtschaftslehre, Betriebswirtschaftslehre** und **Finanzwissenschaft** einzuteilen.

Es wurde von uns bereits festgestellt, daß die Finanzwissenschaft nicht als eigenständige Disziplin sondern als Teilgebiet der Volkswirtschaftslehre anzusehen ist. Dieses ist deutlich, da sowohl ihr Untersuchungsgegenstand als auch ihr heute allgemein verwendeter Methodenapparat aus der Volkswirtschaftslehre stammt. Während allerdings als die „Geburtsstunde" der Volkswirtschaftslehre als Wissenschaft und damit der Wirtschaftswissenschaft das Jahr 1776 gilt, in dem der schottische Professor für Moralphilosophie *ADAM SMITH* (1723 - 1790) sein Hauptwerk „An Inquiry into the Nature and Causes of the Wealth of Nations" (Deutsch z. B. SMITH (1978)) publizierte, wurden die ersten Lehrstühle für Kameralwissenschaften, eine wesentliche Quelle der deutschen Finanzwissenschaft und Nationalökonomie, von *KÖNIG FRIEDRICH WILHELM I VON PREUßEN* 1727 an den Universitäten Halle und Frankfurt an der Oder eingerichtet.[2] (Vgl. WANDRUSZKA (1991), S. 416, vgl. auch WINKEL (1982), S. 414. Zur Geschichte der Finanzwissenschaft vgl. z. B. BLANKART (1998), 2. Kap.)

Die Betriebswirtschaftslehre hat sich in Deutschland weitgehend als eigenständige Disziplin der Wirtschaftswissenschaft entwickelt. Historisch und systematisch kann **die Betriebswirtschaftslehre** jedoch, soweit ihre Verfahren nicht alten **Kaufmannstraditionen** entsprechen, **als Teilgebiet der Volkswirtschaftslehre** angesehen werden, da ihr Untersuchungsgegenstand eine große Schnittmenge mit der ältern volkswirt-

---

[2] Den ersten Lehrstuhl für Politische Ökonomie (= Nationalökonomie) nahm unseres Wissens ab 1805 in Haileybury der durch seine Bevölkerungstheorie berühmt gewordene Pfarrer *THOMAS ROBERT MALTHUS* (1766 - 1834) ein. (Vgl. auch Stichwort „Malthus" in: The New Encyclopædia Britannica, Vol. 7, 15th Edition, Chicago u. a. 1989, S. 746.)

schaftlichen Mikroökonomie hat. (Zu den historischen Quellen der Betriebswirtschaftslehre vgl. WÖHE (1996).)

Die Unterscheidung im angelsächsischen Sprachraum von **Economics** und **Business Administration** entspricht der deutschen Einteilung nicht völlig. Der Unterschied zwischen **Betriebswirtschaftslehre und Volkswirtschaftslehre** sollte unseres Erachtens eher analog dem angelsächsischen Unterschied von **Economics** und **Business Administration** gesehen werden. Man könnte das Verhältnis als ähnlich dem zwischen der Physik und den Ingenieurwissenschaften sehen. Die eine ist an der Erkenntnisgewinnung interessiert, die andere daran, die Erkenntnisse praktisch zu verwerten, etwa, um eine Brücke zu bauen. Ebenso ist die Betriebswirtschaftslehre in weiten Bereichen ihres Wissenschaftsprogramms als Betriebswirtschaftspolitik, also als Gestaltungslehre, die auf erkannten Gesetzmäßigkeiten aufbaut, anzusehen. Ihr Verhältnis zur Volkswirtschaftslehre im Sinne von Economics ist ähnlich systematisch zu betrachten wie das Verhältnis von Wirtschaftstheorie und Wirtschaftspolitik.

Schwerpunkte der Betriebswirtschaftslehre sind im **entscheidungsorientierten Programm** die Ableitung von Empfehlungen für praktisches Handeln. Der Betrieb ist zentraler Untersuchungsgegenstand mit dem Anspruch, Methoden zum rationalen Umgang mit betrieblichen Entscheidungsproblemen zu entwickeln. (Vgl. zur betriebswirtschaftlichen Sichtweise: BEA, DICHTL, SCHWEITZER (1988), S.80 ff.). Einer der Begründer der modernen deutschsprachigen Betriebswirtschaftslehre, *EUGEN SCHMALENBACH* (1873 - 1955) traf zur Kennzeichnung der Betriebswirtschaftslehre die Unterscheidung in *Wissenschaft* einerseits und *Kunstlehre* andererseits. Während die Wissenschaft vornehmlich auf reine Erkenntnis zur Befriedigung des menschlichen Wissensdranges ausgerichtet ist, ist eine Kunstlehre, die man auch als Gestaltungslehre bezeichnen kann, auf die Vermittlung praktisch verwertbarer Kenntnisse ausgerichtet. *SCHMALENBACH* kennzeichnete die Betriebswirtschaftslehre als in diesem

Sinne technologisch orientierte Disziplin (**Betriebswirtschaftslehre als Kunstlehre**). (Vgl. dazu WÖHE (1996), S. 68) Die Unterscheidung in Wissenschaft einerseits und Kunstlehre andererseits hat sich allerdings nicht durchgesetzt, weil auch die Handlungsempfehlungen auf wissenschaftlichen Erkenntnissen beruhen.

Der **Schwerpunkt der Volkswirtschaftslehre** im mikroökonomischen Bereich ist Betrachtung von Betrieb und Haushalten aus der "Vogelperspek-tive". Schwerpunkt ist die Erklärung des Verhaltens und Zusammenspiels der Wirtschaftssubjekte im Wirtschaftsprozess und Aussagen über den wirtschaftlichen Prozesszusammenhang abzuleiten.

Eine Darstellung von Volkswirtschaftslehre und Betriebswirtschaftslehre als völlig unabhängige Wissenschaften ist demnach unsachgemäß. Eine volkswirtschaftlich losgelöste Betriebswirtschaftslehre ist ebenso zum Scheitern verurteilt wie eine ihre mikroökonomische Fundierung vernachlässigende Volkswirtschaftslehre.

1.3 Methodische Grundlagen

Nachdem wir den Erklärungsgegenstand der Volkswirtschaftslehre weiter abgegrenzt und die Einordnung derselben in die Familie der Wissenschaften durchgeführt haben, ist es notwendig, kurz zu dem Anspruch der Anwendung wissenschaftlicher Methoden Stellung zu nehmen. Es soll festgelegt werden, was die Volkswirtschaftslehre als Wissenschaft vom Stammtischgespräch über Wirtschaftsfragen unterscheidet, da beide doch den Wirtschaftsprozess als Thema auserkoren haben.

1.3.1 Wahrheit und ihr Erkennen

Die Diskussion über den richtigen Weg der Erkenntnisgewinnung ist eine zentrale Frage der allgemeinen Wissenschaftstheorie. Obwohl intellektuell höchst interessant, werden wir im Rahmen dieser Arbeit die Diskussion auf ein Mindestmaß beschränken. Der Leser soll vor weiterem Studium dieses Lehrbuches zumindest den methodisch Ansatz, der von den Verfassern vertreten wird, einordnen können.(Zum folgenden vgl. WEIMANN (1996), S. 29 ff. Auf die dort angegebene weiterführende Literatur zur Wissenschaftstheorie sei verwiesen).

Die Suche nach der Wahrheit scheint ein würdiges Ziel der Wissenschaft. "Lange Zeit wurde Wissenschaft für ein Unternehmen gehalten, dessen Aufgabe darin bestand, wahre Zusammenhänge zu entdecken und zu erklären." (WEIMANN (1996), S. 29). In der Wahrheitsfindungsdebatte wurden historisch zwei Ansätze vertreten.

A. Der Empirismus (z.B. *DAVID HUME* (1711 - 1776)):

Der Empirismus will aus der Beobachtung der Realität zur Erkenntnis der Wahrheit gelangen. Es wird der Grundsatz vertreten, daß nur durch sinnliche Wahrnehmung und Einzelbeobachtung man zu allgemeingültigen Gesetzen gelangt. Der Empirismus geht **induktiv** vor, d.h. er schließt von der Kette von Beobachtungen auf das „Gesetz". Ein Gesetz wird demnach durch Verallgemeinerung der Beobachtungen erzielt. Dieses ist jedoch unmöglich. "Auch aus noch so vielen Einzelbeobachtungen kann logisch nicht auf ein allgemeines Gesetz geschlossen werden: Auch wenn jemand hunderte von weißen Schwänen beobachtet, kann er nicht behaupten, daß der Satz "alle Schwäne sind weiß" wahr ist. (WEIMANN (1996), S. 29).

B. Der Rationalismus (z.B. *LEIBNITZ* (1646 - 1716) und *KANT* (1724 - 1804))

Der Rationalismus stellte die Gegenposition zum Empirismus dar. Nach dem Rationalismus stammt Erkenntnis aus der menschlichen Vernunft. Durch die Anwendung der Vernunft wird auf allgemeine Gesetzmäßigkeiten geschlossen. Die Methode des Rationalismus ist demnach die **deduktive Methode**. Spezielle Ereignisse (Beobachtungen) werden aus der allgemeinen Gesetzesaussage erklärt.

C. Kritischer Rationalismus (*POPPER* (1902 - 1994))

Der von Popper entwickelte kritische Rationalismus beendete im wesentlichen die Wahrheitsfindungsdiskussion zwischen Empirismus und Rationalismus mit der Position des **kritischen Rationalismus.** In dieser Position wird verdeutlicht, daß es im strengen Sinne keine "wahren" Theorien gibt. Theorien können nie als verifiziert sondern nur als vorläufig nicht widerlegt, als nicht falsifiziert, gelten. Eine Theorie ist demnach solange brauchbar, wie sie noch nicht durch eine Beobachtung der Realität widerlegt ist. Der kritische Rationalismus fordert demnach, daß Theorien ständig der Konfrontation mit der Realität ausgesetzt und dem Falsifikationsversuch unterworfen werden. Damit dieses stattfinden kann, müssen Theorien so formuliert werden, daß sie **überprüfbar** sind. Die Forderung nach empirischer Überprüfbarkeit einer Theorie ist eine hohe Anforderung. Aussagen, die das Überprüfbarkeitskriterium nicht erfüllen, sind nicht als wissenschaftliche Aussagen zu akzeptieren, es sei denn, ein Widerspruch zur entsprechenden Aussage würde die Regeln der Logik verletzen.

Für die Ableitung und Überprüfung von wissenschaftlichen Theorien kann beispielsweise folgendes Grundschema, das mit dem kritischen Rationalismus vereinbar ist, angewendet werden (vgl. WOLL (1996), S.11 ff.):

1. Sammlung von Fakten.

2. Festlegung von Definitionen und Offenlegung von Grundannahmen.

3. Festsetzung von Ursache-/Wirkungszusammenhängen (Hypothesen). Diese Hypothesen oder Verhaltensannahmen sind so formuliert, daß sie empirisch überprüfbar sind.

4. Bildung von Theorien auf deduktive Weise aus den Hypothesen. Definitionen und Grundannahmen werden in der Verknüpfung mitverwendet.

5. Prüfung der Theorie auf logische Richtigkeit (Konsistenztest) und Korrektur von logischen Mängeln. Falls eine Theorie diesem Test nicht standhält, muß sie bereits verworfen werden.

6. Empirische Überprüfung der Theorie mit Beobachtungen der Realität. **Falls die Theorie bei dieser Falsifizierung mit der Realität nicht standhält, wird sie verworfen.** Falls der empirische Mangel durch Korrektur der Theorie beseitigt werden kann, muß die Prüfkette wieder durchlaufen werden.

7. Eine Theorie, die alle Tests bestanden hat, gilt als vorläufig gültige Theorie. **Sie sollte immer wieder einem neuen Falsifikationsversuch unterliegen.**

In gewissen Grenzen kann eine systematische Beobachtung der Realität durch die systematische Beobachtung eines an seine Stelle gesetztes formalen Systems ersetzt werden, etwa, wenn Experimente mit dem realen System nicht möglich sind. Sofern diese formalen Systeme numerisch lösbare Modelle darstellen spricht man auch von Simulationsmodellen. Diese sollten Struktur- und Verhaltensähnlichkeit mit dem realen System

aufweisen, so daß aus Experimenten mit dem Simulationsmodell durch
Variation von Inputvariablen oder Strukturmerkmalen Schlüsse für die
Theoriebildung und für die Entscheidungsfindung gezogen werden kön-
nen. (Vgl. zum Anwendungsbereich von Simulationsmodellen z. B.
BEHRENS (1988), S. 278 - 286 und die dort angegebene Literatur.)

Obwohl es keine unbestrittenen Auffassungen gibt, kann die Methode des
kritischen Rationalismus mit den hier geschilderten Erkenntnisschritten
als in Bandbreiten herrschende Methode in den Wirtschaftswissenschaften
angesehen werden. Hauptprobleme für die Wirtschaftswissenschaft liegen
nicht in der Akzeptanz des Ansatzes an sich, sondern in ihrer Praktikabi-
lität. Einige *Punkte der Kritik* seien angesprochen:

a) Der kritische Rationalismus unterstellt implizit, daß es eine von der
   Theorie unabhängige Beobachtung gibt. Mit dieser Beobachtung wird
   dann der Falsifikationsversuch unternommen. „ Wir wissen aber, daß
   jede Beobachtung bereits theoriegeleitet ist, daß es Objektivität in einem strengen Sinne nicht gibt." (WEIMANN (1996), S. 31). Dies bedeutet, daß es von der Theorie unabhängige Falsifikation nicht gibt, da
   die Theorie unsere Brille ist, mit der wir die Welt beobachten.

b) Die Wissenschaftstheorie und auch der kritische Rationalismus sind
   mehr oder weniger naturwissenschaftlich geprägt, d.h. der Untersuchungsgegenstand ist stark auf die Ableitung von Theorien für den Erkenntnisgegenstand der Naturwissenschaft mit seinem im Vergleich
   zur Wirtschaftswissenschaft höheren empirischen Gehalt und der größeren Anwendbarkeit und Präzision von Laborexperimenten gerichtet.
   Viele Theorien, besonders in den Wirtschaftswissenschaften, machen
   jedoch nur Aussagen über Wahrscheinlichkeiten des Eintritts von Er-
   eignissen. Dies macht den Anspruch der Falsifizierbarkeit von Theori-
   en schwierig.

c) Für die Anwendung der Erkenntnisse aus Theorien ist die Forderung
   der Verwerfung einer Theorie, wenn sie durch eine Beobachtung wi-

derlegt ist, als relativ hart und unproduktiv anzusehen. Sollte man eine Theorie nicht mehr verwenden dürfen, die zwar einmal widerlegt ist, aber trotzdem eine große Anzahl richtiger Prognosen erlaubt? Die Frage ist insbesondere berechtigt, falls zum Zeitpunkt der Theorieverwerfung keine leistungsfähigere Theorie vorhanden ist.

Aufgrund der Kritikpunkte am kritischen Rationalismus ist eine lebhafte wissenschaftstheoretische Diskussion entstanden, die den Rahmen dieses einführenden Lehrbuches sprengen würde. Als Kern der Diskussion sei das folgende für die Wirtschaftswissenschaft zusammengefaßt:

- Wirtschaftswissenschaftliche Theorien sind immer als vorläufig anzusehen. Sie sind streng wissenschaftlich nur solange gültig, wie sie nicht falsifiziert sind. Bei der Anwendung der Theorie auf die Prognose oder zur pragmatische Anwendung ist der Falsifikationsgrad zu berücksichtigen. Solange Theorien eine brauchbare Prognose liefern, sollten sie, mangels Alternative, angewendet werden. Der Grundsatz der Falsifikation ist durch den Grundsatz der Leistungsfähigkeit zur Problembewältigung zu ergänzen. Im Grundsatz muß danach gestrebt werden, eine falsifizierte Theorie zugunsten einer überlegeneren aufzugeben oder so zu ergänzen, daß sie neuen Falsifikationsversuchen standhält.
- Theorien sind **nur dann als wissenschaftlich** anzusehen, wenn sie den Anforderungen des Überprüfbarkeitskriteriums genügen. Für wirtschaftswissenschaftliche Theorien bedeutet dies in der Regel den Anspruch auf intersubjektive empirische Überprüfbarkeit. Es sei schon jetzt darauf hingewiesen, daß dieses nichts mit Ablehnung von Modelldenken mit sogenannten „realitätsfernen Annahmen" zu tun hat. Auf dieses wird an späterer Stelle eingegangen.
- Es ist völlig unerheblich, wie der Anstoß zur Theoriebildung erfolgt. Der Streit zwischen Empirismus und Rationalismus über den besten Weg zur **Entdeckung der Wahrheit** ist irrelevant. Wichtig ist die Konfrontation der Theorie mit der Realität und die Leistungsfähigkeit

der Theorie zur Problembewältigung und zur Erklärung wirtschafts-
wissenschaftlicher Probleme.

1.3.2 Werturteile und Wissenschaftlichkeit

Ein zweiter Schwerpunkt der methodologischen Diskussion ist der Punkt
der Werturteilsproblematik in der Wissenschaft. Es wird oftmals Wertur-
teilsfreiheit gefordert. Unter „wertfrei" wird die Abwesenheit von „Soll-
sein-Sätzen" verstanden. Das Postulat von Wertfreiheit der Wissenschaft
(Hauptvertreter: MAX WEBER (1864 - 1920)) ist eng mit dem kritischen
Rationalismus verknüpft, da das Kriterium der Falsifizierbarkeit auf
Werturteile natürlich nicht anwendbar ist.

Obgleich Werturteile nie wissenschaftliche Aussagen sein können, ist die
Forderung, auf alle Werturteile im Rahmen der wissenschaftlichen Tätigkeit zu verzichten, allgemein und für die Volkswirtschaftslehre besonders
unrealistisch. Gründe hierfür sind:

1. Schon der gewählte Untersuchungsgegenstand der Analyse ist ein
   Werturteil.
2. Jede wissenschaftliche Analyse eines Untersuchungsgegenstandes hat
   eine Wertbasis. Diese besteht in der Grundentscheidung für die Annahme einer bestimmten Methode (vgl. WEIMANN (1996), S. 35). Diese unterliegen nicht dem Falsifikationskriterium. Es wird vielmehr
   nach allgemeiner Akzeptanz der Analysemethode innerhalb der Wis-
   senschaftlergemeinschaft gestrebt. Auf die in der Volkswirtschaftslehre
   allgemein angewandten "Basiswerturteile" wird an anderer Stelle noch
   eingegangen.
3. Die Volkswirtschaftslehre hat auch als Aufgabe, Politikberatung
   durchzuführen. Wirtschaftspolitische Ziele (z.B. hoher Beschäfti-
   gungsstand) sind immer Werturteile.

Als Kern der Werturteilsdiskussion ergibt sich demnach: Die Volkswirtschaftslehre als Wissenschaft darf sich grundsätzlich auch mit Werturteilen beschäftigen. Sie darf außerdem als Teil ihrer Theoriebildung Werturteile als Grundannahmen verwenden. Es muß jedoch einen wesentlicher Kern jeder volkswirtschaftlichen Theorie als "werturteilsfreie" Ebene geben. Dieser Hypothesenkern der Theorie muß als werturteilsfrei anzusehen sein, da er den Überprüfungsansprüchen des Falsifikationskriteriums unterliegen muß.

Es ist auch zu betonen, daß bei jeder volkswirtschaftlichen Analyse die benutzten Werturteile offenzulegen sind. Nur so ist die Forderung nach intersubjektiver Nachvollziehbarkeit der wissenschaftlichen Theorie zu erfüllen.

1.3.3 Grundannahmen der Volkswirtschaftslehre

Es seien nun die in der ökonomischen Analyse am häufigsten verwendet Grundannahmen erläutert. (Vgl. zum folgenden die detaillierte Analyse der neoklassischen Grundannahmen bei GROSSEKETTLER (1980), S. 11 ff.) Wie bereits erläutert, sind diese Grundannahmen Wertuteile, d. h. sie unterliegen nicht dem Falsifikationskriterium. Sie werden im Sinne von allgemein akzeptierten Annahmen als Werkzeug der Analyse verwendet. Soweit solche Grundannahmen nicht weiter hinterfragt werden, spricht man auch von *Axiomen*.

Das wohl wichtigste Werturteil in der ökonomischen Theorie ist der auf *JOSEPH ALOIS SCHUMPETER* (1883 - 1950) zurückgehende „Methodologische Individualismus" (In SCHUMPETER (1998), I. Teil, VI. Kap. Vgl. auch SWEDBERG (1994), S. 44), wonach alle ökonomischen Theorien ihre Aussagen auf individuelle Entscheidungen beziehungsweise Pläne zurückführen sollen, auch wenn es sich um Aussagen über Kollektive oder Aggregate handelt (Vgl. VON MISES (1980), S. 151). Man könnte es als eine philosophische Grundposition der Ökonomie bezeichnen. Gemäß dem **methodologischen Individualismus** „existiert kein Wert an sich, jeder Gegenstand wird erst dann wertvoll, wenn er Menschen Nutzen stiftet." (WEIMANN (1996), S. 11). Hierin wird die historische Verwurzelung der modernen Ökonomie im politischen Liberalismus deutlich. Das einzelne Wirtschaftssubjekt steht im Mittelpunkt der Analyse. Eine Interpretation des methodologischen Individualismus ist die vielfach geteilte Annahme, daß jede ökonomische Theorie einer auf einzelwirtschaftlicher Entscheidungslogik basierenden Fundierung bedarf.

Eine weitere Grundannahme der Ökonomie, insbesondere der sog. neoklassischen Theorie, ist das sogenannte *Rationalitätsaxiom* oder auch *Wirtschaftlichkeitsprinzip* oder *Ökonomische Prinzip*. Es besagt, daß die Menschen anstreben,

- ein **vorgegebenes Ziel** (Ergebnis, Erfolg) mit dem **geringstmöglichen Mitteleinsatz** zu erreichen
  oder
- mit einem **gegebenen Mitteleinsatz** einen **größtmöglichen Zielerreichungsgrad** (Ergebnis, Erfolg) zu realisieren.

Das diesem Prinzip folgende (Modell-)Individuum ist als *homo oeconomicus* bekannt. Dieses Axiom hat oft zu Widerspruch, insbesondere unter den Nichtökonomen geführt. Bei Falschinterpretation wird unterstellt, daß die Nationalökonomie alle Wirtschaftssubjekte als ohne Pause optimierende Individuen unterstellen. Dies ist jedoch bei wohlwollender Interpretation dieses Axioms als eindeutige Fehlinterpretation zu entlarven (vgl. GROSSEKETTLER (1980), S. 16 ff. zu einer eingehenden Diskussion dieser und anderer Axiome). Die Annahme vom allwissenden homo oeconomicus läßt sich nämlich nicht ohne weiteres unter Hinweis auf tatsächlich zu beobachtendes menschliches Verhalten kritisieren, weil es sich dabei um eine Annahme handelt, die Eigenschaften des Wirtschaftssystems Marktwirtschaft widerspiegelt und nicht um eine, die das Verhalten einzelner Menschen betrifft (Vgl. GROSSEKETTLER (1980), S. 26 ff.).

Das Rationalitätsprinzip gibt im wesentlichen an, daß Menschen nicht bewußt als Zielsetzung haben, ihre Mittel verschwenderisch einzusetzen. Damit können instinktgesteuerte oder gewohnheitsmäßig getroffene Entscheidungen vereinbar mit dem Rationalitätsprinzip sein, da diese Verhaltensweisen Such- und Informationskosten in einer *unsicheren Welt* einsparen.

Eine dritte bedeutende Grundannahme der Ökonomie ist das sog. **Eigennutzaxiom.** Auch dieses stößt oftmals auf Miß- und Unverständnis. Als eigennützig soll dasjenige Wirtschaftssubjekt bezeichnet werden, das als beherrschendes Handlungsmotiv die Realisierung des eigenen Vorteils hat. Im Rahmen der ökonomischen Analyse heißt dies oftmals, daß Wirtschaftssubjekte nur auf finanzielle oder soziale Anreize reagiert.

Eine Fehlinterpretation dieses Eigennutzaxioms wäre es zu unterstellen, daß, durch Anwendung dieses Axioms in der Analyse, die Nationalökonomie ein eigennütziges Verhalten fordert! Die Nationalökonomie unterstellt dieses Axiom vielmehr im wesentlichen aus drei Gründen (vgl. GROSSE-KETTLER (1980), S. 32):

1) Es ist empirisch beobachtbar, daß eine große Anzahl von Wirtschaftssubjekten den Eigennutz als wesentliches Motiv ihres Handelns haben.

2) Man kann von der plausiblen Vermutung ausgehen, daß Menschen in einer komplexen Gesellschaft besser ihren eigenen Vorteil erkennen als wissen, was für andere Menschen oder die „Allgemeinheit" gut ist. Dies mag bedeuten, daß sogar normativ die Selbstbeschränkung auf den Eigennutz als Methode zur Vermeidung von Verschwendung zu fordern ist.

3) Soziale Ordnungen sollten für den schlimmsten Fall konstruiert sein. Falls das eigennützige Individuum der schlimmste Fall ist, ist bei der Konstruktion einer Wirtschaftsordnung von diesem Fall auszugehen.

Der sogenannte *homo oeconomicus* in der ökonomischen Theorie ist somit nichts weiter als ein Wirtschaftssubjekt, für das sowohl das Rationalitätsaxiom als auch das Eigennutzaxiom gilt. Auch hier gilt: *Die Nationalökonomie unterstellt vielfach diesen homo oeconomicus, weil er sich im Rahmen des Erkenntnisgewinnungsprozesses bewährt hat*, d.h. mit seiner Hilfe sind Theorien mit großen Problemlösungsfähigkeiten entstanden. Es handelt sich **nicht** um die Propagierung des homo oeconomicus als „menschliche oder moralische Leitfigur". Bezüglich der Ziele des homo oeconomicus wird dabei ebenfalls keine Festlegung getroffen. Es mag Menschen geben, die sich am wohlsten fühlen, wenn sie anderen Menschen helfen, ihnen Gutes tun. In diesem Sinne fördern solche Menschen ihren Eigennutz, wenn sie sich für andere einsetzen (wobei gar nicht klar ist, wie sich diese anderen Menschen dabei fühlen). Es wäre natürlich ökonomisch vorteilhaft, wenn ein solches selbstgesetztes Ziel, Gutes zu tun, ebenfalls unter Vermeidung von Verschwendung angestrebt würde, denn unter den Bedingungen der Knappheit kann dann mehr Hilfe geboten werden. Auch Hilfe sollte ökonomisch effizient bereit gestellt werden.

Als letztes in der Nationalökonomie in großem Umfang geteiltes Werturteil sei die *Akzeptanz des kritischen Rationalismus* als Methode des wirtschaftswissenschaftlichen Prozesses angeführt.

1.3.4 Modellanalyse und Wissenschaft

Im Rahmen der Volkswirtschaftslehre ist es üblich, Zusammenhänge mit Hilfe von sogenannten **Modellen** zu untersuchen. Modelle sind Vereinfachung oder, besser ausgedrückt, *Verwesentlichung der Realität*. Dieses ist notwendig, da der Untersuchungsgegenstand der Volkswirtschaftslehre so komplex ist, daß ohne Abstraktion oder Verwesentlichung kein Erkenntnisfortschritt möglich ist. Dies ist unmittelbar einsichtig, wenn man sich vorstellt, man wolle eine Landkarte im Maßstab 1:1 für geographische Erkundungen verwenden.

Ein wesentliches Hilfsmittel der Verwesentlichung ist die sog. **ceteris-paribus-Annahme** (unter sonst gleichen Bedingungen). Bei ihrer Anwendung werden in der Modellanalyse einzelne Einflußgrößen konstant gehalten. Damit wird die Untersuchung von Ursache-Wirkungs-Zusammenhängen auf eine überschaubare Größe reduziert.

Wichtige Begriffe im Rahmen der Modellanalyse sind :

1. **Das Axiom**: Eine Grundannahme, die nicht der Falsifikation unterliegt. Hierbei kann es sich auch um ein Werturteil handeln. Die Rationalitätsannahme oder die homo-oeconomicus-Unterstellung fallen in diese Kategorie.

2. **Das Datum**: Eine Größe, die im Rahmen der Analyse als unveränderlich und nicht beeinflußbar angesehen wird.

3. **Die Hypothese:** Die Hypothese definiert Ursache-Wirkungs-Zusammenhänge (Verhaltensannahmen etc.). Sie muß dem Falsifikationskriterium unterliegen können. Entsprechend dem kritischen Rationalismus gilt sie solange, bis sie widerlegt ist.

4. **Die Fiktion:** Eine Annahme, die nicht wahr sein kann. Sie wird zur Vereinfachung des Modells eingesetzt. Sie dient zur Reduzierung des Modells auf das Wesentliche (z.B. die oft benutzten Fiktionen der Robinson-Wirtschaft oder der geschlossenen Volkswirtschaft ohne staatliche Aktivität).

Alle diese Punkte (1. - 4.) gehen unter dem Obergriff "Prämissen" in die Modellbildung ein.

Ex-post versus Ex-ante Betrachtung:

Bei der **ex-post Betrachtung** des Wirtschaftsprozesses handelt es sich um eine Vergangenheitsbetrachtung. Es werden z.B. die wirtschaftlichen Ergebnisse einer abgeschlossenen Zeitperiode dargestellt. Die im Rahmen dieses Lehrbuches an späterer Stelle dargestellte Volkswirtschaftliche Gesamtrechnung ist eine typische ex-post Betrachtung. Bei der **ex-ante Betrachtung** handelt es sich hingegen um eine zukunftsbezogene Betrachtung. Es werden **Wirtschafts*pläne*** untersucht. Für die Wirtschaftspläne sind **Erwartungen** des jeweiligen **Entscheidungsträgers** über die Zukunft von großer Bedeutung, da Wirtschaftspläne unter Unsicherheit aufgestellt werden. In diesem Zusammenhang ist der Begriff des **Gleichgewichts** oder **Erwartungsgleichgewichts** von entscheidender Bedeutung. *Man spricht von einem Gleichgewicht, wenn die Pläne in Erfüllung gehen.* Im Gleichgewicht stimmen also Ex-post-Größen mit Ex-ante-Größen überein. Im Gleichgewicht stimmt also der Wirtschaftsplan mit der Wirtschaftsrechnung überein. Da im Gleichgewicht die Erwartungen in Erfüllung gehen, spricht man vom **Erwartungsgleichgewicht**. In einer Gleichgewichtssituation bestehen außerdem für die betrachteten Wirtschaftssubjekte ceteris paribus keine Anlässe zur Planrevision, da die Wünsche, dargestellt im Wirtschaftsplan, in Erfüllung gegangen sind.

Statische versus dynamische Analyse:

Die *statische Analyse* unterläßt die Betrachtung eines Entwicklungsprozesses in der Zeit. Es wird nur ein ganz bestimmter Zeitpunkt oder eine Zeitperiode untersucht. Eng mit der statischen Analyse ist die **komparativ-statische Analyse** verknüpft. Hier werden zwei Zeitpunkte oder zwei Zeiträume miteinander verglichen (z. B. zwei Gleichgewichtssituationen oder die Sozialprodukte zweier Jahre). Die *dynamische Analyse* untersucht die Entwicklung im Zeitablauf, also von Zeitpunkt zu Zeitpunkt oder von Zeitperiode zu Zeitperiode. Es werden mehrere nacheinander ablaufende Perioden und der **Anpassungsprozeß** betrachtet. Typisch für die Volkswirtschaftslehre bei diesen Betrachtungsarten ist, daß die Methode der **Marginalanalyse** angewendet wird. Hierbei handelt es sich um die Anwendung des Prinzips des Denken in Veränderungsgrößen. Nicht die absolute Höhe eines Untersuchungsgegenstandes sondern die Veränderungsrate des Untersuchungsobjekts ist von Relevanz.

Partial- versus Totalmodelle:

Partialmodelle untersuchen immer nur einen Ausschnitt einer Volkswirtschaft. *Totalmodelle* haben den Anspruch, das vollständige System mit allen relevanten Interdependenzen zu untersuchen. Totalmodelle sind im Vergleich zu Partialmodellen sehr komplex. Sie sollten daher mit Vorsicht und unter Berücksichtigung der Angemessenheit in bezug auf den Untersuchungsgegenstand angewendet werden.

Im Rahmen dieses Lehrbuches wird für zahlreiche Problemkreise die Modellanalyse in verschiedenen Varianten angewendet. Wie bereits erwähnt, ist die Modellanalyse mit ihren Annahmen zur Verwesentlichung der Untersuchung ein unverzichtbarer Baustein der Nationalökonomie. Die Kritik von einzelnen, dieses als „praxisfremd" oder ähnlich zu bezeichnen, geht am Kern vorbei und zeugt von Unkenntnis über den Untersuchungsgegenstand der Wirtschaftswissenschaft. Ohne Verwesentlichung ist der komplexe Erkenntnisgegenstand der Ökonomie nicht erfaß- und verstehbar. Durch Vernachlässigung des Unwesentlichen wird erst die Problemlösungsfähigkeit des jeweiligen Ansatzes geschaffen. Nicht die Aufgabe von Modellen und Annahmen, sondern die Verwendung des problemadäquaten und der Überprüfung zugänglichen Modellansatzes ist die Herausforderung.

2. Zentrale Begriffe und einige grundlegende Zusammenhänge der Wirtschaftswissenschaft

> „In der Tat bin ich zu der Auffassung gekommen, daß der ökonomische Ansatz so umfassend ist, daß er auf alles menschliche Verhalten anwendbar ist ..."
>
> *Gary S. Becker,*
> Nobelpreisträger für Wirtschaftswissenschaft 1992,
> (1982), S. 7.

2.1 Bedürfnisse, Wertschätzung und Knappheit

Der zentrale Begriff der Wirtschaftswissenschaft ist der Begriff der *Knappheit*. Dieser Begriff kennzeichnet ein Phänomen, das für die Wirtschaftswissenschaft konstituierend ist. Ohne Knappheit gibt es kein wirtschaftliches Problem. Nur *knappe Güter* sind wirtschaftliche Güter in dem Sinne, daß man sorgfältig und zielgerichtet abwägen muß, wie mit den Gütern verfahren werden soll, wozu sie eingesetzt werden sollen. Mit *freien Gütern*, das sind Güter, die jederzeit in genügender Menge zur Befriedigung der Bedürfnisse vorhanden und kostenlos verfügbar sind, braucht nicht gewirtschaftet zu werden.

Die Geschichte der Menschheit ist nicht unwesentlich gekennzeichnet durch den Übergang ehemals für den Menschen freier Güter in knappe Güter. Ging es zu Beginn um lokale Fischgründe, die mit dem Wachstum der Nutzergruppen irgendwann überfischt wurden, oder um Jagdreviere, die mit der Zunahme von Jägern ihre freie Zugänglichkeiten verloren, später um Landbesitz und Bewässerungsrechte, so geht es heute um eine überall spürbare Verknappung globaler Umweltgüter bis hin zur Luft.

Ob etwas knapp ist, hängt einerseits davon ab, in welchem Maße es gewünscht wird. Und damit etwas von Menschen gewünscht wird, muß es für die betreffenden Menschen einen Gebrauchswert haben. Unter einem *Gebrauchswert* verstehen wir die Eigenschaft eines Gegenstandes oder einer Handlung, eine von einem Menschen empfundene Mangellage zu mindern oder gar zu beseitigen. Die Empfindung eines Mangels, verbunden mit dem Wunsch, den Mangel zu beseitigen, bezeichnen wir als *Bedürfnis*, die Minderung des Mangelgefühls als *Bedürfnisbefriedigung* und das Ausmaß der Bedürfnisbefriedigung als *Nutzen*. Etwas, das geeignet ist, bei einem Menschen eine empfundene Mangellage zu vermindern, bezeichnen wir als *Gut*, unabhängig davon, ob es sich um einen Gegenstand oder um eine Handlung handelt. In diesem Sinne sind also auch *Dienstleistungen* Güter. Für Güter, also für Gegenstände und Handlungen, die geeignet sind, Bedürfnisse von Menschen zu befriedigen, empfinden die Menschen *Wertschätzung*, woraus im Grundsatz eine gewisse *Zahlungsbereitschaft* erwächst, also eine Bereitschaft, etwas anderes, das einem ebenfalls wertvoll ist, hinzugeben, um das Gut zu erlangen. Und da nun einmal jeder Mensch sowohl in qualitativer Hinsicht als auch in quantitativer Hinsicht andere Bedürfnisse als seine Mitmenschen hat, bringen die Menschen den verschiedenen Gütern unterschiedliche Wertschätzungen, also auch unterschiedliche Zahlungsbereitschaften entgegen. Der *Wert*, der einem Gut in diesem Sinne, d. h. im Sinne einer maximalen Zahlungsbereitschaft zur Erlangung des Gutes, beigemessen wird, ist von Mensch zu Mensch unterschiedlich, denn er ist eine subjektive Größe.

Andererseits kann ein Gut nicht schon deshalb allein als knappes Gut bezeichnet werden, weil es von Menschen aufgrund seiner nutzenstiftenden Eigenschaften gewünscht wird. Auch Atemluft hat solche nutzenstiftenden Eigenschaften, kann aber (noch) nicht überall als knapp bezeichnet werden. Allenfalls in der Raumfahrt, bei Tauchern oder in Umgebungen, die ein freies Atmen nicht zulassen, ist Luft knapp, sonst ist sie heute noch in der Regel ein freies Gut. Damit das Gut knapp ist, darf es eben nicht in jeder gewünschten Menge kostenlos zu erhalten sein. Ob etwas knapp ist, hängt vielmehr davon ab, wieviel davon an einem bestimmten Ort und zu einer bestimmten Zeit im Verhältnis zur vorhandenen Menge gewünscht wird. Demnach ist auch die absolute Menge, in der etwas vorhanden ist, nicht allein entscheidend.

Knappheit ist keineswegs mit *Seltenheit* zu verwechseln. Zwar ist auch Seltenheit, wie Knappheit, ein relativer Begriff. Der Begriff Seltenheit bezieht sich jedoch auf eine Häufigkeit des Vorkommens eines Gegenstandes oder eines Ereignisses. Als selten wird eine Sache oder ein Ereignis bezeichnet, die oder das nicht oft vorkommt bzw. auf die oder das zu treffen recht wenig wahrscheinlich ist. Auf einem normalen Wochenmarkt etwa dürften faule und wurmstichige Äpfel im allgemeinen selten anzutreffen sein. Sie sind aber nicht knapp, denn keiner will sie haben. Sie sind selten, aber Abfall. Knappheit läßt sich, anders als Seltenheit, nur mit Rücksicht auf die Bedürfnisse der Menschen beschreiben. Deshalb soll hier folgende **Definition von Knappheit** vorgenommen werden:

Knappheit liegt vor, wenn zur Erlangung eines Gutes nicht nur ein Verzicht irgendeiner Art notwendig ist, sondern Menschen auch die Bereitschaft haben, einen Verzicht auf etwas anderes, das ihnen wertvoll ist, in Kauf zu nehmen, um das fragliche Gut zu erlangen. *Damit ein Gut knapp ist, muß es folglich von Menschen gewünscht werden sowie dort, wo es gewünscht wird und zu dem Zeitpunkt, zu dem es gewünscht wird, nicht in der gewünschten Menge kostenlos zu erhalten sein.* Die erste Bedingung begründet die Bereitschaft, die zweite Bedingung die Notwendigkeit, etwas zur Erlangung des Gutes hinzugeben.

Da ein Gut von Menschen nur dann so sehr gewünscht wird, daß sie zu seiner Erlangung ein Opfer zu bringen bereit sind, wenn diese Menschen dem Gut einen Wert beimessen, jede Wertschätzung aber zugleich nur von Individuen vorgenommen werden kann, weil sie an das subjektive Empfinden der Menschen gebunden ist, *ist Knappheit immer auch eine sub-*

jektive Größe. Und Knappheit ist aus diesem Grund zudem ein Phänomen, daß *nur orts- und zeitgebunden* existieren kann, da die Bedürfnisse von Menschen und mithin auch ihre Wertschätzungen gegenüber Gütern zu unterschiedlichen Zeiten und an unterschiedlichen Orten verschieden sind.

Diese Feststellungen sind überaus wichtig, denn die Lösung von Knappheitsproblemen muß auf diese Eigenschaften der Knappheitsproblematik Rücksicht nehmen. Knappheitsbewältigung erfordert die Berücksichtigung subjektiver Bedürfnisse und Einschätzungen vieler verschiedener Menschen und die Berücksichtigung der Gegebenheiten und Umstände von Ort und Zeit. Diese Größen, die für das Knappheitsphänomen von fundamentaler Bedeutung sind, können im allgemeinen weder zentral erfaßt, noch zentral verarbeitet werden. Zur Lösung der Knappheitsprobleme bedarf es deshalb notwendigerweise dezentraler Lösungsverfahren, ein Schluß, den die Kennzeichnung des Phänomens schon nahelegt. Darauf wird im Teil II. dieses Lehrbuches noch einzugehen sein.

Wenden wir uns nun der Frage zu, was uns denn anzeigt, wie hoch das Ausmaß der Knappheit eines Gutes ist. Die Erörterung dieser Frage führt uns auf weitere wesentliche Begriffe, über die man sich Klarheit verschaffen muß. (Zum folgenden Grundlagenlehrstoff vgl. auch BEHRENS (1998c) und die dort angegebene Lehrbuchliteratur, die sich auch hier im Literaturverzeichnis findet.)

Ein Maß für die Knappheit eines Gutes kann man im *Preis* eines Gutes finden. *Allgemein und noch nicht zureichend genau ausgedrückt zeigt der Preis eines Gutes uns an, auf was beziehungsweise wieviel man verzichten muß, um ein Gut zu erlangen.* Und je mehr man hingeben muß, desto knapper ist das Gut. Der Preis ist hier ein Indikator für Knappheit. Aber was bedeutet „Verzicht zur Erlangung eines Gutes"?

2.2 Marktpreise und Opportunitätskosten

A) *Verzicht im Sinne eines Marktpreises:*

Einerseits kann *Verzicht* in dem Sinne gemeint sein, daß er dadurch zustande kommt, daß ein Wirtschaftssubjekt einem anderen Wirtschaftssubjekt etwas gibt, als Gegengabe für etwas, das es von diesem anderen Wirtschaftssubjekt erhalten hat. Hier nehmen die Menschen Vergleiche von Wertschätzungen für die zu tauschenden Güter vor und suchen im Verhandlungsprozeß ein Tauschverhältnis, bei dem beide einen Zugewinn an Nutzen realisieren können. Dabei kann natürlich in einem unbestimmten Sinne einer besser als der andere wegkommen. Etwa, wenn er besser verhandeln kann. Gleichwohl kann der Tausch nur zustande kommen, wenn beide gewinnen. Einen solcherart definierten Verzicht, bei dem das jeweilige Opfer durch Ausbalancieren von Wertschätzungen verschiedener Wirtschaftssubjekte ermittelt wird, nennen wir *im eigentlichen Sinne* **Preise**. Damit diese Preise allerdings ein zuverlässiges Maß für Knappheit sind, müssen sie die Wertschätzungen der Beteiligten unverfälscht durch Zwangsanwendung, Bedrohung mit Zwangsmitteln oder durch Täuschungen einfließen lassen. Dann sind es *freie Preise*, die die freie Zustimmung aller Beteiligten widerspiegeln. Den ökonomischen Ort des Tausches bezeichnet man als **Markt**. Die unter den angegebenen Bedingungen zustande gekommenen Preise sind demnach *freie Marktpreise*. Solche freien Marktpreise erfüllen eine ganze Reihe von ökonomisch überaus wichtigen Funktionen, auf die an späterer Stelle in diesem Lehrbuch noch einzugehen sein wird.

Nehmen wir ein sehr einfaches **Beispiel**, um einen solchen Preis zu kennzeichnen:
Zwei Personen A und B seien mit folgenden Gütervorräten ausgestattet:

> A verfügt über 1 Pfund Brot,
> B verfügt über ¼ Pfund Butter.

Voraussetzung dafür, daß beide einen Tauschwunsch verspüren, ist zunächst einmal, daß beide dem Gut des jeweils anderen eine Wertschätzung entgegenbringen. Ob dies der Fall ist, hängt von den Bedürfnissen ab. Es mag in unserem Beispiel etwa sein, daß A zwar Brot mit Butteraufstrich mag, den Genuß von Butter aber von seinem Arzt so eindrucksvoll untersagt bekommen hat, daß er insgesamt kein Bedürfnis nach Butter mehr hat. (Er verspürt zwar eine Mangellage, aber nicht den Wunsch, diese Mangellage zu beseitigen. Siehe obige Definition von Bedürfnis.) In diesem Falle hätte er gar keinen Anreiz mehr, dem potentiellen Tauschpartner B von seinem Vorrat an Brot Kenntnis zu geben. Eine Tauschmöglichkeit existierte nicht. Wir brauchen demnach die Annahme, daß beide, A und B, lieber Butterbrote statt nur Butter oder nur Brot essen möchten. Dann decken sie freiwillig ihre Tauschwünsche auf und geben, jedenfalls in einem gewissen Maße, an, was sie in einen Tausch einzubringen vermögen. Sie beginnen dann mit Tauschverhandlungen, für deren Ausgang es für einen Tauschpartner vorteilhaft sein kann, wenn man nicht gleich seinen ganzen Vorrat zur Kenntnis gibt. Da keiner des anderen Bedürfnisse und ihre Stärke genau kennt, vergleicht jeder für sich das jeweilige Tauschverhältnis mir seinen Wertschätzungen für die daraus jeweils folgenden Güterkombinationen. Von diesen Wertschätzungen hängen dann die Zahlungsbereitschaften ab, die einen Einfluß auf den Ausgang der Verhandlungen haben. Wir wollen hier den Verhandlungsprozeß nicht weiter verfolgen.

Die beiden Tauschpartner A und B mögen sich, so die weitere Annahme, darauf einigen, ½ Pfund Brot gegen 1/8 Pfund Butter zu tauschen. (Daß diese Aufteilung einer 50:50-Regel folgt, ist willkürlich gesetzt, nicht selbstverständlich!) Somit ergeben sich, als Tauschrelationen, die folgenden Preise, jeweils ausgedrückt in einer Gütereinheit, die hier beispielsweise ein Pfund sei:

Der Preis für 1 Pfund Brot ist ¼ Pfund Butter.
Der Preis für 1 Pfund Butter ist 4 Pfund Brot.

In diesem Falle werden die Preise der jeweiligen Gutseinheiten in den Mengen der jeweils anderen Güter ausgedrückt, die für diese Gutseinheiten bei dem vereinbarten Tauschverhältnis hinzugeben wären. Preise, bei denen Gütermengen einer Art in Gütermengen einer anderen Art in dieser Weise bewertet werden, nennt man **relative Preise**.

Durch die Einführung eines Bezugsgutes, in das alle Tauschrelationen umgerechnet werden können (ein solches Bezugsgut nennen wir **Geld**), erhält man **absolute Preise**, *Geldpreise* oder das, was der allgemeine Sprachgebrauch einfach Preise nennt. Würde in unserem Beispiel 1 Pfund Butter beispielsweise 3 Geldeinheiten kosten, so wäre der Preis für 1 Pfund Brot 0,75 Geldeinheiten.

Wirtschaftlich kommt es meist auf die relativen Preise an, nicht auf die absoluten Preise. Um nur ein Beispiel zu nennen: Die verheerenden Wirkungen von Inflation, daß heißt von einem allgemeinen und raschen Anstieg der absoluten Preise, sind in der Hauptsache darin begründet, daß die inflatorische Aufblähung aller Preise die Veränderungen der relativen Preise verdeckt, beziehungsweise durch unterschiedliche Möglichkeiten, Preise dem Inflationstrend anzupassen, Verzerrungen der relativen Preise hervorruft. Die Preise können dann nicht mehr korrekt als Knappheitsindikatoren funktionieren, und es kommt zu vielfältigen wirtschaftlichen Fehlentscheidungen.

Warum führt man denn dann, so könnte sich jemand fragen, ein solches „Geld" genanntes Bezugsgut ein. Ein Grund, um eine vorläufige Antwort zu geben, liegt in der beachtlichen Vereinfachung, die der Tauschverkehrs durch die Geldverwendung erfährt.. Unter anderem gibt es wesentlich weniger absolute als relative Preise, was die Wertvergleichsarbeit erheblich erleichtert.

Ein **Beispiel** möge dies verdeutlichen. Nehmen wir 4 Güter an, so würden wir feststellen, daß es insgesamt 6 relative Preise gibt (wenn die jeweiligen Kehrwerte gestrichen werden). Die Einführung eines Bezugsgutes Geld G hätte zur Folge, daß nur 4 absolute Preise zu beachten wären, aus denen allerdings alle Tauschrelationen zwischen den 4 Gütern rekonstruiert werden könnten.

Graphisch ergibt sich:

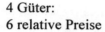

4 Güter: 4 Güter + Bezugsgut G:
6 relative Preise   4 absolute Preise

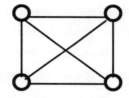   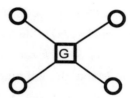

Mit zunehmender Anzahl der gehandelten Güter wir der Tauschverkehr ohne Geldverwendung zunehmend komplizierter und unübersichtlicher, weil die Zahlt der relativen Preise (hier ohne Berücksichtigung der Kehrwerte) überproportional zunimmt:

Zahl der Güter:	relative Preise:	absolute Preise:
4	6	4
5	10	5
6	15	6
7	21	7
8	28	8
...	...	...
100	4950	100
...	...	...
20000	199990000	20000
...	...	...

Allgemein gibt es bei N Gütern insgesamt nur N absolute Preise aber, wenn man die keine zusätzliche Information bringenden Kehrwerte wegläßt, $\frac{N \cdot (N-1)}{2}$ relative Preise.

B) Verzicht im Sinne der Nichtrealisierung einer Alternative:

Unter „Verzicht zur Erlangung eines Gutes" kann allerdings auch noch etwas anderes verstanden werden als ein Marktpreis. Um uns dies deutlich zu machen, führen wir eine bekannte Figur ein, die Ökonomen überaus gerne zur Verdeutlichung von Grundbegriffen heranziehen, nämlich DANIEL DEFOES (1659 od. 1660 - 1731) Romanfigur *Robinson Crusoe* (DEFOE (1996(1719^e))), die bekanntlich Erlebnisse eines Seemannes namens *Alexander Selkirk* zur Grundlage hat (Vgl. BREMER (1986)). *Robinson* war ein Mann, der auf einer einsamen Insel, die ansonsten genug zum Leben bot, ganz allein auf sich gestellt - jedenfalls bis *Freitag* kam - zurecht kommen mußte. Dazu mußte er natürlich Knappheitsprobleme lösen.

Da *Robinson* - zunächst - allein war, entfielen sämtliche Verfahren zur Knappheitsbewältigung, die auf der Tatsache des menschlichen Zusammenlebens beruhen. Mithin waren die wirkungsvollsten Verfahren der Kanppheitsbewältigung für *Robinson* nicht verfügbar. Für uns bedeutet das, daß der größte und wichtigste Teil der Ökonomik als Wissenschaft an einem *Robinson*-Beispiel nicht erläutert werden kann. Die Ökonomik ist eine Sozialwissenschaft, die sich hauptsächlich mit dem Knappheitsproblem und seiner Lösung in *menschlichen Gesellschaften* befaßt. Und es ist klar, daß gerade in den vielfältigen Möglichkeiten der Arbeitsteilung und der Koordination vieler unabhängiger Entscheidungen und Handlungen über weitestgehend anonym ablaufende „Mechanismen" der Grund für eine hohe wirtschaftliche Aktivität zu finden ist. All diese Kernbereiche der Sozialwissenschaft Ökonomik müssen wir in unserem *Robinson-*

Beispiel also (zunächst) ausschließen. Gleichwohl ist das *Robinson*-Beispiel für die Klärung einiger Grundfragen brauchbar.

Beginnen wir mit der Betrachtung des Problems für *Robinson*, sich Nahrung zu verschaffen und sehen vorläufig von weiteren Problemen ab. *Robinson* habe zur Lösung des Nahrungsproblems die Möglichkeiten, Fische zu fangen oder Früchte zu sammeln. Er verschafft sich Klarheit darüber, wieviel Zeit er einsetzen muß, um die jeweiligen Nahrungsmittel zu beschaffen und erhält folgende notwendige Zeiteinsätze: *Robinson* benötigt für das Sammeln von einem Pfund Früchte eine Stunde Arbeitszeit und für das Fangen eines Fisches zwei Stunden Arbeitszeit. In der Sprache der Ökonomen hat *Robinson* sich mit der Ermittlung dieser Zeiten Klarheit über seine **Produktionstechnologie** verschafft. Die ermittelten Zeiten sind sogenannte **Arbeitskoeffizienten**, die allgemein angeben, wieviel Arbeitseinheiten für eine hergestellte oder gewonnene Einheit eines Gutes aufzuwenden sind. Würden wir umgekehrt ermitteln, wie viele Einheiten eines Gutes pro Arbeitseinheit zu erlangen sind, so wäre dies die **Arbeitsproduktivität**, die der Kehrwert des Arbeitskoeffizienten darstellt. Zur Vereinfachung sei hier angenommen, daß die Arbeitskoeffizienten von *Robinson* immer gleich bleiben. Wir haben also folgende Werte für *Robinson*s Arbeitskoeffizienten bzw. -produktivitäten:

Gut:	Fisch	Früchte
Arbeitskoeffizienten von *Robinson*:	2 [Arbeitsstunden je Fisch]	1 [Arbeitsstunden je Pfund Früchte]
Arbeitsproduktivitäten von *Robinson*	½ [Fisch je Arbeitsstunde]	1 [Pfund Früchte je Arbeitsstunde]

Zur Gewinnung von Nahrung durch Sammlung von Früchten oder Fangen von Fischen hat *Robinson* täglich nur einen begrenzten Zeitvorrat für den Nahrungserwerb. *Robinson* schaut sich die gewonnene Tabelle an und fragt sich: Wie soll ich meinen begrenzten Zeitvorrat auf die beiden Aktivitäten Fischfang und Früchtesammeln aufteilen?

Bei dieser Fragestellung, der sich *Robinson* gegenüber sieht, findet ein Abgleich von Wertschätzungen verschiedener Wirtschaftssubjekte nicht statt, denn *Robinson* ist allein. Gleichwohl steht *Robinson* vor einer wirtschaftlichen Wahlentscheidung, sofern er sowohl Wertschätzung für Früchte als auch für Fisch empfindet, beide Güter ihm also einen Nutzen stiften, und er in der vorgegebenen Zeit nicht beide Güter bis zur Sättigung erhalten kann. In diesem Falle ist der Zeitvorrat das zu bewirtschaftende Gut, denn *Robinson* muß ihn auf die beiden möglichen Aktivitäten aufteilen. Zwar liegt der unmittelbare Verzicht für die Erlangung eines Fisches bzw. eines Pfundes Früchte in der einzusetzenden Zeit. Da aber in der jeweils eingesetzten Zeit für eine Aktivität auch die andere Aktivität hätte ausgeführt werden können, kann der Verzicht auch im entgangenen Ertrag der anderen Aktivität gemessen werden. Bei der Erlangung von Fisch muß *Robinson* den dabei in Kauf genommenen Verzicht auf Früchte berücksichtigen und umgekehrt.

Bewertet man in der so gekennzeichneten Entscheidungssituation eines Wirtschaftssubjektes eine Einheit eines Gutes A mit den Einheiten eines Gutes B, auf die man verzichten muß, um die Einheit des Gutes A zu erlangen, spricht man von **Opportunitätskosten** oder auch von **Alternativkosten**. Die Erlangung eines Fisches kostet *Robinson* zwei Pfund Früchte. Die Erlangung eines Pfundes Früchte kostet *Robinson* einen halben Fisch.

Opportunitätskosten *Robinson*s als Produzenten:	
Kosten eines Fisches in Pfund Früchte:	Kosten eines Pfundes Früchte in Fischen:
2	½

Die Kosten liegen im Verzicht auf den Ertrag der alternativen Verwendungsmöglichkeit der knappen Ressource Zeit. In dieser Verwendung des Begriffes Opportunitätskosten steht die produktionstechnische Seite im Vordergrund. Die Opportunitätskosten geben hier technologisch bedingte Ertragsverzichte an. Ungeachtet dessen, daß es letztlich *Robinson* nicht auf den Vergleich der Ertragsmöglichkeiten in beiden Zeitverwendungsrichtungen ankommt, sondern auf den daraus ziehbaren Nutzen, so daß seine Opportunitätskosten als Verbraucher im Nutzenentgang liegen, bleiben wir im hier betrachteten Zusammenhang bei der obigen Definition, in der die Opportunitätskosten *Robinson*s als Produzent im Ertragsentgang liegen.

Der *Begriff der Opportunitätskosten* ist von überaus hoher Bedeutung in der Wirtschaftswissenschaft. Da nämlich, wie jeder weiß, die Lebenszeit des Menschen selbst eine absolute Grenze hat und jede Lebensminute eines jeden Menschen nur ein einziges Mal verwendbar ist, bedeutet jedes Tun einen Verzicht auf etwas anderes. Und da dieser Verzicht nicht mehr rückgängig zu machen ist, kann keine Handlung eines Menschen als kostenlos angesehen werden. Immer verzichtet der Mensch in der produktionstechnischen Interpretation auf alternative Erträge bzw. in der Nutzeninterpretation auf alternative Möglichkeiten, Nutzen zu erlangen. Und da Alternativen für die Zeitverwendungen immer gegeben sind, gilt: **Es gibt nichts umsonst!**

Auch wer am Strand liegt, verzichtet auf Alternativen. Vielleicht könnte er in der gleichen Zeit Millionär werden. Dann wäre das Herumliegen am Strand ein sehr teures Freizeitvergnügen. Ebenso gibt es kein Freibier. Jedenfalls nicht in der Interpretation, es gäbe das Bier kostenlos. Freibier bedeutet lediglich, daß jemand anderer den zur Erlangung von Bier üblicherweise notwendigen Einsatz liquider Mittel übernimmt. Ansonsten kann auch die Zeit, in der Freibier eingenommen wird oder mit den Folgen der Einnahme von Freibier gekämpft wird, anders verwendet werden, bringt also Opportunitätskosten mit sich.

Wenden wir uns nun dem Problem zu, wie *Robinson* seine knappe Zeit denn nun auf die beiden Möglichkeiten des Nahrungserwerbs aufteilt. Dies machen wir uns an einem **Beispiel** klar.

Robinson verfüge über täglich 8 Stunden Arbeitszeit für den Nahrungserwerb. Den Rest braucht er unabwendbar für andere Aktivitäten. In diesen acht Stunden kann er mithin entweder vier Fische fangen oder vier Kilogramm Früchte sammeln. Wie er seine Zeit aufteilt, hängt davon ab, auf welche Weise die beiden Güterarten Nutzen stiften. Zur Vereinfachung der Darstellung nehmen wir an, *Robinson* könne seinen Nutzen exakt in Zahlen messen. Als Einheiten nimmt *Robinson* dabei bei den Fischen wiederum Stück, bei den Früchten allerdings jetzt nicht Pfund, sondern Kilogramm. Dies tut *Robinson*, um bezüglich der Nutzen eine Vergleichbarkeit im Hinblick auf seine Produktionskosten zu haben. Denn für einen Fisch braucht er ebenso zwei Stunden Arbeit wie für ein Kilogramm Früchte. Er erhält folgende Tabelle:

Anzahl der Einheiten in Fischen bzw. kg Früchten	Nutzen aus dem Genuß von Fischen:	Nutzen aus dem Genuß von Früchten:
1	12	6
2	17	11
3	20	15
4	21	16
5	21	17
6	19	17
7	4	12
8	-16	6

Robinson schaut sich diese Tabelle an und sagt sich: Wenn ich meine acht Stunden einsetze um Fisch zu fangen, erhalte ich 4 Fische, die mir einen

Nutzen von 21 Nutzeneinheiten stiften. Sammle ich statt dessen Früchte, so erhalte ich 4 kg Früchte, die mir nur einen Nutzen von 16 Nutzeneinheiten stiften. Also ist es vernünftig, sich auf Fischfang zu verlegen und von Fisch zu leben. Und *Robinson* verfährt entsprechend.

Allerdings kann *Robinson* so nicht richtig zufrieden werden, wie er feststellt. Denn er verspürt Appetit auf Früchte, der nicht befriedigt wird. Er studiert noch einmal genau die Tabelle und nimmt eine Erweiterung vor, indem er berechnet, wie groß jeweils die Nutzenzuwächse sind, wenn er eine Einheit vom jeweiligen Gut zusätzlich konsumiert. Diese Nutzenzuwächse nennt der Ökonom ***Grenznutzen***.

Robinson erhält folgende erweiterte Tabelle:

Anzahl der Einheiten in Fischen bzw. kg Früchten	Nutzen vom Fisch:	*Grenznutzen vom Fisch:*	Nutzen von Früchten:	*Grenznutzen von Früchten*
1	12	*12*	6	*6*
2	17	*5*	11	*5*
3	20	*3*	15	*4*
4	21	*1*	16	*2*
5	21	*0*	17	*1*
6	19	*-2*	17	*0*
7	4	*-15*	12	*-5*
8	-16	*-20*	6	*-6*

An dieser Tabelle sieht *Robinson* zunächst einmal genauer als an der ersten Tabelle, wann bei ihm bezüglich der beiden Güter ***Sättigung*** eintritt. Ein Nutzenzuwachs ist bei Fisch ab dem vierten Fisch täglich nicht mehr gegeben, denn der Grenznutzen des fünften Fisches ist Null. Beim Genuß von vier Fischen tritt Sättigung ein. Bei Früchten gibt es ab fünf Kilogramm keinen Nutzenzuwachs mehr, denn der Grenznutzen des sechsten Kilogramms ist Null. Nach fünf Kilogramm Früchten tritt Sättigung ein.

Darüber hinaus erkennt *Robinson*, daß der Nutzenzuwachs, also der Grenznutzen, bei jedem der beiden Güter von Einheit zu Einheit abnimmt. Wenn diese Aussage darauf verallgemeinert wird, daß mit zunehmendem Genuß der Grenznutzen bei jedem Gut abnimmt, bis er den Wert Null erreicht, an dem Sättigung eintritt, hat man das **Gesetz vom abnehmenden Grenznutzen** formuliert. Dieses Gesetz heißt auch nach seinem „Entdecker" HERMANN HEINRICH GOSSEN (1810 - 1858) **Erstes Gossensches Gesetz.**

Nach diesen interessanten Entdeckungen wendet sich *Robinson* wieder seinem Problem der nutzenmaximalen Mischung von Früchte- und Fischerwerb und -konsum zu. Er geht dabei aus von der Ausgangsentscheidung, zur Erlangung eines Gesamtnutzens von 21 Nutzeneinheiten nur Fisch zu konsumieren. Er überlegt sich jetzt, eine Einheit Fisch weniger zu konsumieren. Auf der Produktionsseite würde dadurch zwei Arbeitsstunden frei, die er verwenden könnte, um Früchte zu sammeln. Im Ergebnis könnte er dann drei Fische und ein Kilogramm Früchte konsumieren. Wie der Tabelle zu entnehmen ist, würde die Verminderung des Fischkonsums um eine Einheit zu einer Nutzenverminderung in Höhe des Grenznutzens des vierten Fisches führen, also zu einer Nutzeneinbuße von einer Einheit. Das zusätzliche Kilogramm Früchte hingegen bewirkte einen Nutzenzuwachs in Höhe des Grenznutzens der ersten Einheit (kg) Früchte, also einen Nutzenzuwachs von 6 Einheiten. Der Gesamtnutzen aus dem Konsum wäre dann von 21 Nutzeneinheiten auf 21 - 1 + 6 = 26 Einheiten gestiegen. Das hat sich gelohnt.

Und da der Mensch erfolgreiches Tun gern wiederholt, versucht *Robinson* diesen Trick noch einmal. Also ein Fisch weniger: Minus drei Nutzeneinheiten. Ein Kilogramm Früchte mehr: Plus fünf Nutzeneinheiten. Ergebnis: 26 - 3 + 5 = 28 Nutzeneinheiten. Das hat sich auch gelohnt, aber nicht mehr so viel. Noch einmal. Ein Fisch weniger: Minus fünf Einheiten. Ein

Kilogramm Früchte mehr: Plus 4 Einheiten. Macht: 28 - 5 + 4 = 27 Einheiten. Das hat sich nicht gelohnt.

Ein Vergleich zeigt: Die beste Aufteilung lautet: Zwei Fische kombiniert mit zwei Kilogramm Früchten. Das bringt den größten Gesamtnutzen. Und genaues Hinsehen bringt die Erkenntnis, daß die Aufteilung optimal ist, bei der der Grenznutzen der beiden konsumierten Güterarten übereinstimmt. Im Beispiel stiften beide Güterarten einen Grenznutzen von 5 Nutzeneinheiten. Von dieser Aufteilung ausgehend wäre die Nutzeneinbuße bei jeder Einheit Umschichtung - gleichgültig in welche Richtung - 5 Nutzeneinheiten. Der Nutzenzugewinn wäre aber in jedem Fall geringer, wenn das Gesetz vom abnehmenden Grenznutzen gilt. Dieses Ergebnis würde mutatis mutandis (d. h. mit den nötigen Abänderungen) auch gelten, wenn in unserem Beispiel die Arbeitszeiten für die Einheiten der beiden Güterarten unterschiedlich wären. In diesem Falle müßte nur der Grenznutzen der Gütereinheiten auf die Einheit der zu bewirtschaftenden Ressource bezogen werden, also im Beispiel auf eine Arbeitszeiteinheit oder, falls die Ressource in Geld bestünde, auf eine einzusetzende Geldeinheit.

Das Ergebnis lautet, daß das Nutzenmaximum da erreicht ist, wo der Grenznutzen pro Ressourceneinheit (z. B. pro Arbeitszeiteinheit oder pro Geldeinheit) in jeder Verbrauchsrichtung gleich groß ist. Das ist das *Zweite Gossensche Gesetz*, das auch als *Gesetz vom Ausgleich der Grenznutzen* (der Arbeitszeit oder des Geldes) bekannt ist.

An diesem Ergebnis wird auch deutlich, was für eine Schwäche die Interpretation der Opportunitätskosten als Nutzenentgang hat. Die Opportunitätskosten hängen in diesem Falle von der konkreten Kombination von Verbrauchsmengen ab, da dadurch das Verhältnis der Grenznutzen bestimmt wird. Und im Verbrauchsoptimum wären die anhand der Grenznutzen des Geldes oder einer anderen zu bewirtschaftenden Ressource definierten Opportunitätskosten für alle Verbrauchsgüter gleich. Nehmen wir, wie im *Robinson* Beispiel als zu bewirtschaftende Ressource die Arbeitszeit, die optimal auf die beiden Einsatzmöglichkeiten aufgeteilt werden soll, so gilt:

$$\frac{\textit{Grenznutzen des Gutes i}}{\textit{Arbeitszeiteinsatz pro Einheit des Gutes i}} = \frac{\textit{Grenznutzen des Gutes j}}{\textit{Arbeitszeiteinsatz pro Einheit des Gutes j}}$$

Bezogen auf die letzte Arbeitszeiteinheit sind somit die Opportunitätskosten im Sinne eines Nutzenentgangs im Optimum, d. h. im Nutzenmaximum, bei beiden Verwendungen gleich. Interessant ist aber eine kleine Umstellung dieser Gleichung:

$$\frac{\textit{Grenznutzen des Gutes i}}{\textit{Grenznutzen des Gutes j}} = \frac{\textit{Arbeitseinsatz pro Gütereinheit i}}{\textit{Arbeitseinsatz pro Gütereinheit j}}$$

Im Optimum entspricht demnach das Verhältnis der (ungewichteten) Grenznutzen zweier Güter dem Verhältnis der erforderlichen Einsätze der zu bewirtschaftenden Ressource zur Erlangung je einer Einheit der beiden Güter. Ist die Ressource wie hier Arbeit, so ist dies das Verhältnis der Arbeitskoeffizienten. Und da der Kehrwert des Arbeitskoeffizienten die Arbeitsproduktivität ist, also die Produktion oder der Output je Arbeitseinheit, ergibt sich im Optimum:

$$\frac{\textit{Grenznutzen des Gutes i}}{\textit{Grenznutzen des Gutes j}} = \frac{\textit{Output Gut j pro Arbeitseinheit}}{\textit{Output Gut i pro Arbeitseinheit}}$$

Die linke Seite der Gleichung gibt an, welchen (ungewichteten) Grenznutzen das Wirtschaftssubjekt aus dem Konsum des Gutes i erlangt, wenn es auf eine Einheit Grenznutzen aus dem Konsum des Gutes j verzichtet.

Dieser Quotient gibt, anders und etwas vereinfacht ausgedrückt, demnach an, welcher Nutzenverzicht aus dem Konsum der letzten Einheit von i resultiert, wenn eine Nutzeneinheit aus dem Konsum einer letzten Einheit von j realisiert wird. Die rechte Seite der Gleichung gibt an, wieviele Einheiten j das Wirtschaftssubjekt produzieren kann, wenn es auf die Produktion einer Einheit des Gutes i verzichtet. Das bedeutete, daß im Optimum nun beispielsweise die Opportunitätskosten für eine Einheit (Grenz-)Nutzen des Gutes j im Sinne eines (diesmal ungewichteten) (Grenz-)Nutzenentgangs aus dem Konsum von i mit den Opportunitätskosten für eine Einheit des Gutes i im Sinne eines Entgangs an Produktion von j übereinstimmen muß. Dies leuchtet auch leicht ein: Würde beispielsweise die Produktion einer Einheit des Gutes i einen Verzicht auf die Produktion dreier Einheiten des Gutes j bewirken, so könnte dieser Verzicht nur nutzenneutral sein, wenn der aus der zusätzlichen Einheit des Gutes i gezogene Nutzen so hoch wäre wie der Nutzen aus den drei letzten Einheiten des Gutes j, auf die verzichtet wird. In infinitesimaler Betrachtung müßte also der Grenznutzen des Gutes i dem dreifachen Wert des Grenznutzens des Gutes j entsprechen. Im Optimum stimmen demnach die Opportunitätskosten als (ungewichteter) Nutzenverzicht mit den Opportunitätskosten als Produktionsverzicht überein.

Zur Vermeidung des Problems, bei Nichtrealisierung von Optimalpunkten jeweils unterschiedliche „Nutzenentgänge" zu haben, wollen wir im weiteren bei der Interpretation von *Opportunitätskosten als Ertragsentgang*, also im Sinne einer Produktionstechnologie bleiben. Diese Opportunitätskosten der Produktion sind im Prinzip objektiv meßbar, weil sich darin Eigenschaften der angewandten Produktionstechnologie widerspiegeln.

Damit wir nun der ökonomischen Bedeutung der beiden Verzichtsarten Marktpreise und Opportunitätskosten näherkommen, müssen wir die Einsamkeit des *Robinson* aufheben. *Freitag* landet. Damit eröffnen sich Möglichkeiten der Arbeitsteilung und des Handels.

2.3 Arbeitsteilung und Handel

Zunächst einmal sind die Arbeitskoeffizienten bzw. Arbeitsproduktivitäten von *Freitag* bezüglich des Sammelns von Früchten und des Fischfangs festzustellen. Wie bei *Robinson* sei auch hier angenommen, *Freitag*s Arbeitskoeffizienten seien feste Größen. Die folgende Tabelle zeigt die Werte von *Freitag*:

Gut:	Fisch	Früchte
Arbeitskoeffizienten von *Freitag*:	1 [Arbeitsstunden je Fisch]	3/4 [Arbeitsstunden je Pfund Früchte]
Arbeitsproduktivitäten von *Freitag*	1 [Fisch je Arbeitsstunde]	4/3 [Pfund Früchte je Arbeitsstunde]

Wie der Tabelle zu entnehmen ist, kann *Freitag*, als einheimischer Naturbursche, natürlich alles besser als *Robinson*, als naturentwöhnter englischer Seemann. Mithin könnte man glauben, es könne keine für beide lohnende Arbeitsteilung geben, denn gleichgültig, was *Robinson* anzubieten hat, *Freitag* kann es günstiger herstellen, gemessen in aufzuwendenden Arbeitszeiten.

Ein näherer Blick auf die Opportunitätskosten der beiden Akteure zeigt jedoch ein anderes Bild. Aus der obigen Tabelle ergeben sich für *Freitag* folgende Opportunitätskosten:

Opportunitätskosten *Freitag*s als Produzenten:	
Kosten eines Fisches in Pfund Früchte:	Kosten eines Pfundes Früchte in Fischen:
1 1/3	3/4

Diese Opportunitätskosten *Freitag*s stimmen mit denen *Robinson*s nicht überein. Ein Vergleich zeigt:

	Opportunitätskosten eines Fisches in Pfund Früchte:	Opportunitätskosten eines Pfundes Früchte in Fischen:
Robinson	2	1/2
Freitag	1 1/3	3/4

Messen wir die Kosten der Gütereinheiten demnach nicht in absoluten für ihre Gewinnung erforderlichen Zeiteinheiten, sondern in Opportunitätskosten, ergibt sich ein anderes Bild als eben. In absoluten Zeitaufwendungen also anhand der Arbeitskoeffizienten gemessen, kann *Freitag* sowohl Früchte als auch Fische günstiger produzieren. In Opportunitätskosten gemessen, kann hingegen *Freitag* günstiger Fisch fangen, während *Robinson* günstiger Früchte zu sammeln vermag.

Was geschieht, wenn *Robinson* und *Freitag* jetzt ein Tauschverhältnis vereinbaren, also einen Marktpreis aushandeln, das bzw. der zwischen den Opportunitätskosten der beiden potentiellen Tauschpartner liegt?

Da wir hier den Verhandlungsprozeß selbst nicht betrachten wollen, nehmen wir einfach ein Tauschverhältnis an: *Robinson* und *Freitag* kommen überein, daß *Freitag* dem *Robinson* einen Fisch gibt und dafür von *Robinson* 1,5 Pfund Früchte erhält.

Vereinbartes Tauschverhältnis (relativer Preis):

1,5 Einheiten (hier: Pfund) Früchte je Fisch

Aus der Sicht *Robinson*s ergibt sich daraus:

Arbeitszeit für das Sammeln von 1,5 Pfund Früchten: 1,5 Stunden. Durch den Tausch erhält er dafür einen Fisch. Für das Fangen dieses Fisches hätte er selbst 2 Stunden gebraucht. Er trägt von diesem Tausch demnach einen Tauschvorteil, den man auch Handelsgewinn nennen kann, von ½ Stunde Arbeit davon.

Aus der Sicht *Freitag*s erbringt der Handel:
Arbeitszeit für das Fangen eines Fisches: 1 Stunde. Durch den Tausch erhält er dafür 1,5 Pfund Früchte. Für das Sammeln dieser Früchte hätte er selbst 9/8 Stunden gebraucht. Er trägt von diesem Tausch demnach einen Tauschvorteil, einen Handelsgewinn, von 1/8 Stunde Arbeit davon.

Zwar sind die Handelsgewinne ungleich verteilt, denn der Tausch lohnt sich - aus produktionstechnischer Sicht, nicht aus Nutzensicht - für *Robinson* mehr. Das liegt daran, daß das Tauschverhältnis relativ näher an den Opportunitätskosten von *Freitag* liegt. Würde das Tauschverhältnis beispielsweise betragen 1 ¾ Einheiten Früchte je Fisch, so wäre der Handelsvorteil von *Robinson* nurmehr ¼ Stunde ersparte Arbeit, während der Vorteil für *Freitag* 9/16 Stunde ersparte Arbeit betrüge.
Damit haben wir das Geheimnis gefunden, nach dem Arbeitsteilung und Tausch sich lohnen: Bezogen auf die zu tauschenden Güter muß das Tauschverhältnis zwischen den Opportunitätskosten der Tauschpartner liegen. Im Beispiel muß gelten:

$$2 > \text{Tauschverhältnis:} \frac{\text{Pfunde Früchte}}{\text{Fisch}} > 1\frac{1}{3}$$

bzw.

$$\frac{1}{2} < \text{Tauschverhältnis:} \frac{\text{Fische}}{1 \text{ Pfund Früchte}} < \frac{3}{4}$$

Damit haben wir das Geheimnis jeder vorteilhaften Arbeitsteilung gefunden: Die Opportunitätskosten der Partner müssen auseinanderfallen. Und wenn dann erst einmal eine Spezialisierung mit anschließendem Handel eingeschlagen wurde, wird jeder in seinem Fache besondere Fertigkeiten entwickeln, so daß sich die jeweiligen relativen Kostenvorteile verstärken werden, mithin die Tauschvorteile steigen und die Arbeitsteilung verfestigt wird.

Allerdings wurde hier kein Geheimnis entdeckt. Die relativen Kostenvorteile heißen auch *komparative Kostenvorteile*; und der dargestellte Zusammenhang das *Gesetz der komparativen Kostenvorteile*. Dabei handelt es sich auch keineswegs um eine Neuigkeit. Vielmehr hat diesen Zusammenhang der Entdecker, der bedeutende klassische Ökonom DAVID RICARDO (1772 - 1823), bereits im Jahre 1817 publiziert. Er heißt zu seinen Ehren deshalb auch *Ricardos Theorem*. (Vgl. zu diesem Theorem beispielsweise die ausführlichen Darstellungen in SAMUELSON/NORDHAUS (1998), S. 778 ff.) RICARDO hat dabei nachgewiesen, daß sich der Handel zwischen zwei Ländern, also internationaler Handel, nicht nur dann lohnt, wenn ein Handelspartner bei der Herstellung des einen und der andere Handelspartner entsprechend bei der Herstellung des anderen Gutes einen absoluten Kostenvorteil besitzt. Vielmehr, so zeigt RICARDO, lohnt sich internationaler Handel genau dann, wenn die Kosten- oder Austauschverhältnisse (Opportunitätskosten) unter Autarkiebedingungen (also ohne Handel) in den einzelnen Ländern voneinander abweichen (komparative Kostenvorteile). Dies gilt auch dann, wenn eines der beiden Länder alle Güter absolut gesehen billiger zu produzieren vermag. Die absolute Kostenhöhe hat zwar eine Bedeutung für den Wohlstand der jeweiligen Volkswirtschaft, aber nicht für die Möglichkeit vorteilhaften Tausches mit einer anderen Volkswirtschaft. Insofern sollte beispielsweise ein in jeweils nationaler Währung gemessener Unterschied in den Niveaus der Produktionskosten nicht von Bedeutung für die sogenannte internationale Wettbewerbsfähigkeit eines Landes sein, wenn damit seine Fähigkeit gemeint ist, mit Exporten am internationalen Handel zu gegenseitigen Vorteil teilnehmen zu können.

Und dieses Ergebnis gilt nicht nur für den Handel zwischen Ländern, sondern auch für den zwischen Personen und darüber hinaus auch für jede Arbeitsteilung innerhalb von Kooperationen oder auch innerhalb von Unternehmen.

2.4 Produktion, Konsum, Sparen und Investieren

Nachdem wir uns bis hierher nun schon an relativ wenigen Begriffen der Wirtschaftswissenschaft Zusammenhänge von teilweise ganz erheblicher Bedeutung verdeutlicht haben, sollen jetzt noch einige weitere Grundbegriffe, wie sie auch in der Makroökonomik Verwendung finden, angesprochen werden. Dazu kehren wir zunächst noch einmal in die *Robinson-Crusoe*-Welt ohne *Freitag* zurück.

Robinson muß, wie bereits weiter oben festgehalten wurde, bestimmte Arbeitszeiten zur Erlangung von Nahrungsmitteln einsetzen. Dadurch ist seine Produktionstechnologie im ökonomischen Sinne beschrieben. Die Produktionstechnologie umfaßt dabei alles, was die Relation von eingesetzten **Ressourcen (Inputs)** und hervorgebrachten Gütern **(Output)** mitbestimmt. Die eingesetzten Mittel bezeichnet man in der Ökonomik auch als **Produktionsfaktoren**. Eine Verbesserung der Produktionstechnologie würde also beispielsweise eintreten, wenn *Robinson* durch religiöse Besinnung zu einer protestantischen Ethik gelangen würde, die Leistung und Arbeitseinsatz moralisch positiv bewertet, so daß sein Leistungswille, also auch das Arbeitsergebnis pro Arbeitszeiteinheit stiege. Bleiben wir aber zunächst bei der gegebenen Produktionstechnologie.

Robinson plant also seinen täglich Arbeitseinsatz und geht dann in die Natur hinaus, um sich ihrer Gaben zu bemächtigen. Er sammelt Früchte,

er fängt Fische. Ökonomisch ausgedrückt setzt er dabei die **Produktionsfaktoren Arbeit und Natur** (natürliche Ressourcen, natürliche Produktionsfaktoren, Boden) ein. Da diese beiden Arten von Produktionsfaktoren
nicht erzeugt werden müssen, sondern einfach von der Natur gegeben
sind, spricht man auch von **originären Produktionsfaktoren**.

Robinson führt nun seine Produktionspläne aus. Er erarbeitet sich eine
tägliche **Menge an Produkten (Ertrag, Produktionsergebnis, Ausbringungsmenge, Output)** unter Einsatz der Produktionsfaktoren Arbeit und
Natur. Verzehrt er einen Gütervorrat, um seine Bedürfnisse zu befriedigen, so spricht man von **Konsum**. *Robinson* muß dabei keineswegs täglich
sein ganzes Produktionsergebnis konsumieren. Er kann sich auch einen
Teil zurücklegen, um ihn später zu verwenden, etwa weil er einen Tag
ausspannen möchte. Bezüglich des Teils des Produktionsergebnisses, das
Robinson nicht konsumiert, übt er **Konsumverzicht**. Solchen Konsumverzicht bezeichnet die Ökonomik als **Sparen**. Wenn *Robinson* spart, hat er
einen Teil des Tages gearbeitet, ohne daß er den Ertrag dieser Arbeitslei-
stung konsumiert. Das erarbeitete Produktionsergebnis gehe dabei aber
nicht unter. Wäre das der Fall, so würde *Robinson* bald nicht mehr sparen,
sondern gleich weniger arbeiten. Vielmehr entsteht ein Gütervorrat, auf
den später zurückgegriffen werden kann. Es hat eine **Investition** in die
Zukunft stattgefunden, denn das Arbeitsergebnis der Produktionsperiode
wird zu einem Teil für eine zeitlich spätere Verwendung gebunden. Im
vorliegenden Fall handelt es sich bei dem entstandenen Gütervorrat um
eine **Vorratsinvestition**.

Endlich ist der Tag gekommen, an dem *Robinson* ausspannen und seinen
Gütervorrat verzehren kann. An diesem Tag arbeitet *Robinson* nicht. Es
gibt also auch kein Produktionsergebnis, aber Konsum. Der Konsum geht
zu Lasten des Gütervorrats. Das ist das Gegenteil von Konsumverzicht
und heißt **Entsparen**: *Robinson* konsumiert mehr, als er erarbeitet hat. Der
Abbau des Gütervorrats ist eine **Desinvestition**.

Robinson liegt an diesem Tag am Strand, sieht auf das Meer hinaus, verzehrt genüßlich seinen in der Woche aufgebauten Gütervorrat und denkt vor sich hin. Dabei kommt ihm plötzlich eine Idee. Er könnte seine Güterversorgung wesentlich verbessern, wenn er nicht mehr täglich im Wasser stehen würde, um mühselig mit bloßen Händen nach glitschigen Fischen zu schnappen, bis ihm ein Fang gelingt. Statt dessen könnte er sich durch Kombination der Gaben der Natur und seiner Arbeitskraft ein Netz herstellen, mit dessen Hilfe er in viel effektiverer Weise Fische fangen könnte. Damit könnte sein täglicher Bedarf in viel kürzerer Zeit gedeckt werden.

Zur Verwirklichung seines Planes, ein Netz zu fertigen, muß *Robinson* nun allerdings unmittelbar auf den Einsatz von Arbeitszeit für die tägliche Konsumgütererlangung verzichten. Er übt also abermals Konsumverzicht. Diesmal produziert er gleich einen kleineren Vorrat an Konsumgütern, um in der verbleibenden Arbeitszeit ein Netz anzufertigen. Der Konsum ist kleiner als das tägliche Produktionsergebnis. *Robinson* spart also. Die Ersparnisse - also den Konsumverzicht - investiert *Robinson* in das Netz. Dieses Netz stellt dann, in der Sprache der Ökonomen, ein *Kapitalgut* dar. Es ist nicht für den Konsum produziert worden, sondern für den Einsatz in der späteren Produktion, um die spätere Gewinnung von Gütern effektiver zu gestalten. Hierbei handelt es sich um eine *Anlageinvestition*. Da diese Anlageinvestition nur ökonomisch sinnvoll ist, wenn sich das künftige Produktionsergebnis dadurch verbessert - anderenfalls handelte es sich um eine *Fehlinvestition* - steigert sich die Arbeitsproduktivität von *Robinson* (hier beim Fischfang), die insofern nicht allein von der Qualität der Arbeitskraft, sondern auch von den ergänzenden Mitteln abhängig ist. Es handelt sich bei dem Netz um einen Produktionsfaktor. Der *Produktionsfaktor Kapital* (im Sinne von Sachkapital) ist entstanden. Im Produktionsfaktor Kapital sind Leistungen der originären Produktionsfaktoren Arbeit und Natur gebunden. Diese geben jetzt ihre Leistungen bei Nutzung des

Kapitalgutes in der Zukunft ab. Es wird dabei also ein *Produktionsumweg* eingeschlagen. Der Produktionsfaktor Kapital ist ein *abgeleiteter (derivativer) Produktionsfaktor*. Es handelt sich um *produzierte Produktionsmittel*. Und da es klar ist, daß dieser Vorgang nur stattfindet, wenn sich die Effektivität der Produktion tatsächlich verbessert, also, zumindest in der für Lernerfolge relevanten mittleren zeitlichen Perspektive, Fehlinvestitionen vermieden werden, kann man sagen, in den Kapitalgütern sind die guten Ideen der Menschheit gebunden, wie die Produktion verbessert werden kann. Insofern, im Sinne von Sachkapital, ist *Kapitalismus zu verstehen als „Herrschaft" der guten Ideen der Menschheit, die Produktion zu verbessern.*

Anzumerken ist dazu natürlich, daß im allgemeinen Sprachgebrauch, der sich in Anschluß an Marx und Engels entwickelt hat, unter Kapitalismus etwas anderes verstanden wird, nämlich die Herrschaft der Kapitalgeber, deren wenige sind, die nun die Mehrheit ohne Kapital unterdrückt. Bei diesem Sprachgebrauch wird Kapital im Sinne der Mittelherkunft - wie auf der Passivseite der Bilanz einer Unternehmung - verstanden. Abgesehen davon, daß in den entwickelten Industrienationen auch die Masse der normalen Haushalte, die den größten Teil der gesamtwirtschaftlichen Ersparnisse bildet, inzwischen in nicht unerheblichem Maße Kapitalgeber der Wirtschaft ist, kann diese Art von Herrschaft, wie später noch deutlich werden sollte, am besten durch funktionierenden marktwirtschaftlichen Wettbewerb begrenzt werden.

Robinson vermag durch Verzicht auf möglichen Konsum und Investition der entsprechenden Ersparnisse nicht allein Vorräte und Anlagen zu schaffen. Er kann sich auch eine Unterkunft bauen. Dann nimmt er eine *Bauinvestition* vor.

Der Konsumverzicht, das Sparen also, und die Investition des Ersparten haben, sofern Fehlinvestitionen vermieden werden, in jedem der drei genannten Fälle für *Robinson* eine spätere Wohlstandssteigerung zur Folge. Bei einer Vorratsinvestition führt der Verzicht auf Konsum heute zur Möglichkeit, später zeitweise ohne weiteren Arbeitseinsatz zu leben. Nimmt er eine Investition in ein Kapitalgut vor, eine Anlageinvestition, so führt der durch Konsumverzicht geringere Lebensstandard heute durch Steigerung der Produktivität des Produktionsprozesses, hier der Arbeitsproduktivität, zu höherem Produktionsergebnis, also höherem Lebensstandard in der Zukunft. Natürlich kann auch in dem Fall einer Anlageinvestition der spätere Produktivitätsgewinn zur Erlangung eines entsprechend höheren Realeinkommens bei gleicher Arbeitszeit oder zur Gewinnung von mehr Freizeit bei gleichem Realeinkommen oder zu einer Mischung aus beiden Verwendungen führen.

In diesen einfachen Zusammenhängen einer *Robinson*-Wirtschaft findet sich demnach schon der Grundgedanke einer sogenannten produktivitätsorientierten Lohnpolitik, die darauf abzielt, die Produktivitätsgewinne für ein höheres Realeinkommen einzusetzen. Abgesehen davon, daß es vielleicht nicht gerechtfertigt sein mag, die Produktivitätsfortschritte dann den Arbeitnehmern zukommen zu lassen, wenn die Arbeitsproduktivität durch Verbesserungen des Sachkapitals gestiegen ist, machen die angestellten Überlegungen auch schon deutlich, wo die Grenzen einer solchen Politik liegen. Produktivitätsfortschritte, die in Freizeit umgesetzt wurden, können nicht noch einmal zur Steigerung des Realeinkommens eingesetzt werden.

Beachtenswert ist hierbei ein Zusammenhang, der **für eine geschlossene Volkswirtschaft**, d. h. eine Volkswirtschaft ohne Außenwirtschaftsverkehr, auch gesamtwirtschaftlich gilt: Wird vom Produktionsergebnis einer Zeitperiode nur ein Teil in dieser Periode konsumiert, so ist, sofern von Fehlinvestitionen ebenso abgesehen wird wie von einer Zerstörung oder Vernichtung von Ressourcen und Gütern, notwendig die Investition in dieser Zeitperiode ebenso groß wie der Konsumverzicht dieser Zeitperiode, also das Sparen, denn entweder die Vorräte haben zugenommen oder die Anlagen oder die Bauten. Demnach gilt: *Sparen = Investieren*. Beide Begriffe kennzeichnen nur zwei Seiten der selben Medaille.

2.5 Was bedeutet „Wirtschaften"?

2.5.1 Verschwendung und ökonomisches Prinzip

Die bisherigen Ausführungen haben neben vielem anderen die grundlegende Erkenntnis gebracht, daß die Menschen nur mit knappen Gütern und Mitteln wirtschaften müssen, also mit Gütern, für deren Erlangung man auf etwas anderes verzichten muß und für deren Erlangung auch jemand bereit ist, einen Verzicht auf sich zu nehmen, weil die Güter ihm Nutzen stiften oder ihm als Mittel geeignet erscheinen, zur Nutzenstiftung beizutragen. Damit ist gemeint, daß solche Güter und Mittel so einzusetzen sind,

- daß ein **vorgegebenes Ziel** (Ergebnis, Erfolg) mit dem **geringstmöglichen Mitteleinsatz** erreicht wird
  <u>oder</u>
- daß mit einem **gegebenen Mitteleinsatz** ein **größtmöglicher Zielerreichungsgrad** (Ergebnis, Erfolg) bewirkt wird.

Dieses, auch weiter oben schon besprochene Verfahrensprinzip heißt in der ökonomischen Lehrbuchliteratur *Ökonomisches Prinzip* oder *Wirtschaftlichkeitsprinzip*. Es wird auch einfach als *Rationalprinzip* bezeichnet, weil seine Einhaltung ein Gebot der menschlichen Vernunft ist. In der ersten der oben genannten Ausprägungen ist es als *Minimalprinzip* - besser *Minimierungsprinzip* -, in der zweiten Ausprägung als *Maximalprinzip* - besser *Maximierungsprinzip* - bekannt. Das Ökonomische Prinzip kann nur in diesen beiden Ausprägungen vorkommen, da eine solche Optimierungsaufgabe die Festsetzung einer Seite des Problemfeldes bedarf. *Falsch* ist eine *Verknüpfung* der beiden Forderungen *zu einem einzigen Prinzip*, da die Forderung, einen höchstmöglichen Zielerreichungsgrad mit minimalem Mitteleinsatz zu erreichen auf eine Unmöglichkeit gerichtet ist. (Vgl. zu diesem Problemkreis beispielsweise auch HELMSTÄDTER (1991), S. 2 f.)

Das Ökonomische Prinzip fordert uns auf, bei dem Einsatz von knappen Gütern und Mitteln für unsere Ziele *Verschwendung zu vermeiden*. Es ist einfach Verschwendung, ein gegebenes Ziel mit mehr Mitteln als nötig zu erreichen oder mit gegebenen Mitteln weniger zu bewirken als dies möglich wäre. Solche Verschwendung ist unvernünftig, weil sie uns schlechter als nötig stellt. Diese Verschwendung, zu deren Vermeidung uns das Ökonomische Prinzip auffordert, ist jedoch keineswegs die einzige Art von Verschwendung. Nicht minder wichtig ist eine zweite Art von Verschwendung.

Um der zweiten Art von Verschwendung näher zu kommen, sehen wir uns noch einmal das Ökonomische Prinzip in seinen beiden Ausprägungen an. Wir stellen dort fest, daß in beiden Ausprägungen der Begriff *Ziel* vorkommt. Ohne Ziele läßt sich das Ökonomische Prinzip gar nicht konkret formulieren. Somit stellt sich die Frage, um **was für Ziele** und um **wessen Ziele** es sich handelt.

Da Wertschätzungen für Güter und Dienstleistungen an individuelle Empfindungen von Menschen gebunden sind, weil nur Individuen Bedürfnisse haben und folglich beurteilen können, ob etwas geeignet ist, eine Mangellage zu beseitigen oder dazu beizutragen, also ein Bedürfnis zu befriedigen, sind Ziele jedweder Art letztlich Ziele von Individuen. Und hier kann es zu Verschwendung in dem Sinne kommen, daß die Ziele, etwa von einer Planungsbehörde, so gesetzt werden, daß sie gar nicht die Bedürfnisse der Individuen treffen. Auch ist es, auf individueller Ebene, möglich, daß Individuen Fehleinschätzungen begehen, ein in ihrem Sinne „falsches" Ziel anstreben und später merken, daß sie etwa wichtige Lebenszeit mit der Verfolgung von Unwichtigem verbracht haben. In diesen beiden Fällen liegt die **Verschwendung im Setzen und Verfolgen falscher Ziele.**

In der soeben an zweiter Stelle genannten Ausprägung dieser Verschwendung ist der Fehler nur zu vermeiden, wenn die Individuen sich zureichend oft und fundiert Gedanken über die sinnvolle Gestaltung ihres Lebens machen und notwendige Orientierungen und Neuorientierungen ihres Lebens vornehmen. In diesem Sinne **dient Bildung**, insbesondere philosophische Bildung und religiöse Bildung, **der Verschwendungsvermeidung**, wenn sie dem Menschen Orientierung zur sinnvollen Gestaltung seines Lebens, also zur Setzung der richtigen Ziele gibt.

Bei dieser Problembetrachtung ist jedoch unbedingt zu beachten, daß sich dieser Bereich der persönlichen Lebensorientierung der Menschen als politischer oder wirtschaftspolitischer Ansatzpunkt zur Verschwendungsvermeidung schon aus Gründen der Achtung der Würde des Menschen und seines daraus erwachsenden Rechtes, seine Lebensumstände und Lebensinhalte in Freiheit selbst zu gestalten, verbietet. *Bezüglich dieses Bereiches sollte der Mensch sogar, wie es freiheitliche Verfassungen auch vorsehen, vor jedem obrigkeitlichem Zugriff geschützt werden.* Nur das einzelne Individuum kann, sofern nicht kindliche Unmündigkeit oder beachtenswerte Geistes- oder Gemütsstörungen es daran hindern, darüber entscheiden, was gut für es ist, wie es sein Leben gestalten möchte. *Ein Aufruf zur Bevormundung läßt sich aus dem Hinweis auf die hier angesprochene Art möglicher Verschwendung wertvoller Lebenszeit deshalb nicht ableiten!* Zumal solche Bevormundung sogleich zum erstgenannten Problem der Fehleinschätzung der Bedürfnisstruktur durch „übergeordnete" Planer führen würde. Und Bevormundung durch einer Person fernstehende Dritte ist im allgemeinen allemal mit größerer Verschwendung verbunden als Fehleinschätzungen durch die betreffende Person selbst.

Den Fehler in der weiter oben zuerst genannten Ausprägung dieser Verschwendungsart kann man deshalb wirtschaftsordnungspolitisch minimieren, wenn Ordnungsregeln zum Zuge kommen, die eine weitestgehend dezentrale Zielbestimmung und Zielverfolgung erlauben und ermuntern! *In diesem Sinne ist* **Wirtschaftsordnungspolitik zur Vermeidung von Verschwendung durch falsche Zielsetzungen** *aufgerufen, indem sie die wirtschaftlichen Entscheidungen über Ziele soweit wie möglich in Richtung auf die einzelnen Bürgerinnen und Bürger dezentralisiert.*

Zugleich wird in einer solchen freiheitlich-dezentralen Wirtschaftsordnung auch **Verschwendung im Sinne einer Ziel-Mittel-Relation, also im Sinne des Ökonomischen Prinzips, minimiert**, weil die Individuen selbstverantwortlich mit ihren knappen Mitteln umgehen, was sie veranlaßt, sowohl bei der Mittelbeschaffung als auch bei der Mittelverwendung sorgfältig abzuwägen, alle verfügbaren Informationen zu erfassen und sachgerecht zu würdigen und neue Informationen zu suchen und zu erzeugen, die zur Verbesserung der Ziel-Mittel-Relation beitragen können. Die Wirtschaftsordnungspolitik muß in diesem Sinne Raum dafür schaffen, daß die einzelnen Wirtschaftseinheiten, seien es Haushalte oder Unternehmen, einzelwirtschaftlich effizient, d. h. einzelwirtschaftlich nach dem Ökonomischen Prinzip, vorgehen *können*.

Aus den dargestellten Zusammenhängen ergeben sich die *Verschwendungsarten im Überblick,* wie sie der folgenden Tabelle zu entnehmen sind.

Der Vermeidung der Verschwendungsart (1) dient in erster Linie die einzelwirtschaftliche Rationalität, die zu effizienten Verbrauchsplänen auf der Seite der Haushalte und zu effizienten Produktionsplänen seitens privater und öffentlicher Anbieter führt.

Verschwendungsarten:	
(1) Verschwendung im Sinne einer unnötig ungünstigen Ziel-Mittel-Relation:	(1)Verwendung von Möglichkeiten, Ziele zu erreichen, da Mittel nicht effizient eingesetzt werden: Zu hoher Mitteleinsatz für gegebenes Ziel oder zu geringer Zielerreichungsgrad angesichts gegebener Mittel.
(2) Verschwendung im Sinne einer fehlerhaften Zielsetzung:	(2)Einsatz von Mitteln für „falsche" Ziele ⇒ Nichteinsatz von Mitteln für „richtige" Ziele, weil • (2.a) die Regeln der Wirtschaftsordnung so gesetzt sind, daß nicht den Bedürfnissen der Menschen entsprechend produziert und gehandelt wird oder • (2.b) Menschen sich unzureichend Klarheit über ihre Lebensziele verschaffen.

Die Verschwendungsart (2.a) ist durch ordnungspolitische Verbesserungen, die eine höhere Übereinstimmung der Produktions- und Verbrauchspläne mit den individuellen Bedürfnissen durch Setzung geeigneter Informations- und Leistungsanreize bewirken, zu mindern.

Die Verschwendungsart (2.b) schließlich entzieht sich zentralen Lösungsverfahren. Hier kann der Staat allenfalls Infrastruktur des Bildungssektors bereitstellen als Grundlage für private Nutzungsmöglichkeiten. Ansonsten sind hier die Individuen selbst aufgerufen, allein oder in Kommunikation mit anderen über ihre Lebensinhalte zu reflektieren und nach ständiger Überprüfung Lebensziele oder Etappenziele festzulegen. Aus Sicht der Ökonomie und der Wirtschaftspolitik sind die Ziele, die die Menschen haben, als gegeben hinzunehmen. Ökonomen sprechen dann davon, daß die *Präferenzen* der Wirtschaftssubjekte vorgegebene Konstanten seien.

2.5.2 Individuelle und gesellschaftliche Ziele

Grundsätzlich, so wurde in Zusammenhang mit der Bestimmung des Inhalts des Begriffs der Knappheit bereits festgestellt, vermögen nur einzelne Individuen Wertschätzung für irgend etwas zu empfinden. Die Wertschätzung folgt aus der Eignung eines Gegenstandes oder einer Handlung, zur Befriedigung eines ebenfalls nur subjektiv empfundenen Bedürfnisses beizutragen. Auch das Empfinden von Bedürfnissen ist eine ganz private Angelegenheit einzelner Menschen. Daraus folgt, daß letztlich nur Menschen, Individuen, sinnvoll Ziele setzen können.

Allerdings können die individuellen Ziele der einzelnen Menschen zum Teil miteinander in Übereinstimmung oder zumindest in Einklang gebracht werden. In solchen Fällen streben Menschen, wenn dies aus ihrer Sicht effektiver ist, ihre Ziele häufig wirkungsvoller gemeinschaftlich als einzeln an. Es bilden sich dann Zusammenschlüsse (Koalitionen) aus Individuen, die sich vertraglich aneinander binden. Solche Zusammenschlüsse sind in den häufigsten Fällen freiwilliger Natur, angefangen von Familien, Dorfgemeinschaften und Gemeinden über Vereine, Parteien, Gewerkschaften bis zu Unternehmen und Unternehmenszusammenschlüssen und Verbänden. Darüber hinaus gibt es noch die sogenannten Zwangsgemeinschaften des Staates, wobei auch diese Zwangsgemeinschaften nach der Verfassungsvertragsidee als Vereinbarung der Menschen zur Erlangung bestimmter Güter, die eben nur über solche Zwangsgemeinschaften bereitgestellt werden können, z. B. Landesverteidigung, aufgefaßt werden können. [1]

---

[1] Hierzu und zu den weiteren in diesem Abschnitt dargelegten Zusammenhängen sei auf die vielfältige Lehrbuchliteratur zur *Allgemeinen Wirtschaftspolitik* bzw. zur *Theorie der Wirtschaftspolitik* aber auch zu *Wirtschaftssystemen* und zur *Institutionenökonomik* verwiesen. Beispielsweise seien BERG/CASSEL (1995),

Die Ziele, deren Erreichung einerseits unmittelbar den sie verfolgenden Menschen dient und die die einzelnen Menschen wirkungsvoll auf freiwilliger Basis allein oder gemeinschaftlich mit anderen verfolgen können, bezeichnet man auch als *individuelle Ziele*. Dazu gehören die täglichen Versorgungsziele ebenso wie beispielsweise das Ziel des Einkommenserwerbs, das für die meisten Menschen in dem freiwilligen Zusammenschluß, den man Unternehmen nennt, besser zu verfolgen ist als allein.

Auf der anderen Seite gibt es aber auch Ziele, von denen man einerseits annehmen kann, daß jeder vernünftige Mensch sie für erstrebenswert hält und die andererseits nur durch staatliche Mithilfe oder auch allein durch staatliches Handeln wirkungsvoll angestrebt werden können. Solche Ziele nennt man *gesellschaftliche Ziele*. Betrachtet man die oberste Zielebene dieser gesellschaftlichen Ziele, so findet man die sogenannten *gesellschaftlichen Grundziele* Friede, Freiheit, Gerechtigkeit, Sicherheit und Wohlstand.

Für die Verfolgung der gesellschaftlichen Ziele und die Bereitstellung von Mitteln dafür wird der Staat als Zwangsgemeinschaft gebraucht. Zugleich ist aber geschichtlich gut belegt, daß vom Staat als Zwangsgemeinschaft häufig die größte Gefährdung dieser Ziele ausgeht, woraus das Dilemma entsteht, daß man einerseits für die Erreichung der entsprechenden Ziele einen starken Staat braucht, der andererseits aber auch die größte Gefahr bezüglich derselben Ziele für die Menschen darstellt. Deshalb braucht man einerseits demokratische Kontrolle und andererseits eine gute Begründung für die Zuweisung der entsprechenden Aufgaben an den Staat.

In unserem Zusammenhang ist insbesondere noch zu klären, was unter „jeder vernünftige Mensch" zu verstehen ist, denn offenkundig gibt es ja

---

GIERSCH (1991), STREIT (1991) TUCHTFELDT (1982), WOLL (1992) und RICHTER/FURUBOTN (1996) empfohlen.

auch Menschen, die nicht entmündigt sind und dennoch an einer Störung beispielsweise des inneren oder äußeren Friedens oder der Sicherheit interessiert sind, weil eine solche Störung ihnen persönlich einen Vorteil verschaffen würde.

Bei der grundlegenden Festlegung von gesellschaftlichen Zielen sollten solche Gebundenheiten an die besondere Rolle, die jemand in einer konkreten Gesellschaft einnimmt, nicht berücksichtigt werden. Deshalb könnte es zweckmäßig sein, zur Feststellung, ob die Annahme, daß alle vernünftigen Menschen für die entsprechenden Ziele sind, sinnvoll ist, ein Gedankenexperiment vorzunehmen, das von dem amerikanischen Philosophen JOHN RAWLS in seinem Buch „Eine Theorie der Gerechtigkeit" vorgeschlagen und angewandt wurde. Danach habe man sich vorzustellen, daß alle, die an dem Konsens über die gesellschaftlichen Ziele (oder auch Regeln!) mitwirken, unter einem sogenannten *„Schleier des Nichtwissens"* verborgen sind. Das bedeutet, daß die Teilnehmer über keinerlei Informationen darüber verfügen, welche Rolle sie oder irgendwer sonst in der Gesellschaft spielen. Dazu gehört idealerweise auch, daß die Teilnehmer nichts darüber wissen, ob sie beispielsweise alt oder jung sind, ob sie weiblichen oder männlichen Geschlechts sind, welche Hautfarbe sie haben, ob sie krank oder gesund sind, wie mehr oder weniger intelligent sie sind, ob sie groß und kräftig oder klein und kränklich sind, ob sie jetzt oder später leben, ob sie arm oder reich sind und so weiter.

Unter einem solchen *Schleier des Nichtwissens* müssen die Teilnehmer immer von der Möglichkeit ausgehen, daß sie zu den Benachteiligsten in der Gesellschaft gehören bzw. zu denen, die den Schaden haben, wenn die gesellschaftlichen Ziele, auf die sie sich einstimmig einigen sollen, nicht erfüllt werden. Unter den Bedingungen dieses Gedankenexperiments werden Regeln gesucht, die niemanden benachteiligten, den Ärmsten helfen und man wird sich auch auf die oben aufgeführten gesellschaftlichen

Grundziele einigen. (Vgl. zu den hier und im weiteren dargestellten Zusammenhängen auch GROSSEKETTLER (1982), S. 215 - 220.)

Somit ist also klar, daß nicht allein individuelle Ziele, sondern auch gesellschaftliche Ziele, wozu man den starken (Leistungs-)Staat in der Wirtschaft braucht, angestrebt werden müssen. Und es sollten nicht nur beide Zielarten im Sinne des Ökonomischen Prinzips, also im Sinne einer Ziel-Mittel-Relation, effizient angestrebt werden, zur Vermeidung von Verschwendung der Art (1) also. Sondern es sollte, da Verschwendung (der Art (2.a)) ja auch gegeben ist, wenn die Ziele angesichts knapper Mittel nicht im richtigen Mischungsverhältnis angestrebt werden, auch eine richtige Aufteilung der Anstrengungen auf die individuellen und die gesellschaftlichen Ziele erfolgen. Es geht hierbei letztlich um die immer aktuelle Frage nach dem Staatsanteil in der Wirtschaft.

2.5.3 Gesellschaftliche Regeln des Wirtschaftens

Da für eine Gesellschaft insgesamt die Ressourcenausstattung zu einem bestimmten Betrachtungszeitpunkt als gegeben angesehen werden kann, geht es einerseits um die optimale Zielbestimmung im Spannungsfeld zwischen individuellen und gesellschaftlichen Zielen und andererseits um die Maximierungsvariante des Ökonomischen Prinzips. Die Frage, *die eine ganz grundlegende wirtschaftspolitische Frage* ist, lautet:

> Wie kann eine Volkswirtschaft durch geeignete Regelsetzungen so geordnet werden, daß angesichts der knappen Ressourcen, über die die Volkswirtschaft verfügen kann, ein möglichst großer Zielerreichungsgrad der individuellen Ziele auf der einen Seite und der gesellschaftlichen Ziele auf der anderen Seite gleichzeitig möglich wird, also so, daß unter Berücksichtigung einer vernünftigen Zielbestimmung gesamtwirtschaftlich rational gewirtschaftet werden kann?

Diese Frage beantworten heißt, wirtschaftlich zweckmäßige gesellschaftliche Spielregeln festzulegen, an die sich die Menschen und ihre Zusammenschlüsse einschließlich des Staates halten müssen und auf deren Grundlage eine rationale Bedürfnisbefriedigung im Sinne des Ökonomischen Prinzips und unter Berücksichtigung beider Zielarten möglich ist. Die Frage ist *die Grundfrage der Wirtschaftsordnungspolitik*. Sie beinhaltet unter anderem auch die Frage danach, was den Privaten überlassen bleiben muß - weil beispielsweise sonst das gesellschaftliche Ziel „Freiheit" gefährdet würde - oder was den Privaten überlassen werden sollte - weil die Privaten bestimmte Ziele beispielsweise am wirkungsvollsten realisieren können - und was der Staat an Aufgaben übernehmen muß und sollte. Auf die auch für die Gesellschaft der Bundesrepublik Deutschland überaus wichtige Frage wird später noch näher einzugehen sein.

Bevor auf solche wichtigen Einzelheiten der Ausgestaltung konkreter Wirtschaftsordnungen eingegangen werden kann, muß noch grundsätzlich näher geklärt werden, was die Festlegung einer Wirtschaftsordnung denn elementar erfordert und welche Gestaltungselemente vorhanden sind.

Die Festlegung von Spielregeln, die dann ihrerseits die maßgeblichen Grundlagen der Wirtschaftsordnung sind, erfordert Antworten auf folgende Fragen (vgl. etwa STREIT (1991), S. 19 ff.):

(1) **Wer** soll welche **Entscheidungsbefugnisse** über welche Güter und Mittel besitzen?

(2) **Auf welche Weise** sollen die **Entscheidungsbefugnisse zugeteilt** werden **und** wie sollen sie auf andere Entscheidungsträger **übertragen** werden?

(3) **An wessen Wünschen und Bedürfnissen** sollen sich die Entscheidungsträger bei ihren **Entscheidungen** über knappe Güter und Mittel **ausrichten**?

(4) **Wie sollen die** vielfältigen **Entscheidungen** über Verwendungen von knappen Gütern und Mitteln miteinander in Übereinstimmung, also **koordiniert werden?**

Die Fragestellung (1) fordert auf, Antworten darüber zu geben, wer Verfügungsmacht worüber besitzt. Das beginnt mit der Festlegung von Eigentums- und Besitzrechten, mit Regelungen von Vertretungsbefugnissen und vielem anderen mehr. Darüber hinaus ist hier festzulegen, welche Entscheidungbefugnisse den Entscheidungsträgern gegeben sind. In der Sprache des sogenannten Property-Rights-Ansatzes (Vgl. dazu z. B. RICHTER/FURUBOTN (1996)) heißt das, hier müssen die Rechte, eine Sache zu nutzen (Usus), ihre Erträge einzubehalten (Usus fructus) und ihre Form und ihren Gehalt zu ändern (Abusus) festgelegt werden. Am Ende wissen wir, worüber der einzelne Bürger in seinem Privatbereich wie verfügen darf, welche Zugriffsmöglichkeiten auf Güter und Leistungen und Einsatzmöglichkeiten von Gütern und Leistungen Unternehmen haben, dort wiederum die einzelnen Mitarbeiter, der Vorstand usw. usf., wo Staatsdiener bzw. staatliche Institutionen welche Verfügungsgewalt besitzen etc.

Unter die Fragestellung (2) fallen Antworten, die uns mitteilen, daß beispielsweise Private durch Eigentumsübertragung, die ihrerseits beispielsweise auf einem Kaufvertrag oder aber auf einer Schenkung beruhen kann, Entscheidungsbefugnisse übertragen können. Auch durch Abtretung des Besitzes an einer Sache gehen Entscheidungsbefugnisse über. Hierunter fallen auch Antworten, die uns sagen, daß der Staat Zwangsabgaben in Geld oder anderen Gütern und Leistungen erheben kann. Der Staat seinerseits kann Verfügungsrechte über Zuweisungen, etwa Transferzahlungen, übertragen usw. In der Sprache der Property-Rights-Theorie wird hier also geklärt, inwieweit eine Sache oder das Bündel der an der Sache bestehenden Rechte insgesamt oder in Teilen auf andere übertragen werden kann.

Die Fragestellung (3) verlangt nach Antworten danach, woran die Entscheidungsträger sich bei ihren Entscheidungen auszurichten haben. Beispielsweise dürfen Private mit ihrem Privatbesitz, soweit sie andere damit nicht schädigen, nach ihren privaten Wünschen und Bedürfnissen verfahren. Einem Manager eines Unternehmens, der bei der Disposition über die Firmenkasse, über die er entscheidungsbefugt ist, ausschließlich seine eigenen Wünsche und Bedürfnisse berücksichtigt, werden andere an der Unternehmung beteiligte Gruppen bald klar machen, daß dies nicht gewünscht und auch nicht rechtens ist. Die Entscheidungsträger des Staates werden sogar mit einem Eid daran gebunden, bei ihren Dispositionen nicht an sich, sondern an die von ihnen vertretenen Bürger zu denken und in deren Interesse zu handeln.

Die Antworten zur Fragestellung (4) sind ökonomisch besonders relevant, denn hier geht es um die Koordination wirtschaftlicher Entscheidungen. Von der Wahl geeigneter Koordinationsverfahren und von deren Mischung in der Gesellschaft hängt ganz entscheidend der Wohlstand einer Gesellschaft ab. Die Bundesrepublik Deutschland verfügt diesbezüglich über eine reiche Erfahrung, da nach dem zweiten Weltkrieg eine etwa gleich gut ausgebildete Bevölkerung mit gleichem kulturellen Hintergrund geteilt wurde. Der entscheidende Unterschied in beiden Teilen lag darin, daß verschiedene Koordinationsverfahren angewendet wurden. Auf der einen Seite gab es freien Wettbewerb der Interessen und Tausch, auf der anderen Seite einen zentralen Plan. Der erste Teil lebte daraufhin in Wohlstand, der andere nicht.

Die Beantwortung der vier Fragestellungen erfolgt in einer jeden Gesellschaft durch die Festlegung von Regeln, von *gesellschaftlichen Regeln*. Dabei sind zwei Arten von Regeln zu unterscheiden, die in der folgenden Tabelle zu finden sind. (Zu den Arten von Regeln und ihren sozialen Bedeutungen vgl. insbesondere die Arbeiten VON HAYEKs, z. B. (1983a), (1967eb), (1996/1975e und 1983eb). Vgl. auch RÖPKE (1977), S. 53 ff.)

Arten von gesellschaftlichen Regeln:	
(1) Gesetzte und andere niedergeschriebene Regeln:	(1)Den Regeln liegen ausdrückliche Einigungen zugrunde, sie werden niedergeschrieben und sind nachlesbar: • (1.a) Regeln, denen eine gesellschaftliche Übereinkunft zugrunde liegt: Regeln der Rechtsordnung, wie sie im Privat-, Staats- und Strafrecht und dem ergänzenden Richterrecht zu finden sind. • (1.b) Regeln, denen eine Einigung Privater zugrunde liegt und die in freiwilligen Zusammenschlüssen von Individuen gelten: Solche Regeln finden sich etwa in Vereinen und Parteien als Satzungen, in Unternehmen als innerbetriebliche Regelwerke und Betriebsvereinbarungen usw.
(2) Regeln, die ungeschrieben sind und sich ausschließlich evolutorisch entwickeln:	(2)Auf diese Regeln hat sich niemand explizit geeinigt. Sie betreffen die sittlich-moralischen Verhaltensnormen einer Gesellschaft, ihre Bräuche und die Gewohnheiten, in denen sich das gesellschaftliche Leben abspielt. Die Regeln entwickeln sich durch Versuche zur Veränderung (Mutationen), die dann von den anderen Gesellschaftsmitgliedern bewertet werden. Die positiv bewerteten neuen Normen und Verhaltensweisen werden durch positive Verhaltensrückkoppelung bestärkt, die negativ bewerteten durch Sanktionen, die bis zum Gruppenausschluß führen können, bestraft (Selektion). Schließlich werden die solcherart erfolgreichen Veränderungen beibehalten (Bewahrung).

Zur Identifizierung einer Gesellschaft und ihrer Wirtschaftsordnung richten viele Menschen und auch Sachverständige ihr Augenmerk hauptsächlich auf die gesetzten und niedergeschriebenen Regeln. Dabei wiederum finden insbesondere die Regeln der Rechtsordnung besondere Beachtung. Schon hierin liegt eine gewisse Verzerrung, weil die Regeln, die etwa in Betrieben gelten, für viele Menschen alltäglich eine viel größere unmittelbare Bedeutung haben, als etwa die Regeln, die in den Gesetzen stehen, mit denen der normale Bürger kaum je einmal in Konflikt gerät, weil er sie in seiner Sozialisation weitestgehend verinnerlicht hat. Der Hauptteil der Verzerrung liegt allerdings in der unzulässig hohen Würdigung der geschriebenen Regeln im Vergleich zu den ungeschriebenen Regeln, die natürlich dadurch noch befördert wird, daß man durch das Studium der geschriebenen Regeln des Rechts zu einem angesehenen Beruf gelangen kann.

Gleichwohl darf nicht vergessen werden, daß in den meisten Gesellschaften die ungeschriebenen Regeln viel stärker wirken. Ja, im allgemeinen werden die Regeln des geschriebenen Rechtes von Zeit zu Zeit an den Wandel der ungeschriebenen Regeln angepaßt. Man vergleiche in der Bundesrepublik Deutschland etwa den Wandel im Familienrecht seit Bestehen der Bundesrepublik. Es gibt sogar sehr zivilisierte Staaten, die Teile ihres Rechts überhaupt nicht kodifiziert haben. Auch gibt es Beispiele für Länder, in denen Versuche, durch gesetzliche Regelungen die Einhaltung ungeschriebener Gesetze zu verhindern, weitgehend fehlgeschlagen sind. So hat beispielsweise die rechtliche Niederreißung von Kastenschranken in Indien nicht zu einem erheblichen Wandel in der Sozialstruktur geführt, da die Beachtung der Herkunft bei sozialen Aufstiegen nicht verhindert werden kann. Oder in der Gesellschaft der Vereinigten Staaten von Amerika sind ungeachtet eines durchgreifenden Diskriminierungsverbots noch immer Unterschiede in den Erfolgsaussichten nach Rassen festzustellen. Ungeschriebene Regeln schlagen häufig gegen geschriebene durch, wenn es zur Abweichung kommt. Und von den Gesellschaftsmitgliedern werden gesetzte Regeln im allgemeinen nur dann als gerecht bzw. als legitim angesehen, wenn sie den ungeschriebenen Regeln der Gesellschaft nicht widersprechen.

2.5.4 Entscheidungs- und Koordinationsverfahren

Die Regeln einer Gesellschaft legen demnach fest, wie die obigen Fragen beantwortet werden. Damit wird die konkrete Wirtschaftsordnung bestimmt. Besonderes Interesse gebührt dabei der Frage, ob die Entscheidungsbefugnisse eher dezentral oder eher zentral angesiedelt sind und wie die Entscheidungen dann miteinander koordiniert, also in Übereinstimmung gebracht werden. Dabei hängt die Frage der Zuordnung der Entscheidungsbefugnisse eng mit der des zweckmäßigen Koordinationsverfahrens zusammen. Denn wenn beispielsweise in einer menschlichen Gruppe die Entscheidungsbefugnisse über knappe Güter und Mittel ausschließlich dem Gruppenoberhaupt, beispielsweise einem Häuptling, zustehen, wird die hierarchische Anordnung und Kontrolle das wirkungsvollste Koordinationsverfahren sein. Sind die Entscheidungsbefugnisse hingegen sehr weit unter Personen gestreut, liegen freiwillige Übereinkünfte näher. Nennen wir wegen des engen Zusammenhangs von Entscheidungsbefugnissen und Koordinationserfordernissen die gesuchten Verfahren, die zur Verfügung stehen *Entscheidungs- und Koordinationsverfahren*, so haben R. E. *DAHL* und *CH. E. LINDBLOM* (1963/1953^e) (Vgl. auch BERG/CASSEL (1995), S. 166 ff. und HERDER-DORNEICH/GROSER (1977), S. 17, TUCHTFELDT (1982), S. 335 - 339) vier solche Verfahren ausgemacht, die, allerdings in unterschiedlicher „Mischung", in jeder Gesellschaft wirksam sind.

Vier Entscheidungs- und Koordinationsverfahren (nach R. E. DAHL und CH. E. LINDBLOM)	
Bezeichnung:	**Kurzcharakterisierung:**
Das *Marktsystem*	Wettbewerb der Interessen und freiwilliger Tausch. {Einstimmigkeitssystem}.
Die *Demokratie*	Abstimmung als Einigungsverfahren. {Mehrheitsentscheidungen}.
Die *Bürokratie*	Autoritäre und hierarchische Problemlösung. {Eine oberste Stimme entscheidet}.
Die *Gruppeneinigung*	Freiwillige Einigung zur Kooperation voneinander unabhängiger Gruppen. {Einstimmigkeit unter Gruppen}.

Auf diese vier Verfahren, die DAHL und LINDBLOM leicht abweichend bezeichnen, ist nun noch etwas näher einzugehen.

Im **Marktsystem** sind Eigentum und Verfügungsrechte dezentral zugeordnet. Es findet auf dieser Grundlage ein Wettbewerb der Interessen statt, und es kommt zu freiwilligen Tauschakten, die alle Beteiligten besser stellen. Die entscheidende Steuerungsfunktion übernehmen dabei die Preise, an denen die beteiligten Wirtschaftssubjekte erkennen können, ob ein Tausch sich für sie lohnt oder nicht.

Das Entscheidungs- und Koordinationsverfahren Markt zeichnet sich dadurch aus, daß alle Tauschpartner den Ergebnissen zustimmen müssen, denn ein Vertrag erfordert übereinstimmende Willenserklärungen der Beteiligten. Folglich ist das Marktsystem ein Einstimmigkeitssystem in dem Sinne, daß nur das zustande kommt, was die Zustimmung der Beteiligten findet. Auch wenn die Verhandlungspartner mit denkbar ungleichen Voraussetzungen, etwa was das Vermögen betrifft, in die Tauschverhandlungen eintreten, ist doch sichergestellt, daß das Marktsystem ein Ergebnis herbeiführt, das alle besser stellt. Die Tatsache, daß alle zustimmen, zeigt das. Wenn sich im Ergebnis jemand übervorteilt fühlt oder er das Ergebnis für ungerecht hält, weil ein Tauschpartner „besser weggekommen" ist, so liegt das entweder daran, daß ein Tauschpartner unzulässige Mittel, wie Drohung oder Täuschung ergriffen hat, oder an der ungleichen Anfangsausstattung, mit der die Partner in die Verhandlung gegangen sind. Beides sind möglicherweise unerfreuliche Erscheinungen, aber nicht dem Marktsystem anzurechnen. Vielmehr kann mit Hilfe des Marktsystems noch aus der ungünstigsten Ausgangslage für beide Partner das Beste gemacht werden. Das Marktsystem ist lediglich ein System zur Aufdeckung und Durchführung vorteilhafter Tauschmöglichkeiten. Hierauf zu verzichten, nur weil die Anfangsausstattungen ungleich verteilt sind, wäre Verschwendung. Sie würde die Benachteiligten noch schlechter stellen als es ohnedies durch die ungleiche Anfangsausstattung der Fall ist.

Die **Demokratie**, *DAHL* und *LINDBLOM* sprechen von Polyarchie oder Wahl, zeichnet sich dadurch aus, daß Mehrheiten entscheiden. Im politischen Bereich ist dieses Entscheidungs- und Koordinationsverfahren allen anderen Verfahren vor allem deshalb weit überlegen, als die Demokratie, worauf kein Geringerer als *KARL RAIMUND POPPER* (1902 - 1994) immer wieder hingewiesen hat, die Abwahl von Politikern, die die Macht auszunutzen beginnen, erlaubt. Mithin wirkt sie disziplinierend und freiheitserhaltend. Dieser große Vorteil der Demokratie als Mittel der Verhinderung von Machtausbeutung und der Bindung des Politikerhandelns an den Volkswillen macht dieses Entscheidungs- und Koordinationsverfahren im politischen Bereich allen anderen Verfahren vorzugswürdig. Dies bedeutet allerdings nicht, daß es in jedem Falle das bessere Verfahren zur Lösung von Problemen ist. So vorteilhaft dieses Verfahren, insbesondere im politischen Bereich, im Vergleich zu diktatorischen Systemen ist, ist es doch gegenüber dem Marktsystem mit einem Nachteil verbunden: Mehrheiten vermögen Minderheiten zu unterdrücken. Eine unbeschränkte Demokratie kann deshalb auch zu einer Unterdrückungsherrschaft werden, wenn auch nicht bezogen auf die Mehrheit, so doch auf Minderheiten. Die Demokratie ist deshalb im allgemeinen in Rechtsstaaten nicht unbeschränkt. Es gibt Schutzrechte für Minderheiten. Und je wichtiger gesellschaftliche Regeln sind, um so schwieriger wird es sinnvollerweise gemacht, sie zu ändern, was etwa durch qualifizierte statt einfacher Mehrheitserfordernisse berücksichtigt werden kann. In wirtschaftlichen Fragen ist die Demokratie allerdings dem Koordinationsverfahren Markt weitgehend unterlegen. Die meisten Menschen würden bezüglich ihrer alltäglichen wirtschaftlichen Entscheidungen, sei es bei ihren Konsumentscheidungen des täglichen Bedarfs oder auch beispielsweise bei ihren Entscheidungen zur Berufstätigkeit, auch keineswegs Abstimmungen mit Mehrheitsentscheid begrüßen.

Die Eigenschaft des Erfordernisses von Mehrheitszustimmungen macht demokratische Entscheidungen in vielen Fällen unattraktiv, weil Kompromisse eingegangen werden müßten, die gar nicht notwendig sind. Demokratische Entscheidungen führen dann nicht zur Begrenzung der Konflikte, die aus den knappen Ressourcen resultieren, sondern zur Verschärfung durch Unzufriedenheit mit den Kompromißlösungen, an die man sich halten müßte, obgleich noch vorteilhafte Tauschmöglichkeiten bestünden, die alle Tauschpartner besser, niemanden sonst aber schlechter stellen würden. Demokratie führt in solchen Fällen zu Ergebnissen, die nicht pareto-optimal sind. Ein Ergebnis ist erst dann pareto-optimal, wenn niemand mehr besser gestellt werden kann, ohne zugleich eine andere Person schlechter zu stellen. Das auf Einstimmigkeit beruhende Marktsystem führt hingegen, sofern nicht Marktunvollkommenheiten, auf die später noch einzugehen ist, dem entgegenstehen, im allgemeinen eher zu pareto-optimalen Lösungen, weil es das Problem der Überstimmung zur Erlangung eines Kompromisses nicht gibt. Die Kompromisse im Marktsystem sind allseits zustimmungsfähige Verhandlungslösungen. Auf die Demokratie als Entscheidungs- und Koordinationsverfahren sollte deshalb im wirtschaftlichen Bereich nur dort zurückgegriffen werden, wo das Marktsystem nicht wirkungsvoll eingesetzt werden kann oder zu inakzeptablen Versorgungsergebnissen führt und zugleich das Verfahren Demokratie zu besseren Ergebnissen führen kann. Zumeist braucht dann allerdings der Markt nicht gänzlich ersetzt, sondern allenfalls korrigiert werden. Auch dafür bedarf es jedoch im allgemeinen nicht nur des Nachweises eines durch die Marktkoordination entstehenden Mangels. Vielmehr muß zur Begründung des Ersatzes des Koordinationsverfahrens zusätzlich gezeigt werden, daß der Ersatz zu einer Verbesserung der Situation führen kann. Sonst würde der Mangel nur vergrößert bei abnehmender Freiheit der Wirtschaftssubjekte.

Im Entscheidungs- und Koordinationsverfahren **Bürokratie**, man spricht auch von Hierarchie oder Verwaltung, schrumpft das Zustimmungserfordernis im Vergleich zur Demokratie weiter zusammen. Hier entscheidet im Zweifel die oberste Spitze der Bürokratie. Koordiniert wird durch Direktiven, die einzuhalten sind. Wird dieses Verfahren auf alle gesellschaftlichen Bereiche eines Staates ausgedehnt, so liegt eine Diktatur vor. Erforderte das Marktsystem noch Einstimmigkeit im Sinne der Zustimmung aller Tauschpartner zu den Tauschergebnissen und die Demokratie Mehrheitszustimmung zu Ergebnissen, so erfordert die Bürokratie als Koordinationsverfahren im Zweifel nur eine Stimme zur Zustimmung, um Ergebnisse herbeizuführen.

Obgleich es auf den ersten Blick so scheint, als sei dieses Verfahren aufgrund der möglichen Machtausnutzung auf jeden Fall zu vermeiden, hat auch die Bürokratie durchaus Anwendungsvorteile in bestimmten Fällen.

Wenn es etwa darauf ankommt, eine - zuvor vielleicht demokratisch ge-faßte Entscheidung -, etwa zur Besteuerung der Wirtschaftssubjekte in einem Staat, rasch und wirkungsvoll um- und durchzusetzen, kann das Verfahren Bürokratie, im Beispiel eine effektiv auf der Grundlage hierar-chischer Anweisung und Durchführung arbeitende Finanzverwaltung, das sinnvolle Mittel sein. Die Bürokratie muß dann nur an rechtsstaatliche Prinzipien gebunden und durch eine unabhängige Judikative kontrollierbar sein.

Die **Gruppeneinigung**, *DAHL* und *LINDBLOM* sprechen von Bargaining (Gruppenverhandlungen), beruht darauf, daß Gruppen von Wirtschafts-subjekten zu einer einstimmigen Verhandlungslösung gelangen. Hier gibt es wieder, wie im Marktsystem, eine Einstimmigkeit. Diesmal aber unter Gruppen, was nicht bedeutet, daß alle Gruppenmitglieder der Einigung zustimmen könnten. Dieses Entscheidungs- und Koordinationsverfahren fällt insofern aus dem Rahmen, als eine Aussage darüber, welche Mehr- oder Minderheiten entscheiden, nicht mehr ohne weiteres möglich ist, weil dies davon abhängt, wie die Entscheidungsfindung und die Koordination innerhalb der Gruppen erfolgt und wie die Entscheidungen der - meist demokratisch gewählten - Verhandlungsführer an die Entscheidungen innerhalb der Gruppen gebunden sind. Der Bereich, in dem dieses Ent-scheidungs- und Koordinationsverfahren in der Bundesrepublik Deutsch-land eine wirtschaftlich sehr bedeutsame Stellung einnimmt, ist das Tarif-vertragssystem auf dem Arbeits"markt". Hier werden die Konditionen hinsichtlich Arbeitsbedingungen, Arbeitszeiten und Arbeitsentlohnungen durch Verhandlungen und Gruppeneinigungen zwischen den Arbeitgeber-verbänden und den Gewerkschaften weitestgehend festgelegt.

3. Wirtschaftseinheiten und Märkte

Im vorigen Kapitel wurde im Detail die Fragestellung des Wirtschaftens erläutert. Handeln nach dem Ökonomischen Prinzip ergab sich aus der Forderung der Vernunft, Verschwendung zu vermeiden. In einer Volkswirtschaft gibt es jedoch zahlreiche Produktionsergebnisse, die die Forderung der Abwesenheit von Verschwendung im Sinne der Sicherstellung effizienter Produktion durch Einhaltung des Ökonomischen Prinzips, als Vermeidung der Verschwendungsart (1) [Siehe S. 60], erfüllen. Grundsätzlich ist jedes dieser Ergebnisse in diesem Sinne als wirtschaftlich effizient anzusehen. Welche solcherart effiziente Lösung realisiert wird, hängt allerdings von den Präferenzen der Wirtschaftssubjekte ab. In einer entwickelten Volkswirtschaft mit einer sehr großen Anzahl von Wirtschaftssubjekten ist die Entscheidung über die gewählte Güterkombination ein sozialer Prozeß. (Zu den folgenden Ausführungen vergleiche unter anderem HANUSCH/KUHN (1991), S. 65 ff. und WOLL (1996), S. 93 ff.).

Für eine marktwirtschaftliche Ordnungen gilt im Grundsatz:

- **Private Haushalte** treffen Entscheidungen über die Güternachfrage und das Faktorangebot.

- **Private Unternehmen** treffen Entscheidungen über das Güterangebot und die Nachfrage nach Produktionsfaktoren (Entscheidung über Produktions-technologien)

- Die **Koordination von Angebot und Nachfrage** zwischen Privaten Haus-halten und Privaten Unternehmen findet auf Märkten statt, d. h., der Preismechanismus übernimmt die Koordinationsaufgabe.

Man erhält auf den Märkten die folgenden Marktbeziehungen:

Art des Marktes			
Faktormarkt		Gütermarkt	
Anbieter	Nachfrager	Anbieter	Nachfrager
Haushalte	Unternehmen	Unternehmen	Haushalte

Die Marktbeziehungen zwischen Privaten Haushalten und Privaten Unternehmen sind der zentrale Untersuchungsgegenstand dieses Kapitals. Im folgenden wird zuerst das Verhalten der Marktpartner isoliert untersucht. Danach werden das Zusammentreffen der Marktpartner auf Märkten und die sich hieraus ergebenden Beobachtungen betrachtet.

Schließlich ist noch der Staat als Wirtschaftssubjekt zu betrachten und elementar in die Analyse einzubeziehen.

3.1 Die Privaten Haushalte

Ein Privater Haushalt kann definiert werden als eine Person oder Gruppe von Wirtschaftssubjekten, die Faktoreinkommen beziehen und diese für den Konsum oder Ersparnis verwenden (vgl. HANUSCH/KUHN (1991), S. 69).

Haushalte verhalten sich gemäß dem **Rationalprinzip** und haben als Ziel die Bedürfnisbefriedigung, die aus dem Konsum von Gütern zu erzielen ist, zu maximieren (**Nutzenmaximierung**).

Der Güterverbrauch stiftet **Konsumnutzen**, wobei das Niveau der Bedürfnisbefriedigung von den Präferenzen der Haushalte abhängt. Um seinen Nutzen zu maximieren, müßte ein Haushalt eigentlich eine **unbegrenzte Gütermenge** nachfragen, **da die Bedürfnisse prinzipiell als unbegrenzt** angesehen werden.

Die nachgefragte Gütermenge wird jedoch durch seine begrenzten Möglichkeiten (reale Konsumsumme) eingeschränkt. **Begrenzungsfaktoren** sind dabei das **Einkommen, das Vermögen** (akkumulierte Ersparnis) und die **Preise der Güter.**

Das Kapitalangebot:

Die Haushalte geben im allgemeinen nicht ihr Einkommen nur für Konsum aus, sie realisieren **Ersparnis.** Ersparnis ist Konsumverzicht in der Gegenwart, um zukünftigen Konsum zu ermöglichen.

Die Gründe für Ersparnis sind :

- Ein Haushalt rechnet mit seinem Lebenseinkommen. Er muß Sparen, um ein zukünftiges geringeres Einkommen auszugleichen.

- Der Haushalt spart, um Vermögen für spätere größere Anschaffungen zu bilden.

- Der Haushalt spart, um vorhersehbare Lebensrisiken im Sinne eines besonderen Liquiditätsbedarfs abdecken zu können.

- Der Haushalt spart, um Vermögensbestände auf spätere Generationen zu übertragen. In diesem Fall hat der Haushalt eine Vererbungspräferenz.

- Der Haushalt spart, weil er für seine Ersparnis als Gegenwert den **Zins** erhält, d. h. er verzichtet jetzt auf möglichen Konsum, um später höheren Konsum aus dem erzielten Vermögenseinkommen zu realisieren. Die Zinsen zahlen diejenigen Wirtschaftssubjekte, denen die Ersparnis zum Konsum oder zur Investition überlassen wird. Die Entscheidung über die Ersparnis eines Haushalts wird bestimmt vom Zins und von seiner Präferenz für Zukunftskonsum (**Zeitpräferenzrate**). Man geht in der Regel von einer positiven Zeitpräferenzrate aus. Der Grund liegt in der Minderschätzung zukünftiger Bedürfnisse. Hieraus folgt, daß ein positiver Zins existieren muß, da nur in diesem Falle eine entsprechend der Annahme zureichende Entschädigung für den Konsumverzicht geleistet wird.

Durch die positive Ersparnis der Privaten Haushalte wird auf dem Kapitalmarkt Kapital angeboten.

Das Arbeitsangebot:

Haushalte bieten Arbeit an, um Einkommen zu erzielen, das für Konsumzwecke in Gegenwart und Zukunft verwendet wird. Als Entschädigung für den Einsatz des Produktionsfaktors Arbeit erhält der Haushalt einen Lohn. Üblicherweise wird unterstellt, daß der Haushalt eine Präferenz für Freizeit hat, also Arbeit als Leid ansieht.

Daher ist sein Arbeitsangebot determiniert durch

- die Höhe des Lohnsatzes,

- die Freizeitpräferenz des Haushalts,

- seine Konsumpräferenz und

- sein Vermögen (ermöglicht Konsum ohne Aufgabe von Freizeit).

Mit dem Arbeitsangebot bringt der Private Haushalt den Produktionsfaktor Arbeit auf den Arbeitsmarkt.

Die *Güternachfrage des Haushalts:*

Die Ableitung der individuellen Faktorangebots- und Güternachfrage-funktionen eines Haushalts ist Gegenstand der mikroökonomischen Haus-haltstheorie. Diese leitet die entsprechenden Funktionen aus einem Opti-mierungskalkül des Haushaltes formal ab. Im Rahmen der Einführung wollen wir uns auf die intuitive Darstellung der einfachsten Ergebnisse beschränken und auch nur die Güternachfrage des Haushaltes betrachten. (vgl. HANUSCH/KUHN (1991), S. 74 ff).

Die individuelle Güternachfragefunktion:

Die Güternachfrage eines Haushalts ist abhängig von:

- dem Preis des Gutes,
- dem Preis anderer Güter,
- dem Einkommen (Vermögen) des Haushalts,
- den Präferenzen des Haushalts.

Als Nachfragefunktion wird hier die Beziehung zwischen Preis p und Nachfragemenge x bezüglich eines Gutes bezeichnet. Das folgende Schaubild verdeutlicht diesen Zuammenhang für den Fall einer normal verlaufenden Nachfragefunktion:

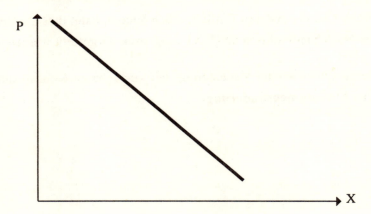

Im Normalfall wird eine in einem **(p,x)-Diagramm fallende Nachfrage-funktion** erwartet, d. h. je höher der Preis eines Gutes, um so geringer die nachgefragte Menge. Dies gilt natürlich unter der Annahme der Konstanz aller anderen Determinanten der Nachfrage (ceteris-paribus Annahme).

Als Begründung soll gelten:

1. Eine Erhöhung des Preises eines Gutes, bei Konstanz der anderen Ein-flußgrößen, hat eine Realeinkommenssenkung des Haushalts (Kauf-kraftverlust) zur Folge. Der Haushalt kann sich jetzt mit seiner kon-stanten Konsumsumme nur noch weniger von dem teurer gewordenen Gut und unter Umständen auch den anderen Gütern leisten. Dies ist der *Einkommenseffekt einer Preiserhöhung*.

2. Der Konsument wird wahrscheinlich versuchen, das teurer gewordene Gut durch ein anderes preiswerteres zu ersetzen, zu substituieren. Dies ist der *Substitutionseffekt einer Preiserhöhung*.

Beide Effekte führen im Normalfall also zu einer Verringerung der nach-gefragten Menge bei dem teurer gewordenen Gut.

Verschiebung der Nachfragefunktion durch Datenänderung:

Wenn sich die anderen Einflußgrößen ändern, kann dies als Verschiebung der Nachfragefunktion im (P,X)-Diagramm dargestellt werden.

Betrachten wir eine Veränderung der verfügbaren Konsumsumme durch eine **Einkommensänderung**.

Individuelle Nachfragefunktion eines Haushalts bei Einkommensvariation

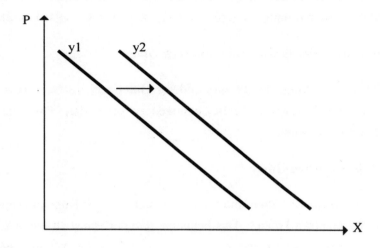

Im Schaubild führt eine Einkommenserhöhung des Haushalts vom Ursprungseinkommen y^1 auf das neue Einkommensniveau y^2 zu einer Rechtsverschiebung der Nachfragefunktion. Die Einkommenserhöhung bewirkt, daß von jedem Gut, bei gleichen Preisen, mehr nachgefragt werden kann. Eine Einkommenssenkung bewirkte hingegen, daß ceteris paribus weniger nachgefragt werden kann.

Eine Einkommenserhöhung wird normalerweise die Nachfragefunktion nach rechts, eine Einkommenssenkung wird die Nachfragefunktion nach links verschieben.

Güter, bei denen dieser Zusammenhang gilt, werden als **normale Güter** oder als **superiore Güter** bezeichnet. Einen Ausnahmefall stellen allerdings die sogenannten *inferioren Güter* (Güter von "niederem" Wert) dar. (Genaueres zu diesen Güterbezeichnung und eine Abgrenzung zu einer alternativen Definitionsmöglichkeit findet der Leser im Anhang 1.) Inferiore Güter werden bei steigendem Einkommen sogar in absolut geringerer Menge nachgefragt, da der Haushalt es sich nun leisten kann, diese Güter durch höherwertige Güter, die er sich vorher nicht oder nicht in dem Maße leisten konnte, zu ersetzen. (Vgl. z. B. HICKS (1946), S. 28.)

Änderung des Preises eines anderen Gutes

Für die Wirkung des Preises anderer Güter auf die Nachfrage eines betrachteten Gutes sind die Beziehungen zwischen den Gütern zu beachten. Wir unterscheiden:

a) **Substitutive Güter**

Substitutive Güter sind Güter, die sich in ihrer Nutzwirkung gegenseitig ersetzen können. Das bedeutet, daß der Haushalt einen Minderkonsum des einen Gutes durch einen Mehrkonsum des anderen Gutes so ausgleichen kann, daß sein Bedürfnisbefriedigungsgrad insgesamt, sein Nutzen also, gleich bleibt. Er würde also das vorhergehende Güterbündel und das neue Güterbündel als gleichwertig ansehen. Steigt nun der Preis des anderen Gutes, so spricht der Substitutionseffekt der Preiserhöhung dafür, daß von dem betrachteten substitutiven Gut mehr nachgefragt wird. Allerdings hat zugleich der Einkommenseffekt der Preiserhöhung die Konsummöglichkeiten des Haushalts reduziert. Aufgrund dieses Einkommenseffektes würde also der Haushalt weniger von dem betrachteten Gut nachfragen, sofern es sich nicht um ein inferiores Gut handelt. Bei einem nicht inferioren Gut würde demnach eine Preiserhöhung eines substitutiven Gutes eine Rechtsverschiebung der Nachfragefunktion bewirken, wenn der Substitutionseffekt den Einkommenseffekt dominiert, eine Linksverschiebung, wenn der Einkommenseffekt den Substitutionseffekt überwiegt und keinerlei Verschiebung, wenn beide Effekte sich ausgleichen. Ist das betrachtete Gut aber inferior, dann gingen Substitutionseffekt und Einkommenseffekt in dieselbe Richtung. In diesem Fall würde eine Preiserhöhung des anderen Gutes eine Rechtsverschiebung, eine Preissenkung beim anderen

Gut eine Linksverschiebung des betrachteten substitutiven Gutes bewirken.

b) **Komplementäre Güter**:

Komplementäre Güter sind Güter, die sich gegenseitig bei der Stiftung von Nutzen ergänzen. Der Haushalt muß beide Güter in einer bestimmten Verbrauchsmengenkombination konsumieren, um den Nutzen zu realisieren. In diesem Fall gibt es definitionsgemäß keinen Substitutionseffekt, da der Haushalt durch eine Substitution der beiden Güter nicht auf seinem Nutzenniveau verharren *kann*. Somit kommt nur der Einkommenseffekt in Betracht. Die Preiserhöhung des komplementären Gutes reduziert die Konsummöglichkeiten des Haushalts. Die Wirkung entspricht der einer Einkommensreduktion. Handelt es sich bei den beiden komplementären Gütern nicht um inferiore Güter, so wird sich die Nachfrage nach beiden Gütern aufgrund der Preiserhöhung vermindern: Bei dem Gut, dessen Preis sich ändert, entlang der Nachfragefunktion, bei dem komplementären Gut durch Linksverschiebung der Nachfragefunktion.

3.2 Die Unternehmen

Unternehmen sind Wirtschaftseinheiten, die eigenverantwortlich ihr Güterangebot und die Produktion von Gütern festlegen. Zur Produktion von Gütern setzen sie im Produktionsprozeß Produktionsfaktoren ein, und sie entscheiden über die eingesetzte Produktionstechnologie. Unternehmen treten somit auf dem Gütermarkt als Anbieter und auf den Faktormärkten als Nachfrager auf. Hier soll in der gebotenen Kürze auf das Angebotsverhalten des Unternehmens eingegangen werden. (Näheres zum hier Dargestellten findet der Leser in BEHRENS/PEREN (1998))

Zielsetzung der Unternehmung:

Unternehmen verhalten sich nach dem Rationalprinzip. Als wirtschaftliches Ziel wird gewöhnlich **Gewinnmaximierung** unterstellt.

Der Gewinn (G) ist als Differenz zwischen **Umsatz (U) und Kosten (K)** zu definieren.

$$G = U - K \Rightarrow max!$$

Dies bedeutet natürlich auch, daß der Unternehmer

- eine etwaig vorgegebene Ausbringungsmenge mit minimalen Kosten produzieren möchte (**Kostenminimierung**),

- bei gegebenen Kosten **Umsatzmaximierung** betreibt.

Kostenminimierung und Umsatzmaximierung können somit als Unterziele der Gewinnmaximierung angesehen werden, wenn jeweils eine Seite des Geschehens vorgegeben wird.

Die Produktionsentscheidung des Unternehmens hat dabei zum einen ein **Mengengerüst**, welches sich daraus ergibt, daß, abhängig von der verwendeten Produktionstechnologie, die Herstellung einer bestimmten Gütermenge eine bestimmte Menge an Produktionsfaktoren bedarf. Dabei werden Produktionstechnologien gewählt, die gewährleisten, daß Verschwendung in technischer Hinsicht vermieden wird.

Zum zweiten gibt es ein **Wertgerüst** der Produktion, das man erhält, wenn man die eingesetzten Produktionsfaktoren bewertet. Nach dieser Bewertung kann das Unternehmen aus den technisch effizienten Produktionstechnologien die ökonomisch effiziente Technologie wählen. Diese gewährleistet, daß die Produkte mit minimalen Kosten produziert werden.

Hat das Unternehmen seine Produktion ökonomisch effizient gestaltet, so wird es zu jeder geplanten Produktionsmenge ganz bestimmte Faktoreinsatzmengen auf den Faktormärkten nachfragen, wobei auch der Planungshorizont eine Rolle spielt, weil kurzfristig bestimmte Faktoreinsätze nicht variiert werden können, also nicht mit der Ausbringungsmenge zusammen erhöht oder vermindert werden können. Demnach gehört nach Abschluß der effizienten Ausgestaltung der Produktion zu jeder Ausbringungsmenge ein ganz bestimmtes Kostenniveau. (Vgl. BEHRENS/PEREN (1998))

Man kann allgemein folgende **Kostenverläufe** in Abhängigkeit von der Ausbringungsmenge unterscheiden, wobei im folgenden unterstellt werden soll, daß die Unternehmen die Faktorpreise hinnehmen müssen, also Mengenanpasser auf den Faktormärkten sind, was insbesondere bedeutet, daß die von den Unternehmen gewählte Produktionsmenge aus Sicht des Unternehmens keinen Einfluß auf die Höhe der Faktorpreise hat.

(1) Proportionale Kostenverläufe:

Mit steigender Ausbringungsmenge steigt der Kostenverlauf proportional an. Ein zusätzlicher Output bedarf eines genau proportionalen zusätzlichen Inputs. Es werden identische weitere Produktionsstätten in Betrieb genommen (quantitative Anpassung). Die Folge sind feste Grenzkosten.

(2) Überproportionale Kostenverläufe:

Mit steigender Ausbringungsmenge steigt der Kostenverlauf überproportional an. Ein zunächst linearer Kostenverlauf kann in einen überproportionalen Kostenverlauf übergehen, wenn kurzfristig nur ein Faktor verändert werden kann. Um dann mehr zu produzieren, wird die Leistungsintensität der eingesetzten Maschinen von der Größe, die optimal wäre, wenn alle Faktoren variiert werden könnten, abweichen (intensitätsmäßige Anpassung). Die Folge sind steigende Grenzkosten.

(3) Unterproportionale Kostenverläufe:

Mit steigender Ausbringungsmenge steigt der Gesamtkostenverlauf unterproportional an. Die Grenzkosten und die Durchschnittskosten sinken mit
steigender Ausbringungsmenge.

Man kann die Gesamtkostenverläufe K(X) in Abhängigkeit von der Produktionsmenge wie folgt graphisch darstellen.

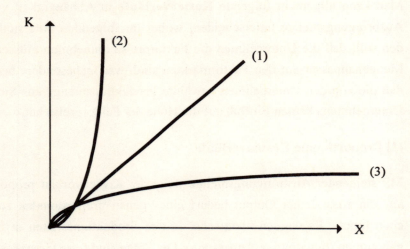

(1) stellt den linearen Kostenverlauf dar,

(2) stellt den überproportionalen Kostenverlauf dar,

(3) stellt den unterproportionalen Kostenverlauf dar.

Zudem sind Kostenverläufe möglich, die sich in Teilstücken aus den angegebenen Verläufen zusammensetzen, wie etwa der S-förmige Kostenverlauf, der auf den klassischen Ertragsgesetz beruht und zunächst unterproportional, dann überproportional ansteigt. (Vgl. dazu etwa BEH-
RENS/PEREN (1998), S. 16 ff. und S. 79 ff.)

Angebotsfunktion des Unternehmens

Der Unternehmer wird gemäß seiner Zielfunktion versuchen, ein gewinn-
maximales Güterangebot zu bestimmen.

Es gilt :

$$G(x) = U(x) - K(x) = p \cdot x - K(x) \Rightarrow \max!$$

G(x) sei die Gewinnfunktion, U(x) die Umsatzfunktion, K(x) die Kostenfunktion, p der Absatzpreis und x die Absatz- und Produktionsmenge. Der
Unternehmer sei Mengenanpasser und nehme den Absatzpreis als Datum
hin. Die Produktionsmenge ist die Entscheidungsvariable.

Im Gewinnmaximum gilt nun:

$$\frac{dG}{dx} = \frac{dU}{dx} - \frac{dK}{dx} = p - \frac{dK}{dx} \stackrel{!}{=} 0,$$

Damit es sich auch um ein Maximum handelt, muß als hinreichende Bedingung gelten:

$$\frac{d^2G}{dx^2} < 0.$$

Sollte die hinreichende Bedingung erfüllt sein, gilt demnach im Optimum:

$$p = \frac{dK}{dx}.$$

d. h., der Preis (=Grenzumsatz) entspricht im Gewinnmaximum den
Grenzkosten: (**Preis = Grenzkosten**)

Die Optimalbedingung sagt aus, daß der Unternehmer die Produktions-menge solange ausdehnen wird, wie der Grenzerlös einer zusätzlich Aus-bringungsmenge (=Preis) größer ist als die Grenzkosten. Er stoppt die Ausdehnung der Produktion, wenn der Grenzerlös den Grenzkosten ent-spricht.

Je nach Kostenverläufen ergeben sich daraus unterschiedliche optimale Ausbringungsmengen. (Vgl. dazu BEHRENS/PEREN (1998))

Betrachten wir *beispielhaft nur den Fall eines überproportionalen Ko-stenverlaufs:*

Im Falle des überproportionalen Kostenverlaufs sieht sich das Unterneh-men als Mengenanpasser folgender Situation gegenüber:

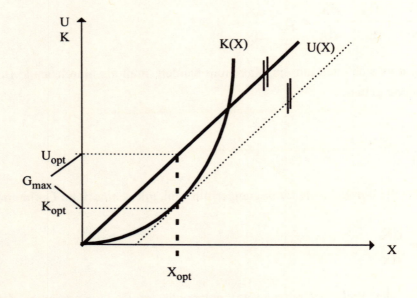

Verschiebt man die lineare Umsatzfunktion solange parallel nach unten (gestrichelte Linie), bis sie die überproportionale Kostenfunktion tangiert, findet man die optimale (=gewinnmaximale) Ausbringungsmenge X_{opt}. Bei dieser Ausbringungsmenge stimmen Grenzumsatz (=P) und Grenzkosten (=Steigung der Kostenfunktion) überein. Man findet den zugehörigen Umsatz U_{opt} und die zugehörigen Kosten K_{opt}. Der Gewinn entspricht der Differenz zwischen Umsatz und Kosten und ist an dieser Stelle maximal, G_{max}.

Die individuelle Angebotsfunktion des Unternehmens in Abhängigkeit vom Preis des Outputgutes findet man, indem man direkt die Funktion der Grenzkosten und die Grenzumsatzfunktion (hier gilt: Grenzumsatz = P) vergleicht: Die individuelle Angebotsfunktion des Unternehmens stimmt mit seiner Grenzkostenfunktion überein.

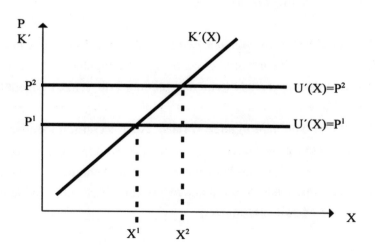

3.3 Märkte und Preise

Es soll nun das Zusammenspiel von Angebot und Nachfrage und die Funktion des Preises auf Märkten anhand des Gütermarktes beschrieben werden. Es sei vollständige Konkurrenz auf dem untersuchten Markt angenommen. Dieses bedeutet (vgl. HANUSCH/KUHN (1991), S. 67 f):

- Auf dem betrachteten Markt stehen sich eine sehr große Zahl von Anbietern und Nachfragern gegenüber. Jeder Marktteilnehmer für sich ist relativ unbedeutend, d.h. er verfügt über keine Marktmacht. Der Marktteilnehmer verhält sich als Mengenanpasser. Der Preis wird vom einzelnen Marktteilnehmer als vorgegebenes Datum angesehen. Man bezeichnet diese Marktform als Polypol oder auch atomistische Konkurrenz.

- Der Markt sei als vollkommen anzusehen. Der Vollkommenheitsgrad eines Marktes wird bestimmt durch die *Homogenität* der gehandelten Güter und die *Markttransparenz*.

Man spricht von *homogenen Gütern* auf einem Markt, wenn dort *aus der Sicht der Nachfrager* gleichartige Güter gehandelt werden. Dies bedeutet, daß der Kunde keine besonderen Präferenzen gegenüber einzelnen Güteranbietern und ihren Produkten hat. Ist das nicht der Fall, spricht man von *heterogenen Gütern*. Auch technisch identische Güter können heterogene Güter sein, wenn der Kunde sie für verschieden hält. Diesem Phänomen begegnet man etwa, wenn das gleiche Produkt unter verschiedenen Markennamen verkauft wird, um Kundenbindungen an die Marke auszunutzen.

Bei homogenen Gütern dürfen dementsprechend keine Präferenzen der folgenden Art herrschen:

1. Sachliche Präferenzen

Diese sind vorhanden, wenn der Konsument von mehreren angebotenen Gütern der gleichen Art eines vorzieht, weil er Unterschiede in den Gutseigenschaften erkennt (unterschiedliche Qualität etc.)

2. Räumliche Präferenzen

Diese herrschen vor, wenn der Käufer Anbieter aufgrund ihres Standortes vorzieht. Bei Abwesenheit räumlicher Präferenzen wird auch vom sogenannten Punktmarkt gesprochen.

3. Persönliche Präferenzen

Diese herrschen vor, wenn der Nachfrager einzelne Anbieter aufgrund persönlicher Gründe (Bekanntheit, freundliche Bedienung etc.) vorzieht.

4. Zeitliche Präferenzen

Diese liegen vor, wenn der Nachfrager seine Kaufentscheidung von dem Zeitpunkt der Verfügbarkeit des Gutes abhängig macht.

Es muß außerdem **Markttransparenz** herrschen. Markttransparenz liegt vor, wenn die Marktteilnehmer vollständige Information über die relevanten Marktdaten haben. Dieses bedeutet in der Regel vollkommene Preisinformation. Die Annahme eines vollkommenen Marktes stellt sicher, daß auf einem Markt nur ein Preis herrschen kann.

Die Tatsache, daß die Lebenserfahrung lehrt, daß solcherart Markttransparenz im allgemeinen nicht gegeben ist, spricht nicht gegen die Verwendung der Annahme der Markttransparenz in den Marktmodellen. Die Annahme führt dazu, daß man zu eindeutigen Gleichgewichtsergebnissen kommt. Abweichungen davon führen zu Nutzen- oder Gewinneinbußen, so daß in der Realität Haushalte und Unternehmen bestrebt sind, Abweichungen zu vermeiden. Das bedeutet, daß in der Realität im allgemeinen wegen fehlender Markttransparenz zwar nicht genau der Gleichgewichtspunkt realisiert wird, daß das Ergebnis aber so gut es eben in der Wirklichkeit geht in dessen Nähe liegen wird, weil Abweichungen ökonomisch bestraft werden. Die abgeleiteten Aussagen werden in ihrer Richtung durch die Nichterfüllung der Annahme der Markttransparenz im allgemeinen nicht falsch.

3.3.1 Gütermarktgleichgewicht und Preisbildung

A) Die Nachfrageseite:

Die Marktnachfragefunktion kann als Aggregation der individuellen Nachfragefunktionen dargestellt werden, wobei bei jeweils gegebenen Preisen die zugehörigen individuellen Nachfragemengen addiert werden.

Die Marktnachfragefunktion hat die gleichen Eigenschaften wie die individuellen Nachfragefunktionen.

Mathematische bezeichnet ergibt sich:

$$X_1^N = f(P_1, P_2, \ldots, P_n, Y)$$

mit X_1^N = Marktnachfragemenge eines Gutes 1

P_1 = Preis des Gutes 1

$P_2, \ldots, P_n$ = Preise aller anderen Güter

Y = Einkommen in der Volkswirtschaft

Graphisch erhält man im (P_1, X_1)-Diagramm eine fallende Nachfragefunktion, wenn man ein normales Nachfrageverhalten unterstellt.

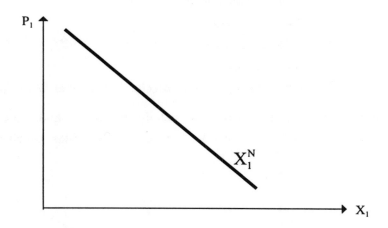

B) Die Angebotsseite:

Das Marktangebot eines Gutes kann wieder als Aggregation der individuellen Angebotsfunktionen der Unternehmen abgleitet werden, wobei ebenfalls die jeweils bei einem bestimmten Preis angebotenen Mengen addiert werden. Da die individuellen Angebotsfunktionen der Grenzkostenfunktion entsprechen, ergibt sich die Marktnachfrage als Addition der Grenzkostenfunktionen der Unternehmen in Mengenrichtung.

Die Marktangebotsfunktion ist mithin abhängig von

- dem Preis des Gutes
- den Produktionskostenverläufen, die durch die Faktorpreise und die eingesetzten Technologien bestimmt werden.

Mathematisch kann die Angebotsfunktion, wie folgt beschrieben werden :

$$X_1^A = f(P_1, w, r, PT)$$

In dieser Angebotsfunktion ist:

X_1^A = Angebotsmenge des Gutes 1

P_1 = Preis des Gutes 1

w = Arbeitskostensatz

r = Kapitalkostensatz

PT = eingesetzte Produktionstechnologien einer Wirtschaft

In einem (P_1, X_1) Diagramm läßt sich die Angebotsfunktion als steigende Funktion darstellen. Je höher der Preis um so größer das Angebot $X_1{}^A$.

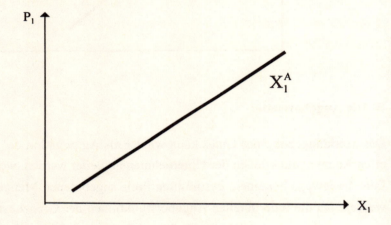

Begründung:

Wenn die einzelnen Unternehmen einem überproportionalen Kostenverlauf gegenüberstehen, dann ist jede individuelle Angebotsfunktion eine mit dem Preis steigende Funktion. Damit hat auch die aggregierte Angebotsfunktion einen entsprechend steigenden Verlauf.

Wenn jedes einzelne Unternehmen einem linearen Kostenverlauf gegenübersteht (konstante Grenzkosten = variable Stückkosten), dann wird jedes Unternehmen bis zur Kapazitätsgrenze anbieten, falls der Preis über den Grenzkosten liegt. Haben Unternehmen jedoch unterschiedliche Grenzkosten, da sie unterschiedlich effiziente Verfahren einsetzen, dann ist die Marktangebotsfunktion wiederum eine mit steigendem Preis steigende Funktion, da bei jedem gegebenen Marktpreis eine unterschiedliche Anbieterzahl vorhanden ist. Wenn der Marktpreis sinkt, werden Unternehmer mit zu hohen Stückkosten aus dem Markt ausscheiden und das Marktangebot sinkt.

Im folgenden Marktdiagramm wird sich eine Verbesserung der eingesetzten Produktionstechnologien (1) als Verschiebung der Angebotsfunktion nach unten bzw. nach rechts darstellen lassen. Bei jedem gegebenen Preis steigt das Angebot, da mit den verbesserten Verfahren die Kosten gesunken sind. Ein Anstieg der Faktorpreise (2) wird zu einer Linksverschiebung der Marktangebotsfunktion führen, da die Produktionskosten angestiegen sind.

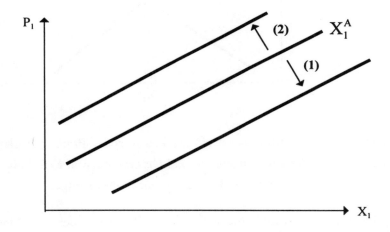

C) Das Gütermarktgleichgewicht:

Das Marktgleichgewicht wird durch das Zusammentreffen von Angebot und Nachfrage auf dem Markt bestimmt. Es sei definiert als derjenige Zustand, bei dem die angebotene Menge der nachgefragten Menge entspricht. Es ist die Mengen-Preis-Kombination, bei der keine Angebots- oder Nachfrageüberschüsse bestehen.

Das Gleichgewicht wird durch den Preismechanismus erreicht. Dieser bringt Angebot und Nachfrage zum Ausgleich. (Vgl. HANUSCH/KUHN (1991), S. 79 ff und WOLL (1996), S103 ff).

In einer graphischen Darstellung ergibt sich das Marktgleichgewicht im Schnittpunkt von Angebot und Nachfrage. Als Ergebnis erhalten wir den Gleichgewichtspreis P_1^* und die Gleichgewichsmenge X_1^*.

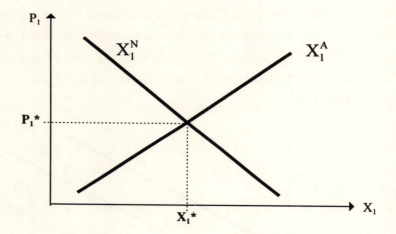

Der Gleichgewichtspreis ist ein markträumender Preis. Bei diesem Preis gehen die Pläne von Haushalten und Unternehmen in Erfüllung. Geplante Kaufwünsche entsprechen der angebotenen Gütermenge.

Von Interesse ist die Untersuchung des Prozesses, der zum Marktgleichgewicht führt. Da ja Unternehmen und Haushalte im Prinzip unabhängig voneinander planen, ist nicht damit zurechnen, daß sofort ein Marktgleichgewicht erreicht wird.

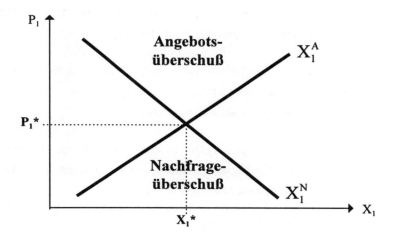

Es sei angenommen, daß in der Ausgangssituation eine Konstellation existiert, in der der Preis p1 über dem Gleichgewichtspreis liegt. In dieser Konstellation herrscht ein Angebotsüberschuß, d.h. zu dem Preis wird mehr angeboten als nachgefragt.

Da einzelne Anbieter ihre Waren nicht absetzen können, werden sie, um unfreiwillige Lagerhaltung zu vermeiden, die Preise senken. Gleichzeitig werden bei einer Tendenz zur Preissenkung die Unternehmer mit den höchsten Kosten aus dem Markt ausscheiden, da sie Verluste erleiden. Dieser einsetzende Prozeß führt also zum einen zu einer Angebotssenkung und zum anderen, wegen des gesunkenen Preises, zur Nachfrageausdehnung. Der Prozeß ist dann beendet wenn das Gleichgewicht erreicht ist.

Falls in der Ausgangssituation der Marktpreis unter dem Gleichgewichtspreis liegt, wird ein ähnlicher Prozeß in Gang gesetzt.

In der Ausgangssituation wird ein Nachfrageüberschuß herrschen, so daß nicht alle Nachfrager befriedigt werden können. Einzelne Nachfrager werden daher höhere Preise bieten bzw. die Anbieter werden Warteschlangen beobachten und die Möglichkeiten zur Preiserhöhung erkennen und wahrnehmen. Dieses wird neue Anbieter auf den Markt bringen und somit zu einer Angebotsausdehnung bei steigenden Preisen führen. Der Prozeß ist wiederum im Gleichgewicht beendet.

Wir können somit feststellen, daß sowohl bei einem Angebots- als auch bei einem Nachfrageüberschuß eine Tendenz zum Gleichgewicht bei funktionierendem Preismechanismus besteht.

Ein bestehendes Marktgleichgewicht kann durch **Verschiebung von Angebots- und/oder Nachfragefunktion** verändert werden. In diesen Falle werden neue Gleichgewichtssituationen erreicht.

Wir können die folgenden Fälle unterscheiden:

1. Verschiebung der Nachfragefunktion

Nehmen wir an, daß sich die Nachfragefunktion nach rechts verschiebt, da zum Beispiel das Einkommen der Haushalte steigt. Das folgende Schaubild verdeutlicht die Situation:

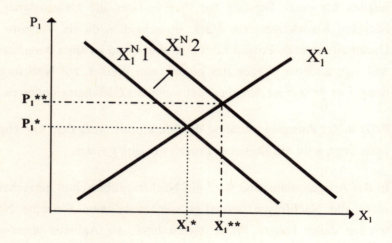

Im alten Gleichgewicht (X_1^*, P_1^*) herrscht nun ein Nachfrageüberschuß, da bei gegebenem Preis die Haushalte mehr nachfragen. Der Anpassungsprozeß steigender Preise wird zum neuen Gleichgewicht mit einem höheren Gleichgewichtspreis und einer höheren Menge (X_1^{**}, P_1^{**}) führen.

2. Verschiebung der Angebotsfunktion

Nehmen wir an, daß sich die Angebotsfunktion nach rechts verschiebt, da z.B. eine kostengünstigere Produktionstechnik durch technischen Fortschritt erzielt wird. Das folgende Schaubild verdeutlicht wiederum die Situation:

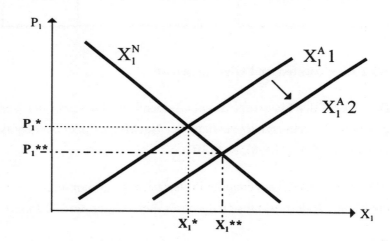

In der Ausgangssituation des alten Gleichgewichts (P_1^*, X_1^*) wird somit ein Angebotsüberschuß bestehen, da bei gegebenen Preisen, aufgrund günstigerer Kostensituation, der Unternehmenssektor mehr anbietet. Der folgende Anpassungsprozeß wird zu einer Preissenkung und einer Mengensteigerung führen. (Vgl WOLL (1996), S107).

Tabellarische Zusammenfassung der Verschiebungen (WOLL (1996)):

Verschiebungsart	Situation beim Ausgangsgleich-gewichtspreis	Neues Gleichgewicht	
		Preis	Menge
Nachfragesteigerung	Nachfrageüberschuß	höher	höher
Nachfragesenkung	Angebotsüberschuß	niedriger	niedriger
Angebotssteigerung	Angebotsüberschuß	niedriger	höher
Angebotssenkung	Nachfrageüberschuß	höher	niedriger

3.3.2 Elastizitäten und Gleichgewicht

Der Begriff der Elastizität ist entscheidend für die Stärke der Veränderungen vom Ausgangsgleichgewicht bei Nachfrage- oder Angebotsänderungen. (Vgl. WOLL (1996), S. 113ff.)

Allgemein gibt die sogenannte Preiselastizität an, um wieviel Prozent sich die Menge ändert, wenn sich der Preis eines Gutes um 1% ändert.

Wird die Nachfragemenge betrachtet, so handelt sich um die Preiselastizität der Nachfrage. Wird die Angebotsmenge betrachtet, so handelt sich um die Preiselastizität des Angebots.

Die Elastizität läßt sich natürlich auch mathematisch ausdrücken. Die Elastizität, wir bezeichnen sie mit η_{yx}, gibt ja allgemein die relative Veränderung einer Größe y an, bezogen auf die relative Änderung einer Größe x an. Zur Verdeutlichung betrachten wir das folgende Schaubild, in dem die Größe der Variablen y von der Größe der Variablen x abhängt (y=f(x)):

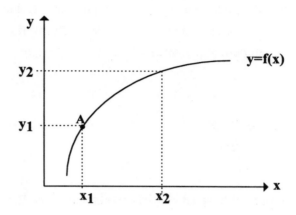

Betrachtet wird vom Ausgangspunkt A eine Veränderung der Variablen x von x_1 auf x_2, die eine Veränderung der Variablen y von y_1 auf y_2 auf der Funktion y = f(x) bewirkt. Diese Veränderungen werden dann als relative Veränderungen ausgedrückt und zueinander entsprechend der folgenden Formel in Beziehung gesetzt.

$$\eta_{yx}^{B} = \frac{\dfrac{y_2 - y_1}{y_1}}{\dfrac{x_2 - x_1}{x_1}} = \frac{\dfrac{\Delta y}{y_1}}{\dfrac{\Delta x}{x_1}} = \frac{\Delta y}{\Delta x} \cdot \frac{x_1}{y_1}$$

Die so berechnete Elastizität bezeichnet man als *Bogen- oder Streckenelastizität* (das B am Elastizitätssymbol kennzeichnet, daß es sich um eine Bogenelastizität handelt).Ein Nachteil dieser Bogen- oder Streckenelastizität ist es, daß bei einer nichtlinearen Funktion der Wert der Elastizität von der absoluten Größe der Veränderung abhängig ist. Während der Quotient der zu Punkt A gehörenden Ausgangswerte konstant bliebe,

würde sich bei Verkleinerung der Veränderung von x beim oben betrachteten Funktionsverlauf der Quotient der Veränderungen vergrößern.
Schließlich würde er sich bei zunehmender Verkleinerung der Veränderung von x allgemein der Steigung der Funktion im Punkt A nähern. Dies
ist der sogenannte Grenzübergang, so daß sich in infinitesimaler Betrachtung für jeden beliebigen Ausgangspunkt (x,y) ergibt:

$$\eta_{yx} = \frac{\frac{dy}{y}}{\frac{dx}{x}} = \frac{dy}{dx} \cdot \frac{x}{y}$$

In dieser Betrachtung ist die Elastizität von y in Bezug auf x in jedem
Punkt gleich dem Differentialquotienten der Funktion dy/dx , multipliziert
mit dem Verhältnis x/y der Koordinaten des Punktes. Diese Elastiziät
nennt man **Punktelastizität**. Während bei theoretischen Betrachtungen in
der Regel die präzisere Punktelastizität verwendet wird, sind in der Empirie häufig nur absolute Änderungen bekannt, nicht aber der Funktionsverlauf, so daß auf die Bogen- oder Streckenelastizität zurückgegriffen werden muß.

Wäre x beispielsweise der Preis eines Gutes und y die nachgefragte Menge bezüglich dieses Gutes, so wäre η_{yx} die Preiselastizität der Nachfrage
dieses Gutes. Wäre x das Einkommen und y die nachgefragte Menge bezüglich dieses Gutes, so wäre η_{yx} die Einkommenselastizität der Nachfrage dieses Gutes. Entsprechende Elastizitäten lassen sich für das Ange-
bot formulieren. Ist dabei $0 < |\eta_{yx}| < 1$, spricht man von einer unelastischen
Reaktion, ist $|\eta_{yx}| > 1$, von elastischer Reaktion.

Da die Nachfragefunktion im Preis-Mengen-Diagramm eine fallende Funktion darstellt, kann leicht eingesehen werden, daß die Preiselastizität der Nachfrage kleiner als Null sein muß. Umgekehrt muß die Preiselastizität des Angebots bei normalem Angebotsverhalten positiv sein.

Man spricht von einem unelastischen Nachfrage- oder Angebotsverhalten, wenn der Absolutbetrag der Elastizität in der Nähe von Null ist. Von einem elastischen Nachfrage- oder Angebotsverhalten kann gesprochen werden, wenn die Elastizität einen Absolutbetrag von nahe unendlich hat. Graphisch ist dies relativ leicht darzustellen, wie das folgende Schaubild zeigt.

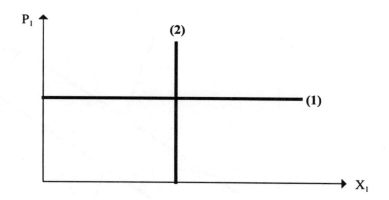

(1) Preiselastististizität (der Nachfrage/des Angebots) geht gegen (-/+) unendlich.

(2) Preiselastizität (der Nachfrage/des Angebots) geht gegen Null.

Im Preis-Mengen-Diagramm ist eine unelastische Funktion nahezu eine Parallele zur Ordinate, während eine preiselastische Funktion nahezu eine Parallele zur Abzisse ist.

Einfluß der Elastizität auf das Gleichgewichtsverhalten

a) *elastische versus unelastische Nachfrage*

Dies sei graphisch untersucht, indem eine gegebene Nachfragefunktion bei Veränderung des Angebot betrachtet wird (vgl. HANUSCH/KUHN (1991), S. 83 ff). Im unelastischen Fall wird die Nachfrage auf Preisänderungen kaum reagieren. Wenn sich zum Beispiel die Angebotsfunktion nach links verschiebt (Angebotsreduktion wegen Kostenerhöhung etc.), dann wird im neuen Gleichgewicht die Menge nur geringfügig gesunken sein, während der Preis stark gestiegen ist. Das folgende Schaubild mit der Darstellung einer unelastischen Nachfragefunktion verdeutlicht diesen Zusammenhang:

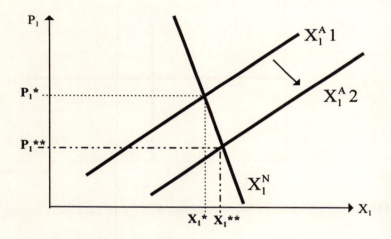

Eine gleiche Angebotsverschiebung wird bei relativ elastischer Nachfrage dazu führen, daß die Menge stark zurückgeht, während der Preis nur relativ gering zunimmt. Das folgende Schaubild mit relativ elastischer Nachfragefunktion verdeutlicht dies.

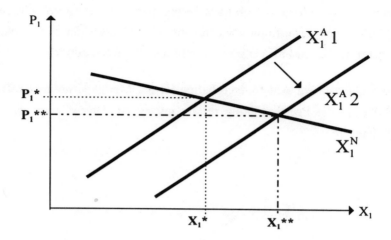

b)elastisches versus unelastisches Angebotsverhalten

Dies sei wiederum untersucht, indem wir eine gegebene Angebotsfunktion bei Veränderung der Nachfrage betrachten. Unterstellen wir, daß die Nachfragefunktion sich in einem Preis-Mengen-Diagramm nach rechts verschiebt, weil z.B. ein erhöhtes Einkommen die Nachfrage erhöht.

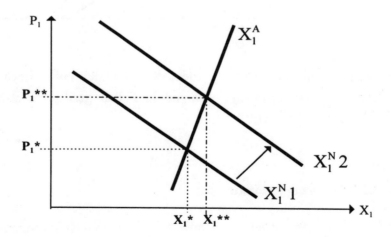

Bei unelastischem Angebotsverhalten wird im neuen Gleichgewicht die Menge nur geringfügig angestiegen sein, währen der Preis relativ stark ansteigt. Diesen Fall veranschaulicht das obige Schaubild.

Bei elastischem Angebotsverhalten ist die Mengenerhöhung relativ groß, während die Preiserhöhung relativ gering ist. Dieses zeigt das folgende Schaubild.

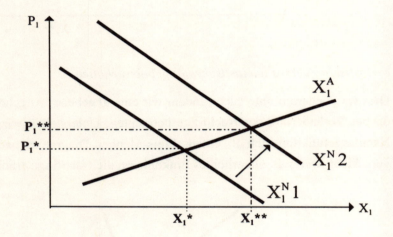

Insgesamt kann festgestellt werden, daß in Fällen hoher Elastizität die Mengenreaktion überwiegt, während in Fällen geringer Elastizität die Preisreaktion überwiegt.

3.3.3 Effizienz der Konkurrenz

Bisher wurde festgestellt, daß unter den definierten Konkurrenzbedingungen die Märkte bei freier Preisbildung zu einer Gleichgewichtssituation führen.

Es sei nun untersucht, ob dieses Gleichgewicht unter gesellschaftlichen Gesichtspunkten auch als effizient anzusehen ist, d.h. ob die gesellschaftliche Wohlfahrt in wünschenswerter Weise berücksichtigt wird. Als Effizienzmaß sei das so genannte **Paretokriterium**, nach *VILFREDO PARETO* (1848 - 1923), angenommen. Es sei eine Situation als effizient anzusehen, wenn es unmöglich ist, ein Wirtschaftssubjekt besser zu stellen ohne daß gleichzeitig ein anderes Wirtschaftssubjekt schlechter gestellt wird. Dieses Kriterium entspricht der Forderung nach *Abwesenheit von Verschwendung*, einen entsprechenden Zustand bezeichnet man als ***Pareto-Optimum***.

Wenn alle vom Marktgleichgewicht abweichenden Punkte als Zustände von Verschwendung im Vergleich zum Marktgleichgewicht dargestellt werden können, dann ist die Effizienz des Marktgleichgewichtes im angegebenen Sinne abgeleitet.

Betrachten wir im Marktdiagramm nun vom Gleichgewicht abweichende Situationen:

1. Fall: Betrachteter Preis ist höher als der Gleichgewichtspreis.

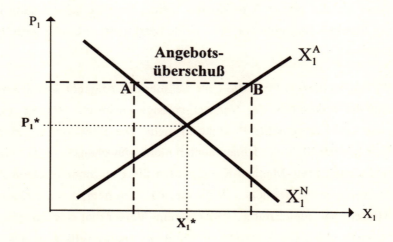

In diesem Fall ist im Marktdiagramm **ein Angebotsüberschuß** zu erkennen.

Da Markttausch auf freiwilligen Verträgen beruht, solche Verträge aber nur zustande kommen, wenn beide Marktseiten übereinstimmende Willenserklärungen abgeben, kann bei Ungleichgewichten auf dem Markt immer nur die sogenannte **kürzere Marktseite** bestimmen, welche Tauschmenge realisiert wird. Als kürzere Marktseite bezeichnet man dabei einfach die Marktseite, deren Funktion beim betrachteten Preis näher an der Ordinate liegt. In unserem Falle ist das die Nachfrageseite, da die Strecke zum Punkt A von der Ordinate aus gesehen kürzer ist als die Strecke zum Punkt B. Dem entsprechend wird nur die zum Punkt A gehörende Menge getauscht. Obgleich die Anbieter bei diesem Preis gern mehr verkaufen würden (Punkt B), können sie nicht mehr absetzen. Würde nun die Angebotsüberschußmenge (entsprechend Punkt B auf der Angebotsfunktion) sogar tatsächlich realisiert, dann kann dieses sofort als Verschwendung interpretiert werden, da Güter produziert werden, die keine Nachfrage finden. Diese Lösung kann somit sofort als nicht wünschenswert unter Effizienzgesichtspunkten erkannt werden. Aber auch dann, wenn nur die Menge A produziert würde, liegt Verschwendung im Sinne des Pareto-Kriteriums vor, weil beide Marktpartner besser gestellt werden könnten.

Sollten zu diesem Preis die Unternehmer das Angebot soweit rationieren, daß die Produktion der Nachfragemenge entspricht **(Punkt A)**, besteht zwar keine ungewollte Produktion mehr. Die Situation ist jedoch einerseits aus der Sicht der Konsumenten nicht wünschenswert, da bei der dann realisierten Preis-Mengen-Kombination die Unternehmer einen Preis realisieren würden, der höher als die Grenzkosten liegt, d. h die Konsumenten würden bei gleichzeitig schlechterem Versorgungsniveau als möglich "ausgebeutet". Die Situation ist allerdings andererseits auch aus der Sicht der Produzenten nicht wünschenswert, weil Angebot nicht realisiert werden kann, das bereits zu einem niedrigeren Preis als dem gegebenen mit

Gewinn unterbreitet werden könnte, repräsentiert durch den Teil der Angebotsfunktion, der unterhalb des Intervalls [A, B[(Intervall ohne den Punkt B) liegt. Eine minimale Preissenkung führte durch Produktionsausweitung zur Realisierung eines weiteren Nutzens (in Höhe des Grenznutzens entsprechend der Nachfragefunktion), der über den durch die Produktionsausweitung verursachten weiteren Kosten (in Höhe der Grenzkosten entsprechend der Angebotsfunktion) liegt.

2. Fall: Betrachteter Preis ist niedriger als der Gleichgewichtspreis.

Betrachtet sei nun der Bereich unterhalb des Marktgleichgewichts im Marktdiagramm. Der Preis liegt unterhalb des Gleichgewichtspreises. Dies ist im Marktdiagramm als Nachfrageüberschuß zu erkennen.

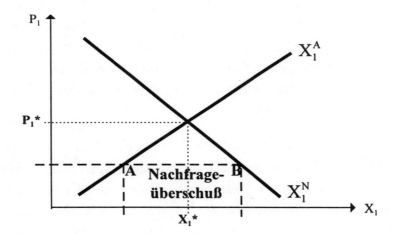

In diesem Fall ist die Angebotsfunktion die kürzere Marktseite. Ein über die zum Punkt A gehörende Menge hinausgehendes Angebot existiert nicht, so daß auch nicht über höhere Tauschmengen Verträge zustande kommen. Es bleibt Nachfrage unbefriedigt, die auch zu höheren Preisen noch mit Nutzengewinn von Anbietern freiwillig befriedigt werden könnte.

Sehen wir uns den Zusammenhang von Preis und Nettonutzen, der durch den Markt entsteht, genauer an.

Volkswirtschaftlicher Nettonutzen und Marktkoordination:

Zunächst sei daran erinnert, daß die Marktnachfragefunktion sich aus der Aggregation der individuellen Nachfragefunktionen ergab, die ihrerseits aus den Präferenzen der Nachfrager abgeleitet wurden. Der Preis gibt ja an, worauf der Haushalt verzichten muß, um das Gut zu erlangen. Die Nachfragefunktion gibt nun an, welche maximale Zahlungsbereitschaft für die Gutseinheiten besteht. Die maximale Zahlungsbereitschaft spiegelt wider, welcher höchstmögliche Nutzen bei alternativer Verwendung des Geldes entstehen kann. Ist der Nutzen bei alternativer Verwendung höher, verzichtet der Haushalt auf den Kauf des betrachteten Gutes, ist er niedriger, tätigt er den Kauf. Entsprechend spiegelt die Nachfragefunktion die Grenznutzen für die jeweiligen Gutseinheiten wider. Der **gesamte Nutzen** (= *Bruttonutzen*) einer bestimmten konsumierten Menge des Gutes ergibt sich dann als Fläche (Integral) unter der Nachfragekurve von Null bis zu der bestimmten Menge.

Ebenso ist die Angebotsfunktion als Aggregation der individuellen Angebotsfunktionen konstruiert. Die individuellen Angebotsfunktionen ergaben sich aber aus dem Gewinnmaximierungsverhalten der Unternehmen. Bei jedem Preis gibt demnach die Angebotsfunktion die gewinnmaximale Produktionsmenge an. Die Angebotsfunktion ist aber die Grenzkostenfunktion: Solange der Preis höher ist als die Grenzkosten, wird die Produktion ausgeweitet, ist es umgekehrt, wird sie eingeschränkt. Der Ordinatenabschnitt der Angebotsfunktion entspricht den Grenzkosten des ersten Stückes, die weiteren Punkte der Angebotsfunktion geben die zusätzlichen Kosten bei Ausdehung der Produktion an. Demnach finden wir als **Gesamtkosten** der Produktion (Entlohnungen der Produktionsfaktoren einschließlich Unternehmerlohn) einer bestimmten Menge die Fläche (Integral) unter der Angebotsfunktion von Null bis zu dieser bestimmten

Menge. (Vgl. zum hier Dargestellten auch FRISCH/WEIN/EWERS (1996), S. 34 ff.)

Der **volkswirtschaftliche Nettonutzen** aus der Marktkoordination kann dann als Differenz aus Bruttonutzen und Gesamtkosten ermittelt. Er teilt sich auf in **Konsumentenrente**, die dadurch entsteht, daß Haushalte Gütereinheiten zu einem (einheitlichen) Preis erhalten, der unter ihrer Zahlungsbereitschaft liegt, und **Gewinn**, der dadurch entsteht, daß Gutseinheiten zu einem Preis verkauft werden, der über ihren Stückkosten liegt. In der Realität sind die Unternehmen im allgemeinen unterschiedlich gut in der Bereitstellung der Güter, so daß der Gewinn die Leistungsunterschiede widerspiegelt und auch als **Differentialgewinn** bezeichnet wird (zur Empirie vgl. z. B. RECKFORT (1996)).

Es wird deutlich, daß dieser volkswirtschaftliche Nettonutzen bei Realisierung des Marktgleichgewichtspreises maximal ist, wie wir uns an folgendem Marktdiagramm klar machen.

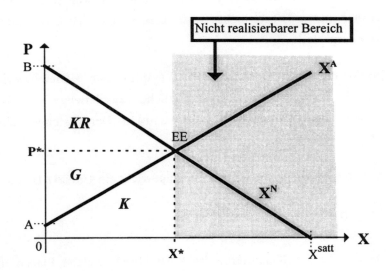

Die *Angebotsfunktion* beginnt im Punkt A mit den Grenzkosten des am günstigsten zu produzierenden Stückes, das ab diesem Preis angeboten werden kann. Sie steigt dann stetig an, wie es einem überproportionalen Kostenverlauf auf dem Markt entspricht.

Die *Nachfragefunktion* beginnt im Punkt B. Wird der den Punkt B entsprechende Preis überschritten, so gibt es keine Nachfrage nach dem Gut mehr. Der dem Punkt B entsprechende Preis wird entsprechend als **Prohibitivpreis** bezeichnet. Die Nachfragefunktion hat dann einen sinkenden Verlauf, d. h. der Grenznutzen der weiteren Stücke nimmt ab, und erreicht bei der Menge X^{satt} die Höhe Null, also die Abszisse. Die Menge X^{satt} ist also die Menge, die bei einem Preis von Null erworben wird. In diesem Fall wird das Gut wie ein freies Gut bis zur Sättigung konsumiert. Die Menge X^{satt} heißt deshalb auch **Sättigungsmenge**.

Da, wie bereits ausgeführt, **immer die kürzere Marktseite entscheidet**, welche Menge getauscht wird, sind Tauschmengen $X > X^*$ nicht realisierbar. Sie sind für das Marktgeschehen irrelevant, weil sich keine Vertragspartner finden. Dieser nicht realisierbare Bereich ist im Schaubild schraffiert dargestellt.

Im Gleichgewicht wird der Punkt E (Equilibrium = Gleichgewicht) realisiert. Es kommt dann die größtmögliche Tauschmenge X^* zustande. Bei keinem anderen Preis wird mehr getauscht. Der Gleichgewichtspreis ist P^*.

Auf dem Markt ergibt sich im Gleichgewicht ein **Umsatz U** von

$$U = P^* \cdot X^* \quad (= \overline{P^* E X^* 0})$$

Dabei gibt der Klammerausdruck an, durch welche Fläche im obigen Schaubild die jeweils mathematisch bestimmte Größe repräsentiert wird. Der Querstrich über den in der Klammer angegebenen Variablen kennzeichnet, daß es sich um die Fläche handelt, die durch die Verbindung der durch die Symbole gekennzeichneten Punkte mit Geraden entsteht. Auf diese Weise können alle Größen im obigen Schaubild als Flächen gefunden werden.

Die **Produktionskosten K** im Gleichgewicht lesen wir unter der Angebotskurve ab:

$$K = \int_0^{X^*} XAdX \quad (= \overline{AEX^*0})$$

Der **Gewinn G** ergibt sich als Differenz aus Umsatz U und Kosten K:

$$G = U - K = P^* \cdot X^* - \int_0^{X^*} XAdX \quad (= \overline{P^*EA})$$

Der **volkswirtschaftliche Bruttonutzen U**^{brutto} entspricht der Fläche unterhalb der Nachfragekurve:

$$U^{brutto} = \int_0^{X^*} XNdX \quad (= \overline{BEX^*0})$$

Den **volkswirtschaftlichen Nettonutzen U**^{netto} erhalten wir, indem wir vom Bruttonutzen die Produktionskosten abziehen:

$$U^{netto} = U^{brutto} - K \quad (= \overline{BEA})$$

Der volkswirtschaftliche Nettonutzen setzt sich aus dem Gewinn und der **Konsumentenrente KR** zusammen. Die Konsumentenrente ergibt sich aus:

$$KR = U^{netto} - G \quad (= \overline{BEP^*})$$

Aus diesen Beziehungen wird unmittelbar klar, daß der volkswirtschaftliche Nettonutzen im Marktgleichgewicht E maximal ist. Nur in diesem Punkt kann es ein Pareto-Optimum geben. Greifen wir beispielsweise noch einmal kurz den Fall auf, in dem der Preis über P* lag, so kann es zwar sein, daß der Gewinn größer als im Gleichgewichtspunkt ist. Dennoch könnten durch Produktionsausdehnung bei niedrigerem Preis beide Seiten gewinnen, weil die Nachfrager in der Lage wären, die Produzenten für eventuell auftretende Gewinneinbußen zu entschädigen und gleichwohl etwas übrig behielten. Dies sei im folgenden Schaubild, ausgehend vom Preis P^0 skizziert:

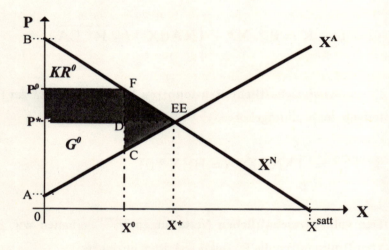

Unter der Annahme, daß ungeachtet der Tatsache, daß der Ausgangspreis P^0 nicht der markträumende Preis ist, nur die effizienteste Produktion zum Zuge käme, würde die Fläche $\overline{P^0FCA}$ den Ausgangsgewinn G^0, die Fläche $\overline{BFP^0}$ die Ausgangskonsumentenrente KR^0 darstellen. Wenn nun die Nachfrager den Anbietern anböten, ihnen eine Entschädigung in Höhe der im Schaubild von links unten nach rechts oben schraffierten Fläche

$\overline{P^0FDP}$ * zu zahlen, wenn diese bereit wären, die Menge X* zum Preis P* anzubieten, hätten beide Seiten einen Vorteil. Durch den Übergang von der Preis-Mengen-Kombination (P^0, X^0) auf die Preis-Mengen-Kombination (P*, X*) entspräche der Zugewinn an Konsumentenrente der Fläche $\overline{P^0FEP}$ *, so daß den Nachfragern nach Entrichtung der vereinbarten Entschädigungszahlung noch ein Nettovorteil in Höhe der dunklen Fläche $\overline{FED}$ verbliebe. Den Anbietern würde zusätzlich zum Gewinn in der Ausgangslage, den sie durch die Entschädigungszahlung behielten, noch ein Gewinn in Höhe der von links oben nach rechts unten schraffierten Fläche $\overline{DEC}$ zufließen.

Natürlich funktionieren reale Märkte nicht auf diese Weise durch mit Entschädigungsleistungen für Verhaltensänderungen verbundener Einigung auf Preis-Mengen-Kombinationen zwischen Nachfragern und Anbietern, weil sich normalerweise die Anbieter und Nachfrager nicht des Koordinationsverfahrens Gruppeneinigung bedienen (können). Auf Wettbewerbsmärkten wird die Preis-Mengen-Kombination (P*, X*), jedenfalls in der Tendenz, erreicht, weil sich beim höheren Preis P^0 Anbieter fragen, warum sie nicht weitere Stücke anbieten sollten, deren zusätzliche Kosten unter dem Preis P^0, als zusätzlich erwartetem Erlös pro Stück, liegen. Dadurch könnten (die erwarteten) Gewinne gesteigert werden. Erst das gemeinsame Ergebnis der einzelwirtschaftlichen Bestrebungen, auf diese Weise den Gewinn zu erhöhen, führt zum Sinken des Preises, so daß mit Annäherung an P* bei einzelnen Anbietern Gewinnchancen schwinden, die zuvor (bei P^0) bestanden haben. Die Anbieter befinden sich insofern in einer Falle, die auch als Konkurrenzparadoxon (vgl. dazu z. B. STÜTZEL (1978), S. 30 ff.) bezeichnet wird und zum Wohle der Konsumenten wirkt.

Es ist also festzustellen, daß das Marktgleichgewicht bei vollständiger Konkurrenz unter Effizienzgesichtspunkten als die allen anderen Situation überlegene Lösung anzusehen ist, da

- im Gleichgewicht die Wünsche von Anbietern und Nachfragern erfüllt und zum Ausgleich gebracht werden und

- die marginale Zahlungsbereitschaft der Haushalte den Grenzkosten der Produktion entspricht, somit weder Unterversorgung noch Überversorgung (=unnötiger Verzicht auf die Produktion anderer Güter) herrscht.

Die Effizienzeigenschaften hängen jedoch stark davon ab, daß der Marktmechanismus funktioniert, so daß sich freie Preise bilden können. Der Markt wird als ein Koordinationsverfahren nur dann effizient wirksam, wenn gewisse *wirtschaftliche Freiheiten* gesichert sind, wie insbesondere Berufs-, Niederlassungs- und Gewerbefreiheit, wenn Eigentums- und Verfügungsrechte klar definiert und zugeordnet sind und wenn ein Vertragsrecht unter dem Durchsetzungszwang des Staates existiert, auf dessen Grundlage die Wirtschaftssubjekte frei tauschen können. Insbesondere müssen dabei Täuschung, Drohung und Zwang als Mittel der Einigung ausgeschlossen werden. Dann kann der freie Preismechanismus seine Funktionen erfüllt. (Vgl. hierzu und zu den folgenden Funktionen STREIT (1991), S. 33 f., 50 ff.) Diese Funktionen freier Preise seien noch einmal zusammengefaßt.

3.3.4 Funktionen freier Marktpreise:

- **Die Ausgleichsfunktion**:
  Der freie Wettbewerbspreis gleicht Angebot und Nachfrage aus. Beim Gleichgewichtspreis wird die größtmögliche Menge getauscht.

- **Die Zuteilungsfunktion**
  Das knappe Angebot wird so auf die Nachfrager verteilt, daß die dringlichste Nachfrage, gemessen an der Zahlungsbereitschaft, zuerst befriedigt wird.

- **Die Auslesefunktion**
  Der Preis sorgt auf der Anbieterseite dafür, daß die kostengünstigsten

Produzenten am Markt bestehen. Anbieter, die zur Kostendeckung Preise benötigen, die über dem Marktpreis liegen, werden durch Ausscheiden ausselektiert.

- **Informationsfunktion**
  Über Marktpreise werden die verschiedenen Verwendungszwecke der Ressourcen miteinander vergleichbar gemacht. Der frei gebildete Marktpreis enthält alle wesentlichen Informationen. Die Nachfrager offenbaren über ihre Zahlungsbereitschaft ihre Wertschätzung für das betrachtete Gut und ihre Zahlungsfähigkeit.

  Die Wertschätzung kann sich aus dem Nutzen des Endverbrauchs oder aus den Weiterverwendungmöglichkeiten im weiteren Tausch oder im Produktionsprozeß ergeben. Die Anbieter offenbaren über ihr Angebot bei gegebenem Marktpreis Informationen über die eingesetzte Produktionstechnologie ebenso wie über die Knappheit der Produktionsmittel, weil sich diese in den Faktorpreisen und damit in den Kosten, also der Lage der Angebotsfunktion niederschlagen.

- **Die Allokationsfunktion** (Lenkungsfunktion)
  Bei freier Preisbildung werden die Märkte die Produktionsfaktoren in die von den Verbrauchern gewünschten Verwendungsrichtungen lenken, da bei Änderungen in der Nachfragestruktur sich, über die Ausgleichsfunktion der Preise, die Rentabilitäts- und Gewinnstruktur auf den betroffenen Märkten ändern. Dadurch entsteht das, was man als *Konsumentensouveränität* bezeichnet.

- **Die Distributionsfunktion** (Verteilungsfunktion)
  Die Verteilung der Kaufkraft richtet sich über den Marktpreis nach der Marktleistung. Die Marktleistung wird durch die Wertschätzung der Leistungsabnehmer gemessen, die sich in deren Zahlungsbereitschaft niederschlägt. Es wird derjenige belohnt, der die Wünsche der Menschen am besten befriedigt.

- **Die Anreizfunktion**

  Über die Auslese- und die Verteilungsfunktion der Preise erhalten die Anbieter von Leistungen einen Anreiz, Verbesserungen einzuführen. Bessere Herstellungsverfahren erlauben eine Güterproduktion zu geringeren Kosten oder eine Produktverbesserung. Ein besseres Produkt erhöht die Zahlungsbereitschaft der Nachfrager. Da Anbieter, die die Verbesserungen nicht mitmachen, auszuscheiden drohen, haben die Anbieter einen Anreiz, von anderen vorgenommene Verbesserungen ebenfalls einzuführen oder selbst Verbesserungen zu erdenken und vorzunehmen.

3.4 Staat und Parafisci

Die bisherige Analyse vernachlässigte jegliche Staatstätigkeit. Auf Märkten wurden Entscheidungen von Haushalten und Unternehmen getroffen. Der Marktprozess führte, ohne jede staatliche Einflußnahme, zu wünschenswerten Ergebnissen.

In der wirtschaftlichen Realität entwickelter Volkswirtschaften gibt es jedoch eine wirtschaftlich bedeutende Staatstätigkeit. Die Bedeutung des Staates wird der Untersuchungsgegenstand dieses Kapitels sein.

Im folgenden Kapitel sollen die grundlegenden Begriffsdefinition zur Betrachtung des Staates und seiner Aktivitäten gelegt werden. Eine detaillierte Analyse der Staatsaufgaben in einer marktwirtschaftlichen Ordnung wird im folgenden Abschnitt zur Wirtschaftsordnungsproblematik durchgeführt.

3.4.1 Der Staat als Wirtschaftssubjekt

Zum **Staat im engeren Sinne** zählt man die Gebietskörperschaften (Bund, Länder und Gemeinden) und die supranationalen Organisationen (EG, UNO etc.). (Zu diesem Abschnitt vgl. BLANKART (1994), S. 8 f.) Der Staat ist also keineswegs ein einheitliches Gebilde. Neben der föderalen Struktur tritt er als Wirtschaftssubjekt noch in verschiedenen Organisationsformen auf, die grob in Öffentliche Verwaltungen einerseits und Öffentliche Betriebe andererseits aufgeteilt werden können.

Öffentliche Wirtschaftseinheiten zeichnen sich gegenüber privaten Wirtschaftseinheiten dadurch aus, daß der Staat über ein *Gewaltmonopol* verfügt. Das bedeutet unter anderem, daß er sich die Mittel, mit denen er wirtschaften will, im Zweifel durch Zwangsabgaben in Form von Geld oder in Form anderer Güter und Leistungen beschaffen kann. (Das folgende lehnt eng an DREYHAUPT/FRECHEN (1995), S. 23 - 28.)

Die Öffentlichen Verwaltungen:

Reine Öffentliche Verwaltungen sind dann gegeben, wenn die Wirtschafts-einheiten sich vollständig aus Steuern und/oder Krediten finanzieren. Die Leistungsabgabe der reinen Öffentlichen Verwaltungen erfolgt in der Regel entgeltfrei. Wichtige Beispiele der Leistungen solcher reinen Öffentlichen Verwaltungen sind Güter wie Landesverteidigung, Polizeischutz, Rechtssicherheit, Bildungswesen usw. Bezüglich der Wahrnehmung solcher Versorgungsaufgaben gibt es, abhängig von den Eigenschaften der Leistungen, sinnvolle Aufgabenteilungen zwischen den Gebietskörperschaften. Als Produktionswirtschaften müssen Öffentliche Verwaltungen wie alle anderen Betriebe auch Arbeits- und Kapitalleistungen sowie Vorleistungen erwerben und damit unter Einsatz bestimmter Produktionstechnologien die Leistungen herstellen, die dann bei Unternehmen als Vorleistungen oder bei Haushalten als Konsumgüter Verwendung finden.

Die Öffentlichen Betriebe:

Bei den Öffentlichen Betrieben wird ein Teil der Einnahmen nicht aus Steuern und/oder Krediten erzielt, sondern als Entgelt für eine dem jeweiligen Nutzer oder Nutzerkreis zurechenbare öffentliche Leistung erhoben. Diese Entgelte sollen regelmäßig in einem Zusammenhang mit den durch die Leistungserstellung verursachten Kosten stehen.

Je nach „Verwaltungsnähe" werden die öffentlichen Betriebe unterschieden in:

- *Kostenrechnende Einrichtungen*: Organisatorisch in die Verwaltung integriert finanzieren sich diese Einrichtungen in der Regel und überwiegend aus Entgelten.

- *Eigenbetriebe*: Diese sind bereits organisatorisch selbständig, aber ohne eigene Rechtspersönlichkeit.

- *Öffentliche Betriebe in privatrechtlicher Form*: Sind im Eigentum des Staates, aber als privatrechtliche Gesellschaft, z. B. AG oder GmbH, organisiert. Im Unterschied zu privaten Unternehmen dürfen diese Betriebe im allgemeinen nur ganz genau bestimmte Leistungen erbringen und sind nicht auf Gewinnerzielung ausgerichtet.

Zudem gibt es zahlreiche private Unternehmen, an denen der Staat beteiligt ist, so daß er auf die Geschäftspolitik im Sinne seiner Ziele Einfluß nimmt. Hier ist der Übergang zwischen dem Staat als Wirtschaftssubjekt und den privaten Unternehmen als Wirtschaftssubjekten fließend.

Der **Staat im weiteren Sinne** erfaßt außerdem die sogenannten **Parafisci** oder **Intermediären Finanzgewalten** (Vgl. SMEKAL (1981) und DREYHAUPT/FRECHEN (1995), S. 29).

Bei den Parafisci handelt es sich um einen Bereich zwischen Staat und privatem Bereich. Sie zeichnen sich im allgemeinen durch organisatorische Selbstverwaltung und damit gewisser Unabhängigkeit von den Staatsorganen aus, wobei auch ihre finanzielle Autonomie weitgehend gewährleistet ist und gewisse Rechte zur Erhebung von Zwangsbeiträgen bestehen. Ihre Nähe zum öffentlichen Bereich ergibt sich daraus, daß die Leistungen nicht nur spezielle Leistungen für zahlende Kunden sind, sonderen auch aus öffentlichen Aufgaben bestehen.

Zu den Parafisci zählen die Sozialversicherungsträger (z.B. Bundesanstalt für Arbeit, Renten- und Krankenversicherung), die Sonderfonds (z.B. Lastenausgleichsfond) und die öffentlichen Unternehmen in öffentlich rechtlicher Form (Bundesbank, kommunale Versorgungsunternehmen). Des weiteren werden die Kirchen und Religionsgemeinschaften zu den Parafisci gezählt und die Berufsständischen Vertretungen, wie die Handwerkskammern, Industrie- und Handelskammern, Landwirtschaftskammern, Ärztekammern usw. usf.

Der Staat ist nicht nur über die Organisationen gekennzeichnet. Ebenso wichtig sind die staatlichen Regelsysteme. Wir meinen die Verfassungsgrundsätze, Gesetze, Verordnungen und den Prozeß kollektiver Willensbildung.

3.4.2 Die stilisierten Fakten der Staatstätigkeit

Die Definition des Staates macht bereits deutlich, daß eine moderne Volkswirtschaft einer umfassenden Staatstätigkeit unterliegt. Der Staat wird in marktwirtschaftlichen Ordnungen auf 3 Ebenen aktiv :

A) Als Anbieter von staatlichen Leistungen.

B) Als Eingriffspolitiker durch Beeinflussung der privaten Leistungen.

C) Als Ordnungshüter. In dieser Funktion sei die gesamte Tätigkeit zur Festlegung der wirtschaftlichen Regelsysteme (Eigentumsrechte etc.) zusammengefaßt.

Zur Finanzierung seiner Tätigkeit legt der Staat ferner Zwangsabgaben (Steuern) fest. Dieses beeinflußt natürlich auch die wirtschaftlichen Aktivitäten der privaten Wirtschaftssubjekte, da, je nach Art der Besteuerung, Anreize und Abschreckung bestimmter privater Aktivitäten bewirkt werden.

In empirischen Studien wurde vielfach versucht, die Größe der Staatstätigkeit zu messen. In der Finanzwissenschaft ist das sogenannte **Wagnersche Gesetz** (von *A. WAGNER* (1835 - 1917)) im letzten Jahrhundert formuliert worden. Hierin wird eine notwendig **wachsende Ausdehnung der Staats-tätigkeit** postuliert. Ob diese Aussage Gesetzescharakter hat, ist zu bezweifeln.

Allerdings ist festzustellen, daß in den meisten entwickelten Volkswirtschaften die Staatstätigkeit in diesem Jahrhundert stark zugenommen hat. Blankart stellt dieses in folgender Tabelle deutlich dar (BLANKART (1994), S.143).

Aufgrund des Zahlenmaterials ist erkennbar, daß der Einfluß des Staates im Wirtschaftsprozess von durchaus erheblicher Bedeutung ist.

Die Ursachen dieses stilisierten Faktums können vielfältiger Natur sein.

Zu fragen ist, ob die Wirtschaftssubjekte mehr staatliche Leistungen wünschen, oder die eigennützigen Politiker ein Interesse am Wachstum des Staates haben. Dieses soll im Rahmen dieses Lehrtextes nicht weiter untersucht werden. Der interessierte Leser sei auf die Literatur zur **Neuen politischen Ökonomie** verwiesen. (vgl. BLANKART (1994), S. 145 ff. und die dort erwähnte Literatur).

Tabelle :Der Anteil der Staatsausgaben am Bruttosozialprodukt zu
Marktpreisen (1950 -1992) in %

Jahr	BSP	$\dfrac{\text{Güter + Dienste}}{BSP}$	$\dfrac{\text{Transfers}}{BSP}$	$\dfrac{\text{Gesamtausgaben}}{BSP}$
Bundesrepublik Deutschland 1950 -1992 (BSP in Mrd. DM)				
1950	97	16,4	14,8	31,2
1960	303	16,6	16.3	32,9
1970	675	20,4	18,7	39,1
1980	1477	23,8	25,1	48,9
1990	2439	20,5	25,3	45,8
1992	2775	20,4	28,9	49,3
Großbrittanien 1950 -1990 (BSP in Mio. Pfund Sterling)				
1950	13280	18,4	15,2	33,6
1960	25230	20,3	12,9	33,2
1970	50679	22,5	15,5	37,9
1980	231460	23,6	21,3	44,9
1990	544417	22,5	20,3	42,7
USA 1950 -1990 (BSP in Mio. US-Dollar)				
1950	286000	14,3	8,0	22,3
1960	505200	21,0	7,1	28,1
1970	977300	25,1	9,9	28,1
1980	2744599	18,9	14,4	33,4
1989	5228149	19,3	16,3	35,6

3.4.3 Die Bereiche staatlicher Wirtschaftspolitik

Es seien nun kurz die wichtigsten wirtschaftlichen Bereiche staatlicher
Aktivitäten kurz dargestellt. Eine Beurteilung der Effizienz und Notwendigkeit der einzelnen Politikbereiche unterbleibt in den folgenden Ausführungen. Diese Beurteilungen werden im Abschnitt II dieses Lehrbuches
(Wirt-schaftsordnung und -systeme) durchgeführt.

Man kann folgende grundlegende Politikbereiche unterscheiden (vgl.
WELFENS (1995), S. 23 ff.):

Die Wirtschaftsverfassungspolitik:

Hierunter sollen die grundlegenden Maßnahmen zur Schaffung und Erhaltung einer Wirtschaftsverfassung verstanden werden. Dieses beinhaltet die Definition allgemeiner Zielvorstellungen und eines grundlegenden Normen- und Regelsystems. Die Definition von Eigentumsrechten und die Festlegung von Entscheidungskompetenzen und -prinzipien (z.B. das Subsidiaritätsprinzip) gehören hierzu.

Die Wirtschaftsordungspolitik:

Die Ordnungspolitik ist eng verwandt mit der Wirtschaftsverfassungspolitik. Die Ordnungspolitik umfaßt alle Maßnahmen zur Ausgestaltung und Erhaltung des notwendigen Regelsystems innerhalb einer Wirtschaftsordnung. In einer marktwirtschaftlichen Ordnung sind die Maßnahmen zur Erhaltung und Förderung der Wettbewerbsordnung wesentlicher Bestandteil der Ordnungspolitik. Wettbewerbspolitik ist demnach ein wichtiger Teil der Ordnungspolitik. Beispiele für angewandte marktwirtschaftliche Ordnungspolitik sind Kartellverbote, Fusionskontrolle, Mißbrauchsaufsicht über marktbeherrschende Unternehmen. Auch der Bereich der Deregulierung staatlicher Unternehmen ist als Teilgebiet der Wirtschaftsordnungspolitik anzusehen.

Prozeßpolitik bzw. Eingriffspolitik:

Hierunter sind wirtschaftspolitische Eingriffe zur Beeinflussung des Wirtschaftsablaufs zu verstehen. Wir unterscheiden:

a) **Stabilisierungspolitik:** Maßnahmen zur Konjunkturbeeinflussung. Es sollen durch geeignete Maßnahmen das gesamtwirtschaftliche Angebot oder die gesamtwirtschaftliche Nachfrage beeinflußt werden. Ziele sind z.B. die Erhaltung von Preisniveaustabilität oder die Bekämpfung von Arbeitslosigkeit.

b) **Wachstumspolitik**: Maßnahmen zur Beeinflussung der längerfristigen Produktionspotentialentwicklung. Hierzu gehören Maßnahmen zur Beseitigung von Wachstumshemmnissen und zur Expansion der Produktionsmöglichkeiten.

c) **Strukturpolitik**: Maßnahmen zur Beeinflussung der Wirtschaftsstruktur. Hierbei unterscheiden wir die Beeinflussung der Branchenstruktur (sektorale Strukturpolitik) einerseits von der Beeinflussung der räumlichen Wirtschaftsstruktur (Regionalpolitik) andererseits. Getroffene Maßnahmen können die Zielsetzung haben, zum einen den Strukturwandel zu hemmen (Strukturerhaltungspolitik) oder zum anderen denselben zu fördern.

d) **Verteilungspolitik**: Maßnahmen zur Beeinflussung der Einkommens- und Vermögensverteilung. Die Zielsetzung ist eine Korrektur der primären Einkommens- und Vermögensverteilung im Lichte von "Gerechtig-keitsvorstellungen", die mehr oder weniger gesellschaftliche Akzeptanz haben. **Die progressive Einkommensbesteuerung** ist ein Beispiel für eine umverteilungspolitische Maßnahme.

e) **Finanzpolitik im engeren Sinne (Angebot öffentlicher Leistungen):** Hierunter sollen Maßnahmen zum direkten Angebot staatlicher Leistungen (öffentlicher Güter etc.) verstanden werden. Es betrifft sowohl die Bestimmung des optimalen Umfangs der öffentlichen Versorgung als auch die Regeln zu deren Finanzierung.

f) **Marktergänzungs- und Ressourcenpolitik:** Hierunter sind in einer marktwirtschaftlichen Ordnung Maßnahmen zur Beeinflussung des Marktergebnisses aufgrund von **Marktversagen** und **externer Effekte** zu verstehen. Man spricht von Marktversagen, wenn der Markt unfähig ist, Angebot und Nachfrage zu koordinieren (vgl. BLANKART (1992), S. 53 ff.) und gleichzeitig effiziente Ergebnisse zu erzielen. Marktversagen wird z.B. für Güter festgestellt, bei denen die Tendenz zur Verweigerung oder Verschleierung der Zahlungsbereitschaft des Nachfragers besteht (Trittbrettfahrerproblem z.B. bei Fernsehnutzung). Bei Marktversagen wird eine potentielle Rolle für den Staatseingriff festgestellt.

Externe Effekte sind eng mit dem Marktversagen verknüpft. Hierbei handelt es sich um externe Kostenströme oder externe Nutzenströme, die durch Produktion oder Konsum eines Gutes verursacht werden und die bei, im Preisfindungsprozess für dieses Gut, unbeteiligten Wirtschaftssubjekten anfallen. (vgl. HANUSCH/KUHN (1994), S. 100 ff.) Umwelt- oder Ressourcenzerstörung ist ein weit verbreitetes Beispiel dieses Phänomens. Ein Produzent, der in seiner betriebswirtschaftlichen Kalkulation eventuelle Umweltschäden nicht berücksichtigen muß, produziert negative externe Effekte der Produktion. Die Ressourcenpolitik versucht durch geeignete Maßnahmen, den Umgang mit natürlichen Ressourcen (z.B. Umwelt) so zu steuern, daß die volkswirtschaftlichen Kosten/Nutzen der Ressourcennutzung berücksichtigt werden, d.h. es werden Maßnahmen gesucht, die dafür sorgen, daß die betriebswirtschaftliche Rationalität mit der volkswirtschaftlichen Rationalität übereinstimmt. Auf weitere Ausführungen zu diesem Punkt sei hier verzichtet. Im Abschnitt II dieses Lehrbuches werden diese Phänomene ausführlicher diskutiert.

III. WIRTSCHAFTSSYSTEME UND -ORDNUNGEN

> „Gleichgültig, *wofür* die Menschen leben, heut-
> zutage leben die meisten nur *durch* die Markt-
> wirtschaft."
>
> *Friedrich A. von Hayek* (1899 - 1992*)*,
> Nobelpreisträger für Wirtschaftswissen-
> schaft 1974, (1996a), S. 146.

1. Grundprobleme der Wirtschaftsordnung

Die Knappheit der Mittel zur Befriedigung menschlicher Bedürfnisse ist
ein allgegenwärtiges Problem. Daraus folgt unmittelbar, daß jede Gesellschaft wirtschaften muß, weil die Verfolgung eines Zieles stets mit Kosten
in Form verminderter Erreichung anderer Ziele verbunden ist. Somit muß
in jeder Volkswirtschaft darüber entschieden werden,

- **was** produziert werden soll,
- **wie** es produziert werden soll, d. h.,
  - *welche Produktionsverfahren*
  - an *welchem Produktionsstandort*
  - mit *welchen Faktoreinsätzen* verwendet werden
    sollen und
- **für wen** produziert werden soll.

Zur konkreten Beantwortung dieser grundlegenden Fragen bedarf es der
Zuweisung durchsetzbarer Entscheidungsbefugnisse und der Installation
geeigneter Entscheidungsverfahren sowie funktionstüchtiger Koordinationsverfahren zur Abstimmung der getroffen Entscheidungen. Diese Verfahren wurden bereits weiter oben beschrieben als *Marktsystem, Demokratie, Bürokratie und Gruppeneinigung*.

Ein Blick in reale Volkswirtschaften zeigt bereits, daß die beiden Entscheidungs- und Koordinationsverfahren Marktsystem und Bürokratie eine übergeordnete Rolle spielen. Demokratische Abstimmungsverfahren finden vornehmlich Anwendung bei der Auswahl von Personal für Entscheidungsgremien, insbesondere auch in der Politik demokratischer Gesellschaften, als Entscheidungsverfahren zur Erzeugung von Gesetzen und als Entscheidungsverfahren innerhalb von Entscheidungsgremien, die dazu eine relativ kleine Gruppe darstellen müssen. Für sachlich weiterreichende Entscheidungen oder die Einbeziehung einer größeren Personenzahl ist das Verfahren Demokratie im allgemeinen entweder zu schwerfällig, wenn es hohe Anforderungen an qualifizierte Mehrheiten stellt oder es ist mit einem zu hohen Willkürrisiko verbunden, wenn zu geringe Mehrheitsanforderungen gestellt werden.

Geht es nun darum, den Mangel zu großer Schwerfälligkeit zu vermeiden, so kann im allgemeinen das Mittel der bürokratischen Anordnung der demokratischen Abstimmung dann vorgezogen werden, wenn die bürokratische Anordnung einer Regelbindung unterliegt, wobei die Regeln dann demokratisch mit möglichst hoher Zustimmungsquote zustande gekommen sein sollten. Auf den Staat bezogen wäre dies das Modell eines demokratischen Rechtsstaats. Auch in Personen- und Kapitalgesellschaften gibt es solche Regelwerke, an die die Geschäftsführung gebunden ist.

Geht es um eine Minimierung des Willkürrisikos, so kann anstelle der Demokratie das Marktsystem als Verfahren eingesetzt werden, denn in diesem System kommen ja Einigungen nur durch Verträge, denen alle Vertragspartner zustimmen, zustande. Insofern ist das Marktsystem ein System der Demokratie mit Einstimmigkeitsregel unter der Bedingung, daß an der Abstimmung nur die unmittelbar Betroffenen teilnehmen dür fen.[1] Gegen den Willen der Betroffenen kann dann nicht entschieden werden.

Des weiteren ist das Verfahren der Gruppeneinigung nur sehr bedingt einsetzbar. Während Gruppen entweder durch freiwilligen Beitritt, also durch das Marktsystem, zustande kommen oder durch obrigkeitliche Anordnung, also durch die Bürokratie, ist die innere Steuerung der Gruppen meist demokratisch geprägt. Die Gruppeneinigung bezieht sich dann lediglich auf die - meist freiwillige - Einigung der legitimierten Gruppenvertreter. Fraglich ist dann schon, inwieweit die Gruppenmitglieder tatsächlich an diese Einigungen gebunden sind oder ob sie sich durch Austritt dem Gruppenzwang entziehen können. Gleichwohl kann das Verfahren der Gruppeneinigung durchaus erhebliche gesellschaftliche Bedeutung erlangen. In der Bundesrepublik Deutschland ist das Verfahren etwa eingesetzt, um Einigungen zwischen den Gewerkschaften als Arbeitnehmervertretungen auf der einen Seite und den Arbeitgeberverbänden auf der anderen Seite in Form von Tarifverträgen, die z. B. Mindestlöhne enthalten, zu erzielen. Zur Stärkung der Gruppeneinigung werden manche Tarifverträge vom Bundesarbeitsminister für allgemeinverbindlich erklärt, so daß eine Zwangswirkung entsteht. Von nicht wenigen Arbeitsmarktexperten wird diese Form der Gruppeneinigung, die dazu führt, daß Löhne nach unten relativ starr sind und Lohnstrukturen zementiert werden, neben anderen Faktoren dafür verantwortlich gemacht, daß Arbeitslosigkeit entsteht und nur sehr schwer wieder abgebaut werden kann.

Beachtet man also die durchaus sinnvollerweise eingeschränkten Wirkungsbereiche der Verfahren Demokratie und Gruppeneinigung, so können die Verfahren Marktsystem und Bürokratie als die dominierenden Entscheidungs- und Koordinationsverfahren, die das Bild der Wirtschaft

---

[1] Darauf hingewiesen sei, daß in diesem Falle ein Problem auftritt, wenn weitere Personen von der Einigung betroffen sind. Man nennt dies - wie oben schon kurz erläutert - externe Effekte, die einen staatlichen Handlungsbedarf hervorrufen können. Darauf wird noch weiter unten eingegangen.

bestimmen, bezeichnet werden. Entsprechend unterscheidet man Wirtschaftsordnungstypen insbesondere nach dem Gewicht, das diesen beiden Entscheidungs- und Koordinationsverfahren in der Wirtschaft zukommt.

Allerdings soll hier von einer solchen Typenbildung abgesehen werden. Vielmehr wird so vorgegangen, daß zunächst herausgearbeitet werden soll, wie weit die Einsatzmöglichkeiten der beiden Verfahren reichen, wo ihre Grenzen liegen und wo sie völlig versagen. Dazu werden sogenannte *reine Wirtschaftssysteme* unterschieden, in denen jeweils nur eines der beiden Entscheidungs- und Koordinationsverfahren gilt.

Diese Idealformen nennt man *(reine) Marktwirtschaft*, wenn nur das Koordinationsverfahren Markt gelten soll, und *Zentralverwaltungswirtschaft*, wenn nur das Koordinationsverfahren Bürokratie Einsatz findet. Diese reinen Wirtschaftssysteme stellen nur Denkmodelle dar, da sie in der Realität niemals bestehen können. Man verwendet diese Denkmodell zur Beantwortung von Fragen nach der Funktionstüchtigkeit der Entscheidungs- und Koordinationsverfahren. *In der Wirklichkeit realisierte Wirtschaftssysteme sind stets Mischformen aus Marktwirtschaft und Zentralverwaltungswirtschaft*, und ihre Eignung zur Knappheitsbewältigung hängt von der „richtigen" Mischung dieser Elemente ab, womit sowohl die sachliche Zuordnung zu Problembereichen als auch der quantitative Einfluß auf das gesamte Wirtschaftsgeschehen gemeint sind. Schematisch ergibt sich:

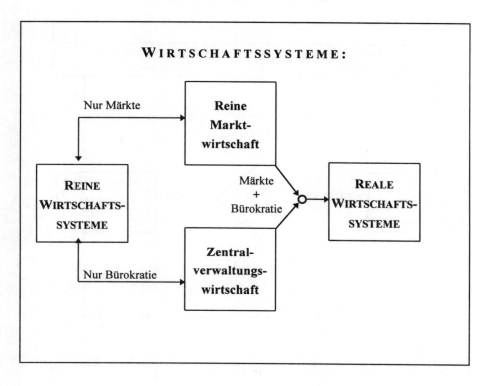

Bezüglich der realen Wirtschaftssysteme demokratischer Gesellschaften ergibt sich die Zusammensetzung von Märkten und Bürokratien maßgeblich aus dem Verhalten der Bürger als Konsumenten einerseits und als Wähler andererseits. Diesen Zusammenhang hat Egon Tuchtfeldt in einem überaus aussagefähigen Schaubild dargestellt, das im folgenden wiedergegeben und näher erläutert sei.

Die Ressourcen einer Volkswirtschaft sind knapp und können nur im Privaten Sektor oder im Öffentlichen Sektor eingesetzt werden. Wie, darüber entscheidet der Bürger. Er nimmt mit seiner Kaufkraft auf der einen Seite eine Auswahl aus den Angeboten der privaten Unternehmen vor, die aus Gewinninteresse ihre Angebote für die potentiellen Käufer möglichst interessant ausgestalten. Daraus resultieren die privaten Umsätze.

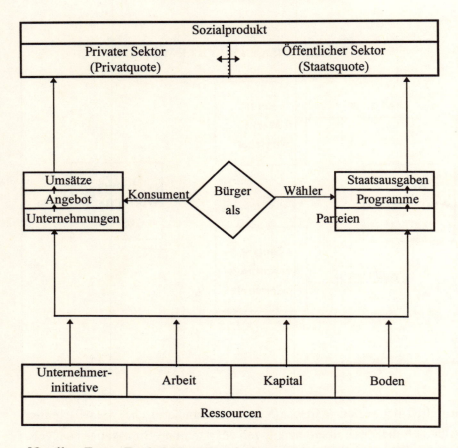

[Quelle: **Egon Tuchtfeldt**, Wirtschaftssysteme, Artikel im Handwörterbuch der Wirtschaftswissenschaft, Bd. 9, Stuttgart u. a. 1982, S.
336.]

Auf der anderen Seite aber gibt es **politische Unternehmer**, die in Parteien
Angebotspakete schnüren, die sie den Bürgern zur Wahl vorlegen. (Diese
Sichtweise geht auf *J. A. SCHUMPETER* (1993 (1950[e])) zurück.) Aus diesen
dargebotenen Angebotspaketen (Wahlprogrammen) wählt der Bürger nach
seinen Vorstellungen. „Aus dieser .. Entscheidung resultieren im weiteren
politischen Prozeß der Staatsapparat und die Kollektivziele, d. h. das
Ausmaß der Aufgaben, die ihm übertragen werden und die daraus sich
ergebenden Staatsausgaben, die wiederum Staatseinnahmen erfordern.

(TUCHTFELDT (1982), S. 335). Das Zusammenwirken der beiden Ent-
scheidungsarten, die tägliche Entscheidung über die Verwendung der zur
Verfügung stehenden Mittel für Konsumzwecke und die periodisch wie-
derkehrende Entscheidung über die Zusammensetzung der Parlamente und
Regierungen, bestimmt letztlich über die Größe und die Zusammensetzung des Sozialproduktes, womit die Entscheidungen über die Zuordnung
der Entscheidungs- und Koordinationsverfahren Markt und Bürokratie
verbunden sind.

Wenden wir uns nun zunächst den reinen Wirtschaftssystemen zu, um
anschließend das System der Sozialen Marktwirtschaft als konkretes
Mischsystem, welches die Mängel der beiden reinen Systeme relativ gut
neutralisiert, in seinen Grundzügen darzulegen.

2. Die reinen Wirtschaftssysteme (Denkmodelle): Marktwirtschaft und Zentralverwaltungswirtschaft

> „In großem Stil das vollständig Verkehrte zu tun,
> ist ausschließlich dem Menschen gegeben. Denn
> das setzt die Fähigkeit zu vernunftgeleitetem
> Handeln voraus."
>
> *Rudi Keller*
> (1990), S. 64.

2.1 Wesensmerkmale der reinen Wirtschaftssysteme[2]

Da reale Wirtschaftssysteme stets aus Märkten **und** Bürokratien bestehen, ist die Unterscheidung zwischen Marktwirtschaft und Zentralverwaltungswirtschaft nicht, wie dies früher fast allein üblich war, als „Ost-West-Vergleich" aufzufassen. Wäre dies die einzige Anwendung, wäre ja die ganze Betrachtung angesichts der globalen Wandlungen in Frage gestellt. Vielmehr ist die Unterscheidung eher wichtiger als weniger wichtig geworden. Früher haben nämlich die osteuropäischen Zentralverwaltungswirtschaften stets ein - außer für eine kleine, ideologisch verbohrte Minderheit - abschreckendes Beispiel von den Mängeln dieses Systems geliefert, so daß jedermann und jederfrau die Vorteile marktwirtschaftlicher Koordination bzw. das wesentlich geringere Gewicht der Nachteile marktwirtschaftlicher Koordination bewußt war oder durch eine kleine Reise in den Osten Europas bewußt gemacht werden konnte.

---

[2] Die folgende Darstellung beruht in wesentlichen Teilen auf EGON TUCHTFELDT, Wirtschaftssysteme, Artikel im Handwörterbuch der Wirtschaftswissenschaft (HdWW), Bd. 9, Stuttgart u. a. 1982, S. 326 - 353. Auf die nähere Unterscheidung in Wirtschaftsverfassung, Wirtschaftsordnung und Wirtschaftssystem wird hier verzichtet, da diese feinere Unterscheidung für die in diesem Lehrbuch dargestellten Zusammenhänge nicht erforderlich ist. In anderen Zusammenhängen kann die Unterscheidung natürlich sinnvoll sein.

Mit dem Wegfall der teilweise grausigen Beispiele aus real existierenden (weitestgehenden) Zentralverwaltungswirtschaften und dem durch Zeitablauf eintretenden Vergessen der üblen Auswüchse, verbunden mit der Überhöhung der schönen Erinnerungen an das frühere Leben in diesen Ländern - einschließlich der neuen Bundesländer - werden die Mängel der zentralen Steuerung zunehmend weniger wichtig genommen, was einer verhängnisvollen Entwicklung Antrieb gibt, so daß das berühmte Werk des Wirtschaftsnobelpreisträgers von 1974, *FRIEDRICH AUGUST VON HAYEK* (1899 - 1992), „Der Weg zur Knechtschaft" aus dem Jahre 1944, abermals Bedeutung als Mahnschild, auf diesem Wege einzuhalten, erlangen könnte und unbedingt gelesen werden sollte. Schließlich ist die Staatsquote, berechnet als Anteil der Staatsausgaben am Bruttoinlandsprodukt, in Deutschland nach der Vereinigung auf rund 50 Prozent gestiegen, so daß von einer überwiegend marktwirtschaftlich geprägten Wirtschaft, wie es im noch zu erläuternden Konzept der Sozialen Marktwirtschaft sein sollte, nicht mehr gesprochen werden kann.

Sich mit den Einsatzmöglichkeiten, Mängeln und Grenzen der reinen Wirtschaftssysteme auseinanderzusetzen, ist angesichts der dringend und ständig notwendigen Neuabgrenzung zwischen Staat und Markt in Deutschland und Europa eine conditio sine qua non, eine unerläßliche Bedingung, für das Verständnis des Wirtschaftsgeschehens und für die Einsicht in wirtschaftspolitische Fehlentwicklungen und die Notwendigkeiten ihrer Korrekturen. Mit Fug und Recht kann wohl behauptet werden, daß die wesentlichen wirtschaftlichen Probleme in Deutschland und Europa Probleme der Wirtschaftsordnungspolitik sind, also Probleme der zweckmäßigen Zuordnung der Entscheidungs- und Koordinationsverfahren zu Problembereichen der Knappheitsbewältigung. Die geistige Auseinandersetzung mit den Funktionsmerkmalen der Wirtschaftssysteme und ihren Grenzen ist für eine volkswirtschaftliche Ausbildung derzeit unverzichtbar. Sie ist wesentlich wichtiger als beispielsweise Auseinandersetzzungen mit der Messung der Wirtschaftsleistung in der Volkswirtschaftlichen Gesamtrechnung oder mit dem Konjunkturphänomen, das in diesen Zeiten des zunehmend aufscheinenden globalen Wettbewerbs und des dadurch hervorgerufenen weltweiten Strukturwandels von weit untergeordneter Bedeutung ist. Auch das deutsche und europäische Arbeitslosigkeitsproblem ist, um nur ein wichtiges Beispiel zu nennen, vor allem ein Problem ungeeigneter Spielregeln der Wirtschaftsordnung. Das gilt auch für den Agrar"markt", die Wohnungs"märkte", die Gesundheits"märkte", wohl einschließlich des Rauschgiftproblems, und für die Mechanismen, die die Anpassungen an den Strukturwandel erschweren. Es ist schon erstaunlich, daß die Politik als Spitze zentralverwaltungswirtschaftlicher Koordination in Demokratien immer da von „Markt" und „Marktordnungen" spricht, wo sie einen Bereich, der eigentlich Markt sein sollte, der bürokratischen (Fehl-)Steuerung ausliefert. Wer wirklich viel Kenntnisse über Wirtschaften erlangen will, wie sie in den kommenden Jahrzehnten benötigt werden, *muß* sich mit dem Thema „Wirtschaftsordnungen" eingehend befassen!

Ungeachtet dessen sind natürlich auch Beispiele aus der Zeit des möglichen unmittelbaren Vergleichs sinnvoll und werden benutzt. Dies sollte aber auf keinen Fall den Blick dafür versperren, daß wir hier auch und insbesondere über die Volkswirtschaften Westeuropas, einschließlich Deutschlands, reden. Ja, die meisten Erkenntnisse aus der Analyse und Betrachtung der Wirtschaftsordnungen sind sogar unmittelbar auf betrieblicher Ebene verwertbar! Beispielsweise eröffnen moderne Kommunikations-, Informationsverarbeitungs- und Transportverfahren vielfältige Möglichkeiten, Unternehmensstrukturen zu dezentralisieren und *pretiale Lenkungsverfahren* (SCHMALENBACH), also Simulationen des Marktgeschehens, zu installieren. Die Wirtschaftsordnungstheorie vermag wichtige Hinweise beizusteuern, wo zentrale Steuerung und wo dezentrale Regelung angebracht sind, indem sie grundsätzliche Erkenntnisse über Funktionsbedingungen und Anreizwirkungen der verschiedenen Koordinationsverfahren liefert. Wirtschaftsordnungstheorie ist in diesem Sinne auch betriebswirtschaftliche Theorie.

Mit TUCHTFELDT unterscheiden wir die reinen Wirtschaftssysteme nach acht Merkmalen, auf die anschließend detailliert eingegangen wird:

System / Merkmal	**Marktwirtschaft**	**Zentralverwaltungs- wirtschaft**
Grundprinzip	*Individualprinzip*	*Kollektivprinzip*
Planträger	*Die Wirtschaftssubjekte*	*Die Zentrale*
Art der Informationsgewinnung	*Wechselseitig*	*Einseitig*
Technik der Koordination der Einzelpläne	*Regelung über Märkte*	*Steuerung über Befehle*
Koordination der Produktionspläne	*Orientierung an den Preisen*	*Orientierung an Sollziffern der Mengenplanung*
Zusammenhang von Gütererzeugung und Einkommen	*Einkommen abhängig von der Verwertung der Produktionsfaktoren*	*Einkommen durch politische Entscheidung unabhängig vom erzeugten Wert*
Anreize	*Chance des Gewinns und Risiko des Verlustes*	*Belohnungen und Strafen*
Eigentum an Produktionsmitteln	*Privateigentum*	*Staatseigentum*

[Vgl. *EGON TUCHTFELDT*, Wirtschaftssysteme, Artikel im Handwörterbuch der Wirtschaftswissenschaft, Bd. 9, Stuttgart u. a. 1982, S. 332.]

2.1.1 Grundprinzipien der Koordination

Das Marktsystem ist keine Erfindung eines menschlichen Geistes. Vielmehr ist es als Nebenprodukt im Kampf um Freiheitsrechte und Rechtsstaatprinzipien entstanden. Das Marktsystem wird insbesondere konstituiert durch die Gewährung von Berufs- und Gewerbefreiheit und der Freizügigkeit der Person, die Niederlassungsfreiheit einschließt. Zudem bedarf es der Festlegung von Eigentums- und Verfügungsrechten bezüglich selbst erstellter und/oder rechtmäßig erworbener Güter und Rechte. Dazu gehören das Recht, eine Sache zu nutzen - *Usus* -, das Recht, die Früchte einer Sache zu verwerten - *Usus fructus* -, das Recht, eine Sache in ihrer Form oder ihrer Substanz zu verändern - *Abusus* - und das Recht, die Sache und die mit ihr verbundenen Rechte ganz oder teilweise an andere Wirtschaftssubjekte zu übertragen (Vgl. RICHTER und FURUBOTN (1996), S. 18 f.). Zur Eröffnung der zuletzt genannten Möglichkeit bedarf es wiederum eines unter dem Schutz des Staates durchsetzbaren Vertragsrechts.

Für ein funktionstüchtiges Marktsystem ist es darüber hinaus erforderlich, daß unbillige Einigungsmittel wie z. B. Gewaltandrohung oder gar Gewaltausübung zwischen Privaten oder die Täuschung von Personen zum Zwecke der Beeinflussung von Verhandlungsergebnissen verboten und unter staatliche Sanktion gestellt werden. Den freien Markt gibt es mithin nicht ohne einen starken Staat, der die genannten Rechte durchzusetzen und zu sichern weiß. Sind die genannten Voraussetzungen, die Bedingungen der Freiheit des Menschen sind, allerdings erfüllt, kommen Arbeitsteilung, vertragliche Kooperationen und Koalitionen sowie Tausch von Gütern und Diensten auf der Grundlage der freiwilligen Zustimmung aller Betroffenen zustande.

In diesem Fall gilt dann als das *Grundprinzip* des Marktsystems das **Individualprinzip**, wonach jedes Wirtschaftssubjekt sein Glück in Freiheit verfolgen kann, wenn und solange es sich an die Spielregeln hält, die für das Verhalten auf dem Markt im Privatrecht und, soweit relevant, im Strafrecht eines Staates festgelegt sind. Es gilt das Prinzip: Erlaubt ist, was nicht verboten ist. In der Zentralverwaltungswirtschaft gilt hingegen das *Kollektivprinzip*. Das Verhalten wird durch Befehl und Gehorsam gesteuert. Während die Marktwirtschaft im wesentlichen als Privatrechtsgesellschaft bezeichnet werden kann, ist die Zentralverwaltungswirtschaft durch das öffentliche Recht, das das Verhältnis des Staates zu seinen Bürgern regelt und unter anderem die Gehorsamspflichten der Bürger gegenüber ihrem Staat festlegt, geprägt. Im Prinzip gilt: Verboten ist, was nicht geboten (erlaubt) ist.

Das zweite Merkmal fragt nach den *Planträgern* des Wirtschaftsgeschehens. In der *Marktwirtschaft* sind das *die Wirtschaftssubjekte*, also Individuen, Koalitionen aus Individuen, wie Haushalte, Unternehmen, Vereine, Gewerkschaften etc. und Koalitionen aus Koalitionen aus Individuen, wie Verbände, Dachverbände und Gewerkschaftsbünde. Jeder Konsument und jeder Produzent von Gütern und Leistungen stellt in der Marktwirtschaft seine eigenen Pläne auf und versucht, sie allein oder gemeinsam mit anderen Menschen zu verwirklichen. In der *Zentralverwaltungswirtschaft* ist der *Planträger die oberste Planbehörde*. Zwar wird in der Realität auf verschiedenen hierarischen Ebenen geplant und entschieden, weil die reine Zentralverwaltungswirtschaft schon bald an der Komplexität der Probleme scheitert. Wir wollen hier aber bei der Betrachtung der reinen Wirtschaftssysteme zunächst so tun, als gäbe es dieses Problem, das wir erst im nächsten Abschnitt behandeln, nicht. Während also in der Realität, in der es diese Komplexitätsprobleme natürlich gibt, auf vielen Ebenen geplant wird und nur das, was fraglich, umstritten, für den niederrangigen Entscheider gefährlich oder von oben ausdrücklich selbst bearbeitet werden will, weitergeleitet wird, wird hier gleich oben alles entschieden. Demnach stellt die obere Planbehörde die Wirtschaftspläne auf. Sie entscheidet, was zu produzieren ist, womit sie auch entscheidet, was konsumiert werden kann.

Obzwar ein solcher Plan einer obersten Planungsbehörde einer Volkswirtschaft ein überaus kompliziertes Gebilde ist, das unendlich viel Planungsarbeit erheischt, bis es steht, wird doch vermutlich in einer Marktwirtschaft gleicher Größe viel mehr geplant. In der Marktwirtschaft plant schließlich jeder! Und in der Marktwirtschaft bleibt kaum einer sehr lange bei seinen Plänen. Da nämlich, worauf VON HAYEK vielfach hingewiesen hat, die in die Pläne aufzunehmenden Daten zu einem erheblichen Teil von den Handlungen - und damit den Plänen - der anderen Wirtschaftssubjekte abhängen, kommt es immer wieder zu Planabweichungen, die Planrevisionen erfordern. In Marktwirtschaften sind deshalb die Wirtschaftssubjekte ständig auf der Suche nach Informationen, die sie zur Verbesserung ihrer Pläne nutzen können, so daß der Planungsprozeß überhaupt nie zur Ruhe kommt. Dabei wird aber immer nur dort geplant und neu geplant, wo es wirtschaftlich notwendig oder vertretbar ist, denn auch Planung ist mit Ressourcenverzehr, also mit Kosten, verbunden.

In der Marktwirtschaft wird viel geplant, aber nach Umfang und Inhalt mit ökonomischem Sachverstand. Weil aber in der Marktwirtschaft wahrscheinlich sehr viel mehr Pläne aufgestellt und überarbeitet werden als in der Zentralverwaltungswirtschaft, ist die verbreitete Bezeichnung Planwirtschaft für Zentralverwaltungswirtschaft tunlichst zu meiden. Immerhin suggeriert der Begriff Planwirtschaft, die Marktwirtschaft sei planlos, also chaotisch und nur in der sogenannten Planwirtschaft würde mit Verstand vorgegangen und sorgfältig geplant. Richtig ist vielmehr, wie noch zu zeigen ist, daß zentrale Planung stets insofern irrational ist, als sie nicht zureichend funktionieren *kann*, während das Marktsystem in weiten Bereichen eine Voraussetzung dafür ist, daß überschaubare und vernünftige Wirtschaftspläne durch die Betroffenen aufgestellt werden und steter angemessener Überprüfung unterzogen werden können. Der Begriff Planwirtschaft muß deshalb als ungeeignet abgelehnt werden, wenn die Eignung eines Begriffes voraussetzt, daß er - insbesondere bei fachlichen ungeübten Lesern oder Hörern - nicht zu vorschnell falschen Schlüssen verleitet.

2.1.2 Informationsverarbeitung und Koordinationsmechanismus

Ein überaus wichtiges Merkmal, in dem sich die beiden reinen Wirtschaftssysteme ganz wesentlich unterscheiden, ist *die Art der Informationsgewinnung* und der Informationsverarbeitung in der Marktwirtschaft und in der Zentralverwaltungswirtschaft. In der **Marktwirtschaft** ist die Informationsgewinnung durch **Wechselseitigkeit** gekennzeichnet. Dies sei an einem Beispiel erläutert.

Nehmen wir Abstand von den Regelungen in der Bundesrepublik Deutschland und an, für Arzneimittel gäbe es einen normalen Markt, d. h. insbesondere, der Kunde muß zahlen, wenn er ein Gut erwerben möchte; das tut keine Krankenkasse für ihn. Ein Kunde betritt nun unter dieser Annahme eine Apotheke, um ein Mittel gegen ein gesundheitliches Problem zu erwerben. Er weiß über den Betrieb einer Apotheke im allgemeinen nichts, geschweige denn über ihre Vorlieferanten, den Großhandel, oder die Hersteller von Arzneimitteln. Er mag sogar völlig unkundig sein, was es für Medikamente gibt, und von Chemie versteht er ebenso nichts wie von Naturheilkunde. Er könnte dem Apotheker also keinerlei Angaben machen über das, was er braucht, geschweige denn darüber, wie es gemacht wird.

In unserem Beispiel muß nun der Kunde zuallererst dem Apotheker eine Information geben. Entweder beschreibt er ihm sein Problem oder er war vorher bei einem Spezialisten für gesundheitliche Probleme und ihre Lösung, einem Arzt, und dieser hat eine Information darüber, was sein Patient, also der Kunde der Apotheke, braucht, auf einen Datenträger niedergebracht und der Apotheke zugestellt. Meistens ist in einem solchen Falle der Datenträger ein besonders ausgezeichneter Zettel, Rezept, und wird vom Kunden mitgebracht. Nehmen wir an, ein Arzt sei in unserem Beispiel nicht eingeschaltet, dann wird der Apotheker nunmehr dem Kunden mitteilen, welche Medikamente er empfiehlt. Somit haben die beiden Marktteilnehmer schon einmal Informationen ausgetauscht, und zwar unentgeltlich. Es handelt sich um Informationen ohne Preischarakter, denn es sind nur Probleme und Problemlösungsverfahren bzw. -mittel geschildert worden, hier Art und Eigenschaften von Medikamenten, die das gesundheitliche Problem des Kunden, z. B. seine Kopfschmerzen, beseitigen könnten. Nun kann der Kunde aber noch nicht entscheiden, da Geld für ihn überaus wertvoll ist. Er möchte die Preise der Medikamente wissen, um sie mit seiner Zahlungsbereitschaft zu vergleichen. Dabei wägt er die unterschiedlichen Wirkungsgrade und möglichen Nebenwirkungen der Mittel ab. Der Apotheker fügt also Informationen mit Preischarakter hinzu, so daß der Kunde nunmehr unter verschiedenen Preis-Qualitäts-Kombinationen wählen kann. Nehmen wir nun weiter an, es komme unserem Kunden auf eine ganz bestimmte Zutat an, weil der Apotheker diese als so angenehm in der Wirkung geschildert hat, daß der Kunde nur diese haben möchte und nichts sonst. Der Apotheker hat sie nicht vorrätig, kann sie aber bestellen. Er überprüft, zu welchem Preis das Medikament vom Großhändler bereitgestellt wird. Der Kunde will diesen Preis bezahlen und auf dieses wunderbare Mittel warten, so daß der Bestellvorgang eingeleitet wird.

Der Großhändler erfährt von seinem Apotheker über den Kunden und sein Problem nichts. Er erfährt nur die Bestellung des Apothekers. Er braucht über die Eignung des Medikamentes und über die Zahlungsbereitschaft des Kunden keinerlei Informationen mehr zu beschaffen. Er braucht auch nicht zu wissen, was sonst noch geeignet ist, die gewünschte Wirkung zu erzeugen. Der Großhändler hat nur überprüft, ob er mit Gewinnbeitrag das Mittel vom Hersteller beschaffen und an den Apotheker zum angegebenen

Preis verkaufen kann. Er braucht dazu auch nichts über den Herstellungsprozeß und die damit verbunden Kosten zu wissen. Ebenso braucht der Hersteller des Medikamentes nichts über den Prozeß der Gewinnung der Rohstoffe und die damit verbundenen Kosten zu wissen oder über den Weitervertrieb durch den Großhändler. Die Apotheke, in der das Mittel schließlich verkauft wird, kennt der Hersteller wahrscheinlich gar nicht.

Sobald die Zahlungsbereitschaft des Kunden feststeht, brauchen alle Beteiligten nurmehr für sich zu kalkulieren, ob sie die erforderliche Teilleistung, auf die sie spezialisiert sind, erbringen möchten. Und dies brauchen sie nicht alle gleichzeitig zu tun, denn sobald ein Glied diese Bereitschaft nicht besitzt, wird es die Informationsverbindung unterbrechen, so daß im nächsten Glied keine Information über den Bedarf mehr ankommt, und demnach keine Ursache für weitere Kalkulationen gegeben ist. Zur Prüfung der Bereitschaft zur Leistungsabgabe werden Aufwendungen und Erträge beziehungsweise Kosten und Leistungen verglichen. Und schon an diesem kleinen Vorgang unseres Beispiels sind unzählige Menschen beteiligt, um das Medikament bereitzustellen. Um nur ein Beispiel herauszugreifen, bedarf beispielsweise der Transport eines Rohstoffs zur Herstellung des Medikamentes vielleicht eines Lastkraftwagens, so daß eine Lastkraftwagenfabrik beschäftigt werden muß, die wiederum unter anderem von einer Polsterei die Sitzbezüge bezog. Der Lastkraftwagen wird mit Benzin betrieben aus Rohöl, das im vorderen Orient gefördert wurde und vielleicht eine Raffinerie in Wilhelmshaven oder sonstwo beschäftigte. In Skandinavien ist vielleicht das Holz gefällt worden, aus dem der Tisch des Abteilungsleiters im Großhandel gefertigt wurde. Zum Transport des Medikaments vom Großhandel zur Apotheke mußte eine Straße befahren werden, zu deren Erstellung Tiefbauunternehmen eingesetzt wurden und so weiter und so weiter. All die hier genannten und angedeuteten Ströme von Informationen mit und ohne Preischarakter bezüglich der Bedarfe und der Produktionserfordernisse zur Deckung der Bedarfe werden ständig unterhalten. Und rechtzeitig zur nächsten Erkältungswelle liegen die lindernden Medikamente in ausreichender Zahl bereit, weil vorausschauende Unternehmer den Eintritt einer Erkältungswelle für zureichend wahrscheinlich hielten, so daß sie ihre Pläne auf dieses Ereignis ausgerichtet haben. Und keiner braucht mehr Informationen als irgend nötig und bekommt dennoch alle Informationen, die er braucht, über den Marktmechanismus wechselseitig vermittelt.

Die Informationsgewinnung und -koordination erfolgt im Marktsystem *dezentral, durch wechselseitige Anpassung* und *nicht autoritär*. Dadurch ist die Informationsgewinnung und -verarbeitung nicht nur sehr ökonomisch, weil überflüssige Informationen nicht oder kaum eingehen. Darüber hinaus gehen auch Informationen ein, die gar nicht erhoben werden könnten, sondern nur über einen Marktmechanismus ausgewertet werden können. Beispielsweise ergibt sich die Zahlungsbereitschaft häufig erst in dem Moment des Bedarfs. Eine Vorabfrage, wieviel man denn nächstes Jahr zu zahlen bereit sein werde, wenn es eine Erkältungskrankheit zu lindern geben werde, hat mit dem tatsächlichen Verhalten in der Situation allenfalls zufällig etwas gemein. Und bei komplexeren Gütern, wie Mänteln, Autos oder PC-Zubehör nimmt der Kunde überhaupt erst die Kosten der Erlangung für eine Entscheidung zureichender Informationen in Kauf, wenn die Kaufabsicht schon entstanden ist. Ebenso gibt es viele Besonderheiten von Ort und Zeit, die nur vorübergehende Bedeutung haben, in den marktlichen Tauschprozeß einbezogen werden können aber in einen Zentralplan nicht.

In der *Zentralverwaltungswirtschaft* ist hingegen die *Informationsgewinnung einseitig.* Zunächst wird von unten nach oben gemeldet, was man erwartet, daß es in Form von Produktionsmitteln im Planungszeitraum zur Verfügung steht. Ergänzt wird das durch Angaben zu den Kenntnissen und dem Leistungsvermögen der Mitarbeiter und durch Erklärungen zu den vorhandenen Produktionskapazitäten und ihrer geplanten Veränderung. Schließlich kann noch von unten nach oben gemeldet werden, was für

Bedarfe erwartet werden. Meist werden darüber wohl Vermutungen ange-
stellt werden müssen. Oder die Obrigkeiten wissen ohnedies besser, was
ihre Untrigkeiten konsumieren sollten, um im nachbarschaftlichen Einer-
lei glücklich zu sein. Im Idealfall unternehmen die Planer ernsthafte Versuche, die Bedarfe zu ermitteln, etwa indem man die Menschen befragt.
Aber auch diesem Verfahren sind natürliche Grenzen gesetzt. Der Leser
und die Leserin mögen nur überprüfen, welche Angaben sie wohl machen
würden, wenn sie auf einem Fragebogen unter vielem, sehr vielem anderen beantworten sollten, welche Art von Mantel sie wohl zu welchem
Preis in zwei Jahren haben möchten oder welche Eigenschaften die Weih-
nachtsgeschenke, die im nächsten Fünf-Jahres-Plan berücksichtigt werden
sollen, aufweisen sollen. Selbst die Planung von Bushaltestellen oder
Flughäfen in ansonsten marktwirtschaftlich ausgerichteten Volkswirtschaften ist schwierig, wenn sie sich auf Befragungen stützen soll. Jeder
möchte eine Bushaltestelle in der Nähe haben, falls das Auto einmal aus-
fällt, aber bitte nicht vor der eigenen Tür, und jeder möchte schnell und
bequem in den sonnigen Süden fliegen können, aber bitte keinen Fluglärm
ertragen. Auch die Angaben bezüglich künftiger plötzlicher Eingebungen,
spontaner Ideen oder überraschend überwältigender Konsumwünsche sind
nicht leicht zu machen. Und ob eine obrigkeitlich planende Vorausseher-
zunft diese kleinen oder größeren Überraschungen eines Konsumentenle-
bens in Form statistischer Erwartungswerte voraussagen kann, steht doch
sehr in Frage. Schließlich sahen selbst die Autos, die in kürzlich noch
existierenden realen (nahezu) Zentralverwaltungswirtschaften erst nach
Ablauf langer Vorbestellungs- und Wartezeiten ausgeliefert wurden bei
weitem nicht so aus, wie die Konsumenten es sich gewünscht hätten, wie
der massenhafte Austausch gegen gebrauchte westliche Fabrikate gleich
nach der Öffnung der Märkte gezeigt hat.

Nach der Erhebung der Planungsdaten erfolgt dann eine stufenweise Verdichtung, in deren Verlauf weitere Informationen durch Aggregation verloren gehen. Die Planungsdaten treffen immer weniger auf die tatsächli-

chen Gegebenheiten und Wünsche zu. Aus den unterschiedlichsten Wünschen bezüglich der Kleidung etwa werden nurmehr nackte Zahlen gewünschter Mengen einiger standardisierter Modelle. Der menschliche Wunsch nach Vielfalt und Unterscheidung von anderen wird systematisch vernachlässigt. Ein trostloser Einheitsbrei von Waren ohne Pepp steht schließlich in der endgültig der Zentrale vorliegenden Wunschliste. Und selbst, wenn die gesamte Vielfalt dank moderner Computer bis nach oben unverfälscht gemeldet werden könnte, wäre doch die Wahrscheinlichkeit gering, daß das noch genau die Vielfalt ist, die in einem, zwei oder drei Jahren gewünscht wird.

Die Zentrale erstellt dann den Plan und setzt ihn in Direktiven um, die von oben nach unten vorgeben, was produziert und verteilt werden soll. Auch dies funktioniert im allgemeinen nicht besonders gut, weil schon kleine Abweichungen durch unvorhergesehene Ereignisse die Pläne durcheinander werfen. Durch unvoraussehbare Wettereinflüsse entstehende Ernteausfälle etwa können

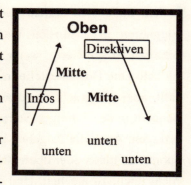

nen bedeuten, daß mühsam verdiente und knappe Devisenreserven plötzlich für den Import von Getreide verwendet werden müssen, wenn man keine Hungersnot will, die natürlich die weiteren Planvorgaben ebenfalls obsolet machen würde.

Die Informationsgewinnung und -koordination erfolgt in der Zentralverwaltungswirtschaft *zentral, einseitig* und *autoritär*. Dadurch ist die Informationsgewinnung und -verarbeitung unökonomisch, weil einerseits überflüssige Informationen eingehen und andererseits Informationen, die nicht überflüssig sind, durch Verdichtung verloren gehen. Darüber hinaus werden andere wichtige Informationen systematisch ausgeschlossen, weil sie gar nicht zusammengefaßt existieren können, wie etwa menschliche Wertschätzungen und andere vergängliche Informationen. Real hätte eine solche reine Zentralverwaltungswirtschaft gar nicht existieren können. Die schon schlechten Wirtschaftsergebnisse im früheren sozialistischen Osten Europas waren nur möglich, weil die Planungsmängel durch vielfältige (illegale) Schwarzmarktaktivitäten gemildert wurden. Doch dazu kommen wir noch später.

Die *Technik der Koordination der Einzelpläne* und insbesondere die *Koordination der Produktionspläne* ist eng mit der Art der Informationsgewinnung und -verarbeitung verbunden. Im **Marktsystem** findet eine **Regelung über Märkte** statt. Von Regelung spricht man, wenn ein System über Rückkoppelungen eine Selbststeuerung übernimmt. Ein Beispiel aus der Technik ist eine mit einem Thermostat ausgestattete Heizung. Unterschreitet die Raumtemperatur einen unteren kritischen Wert, wird die Heizung eingeschaltet, wird ein oberer kritischer Wert überschritten, schaltet sich die Heizung automatisch aus. In ähnlicher Weise rückkoppelungsgesteuert ist der Markt, wobei sich alle Einsätze von Produktionsfaktoren und -mitteln letztlich an der Endnachfrage orientieren. Die entscheidende Steuerungsgröße ist der frei gebildete Wettbewerbspreis. Er gleicht Angebot und Nachfrage auf einem Markt aus (*Ausgleichsfunktion freier Marktpreise*), wodurch er bewirkt, daß eine größere Menge für alle beteiligten Tauschpartner vorteilhaft getauscht werden kann als bei jedem anderen Preis. Er teilt die knappen Güter so auf die Nachfrager zu, daß diejenigen zum Zuge kommen, deren Nachfrage, gemessen an ihrer Zahlungsbereitschaft für das Gut am dringlichsten ist (*Zuteilungsfunktion freier Marktpreise*). Auf der Anbieterseite gibt der frei gebildete Marktpreis Signale, wann das Angebot sich lohnt. Kurzfristig ist das dann der Fall, wenn zumindest die durch die Produkti-onsentscheidung zusätzlich entstehenden Kosten durch die zusätzlich entstehenden Erlöse gedeckt werden können, bezogen auf die produzierte Einheit also der Marktpreis für ein Gut dessen variablen Stückkosten wenigstens deckt. Auf lange Sicht muß der Marktpreis sicherstellen, daß nicht mit Verlust produziert wird. Das ist dann der

Fall, wenn der Marktpreis die gesamten Stückkosten wenigstens deckt. Auf diese Weise gibt der Marktpreis Signale, die dazu führen, daß die Bedarfe im Zweifel von den Anbietern gedeckt werden, deren Stückkosten im Vergleich zu denen des Mitwettbewerbers relativ niedrig sind. Anbieter, die zur Kostendeckung Preise erzielen müßten, die über dem Marktpreis liegen, werden auf längere Sicht zum Marktaustritt veranlaßt. Dies führt dazu, daß unter den jeweils gegebenen Bedingungen, insbesondere bezüglich der Produktionstechnologien, der unternehmerischen Fähigkeiten und der vorhandenen Produktionskapazitäten, die Güter und Leistungen auf die kostengünstigste mögliche Weise bereitgestellt werden (*Auslesefunktion freier Marktpreise*).

Freie Marktpreise sorgen für rationale Informationsvermittlung, indem sie die verschiedenen Verwendungsmöglichkeiten von Ressourcen und anderen Mitteln und Gütern vergleichbar machen. Dabei gehen in den frei gebildeten Marktpreis auf die denkbar rationellste Weise alle relevanten Informationen ein. Auf der Nachfrageseite der Märkte werden die Zahlungsbereitschaften der Nachfrager aufgedeckt, da bei einem bestimmten Preis alle Nachfrager, die zum Zuge kommen, wenigstens eine Zahlungsbereitschaft in Höhe des Preises haben müssen. Somit gehen, ohne jede Befragung, die Wertschätzungen der Nachfrager für das Gut im gerade notwendigen und zureichendem Maße ein, wobei die Wertschätzungen sich auch aus den Kenntnissen von Weiterverwertungsmöglichkeiten ergeben. Zudem ist mit der Zahlungsbereitschaft natürlich auch die Zahlungsfähigkeit der Nachfrager verknüpft, einschließlich ihrer Fähigkeit, Fremdfinanzierung zu akquirieren. Auf der Anbieterseite der Märkte gehen in den Marktpreis über die Kalkulation der Anbieter, von welchem Preis an sie zu einem Angebot bereit sind und welche Mengen sie zu unterschiedlichen Preisen anzubieten wünschen, Informationen über die eingesetzten Produktionstechnologien, einschließlich Managementtechniken, Marketingstrategien etc., über die Knappheiten an Produktionsmitteln sowie über Wertschätzungen von Verkäufern für die Güter ein, die Kenntnis vieler Verwertungsmöglichkeiten besitzen können. Die freien Marktpreise verarbeiten diese Informationen über alle verbundenen Märkte hinweg auf kostengünstigste Weise, weil für die Entscheidungen überflüssige Informationen entfallen *(Informationsfunktion freier Marktpreise)*.

Schließlich werden Änderungen der Nachfragestruktur über die Ausgleichsfunktion freier Marktpreise auch die Rentabilitäts- bzw. Gewinnverhältnisse auf den davon betroffenen Märkten verändern. Dort, wo die Nachfrage abwandert, werden die gebundenen Kapitalbestände eine Verschlechterung der Rentabilität erfahren und dort, wo die Nachfrage zuwandert wird eine steigende Rentabilität die Folge sein. Diese Entwicklungen bewirken, daß zunächst neu gebildetes Kapital als Eigen- oder Fremdkapital in die besser rentierliche Verwendung fließt. Mit der ungünstiger werdenden Finanzierungssituation der Unternehmen dort, wo die Nachfrage abwandert, geraten diese Unternehmen in Bedrängnis. Gelingt es ihnen nicht, durch Kostensenkungen und Erhöhungen der Attraktivität der Produkte den Verfall aufzuhalten, werden alsbald auch Mitarbeiter neue Beschäftigungsverhältnisse dort, wo es aufwärts geht, anstreben. Im Zweifel betrifft dies die mobilsten Mitarbeiter mit den höchsten Kreativitätspotentialen zuerst. Schließlich ist der Niedergang nicht mehr aufzuhalten und Betriebe scheiden aus dem Wettbewerb aus. Nunmehr wird erschlossene Gewerbefläche frei, so daß nach den Produktionsfaktoren Kapital und Arbeit nun auch der Produktionsfaktor Boden ökonomisch wertvolleren Verwendungen zugeführt werden kann. Die freien Marktpreise geben die entsprechenden Signale auf den betroffenen Märkten, den Gütermärkten und den Ressourcenmärkten. Sie lenken die Produktionsfaktoren in die letztlich vom Verbraucher gewünschte Verwendungsrichtung, und sie geben dem Wirtschaftssystem damit das, was man Konsumentensouveränität nennt *(Lenkungs- oder Allokationsfunktion freier Marktpreise)*.

In der *Zentralverwaltungswirtschaft* erfolgt die **Koordination der Einzelpläne** durch Steuerung über Befehle, die **Produktionspläne** werden **koordiniert** durch **Orientierung an Sollziffern der Mengenplanung**. Durch die
zentrale Zielbildung auf der Grundlage der vorhandenen und gemeldeten
Informationen wird der Output des Systems letztlich von der Inputseite
her bestimmt, und nicht, wie in der Marktwirtschaft, vom Endverbraucher.
Es gibt innerhalb des Systems keine Suchanreize für bessere Problemlösungen bezüglich der Befriedigung von Bedürfnissen. Bestimmte Informationen, wie subjektive Wertschätzungen und vorübergehende Kenntnisse von Gegebenheiten, können in die Koordination nicht Eingang finden,
da Plananpassungen schwierig sind und so erhebliche sachliche und zeitliche Probleme, die eine enorme Schwerfälligkeit des Systems bewirken,
hervorrufen, daß zweckdienliche Neuanpassung sehr häufig unterbleiben.
Ist die Marktwirtschaft durch eine ständige Anpassungsflexibilität gekennzeichnet, so die Zentralverwaltungswirtschaft durch eine enorme
Fähigkeit zur Beharrung.

2.1.3 Gütererzeugung, Einkommen und Leistungsanreize

Das sechste Merkmal betrifft *den Zusammenhang von Gütererzeugung
und Einkommen*. In der **Marktwirtschaft** ist das **Einkommen abhängig
vom Einsatz der Produktionsfaktoren in der Produktion von Gütern und
Leistungen**. Für die Faktoreinsätze bilden sich Marktpreise heraus: Für
den Kapitaleinsatz gibt es (kontraktbestimmte oder kalkulatorisch bestimmte) Zinsen und Wagniszuschläge, für den Arbeitseinsatz Lohn
(einschließlich kalkulatorischer Unternehmerlohn), für den Einsatz von
Boden erhält der Ressourceneigentümer eine Bodenrente in Form von
Miete oder Pacht, und für die Unternehmerinitiative gibt es den residual
bestimmten Gewinn dafür, daß man besser als andere Mitkonkurrenten
weiß, wie die Bedürfnisse der Menschen zu befriedigen sind. Und mit den
Ressourcen wird zugleich sorgfältig umgegangen, denn für den Ressour-
cennachfrager handelt es sich um Kosten, die es durch den Verkauf der

mit Hilfe der Ressourceneinsätze erzeugten nützlichen Güter und Dienste zu decken gilt. Die Zuteilung von Kaufkraft im Marktprozess erfolgt nach Leistung, wobei sich hier Leistung weniger nach der Mühewaltung richtet oder dem Engagement oder ähnlichen schwer meßbaren Größen. Was als Leistung gilt, darüber bestimmt derjenige, für den diese Leistung erbracht wird, also letztlich der Endverbraucher. Jede tatsächlich erfolgte Zahlung deckt dabei auf, daß eine Leistung aus Sicht des Empfängers erbracht wurde, denn niemand ist bereit, für ein Gut oder eine Dienstleistung mehr zu bezahlen, als sie ihm wert ist. Da Wertschätzung ein subjektiver Begriff ist, denn Wertschätzung können nur Individuen für Dinge und Leistungen empfinden, geben diejenigen freiwillig ein monetäres Opfer, die auch den Nutzen von dem Gut oder der Dienstleistung haben. Über die Marktpreise werden also diejenigen belohnt, die die Wünsche ihrer Mitmenschen am besten befriedigen. *(Verteilungs- oder Distributionsfunktion freier Marktpreise) „In der Marktwirtschaft wird der belohnt, der das Wohl seiner Mitmenschen fördert."* (HOMANN/BLOME-DREES (1992), S. 50)

In der *Zentralverwaltungswirtschaft* werden die *Einkommen unabhängig vom in der Produktion geschaffenen Wert* gebildet. Der in der Produktion geschaffene Wert *kann* in einem solchen System ja gar nicht festgestellt werden, da es keine echten Knappheitspreise für Vor- und Zwischenprodukte und für Produktionsfaktoren gibt, die als Wertmesser erst sicherstellen würden, daß in jeder Produktionsrichtung und auf jeder Produktionsstufe der Wert des Hergestellten den Wert der im Herstellungsprozeß untergegangenen Waren und Leistungen übersteigt. (Vgl. VON MISES (1920/21), S. 97 ff.) Als Ersatz kann nur auf allerlei mehr oder weniger subjektive Hilfsmaße, wie z. B. Linientreue (beispielsweise durchs Parteibuch gemessen), Engagement, Sollerfüllungsgrad etc. zurückgegriffen werden.

Diese Erscheinung ist, dies sei hier erwähnt, ähnlich auch in Abteilungen, vornehmlich den Stabsabteilungen und Verwaltungen der größeren Unternehmen in Marktwirtschaften zu beobachten. An die Stelle der Linientreue tritt dann die Identifikation mit dem Unternehmen oder seinen Zielen (corporate identity), das Engagement wird häufig durch zeitliche Einsatzbereitschaft gemessen und der Sollerfüllungsgrad am Fleiß. Die Unternehmen sind schließlich nur kleine zentralverwaltungswirtschaftliche Inseln in der Marktwirtschaft (Vgl. COASE (1937)). Der wesentliche Unterschied zur reinen Zentralverwaltungswirtschaft liegt allerdings darin, daß erstens die Unternehmen in der Marktwirtschaft von den Marktkräften insofern domestiziert werden, als Willkür, die ein Überleben unter Marktbedingungen erschwert, wenn sie höhere Kosten als nötig verursacht, stark behindert wird, und daß zweitens die Mitarbeiter sich durch Abwanderung unangemessenen Maßanwendungen entziehen können. Diese beiden Kräfte werden in der Zentralverwaltungswirtschaft nicht wirksam. Die Festsetzung der Einkommen und damit der Einkommensrelationen richtet sich deshalb letztlich nach ideologisch-politischen Entscheidungen. Real existierende (weitestgehende) Zentralverwaltungswirtschaften mußten die Abwanderungsmöglichkeiten freiheitsliebender und häufig qualifizierter Mitarbeiter und ihrer Angehörigen sogar durch die Schließung ihrer Grenzen, an denen dann die Menschen, die sie übersteigen wollten, auf abscheulichste Weise von Soldaten niedergestreckt oder durch automatisierte Schußapparate zerfetzt wurden, beseitigen (vgl. hierzu auch *MILTON and ROSE FRIEDMAN* (1983), S. 69), um an den Wanderungsströmen nicht zu zerbrechen, was dann zum Vorteil der Menschen doch noch passiert ist.

Ein ganz wesentliches Unterscheidungsmerkmal ist in den *Anreizen* zu suchen, die die beiden reinen Wirtschaftssysteme in völlig unterschiedlicher Weise geben. In der Marktwirtschaft gehen die Anreize, wirtschaftlich tätig zu werden, von der Chance, Gewinne zu erzielen, wenn man den Marktteilnehmern gute Lösungen für ihre ökonomischen Probleme anbietet, sowie von dem Risiko, anderenfalls Verluste zu erleiden und der Bedrohung, damit auf die Dauer zum Marktaustritt veranlaßt zu werden, aus.

Die Vermittlung dieser Anreize führt über freie Marktpreise (vgl. VON HAYEK (1968)), insbesondere deren Auslese- und Verteilungsfunktion. Es zählt dabei der Vergleich zum Mitwettbewerber. Ist die eigene Leistung im Vergleich gut, so erhält man durch den Markt Gewinne zugeteilt. Sie sind die Entlohnung dafür, daß man besser als andere Anbieter weiß, wie mit möglichst geringem Ressourceneinsatz die Bedürfnisse der Menschen zu befriedigen sind. Ist die Leistung verhältnismäßig schlecht, erleidet man Verluste. Von dieser anonymen Zuteilung von Überlebensfonds durch das Marktsystem gehen starke Anreize aus, Verbesserungen einzuführen. Führt ein Unternehmen ceteris paribus ein besseres Herstellungsverfahren ein, etwa indem es eine bessere Methode, die Mitarbeiter zur Leistung zu motivieren, einsetzt, kann es die Herstellung des gleichen Gutes mit geringeren Kosten bewerkstelligen. Führt ein Unternehmen ein besseres Gut ein, trifft das Unternehmen auf eine höhere Zahlungsbereitschaft, wodurch die Kunden ja gerade anzeigen, daß es sich aus ihrer Sicht um ein besseres Gut handelt. Da Anbieter, die sich dem Trend zur Verbesserung nicht anschließen, auf mittlere Sicht aus dem Markt auszuscheiden drohen, haben sie einen großen Anreiz, sich entweder den Neuerungen der anderen Marktteilnehmer anzuschließen - und dabei es möglichst noch besser zu machen - oder selbst Neuerungen zu ersinnen und einzuführen.

Die Marktwirtschaft ist in dieser Hinsicht ein System, das die Menschen dauernd in Trab hält und bei vielen Menschen auch Streß erzeugt. Schon dem, der nur tut, was er immer tat, droht der Untergang. Und Bedrohungen können von den fernsten Neuerungen ausgehen. Beispielsweise können traditionelle Kinderspielanbieter bedroht werden durch die Entwicklung der Leistungsfähigkeit von Mikroprozessoren, da dadurch hochwertige Computerspiele für jedermann einsetzbar werden, die aber mehr von Softwareunternehmen als von Herstellern traditioneller Spiele erzeugt werden. In der Marktwirtschaft, in der alle Anbieter im Wettbewerb um die knappen Mittel der Nachfrager miteinander verbunden sind, müssen verantwortungsvolle Unternehmer deshalb nicht nur ihre unmittelbaren Konkurrenten in ihrer Branche genauestens beobachten. Sie müssen auch die Entwicklungen überall sonst in der Volkswirtschaft aufmerksam verfolgen, und sie müssen sich Gedanken darüber machen, welcher Strukturwandel dadurch hervorgerufen werden könnte und was er für das beobachtende Unternehmen bedeuten wird. Auf solchen Überlegungen muß die strategische Unternehmensplanung aufbauen. Hier ist ein unmittelbarer Ansatzpunkt für die Volkswirtschaftslehre als Managementlehre. Wer nicht in der Lage ist, die Bedeutung gesamtwirtschaftlicher Entwicklungen für sich und sein Unternehmen zu erkennen und einzuschätzen, der wird über kurz oder lang aus dem Markt verschwinden, weil ihn eine Entwicklung trifft, auf die er sich - im Gegensatz zu seinen befähigteren Konkurrenten - nicht rechtzeitig einstellen konnte. Zwar gibt es für die Marktteilnehmer angesichts dieses stets funktionswirksamen Anreizmechanismus kaum eine Pause in ihrem Verbesserungsbestreben. Die gleichen Personen und ihre Angehörigen sind aber auch die Nutznießer davon, daß auf diese Weise die Gütervielfalt zunimmt und zugleich die Güter immer besser zur Bedürfnisbefriedigung geeignet und dabei billiger werden.

Darauf hinzuweisen ist noch, daß dieser Anreizmechanismus über Gewinne und Verluste im Marktsystem nicht etwa bedeutet, daß stets und immer nur materielle Belohnungen und Strafen Handlungsanreiz sind. Dies ist falsch. Schon *JOSEPH ALOIS SCHUMPETER* (1883 - 1950) hat darauf hingewiesen, daß der Unternehmer seine Belohnung vor allem in der Bewältigung seiner selbst gestellten Aufgaben sieht, er in modernerer Sprache ausgedrückt also intrinsisch motiviert ist. Die Belohnung in Form des erzielten Gewinns spielt als extrinsische Motivation, d. h. von außen kommende Zustimmung, nur insofern eine sekundäre Rolle, als der Unternehmer hierin einen Indikator für den Grad seiner Aufgabenbewältigung sieht. (vgl. SCHUMPETER (1952), S. 138 f.) Während die Anreize zur Tat, die vom - negativ empfundenen - Verlust ausgehen, insofern zwingend sind, als ihre Nichtbeachtung zum Ausschluß vom Spiel führt, ist das bei den Anreizen, die vom Gewinn ausgehen, nicht der Fall. Hier kann durchaus auch nach einem nur befriedigenden Überschuß gestrebt werden, etwa dann, wenn die extrinsische Motivation nicht in Übereinstimmung mit dem intrinsischen Antrieb ist. Intrinsischer Antrieb und extrinsische Belohnungsmechanismen stehen in einem überaus diffizilen Verhältnis zueinander. Ein falsches Zusammentreffen beider Anreizformen kann die intrinsische (Leistungs-)Motivation zerstören (vgl. FREY (1990), S. 157 ff.). Es ist für den Erhalt hoher Leistungsmotivation in der Volkswirtschaft erstens wichtig, daß möglichst viele Menschen in selbständiger Tätigkeit ihre Ziele selbst setzen und selbst festlegen, welche Indikatoren auf einen hohen Zielerreichungsgrad hindeuten sollen. „Das Schlüsselmotiv der Unternehmerinitiative ist hohe erfolgszuversichtliche Leistungsmotivation, nicht Gewinnstreben." (RÖPKE (1977), S. 157) Zweitens wird bezüglich der Nichtselbständigen die Leistungsmotivation in der Volkswirtschaft um so mehr gefördert, je glücklicher die Arbeitnehmer mit ihren Arbeitsplätzen sind. Dies wird aber dann der Fall sein, wenn die Anforderungen der Stelle mit den Neigungen und den Fähigkeiten des Mitarbeiters möglichst gut in Übereinstimmung sind, wenn also, anders ausgedrückt, die extrinsische Belohnung, die mit der Erfüllung der betrieblichen Aufgabe einher geht, mit der intrinsischen Motivation harmoniert. (Vgl zu diesen Zusammenhängen genauer RÖPKE (1977), z. B. S. 136 ff., 201 ff., 220 f.) Und gerade diese Übereinstimmung kann am besten in einer Marktwirtschaft - in der auch der Arbeitsmarkt funktionstüchtig erhalten wird - herbeigeführt werden. Gerade hier muß eine Zentralverwaltungswirtschaft eklatant versagen, insbesondere auch, weil der Mechanismus fehlt, der die für eine solche zweckmäßige Zuweisung von Aufgaben an Menschen notwendigen Informationen zureichend verarbeiten kann. Schon in der Marktwirtschaft klappt das wegen der hohen Informationskosten und der hohen sogenannten Fluktuationskosten, die mit Stellenwechseln verbunden sind, nicht perfekt. Aber in keinem anderen System geht es besser.

In der Zentralverwaltungswirtschaft gehen die Anreize von einer Zentrale aus, die Belohnungen ausspricht und Bestrafungen vornimmt. Die Letztzuständigkeit liegt für „Abweichler", „Saboteure" und „Boykottierer" beim Strafrichter. „Helden der Arbeit" werden mit Orden behängt, nur weil sie (vorsorglich bei der Meldung noch oben) viel zu tief angesetzte Leistungsziele mengenmäßig übertroffen haben. Da, wie oben erläutert, mangels zutreffender Wertrechnung nicht festgestellt werden kann, welche Produktionsergebnisse wirklich sinnvoll sind, werden mit den Anreizen, möglichst viel zu tun, auch Anreize wirksam, von dem, was falsch ist, möglichst viel zu tun, also organisierte Verschwendung in großem Ausmaß zu betreiben.

In stark domestizierter Fassung können diese Fehlanreize auch in größeren Unternehmen in der Marktwirtschaft beobachtet werden, insbesondere bei großer Arbeitslosigkeit, wenn also der Arbeitsmarkt nicht zureichend funktioniert. Deutlichere Beobachtungen dieser Verschwendungsarten können in öffentlichen Verwaltungen beobachtet werden, in denen - als zentralverwaltungswirtschaftliche Teile realer Wirtschaftssysteme - (Markt-)leistung nicht oder nur unzureichend gemessen werden kann. Auch hier führen mehr oder minder sachfremde und willkürliche, häufig völlig der Sache unangemessen und unkritisch der Privatwirtschaft entnommene Zielsetzungen und Anreizverfahren zu erheblichen Abwendungen von den eigentlichen Aufgaben und Zuwendungen zu den von oben aufgepfropften sachfremden Zielen, um etwa Beförderungschancen nicht zu verlieren. Vormals vorhandene intrinsische Motivationen zur Erfüllung gesellschaftlich gewünschter Aufgaben werden auf diese Weise nachhaltig der Gefahr einer Zerstörung ausgesetzt mit der möglichen Folge, daß schließlich ganz andere Aufgaben als die aus der Sicht einer hypothetisch aufgeklärten Bevölkerung eigentlich wünschenswerten sehr effektiv erfüllt werden. Mit dem äußeren Bild größten Fleißes kann so der Gesellschaft geschadet werden, etwa, um nur ein Beispiel zu nennen, wenn Hochschullehrer statt forschen zu können oder an der inhaltlichen Verbesserung ihrer Lehrveranstaltungen arbeiten zu können, massenhaft angehalten werden, ihre produktivsten Jahre in Gremienarbeiten zu verschwenden, was als *fleißige* Pflichterfüllung angesehen wird. Oder wenn die gleichen Hochschullehrer als „Leistung" angerechnet bekommen, wenn sie im Hinblick auf die Ausbildungsziele suboptimal große Hörerzahlen in Lehrveranstaltungen mit Lehrstoff versorgen, und wenn die dadurch hervorgerufenen Ergebnismängel in Form von Ausbildungsdefiziten und längeren Studienzeiten behoben werden sollen durch angeblich moderne Prüfungsformen, die auf Erleichterung, also letztlich Niveauabsenkung hinauslaufen. Tritt letztere ein, wird sodann nach sogenannten „Motivationsmängeln" bei den Hochschullehrern gesucht, obgleich deutlich ist, daß die Probleme von denen verursacht wurden, die für die Fehlsetzung der Anreizbedingungen Verantwortung tragen. Das ist (durch die Marktumgebung erheblich gemilderte) Zentralverwaltungswirtschaft in Aktion, die nur ein schwaches Licht auf das Chaos an Anreizstrukturen wirft, wie es eine (fast) reine Zentralverwaltungswirtschaft erzeugt: Anreize zur grandiosen Verschwendung unter dem Deckmantel vorgeblich rationaler Planung und Zielsteuerung. Vernichtung von Chancen, darunter von einmaligen menschlichen Lebenschancen, durch „Anmaßung von Wissen" (VON HAYEK).

2.1.4 Wirtschaftssystem und Eigentum

Das in der obigen Tabelle zuletzt genannte Merkmal zur Unterscheidung der reinen Wirtschaftssysteme betrifft das Eigentum an *Produktionsmitteln*. Wir bereits ausgeführt wurde, ist die Festlegung von privaten Eigentums- und Verfügungsrechten, also letztlich das, was man als **Privateigentum** bezeichnet, ein **konstitutives Merkmal der Marktwirtschaft**. Zum einen muß bezüglich der tauschbaren Sachen geregelt sein, wer das Recht zur Übertragung der Sache und mit ihr verbundener Rechte besitzt. Und aus den anderen drei Rechten, dem, die Sache zu nutzen, dem, ihre Früchte zu verwerten und dem, sie in ihrer Substanz zu verändern, ergeben sich erst die Gründe für die Wertschätzungen gegenüber der Sache durch Menschen. Die wirksamste Form der Bindung dieser Rechte an das Eigeninteresse ist das Privateigentum an der Sache. Und erst die Bindung an das Eigeninteresse stellt sicher, daß jederzeit wirtschaftlich sorgfältig mit der Sache umgegangen wird, was impliziert, daß ein Tausch nur dann vorgenommen wird, wenn er für beide Tauschpartner hinsichtlich der Eigentums- und Nutzungsrechte der getauschten Güter als vorteilhaft empfunden wird. Dies kann nur die enge Interessenverknüpfung einer Sache mit ihrem Eigentümer bewirken. Eine funktionierende Marktwirtschaft ohne Privateigentum kann es deshalb nicht geben. Bezüglich der Produktionsmittel stellt das Privateigentum sicher, daß die Lenkung der Produktionsmittel in die für die Verbraucher sinnvollste Verwendungsrichtung gelingt.

Umgekehrt kann eine reine Zentralverwaltungswirtschaft Privateigentum an Produktionsmitteln nicht dulden. Selbst wenn sie formal-juristisch noch Privateigentum kennt, können die Produktionsmittel doch nicht mit privat zugewiesenen Eigentums- und Verfügungsrechten verbunden sein, wenn sie in einen durchorganisierten staatlichen Plan eingestellt werden sollen. Es gibt dann faktisch keine private Verfügungsmöglichkeit mehr.

Zur Erhellung der Anreizzusammenhänge zwischen Eigentum und personengebundener Verwendung von Mitteln sei ein kleines Schaubild vorgestellt, das wie die Erläuterungen dazu auf MILTON FRIEDMAN , Wirtschaftsnobelpreisträger 1976, und seine Frau ROSE FRIEDMAN zurückgeht (MILTON and ROSE FRIEDMAN (1983), S. 131 ff.).

	... für sich selbst ausgeben	... für andere ausgeben
Eigenes Geld...	1	2
Fremdes Geld.	3	4

[Vgl. *Milton and Rose Friedman,* Freiheit, die wir meinen · »Free to choose«, (1983), S. 131]

Im Feld mit der Nummer 1 dieser Tabelle gibt der hypothetische Entscheidungsträger sein eigenes Geld für sich selbst aus. Er verfügt über Privateigentum, daß er so verwenden kann, daß sein persönlicher Nutzen steigt. Es ist offenkundig, daß er hier bestrebt ist, die Mittel sparsam zu verwenden und die Ausgabe sorgfältig abzuwägen. Schon im Feld mit der Nummer 2 ist dies anders. Hier ist der hypothetische Entscheidungsträger zwar noch an sparsamer Mittelverwendung interessiert. Aber da er das Geld für andere Menschen ausgibt, wird die Ausgabe nicht mehr so treffsicher zum Erwerb des tatsächlich gewünschten Gutes führen. Erstens kennt der hypothetische Entscheidungsträger die Präferenzen des anderen Wirtschaftssubjektes nicht so gut wie seine eigenen. Zweitens ist der Anreiz zur Suche nach dem Besten wesentlich geringer. Der Leser und die Leserin machen sich dies anhand des bekannten Falls des Einkaufs von Geburtstags- oder Weihnachtsgeschenken klar. Im Fall 3 wird der hypothetische Entscheidungsträger zwar noch das aussuchen, was für ihn nutzenmaximierend ist. Er wird es aber, so weit es geht - etwa ohne die Etikette zu verletzen -, an Sparsamkeit mangeln lassen. Man denke hier nur an den Fall, man könne auf Spesen eines Geschäftspartners essen, besonders dann, wenn man vielleicht nur dieses eine Mal ein Geschäft mit ihm abschließen möchte. Im Feld mit der Nummer 4 schließlich fehlt unserem hypothetischen Entscheidungsträger sowohl der Anreiz, übermäßig sparsam im Einsatz von Mitteln zu sein, als auch der, sich bei der Mittelverwendung der Mühe zu unterziehen, eine möglichst nutzenmaximale Verwendungslösung zu finden. In dieser Lage befindet sich beispielsweise ein Staatsbediensteter, der aus Steuergeldern für die Bürger nützliche Dinge beschaffen soll. Und diese Anreizkonstellation des Feldes mit der Nummer 4 ist die Standardanreizkonstellation in der Zentralverwaltungswirtschaft, in der Mittel, die im kollektiven Eigentum sind, also in keines Menschen Eigentum, von zentralen Planern Verwendungen für ihnen fremde Menschen zugeführt werden.

Der Vergleich der reinen Wirtschaftssysteme hat die überwältigende Überlegenheit des Marktsystems zur Lösung der Knappheitsprobleme einer Gesellschaft erkennen lassen. Somit steht die Frage im Raum, warum es nicht empfehlenswert sein sollte, als Wirtschaftssystem einer Gesellschaft die freie Marktwirtschaft zu wählen, warum es ein Mischsystem aus Marktsystem und zentraler Verwaltung geben soll. Der Grund liegt darin, daß das Marktsystem als reines System, wie jedes andere denkbare System auch, schwerwiegende Funktionsmängel aufweist, die nur mittels Ergänzung des Systems durch Bereiche bürokratischer Koordination ausgeglichen werden können. Diesen Mängeln und Grenzen der reinen Wirtschaftssysteme ist der nächste Abschnitt gewidmet.

2.2 Grenzen marktwirtschaftlicher Koordination

> „Das Ärgerliche ist, daß der Kapitalismus nicht
> an sich selbst glaubt,"
>
> *Joseph A. Schumpeter* (1883 - 1950)
> Zitiert nach Swedberg (1994), S. 284.

Die reinen Wirtschaftssysteme stellen lediglich Denkmodelle dar. Es handelt sich bei der Betrachtung dieser reinen Systeme um eine analytische Vorgehensweise, da nur geprüft und dargestellt wird, wie ein Wirtschaftssystem funktioniert, in dem es lediglich ein Koordinationsverfahren, eben entweder den Markt oder die zentralbürokratische Anweisung, gibt. Solche reinen Systeme weisen Mängel auf, die so schwerwiegend sind, daß reine Systeme nicht existieren *können*. Jedes historische Wirtschaftssystem muß deshalb stets ein Mischsystem in dem Sinne sein, daß die beiden wichtigen Koordinationsverfahren Markt und Bürokratie nebeneinander bestehen. Das ökonomische Problem besteht unter anderem darin, die Zuweisung der beiden Koordinationsverfahren zu wirtschaftlichen Problemfeldern so zu gestalten, daß die Knappheitsbewältigung in der Volkswirtschaft möglichst gut gelingen kann. Dazu ist es erforderlich, zunächst einmal die Probleme und Grenzen der reinen Koordinationsverfahren näher kennenzulernen. Erst wenn diese bekannt sind, ist eine Abgrenzung möglich, wo der Markt bevorzugt werden sollte und wo der Staat, also zentralverwaltungswirtschaftliche Koordination, erforderlich ist.

Allerdings genügt gesellschaftlich natürlich eine reine Analyse der Zweckmäßigkeit der Zuordnung von Entscheidungs- und Koordinationsverfahren nicht aus. Aus einer solchen Analyse können Empfehlungen werden, wobei der Ökonom dann insofern Wertungen einfließen lassen *muß*, als das der Empfehlung zugrunde liegende Wünschenswerte festzulegen ist. Hierbei wird der Ökonom bevorzugt die Eignung eines Instrumentes zur Milderung der Knappheitsprobleme aber auch andere gesellschaftliche Ziele berücksichtigen. Wovon sich der Ökonom aber von anderen unterscheiden sollte, ist, daß er bestrebt sein sollte, von utopischen Zielsetzungen abzusehen. Er sollte seine Vergleiche und Empfehlungen stets auf realisierbare Möglichkeiten beziehen und Hinweise geben, welche Zielverfehlungen der einen Art durch die Verfolgung von Zielen der anderen Art durch die Wahl des Mittels xyz voraussichtlich entstehen werden.

Wenden wir uns nun den Grenzen der marktwirtschaftlichen Koordination im einzelnen zu (Vgl. hierzu etwa FRISCH/WEIN/EWERS (1996) und die Literatur zu Wirtschaftssystemen und zur Finanzwissenschaft im Literaturverzeichnis, z. B. BANKART (1994/1998), GROSSEKETTLER (1995a und 1995b), MUSGRAVE/MUSGRAVE/KULLMER (1994), TUCHTFELDT (1982) u.a.).

2.2.1 Ausschlußprinzip und Kollektivbedürfnisse

Gehen wir zunächst auf das Problem ein, daß es sogenannte Kollektivbedürfnisse gibt, die durch das Marktsystem allein im allgemeinen nicht befriedigt werden können. Zur Verdeutlichung dieser Tatsache sei von folgendem Schaubild ausgegangen.

Güterarten		Ausschluß von Nutzern ist wirtschaftlich	
		möglich	nicht möglich
Nutzer beeinträchtigen sich gegenseitig	spürbar	**Individualgüter/ Private Güter** (z. B. Brötchen, Bleistifte)	**Quasikollektivgüter/ Allmendegüter** (z. B. innerstädtisches Straßennetz, Fischgründe)
	nicht spürbar	**Klubkollektivgüter/ Mautgüter** (z.B. Golfplatz, Theater, Telefon, Kabelfernsehen)	**Kollektivgüter/ Öffentliche Güter** (z. B. Sicherheit nach außen, Justizwesen, Deiche)

[Vgl. z. B. **Ch. B. Blankart**, Öffentliche Finanzen in der Demokratie, 3. Aufl., München 1998, S. 64 f. oder **H. Grossekettler**, Mikroökonomische Grundlagen der Staatswirtschaft (1995), S. 8 ff.]

Die zu betrachtenden Güterarten werden hier nach zwei Kriterien unterschieden. Zum einen wird danach gefragt, ob Wirtschaftssubjekte wirksam von der Nutzung bzw. dem Verbrauch eines Gutes ausgeschlossen werden können. Dieses Kriterium, daß auch *Ausschlußprinzip* genannt wird, kann sowohl die technische Unmöglichkeit als auch die ökonomische Unmöglichkeit, jemanden auszuschließen umfassen, wobei unter ökonomischer Unmöglichkeit verstanden wird, daß der Ausschluß wirtschaftlich nicht vertretbar wäre, etwa wenn die Ausschlußkosten einen für das Gut erzielbaren Preis überstiegen. Zum anderen wird danach gefragt, ob es eine *Rivalität im Konsum* in dem Sinne gibt, daß der Nutzer eines Gutes einen anderen spürbar in der Nutzung des gleichen Gutes beeinträchtigt. Ist das nicht der Fall, spricht man von *Nichtrivalität*.

Unter Anwendung dieser beiden Kriterien in der groben Ja-Nein-Variante ergeben sich dann vier Fälle, die als Felder dem obigen Schaubild zu entnehmen sind. Die beiden Kriterien haben dabei sehr unterschiedliche Bedeutung. Das Ausschlußprinzip betrifft die *Möglichkeit*, jemanden von einer Leistung auszuschließen. Ein Opfer zur Erlangung eines Gutes, also einen Preis, *kann* man von einem Wirtschaftssubjekt nur dann verlangen, wenn man in der Lage ist, ihm bei Verweigerung der Zahlung den Nutzen zu versagen. Die *Nichtrivalität* betrifft den *Sinn des Ausschlusses* eines Wirtschaftssubjektes von einer Leistung. Gibt es keine Rivalität im Konsum, so ist der eine Nutzer ja in keiner Weise beeinträchtigt, wenn ein weiterer Nutzer auftritt. In diesem Fall würde die gesamtwirtschaftliche Wohlfahrt sinken, wenn der weitere Nutzer ausgeschlossen würde, da dadurch ein zusätzlich realisierbarer Nettonutzen verhindert würde.

Betrachten wir die Fälle im einzelnen: Dem Feld oben links werden Güter und Leistungen zugewiesen, bei denen zum einen gilt, daß Nutzer wirtschaftlich ausgeschlossen werden können, und zum anderen, daß die Nutzer sich im Konsum auch spürbar beeinträchtigten, so daß - im hier betrachteten perfekten Beeinträchtigungsfall - nur ein Nutzer in den Genuß des Gutes kommen sollte, alle anderen demnach sinnvollerweise ausgeschlossen werden müßten. Solche Güter werden als **Individualgüter** oder als **Private Güter** bezeichnet. Beispielsweise ist das Rechtssystem geeignet, Personen vom Verzehr einer Pizza, an denen sie kein Eigentum haben, auszuschließen. Die widerrechtliche Aneignung der Pizza würde dann als Diebstahl unter Strafe stehen. Haben zwei Personen Appetit auf die selbe Pizza, so kann sie, Teilung ausgeschlossen, doch nur von einer Person verzehrt werden. Es liegt also Rivalität im Konsum vor. Ein solches Gut wird sinnvollerweise von Privaten bereit gestellt und im Wege des Markttausches den Nutzern zugeführt. Durch Anwendung des Ausschlusses wird die Zahlungsbereitschaft aktiviert. Nur wer den Marktpreis zahlt, wird nicht ausgeschlossen. Und da es Rivalität im Konsum gibt, ist der Ausschluß sinnvoll.

Im Feld unten rechts ist alles ganz anders. Dort ist es nicht möglich, jemanden wirksam von der Nutzung auszuschließen und der Ausschluß wäre auch nicht sinnvoll, weil ja keine Rivalität im Konsum gegeben ist. Nehmen wir beispielsweise das Gut Sicherheit nach außen, so ist klar, daß, wenn ein Land nicht durch ein anderes Land in kriegerischer Absicht angegriffen wird, dieses Gut also bereitgestellt wird, niemand in dem Land einem kriegerischen Angriff durch das andere Land ausgesetzt ist. Ein weiterer Nutzer, etwa ein neuer Erdenbürger, würde auch die Sicherheit der anderen nicht vermindern, so daß auch keine Rivalität im Konsum gegeben ist. Güter, die diese beiden Eigenschaften besitzen, werden als *Kollektivgüter* oder als *Öffentliche Güter* bezeichnet. Sie können nicht über den Markt bereitgestellt werden, weil durch die fehlende Ausschlußmöglichkeit niemand zur freiwilligen Zahlung eines Preises veranlaßt werden kann, ein privater Anbieter seine Produktionskosten demnach nicht decken könnte. Und es sollte auch niemand von der Nutzung ausgeschlossen werden, da der Verzicht auf kostenlosen weiteren Nutzen Unsinn wäre.

Problematischer sind die beiden anderen Felder. Beginnen wir mit dem Feld unten links. Dort ist zwar das Ausschußprinzip anwendbar, es gibt aber keine Rivalität im Konsum. Sucht man nach solchen Gütern, so stellt man fest, daß die gleichzeitige Geltung dieser beiden Ausprägungen der Kriterien im allgemeinen nur bei Unterschreitungen gewisser Kapazitätsgrenzen gegeben ist. Werden diese überschritten, so handelte es sich um Individualgüter. Demnach ist ein Ausschluß von Nutzern sinnvoll, um zu verhindern, daß die Kapazitätsgrenze der Nutzung überschritten wird, weil sonst spürbare Rivalität eintreten würde. Ein Ausschluß, der darüber hinaus ginge, wäre hingegen nicht sinnvoll, weil die verbleibenden Nutzer sich ja gegenseitig nicht beeinträchtigen. Es handelt sich um *Klubkollektivgüter* oder *Klubgüter* beziehungsweise um *Mautgüter*. Nehmen wir beispielsweise das Kabelfernsehen, so ist es sinnvoll, die Gesamtzahl möglicher Nutzer so zu beschränken, daß das Netz keine Überlastung erfährt, da sonst ein einwandfreier Empfang nicht möglich ist. Ist die Überlastung aber ausgeschlossen, sollte jeder zugelassene Nutzer frei fernsehen können, da niemand sonst durch seine Einschaltung beeinträchtigt würde, also nur zusätzlicher Nutzen, nicht aber zusätzliche Kosten entstünden. Man bildet demnach sinnvollerweise in solchen Fällen einen Klub, dessen Mitglieder allein nutzungsberechtigt sind. Die Klubbeiträge decken die Kosten der Bereitstellung und bewirken den Ausschluß weiterer Nutzer zur Verhinderung von Überlastung. Ein weiteres Beispiel sind Autobahnen, bei denen die Nutzungsbeschränkung insgesamt durch Erhebung einer Maut bewirkt werden kann, wie dies in vielen Ländern auch geschieht. Angemerkt sei hier, daß allerdings bei vielen realen Klubgütern das Prinzip der Nichtrivalität nicht perfekt erfüllt ist, so daß es sinnvoll ist, auch von den „Klubmitgliedern" noch neben dem Klubbeitrag Nutzungspreise zu nehmen. Man spricht in solchen Fällen von einem gespaltenen Tarif, beispielsweise, wenn beim Telefon eine Grundgebühr für die Unterhaltung des Anschlusses zu entrichten ist (Klubbeitrag) und dann noch Preise für tatsächliche Inanspruchnahmen der Leistungen erhoben werden.

Schließlich werde noch das Feld oben rechts einer genaueren Betrachtung unterzogen. In diesem Feld wäre eine Beschränkung der Nutzung zwar sinnvoll, weil es Rivalität im Konsum gibt, aber nicht möglich, weil das Ausschlußprinzip nicht verwirklicht werden kann. Betrachten wird beispielsweise den Fall eines Sees, um dessen Fischgründe zwei Stämme konkurrieren. Was die Fischer des einen Stammes fangen, können die Fischer des anderen nicht mehr fangen. Versuchen nun die Fischer beider Stämme für ihren jeweiligen Stamm so viel wie möglich - es gebe keine Nachfragebeschränkungen, weil die Stämme fleißig an Bevölkerungszahl zunehmen - herauszuholen, wird Überfischung die Folge sein, mit sinkenden Erträgen für beide Stämme. Eine Nutzungsbeschränkung wäre also sinnvoll. Wenn es aber keine Durchsetzungsmöglichkeiten gibt, kann die Nutzungsbeschränkung nicht vorgenommen werden. Solche Güter nennt man *Quasikollektivgüter* oder auch *Allmendegüter* - nach der Allmende, die ein gemeinsam genutztes Gemeinedegut, etwa eine für alle frei nutzbare Dorfwiese, bezeichnet. Solche Güter werden im allgemeinen übernutzt und sind damit der Gefahr der Zerstörung ausgesetzt. Sofern die Nutzungsbeeinträchtigung nicht ohne Ausschluß beseitigt werden kann, so daß ein Kollektivgut entsteht, wenn in unserem Beispiel etwa eine Welle altruistischer Erleuchtung über beide Stämme ginge und sie den See daraufhin nur noch sehr maßvoll nutzten, kann die Übernutzung nur verhindert werden, wenn ein Fortschritt der Ausschlußtechnik die Anwendung des Ausschlußprinzips ermöglicht. In unserem Beispiel müßten etwa mengenmäßige Nutzungsrechte - Fischereiquoten - festgelegt werden. Dadurch würde das Gut in die linke Spalte unseres Schaubildes geraten: Eine Nutzungsbeschränkung in unserem Beispiel etwa, die die Überfischung unter Berücksichtigung des regenerativen Verhaltens der Fische verhinderte, würde, wenn eine Nachfrage nach Fisch, der nicht kostenlos zu fangen wäre, vorhanden wäre, das Problem der Rivalität nicht lösen, so daß wir uns nunmehr im Feld oben links, dem Feld der Privaten Güter befänden. Nehmen wir im Beispiel aber weiter an, es würde eine weitere Nahrungsquelle erschlossen, beispielsweise Jagdgründe, die die Nachfrage nach Fisch stark absenkte. Wenn darüber hinaus die Stammesmitglieder alle Hobbyfischer wären, die aus der Aktivität des Fischfangs selbst zureichend Nutzen erlangten, um diese Aktivität zu unternehmen, die also schon selbsttragend unternommen würde, dann würde die zur Befriedigung des Fischbedarfs notwendige Fischmenge durch das Angelvergnügen bereits gedeckt. In diesem Extremfall wäre zwar ein Gruppenausschluß nötig, um Überfischung aus Angelbegeisterung zu verhindern, aber es gäbe keine Rivalität mehr, so daß man sich im Feld der Klubkollektivgüter befände. Dieser Fall tritt an manchen Urlaubsorten in Skandinavien auf, an denen zwar Angelscheine verkauft werden, um einen Gruppenausschluß zu bewirken, der von den Urlaubern dann gefangene Fisch aber den Bedarf regelmäßig weit übersteigt, so daß Fisch an Nichtangler verschenkt zu werden pflegt.

Für die Produktion und Bereitstellung von Gütern und Leistungen über den Markt ist das Ausschlußprinzip von konstituierender Bedeutung, sofern Produktion und Bereitstellung mit Kosten verbunden sind, denn ein Anbieter muß potentielle Nutzer ausschließen können, um sie zur Zahlung eines Preises zu veranlassen, der auf längere Sicht die Produktions- und Bereitstellungskosten decken können muß. Deshalb können über den Markt nur Individualgüter bzw. Private Güter und Klubkollektivgüter bzw. Mautgüter bereitgestellt werden. Bei den Klubkollektivgütern bzw. Mautgütern erfolgt dabei ein Gruppenausschluß möglicher Nutzer. Von den nicht ausgeschlossenen Menschen wird ein Klubbeitrag (Maut) erhoben. Quasikollektivgüter bzw. Allmendegüter und Kollektivgüter bzw. Öffentliche Güter können nur unter Erhebung von Zwangsfinanzierungsbeiträgen gemeinschaftlich, also etwa über den Staat, bereitgestellt werden.

Wie die Beobachtung zeigt, ist der Staat in weiten Teilen bei den Klubkollektivgütern bzw. Mautgütern als Anbieter tätig. Hier ist das Feld, in dem sich die Diskussion um die Privatisierung von Aufgaben des Staates dreht. Andere Probleme, beispielsweise das der Übernutzung der Lufthülle als Schadstoffsenke, betreffen die Nichtanwendung des Ausschlußprinzips, obgleich inzwischen Rivalität im Konsum sehr spürbar gegeben ist. In diesen Fällen handelt es sich um Quasikollektivgüter, insofern der Ausschluß von bestimmten Nutzungsarten nicht möglich ist. In manchen dieser Fälle, wie im Falle der räumlich begrenzten Luftverschmutzung ist eine Nutzungsbegrenzung, etwa durch Schadstoffemissionsrechte möglich (Zertifikatslösung). Hier handelt es sich - zumindest im Hinblick auf manche Nutzungsarten - um Individualgüter, die politisch behandelt werden, als seien sie Quasikollektivgüter, weil das Ausschlußprinzip nicht angewandt wird, obwohl es möglich ist. Dieser Mangel kann durch Wirtschaftsordnungspolitik, d. h. durch geeignete Neuzuweisung von Nutzungsrechten und Koordinationsverfahren, behoben werden. Bei globalen Verschmutzungsproblemen, etwa beim „Ozonloch" scheitert allerdings die Anwendbarkeit des Ausschlußprinzips noch an Durchsetzungsproblemen, da in der derzeitigen Weltpolitik auch in solchen Fragen die Souveränität der Einzelstaaten unüberwindbar scheint. Insofern handelt es sich bei dieser Nutzungsform der Lufthülle als Auffangbecken globaler Schadstoffe um ein echtes Allmendegutproblem.

2.2.2 Internalisierung externer Effekte

Ein zweites Problem des Marktsystems liegt in seiner begrenzten Problemverarbeitungskapazität, wenn sogenannte externe Effekte vorliegen. Dabei handelt es sich um Beeinträchtigungen dritter Personen durch ökonomische Handlungen, die von diesen Dritten als positiv bewertet werden können, sogenannte *externe Nutzen*, oder negativ, sogenannte *externe Kosten*. Dieses Problem ist insofern mit dem der Kollektivbedürfnisse verwandt, als hier Rivalitätsprobleme angesprochen sind.

Im Falle externer Nutzen fallen Nutzen an, die über die Zahlungsbereitschaft des Käufers eines Gutes hinausgehen. Soll beispielsweise eine Grippeschutzimpfung vorgenommen werden, so entspricht die Zahlungsbereitschaft des Käufers seinem Nutzen aus dem Schutz vor Ansteckung. Gleichzeitig sinkt aber auch das Ansteckungsrisiko aller, die mit ihm verkehren, da er als Infektionsquelle entfällt. Das Risiko derer, die mit denen verkehren, die mit dem Geimpften Umgang haben, sinkt ebenfalls. Somit fällt bei - unter Umständen sehr vielen - anderen ebenfalls ein Nutzen aus der Schutzimpfung an. Der gesamte Nutzen aus der Schutzimpfung, der *soziale Nutzen*, übersteigt die Zahlungsbereitschaft der Nachfrager nach dem Gut. Da die Zahlungsbereitschaft aber allein den Ausschlag gibt, zu welchem Preis weitere Einheiten eines Gutes verkauft werden können, und da andererseits der Preis auf längere Sicht die Stückkosten decken muß, damit eine Gutseinheit hergestellt werden kann, wird beim Vorliegen externer Nutzen suboptimal wenig produziert, d. h., der gesamte Nettonutzen könnte durch Ausweitung der Produktion noch gesteigert werden.

Im Falle externer Kosten sind die Kosten, die der Hersteller eines Gutes bei der Entscheidung, das Gut anzubieten in Anschlag bringt, geringer als die Kosten, die durch die Produktion des Gutes insgesamt entstehen. Emittiert beispielsweise ein Unternehmen Ruß an seine Umgebung, so treten Kosten auf, die nicht in die Rechnung des Unternehmens eingehen, etwa in Form einer verminderten Wohnqualität und damit einer Absenkung der Immobilienwerte und in Form erhöhter Reinigungskosten in der betroffenen Gegend. In diesem Fall kann zwar die Zahlungsbereitschaft der Käufer die von dem Anbieter veranschlagten Kosten abdecken, so daß das Gut bereitgestellt wird, die tatsächlich insgesamt anfallenden Kosten von produzierten Einheiten des Gutes, die sozialen Kosten, können aber teilweise die dadurch gestifteten Nutzen übersteigen. Somit wird beim Vorliegen externer Kosten suboptimal viel produziert, d. h., der gesamte Nutzenüberschuß könnte durch Einschränkung der Produktion erhöht werden.

Im folgenden Schaubild ist der Fall der externen Kosten graphisch dargestellt.

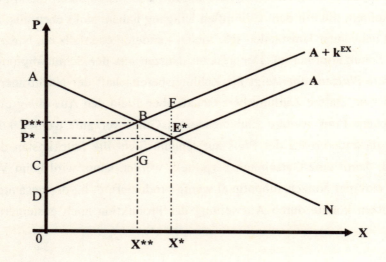

Nehmen wir zur Vereinfachung an, bei der Erzeugung des hier betrachteten Produkts in der Menge X falle ein konstanter Schadstoffausstoß pro Stück an. Die externen Kosten dieses Schadstoffausstoßes bestehen in der Beeinträchtigung anderer, die nicht in das Entscheidungskalkül bezüglich der herzustellenden Menge x eingehen. Im allgemeinen kann man davon ausgehen, daß die Beeinträchtigung überproportional mit der Schadstoffemission wächst, da es eine Obergrenze der Aufnahmekapazität der Umgebung für diesen Schadstoff gibt und die Beeinträchtigung mit zunehmender Schadstoffkonzentration überproportional steigt. Zur Vereinfachung gehen wir hier, davon abweichend, einmal davon aus, daß die Beeinträchtigung proportional zunimmt mit einer konstanten Beeinträchtigung pro hergestelltem Stück in Höhe von k^{EX}. Werden, was hier als möglich einmal unterstellt sei, diese externen Kosten monetär bewertet, so ergibt sich das im obigen Schaubild dargestellte Bild, wobei P den Preis des Gutes, N die Nachfrage, A das Angebot und $A + k^{EX}$ das Angebot unter Berücksichtigung der tatsächlich anfallenden externen Kosten bezeichnen.

Die Angebotsfunktion A berücksichtigt die Kosten, die in den Herstellungsunternehmen zur Produktion und Bereitstellung des Gutes anfallen. Die Nachfragefunktion N spiegelt die Zahlungsbereitschaft der Nachfrager, also deren Nutzen aus den einzelnen Gutseinheiten wider. Die Angebots- und die Nachfragefunktion schneiden sich im Punkt E*. In diesem Punkt wird die Menge X* zum Preis P* hergestellt.

Der Markt als Koordinationsverfahren berücksichtigt nämlich die externen Kosten nicht, da er auf freien Verträgen der Marktpartner beruht, er mithin nur berücksichtigt, was diese Marktpartner berücksichtigen. Die Koordination der Wirtschaftspläne erfolgt, als würden die externen Kosten nicht anfallen. Der Markt maximiert den Nettonutzen im Sinne eines Überschusses des Nutzens über die *entscheidungsrelevanten* Kosten.

Der Bruttonutzen der Güterproduktion würde vom Markt, d. h. letztlich von den Marktteilnehmern, gemessen werden durch die Fläche 0AE*X*. Dabei fiele Marktumsatz entsprechend der Fläche 0P*E*X* an. Von diesem Umsatz wären die entscheidungsrelevanten Kosten, repräsentiert durch die Fläche 0DE*X*, abzuziehen. In der langfristigen unternehmerischen Planungsperspektive entspricht das den Gesamtkosten der Produktion von X*, da langfristig die Produktion von einem Hersteller nur aufrechterhalten wird, wenn zumindest die gesamten Produktionskosten gedeckt werden, der Preis also wenigstens die gesamten Sückkosten abdeckt. In der kurzfristigen unternehmerischen Planungsperspektive hingegen sind nur die variablen Kosten, also die Kosten, die mit der Ausbringungsmenge in der entsprechenden Planungsperiode schwanken können, von Relevanz, da der Einsatz der fixen Faktoren, aus dem die Fixkosten je Periode resultieren, nicht variiert werden kann. Die Fixkosten sind mithin nicht entscheidungsrelevant, da alle hergestellten Stücke, deren Preis zumindest den variablen Stückkosten entspricht, eine Beitrag zur Deckung der Fixkosten (dem sogenannten *Deckungsbeitrag*), also zur Verlustminimierung, erbringen. Der Nettonutzen der Produktion, wie er oben definiert wurde, entspräche der Fläche des Dreiecks DAE* und würde in Höhe der Fläche DP*E* bei den Unternehmen bzw. deren Eigentümern als Gewinn bzw. Deckungsbeitrag und in Höhe der Fläche P*AE* bei den Nachfragern als Konsumentenrente anfallen.

Da externe Kosten anfallen, würde durch den Markt der gesamtwirtschaftliche Nettonutzen nicht korrekt gemessen. Dem gemessenen Nettonutzen in Höhe der Fläche DAE* stünden nämlich noch externe Kosten in Höhe von DCFE* gegenüber, so daß der wahre Nettonutzen nur [DAE* - DCFE*] beträgt.

Allerdings wird nicht nur der Nettonutzen falsch gemessen, sondern die vom Markt herbeigeführte Produktionsmenge in Höhe von X* ist zudem volkswirtschaftlich nicht optimal, denn hier wird Nachfrage bedient, deren Zahlungsbereitschaft, erkennbar in der Nachfragefunktion, geringer ist, als die Kosten, die zur Produktion der entsprechenden Stücke anfallen, erkennbar in der Angebotsfunktion unter Berücksichtigung der externen Kosten. Bis zur Produktionsmenge X^{**} ist offenkundig für jedes Stück die Zahlungsbereitschaft der Nachfrager höher als die entscheidungsrelevanten Kosten erhöht um die externen Kosten. Für die Stücke zwischen X^{**} und X^{*} gilt dies aber nicht, denn die Kurve $A + k^{EX}$ liegt in diesem Bereich oberhalb der die Zahlungsbereitschaft kennzeichnenden Nachfragekurve.

In Wahrheit entsteht der maximale Nettonutzen bei einer Produktionsmenge von X^{**} in Höhe der Fläche des Dreiecks CAB, denn die Ausdehnung der Produktion von dieser Menge auf die Produktionsmenge X^{*} führt zu zusätzlichen entscheidungsrelevanten und externen Kosten in Höhe von $X^{**}BFX^{*}$, denen ein Nutzenzuwachs in Höhe von $X^{**}BE^{*}X^{*}$ gegenübersteht. Durch Reduktion der Produktionsmenge X^{*} auf die Menge X^{**} können also externe Kosten in Höhe der Fläche des Dreiecks BFE^{*} reduziert werden, denen kein Nutzen gegenübersteht. Insgesamt würden dann die externen Kosten in Höhe der Fläche $GBFE^{*}$ reduziert. Den verbliebenen externen Kosten in Höhe von DCBG stünden entstehende Nutzen gegenüber, so daß der wirkliche Nettonutzen der Fläche CAB entspräche. Bei Nichtberücksichtigung der externen Effekte durch die Marktkoordination betrüge der wahre Nettonutzen lediglich [CAB - BFE^{*}].

Es gibt verschiedene Möglichkeiten, das Problem der externen Effekte durch staatliche Eingriffe zu mildern. Hier seien lediglich für den Fall externer Kosten zwei Möglichkeiten erläutert, wobei die erste auf einem staatlichen Eingriff, nämlich einer Steuererhebung beruht, während die zweite lediglich darauf beruht, daß der Staat die Durchsetzung einmal zugewiesener Nutzungsrechte garantiert.

Damit die externen Kosten in die Kalkulation des Anbieters der Leistungen eingehen - der Ökonom spricht von *Internalisierung der externen Kosten* -, kann der Staat in entsprechender Höhe eine Steuer von den Anbietern erheben. Wird durch die Steuer der externe Effekt exakt internalisiert, nennt man die Steuer nach ARTHUR CECIL PIGOU (1877 - 1959) eine *Pigou-Steuer*. Wird hingegen, mangels Kenntnis der exakten Höhe der externen Kosten, eine Steuerhöhe politisch vorgegeben, spricht man von einem *Standard-Preis-Ansatz*. Nehmen wir in unserem Beispiel an, es würde eine Pigou-Steuer erhoben, dann müßten die Anbieter die entsprechende Steuerzahlung in ihrer Preiskalkulation berücksichtigen. Die Angebotsfunktion stimmte dann mit der Funktion $A + k^{EX}$ überein, der Punkt B, mit dem zugehörigen Preis P^{**} und der zugehörigen Menge X^{**}, also das volkswirtschaftliche Optimum, würde realisiert.

Darauf hingewiesen sei, daß es keinesfalls der Anbieter sein muß, bei dem - etwa im Sinne eines (unzureichend verstandenen) *Verursacherprinzips* - die Internalisierung stattfinden muß. Im Falle unseres Schaubildes könnte der Staat auch die Nachfrager besteuern. Da durch die Besteuerung die Zahlungsbereitschaft nicht stiege, würden sich die Anbieter einer neuen Nachfragekurve gegenüber sehen, die um die Steuer je Stück unterhalb der Nachfragefunktion N läge. Handelt es sich auch hierbei um eine Pigou-Steuer, kommt ebenfalls die volkswirtschaftlich optimale Menge X^{**} zustande. Zwar verursacht der Anbieter die externen Effekte im Sinne einer *Wirkursache* (*Causa efficiens*). Die Ursache für das Tätigwerden der Anbieter ist aber der Nachfrager im Sinne einer *Zweckursache* (*Causa finalis*). Das sind die beiden *Causae externae* nach ARISTOTELES (384 - 322 v. Chr.). (*ARISTOTELES* (1984), S. 113, unterscheidet vier Ursachen. Neben Wirk- und Zweckursache noch Materie- und Formursache. Vgl. z. B. auch RUSSEL (1992). S. 189 f., RIEDL (1988), S. 156, 216 f.) Demnach sind beide Marktseiten als Verursacher des Problems anzusehen und es ist gleichgültig, auf welcher Marktseite die Internalisierung der externen

Effekte vorgenommen wird, denn in beiden Fällen wird die gewünschte Änderung der Handlungsantriebe erreicht. Darüber hinaus ist der Begriff des Verursachers, worauf *RONALD H. COASE*, Wirtschaftsnobelpreisträger 1991, aufmerksam gemacht hat, von der Verteilung der Nutzungsrechte unter den betroffenen Personen abhängig, wobei unter bestimmten Bedingungen die Erreichung des volkswirtschaftlich optimalen Ergebnisses durch private Verhandlungen unabhängig von der Zuteilung der Nutzungsrechte, also der Frage nach dem Verursacher, möglich ist (COASE (1960^e)). Zur Verdeutlichung diene das folgende Beispiel.

Ein Unternehmen verursache durch seine Produktion externe Kosten, die von einer überschaubaren Anzahl von Personen, die in der Nähe dieses Unternehmens ansässig sind, getragen werden. Aufgrund der Gegebenheiten sind die Voraussetzungen erfüllt, die Lösung des Problems den Privaten durch Verhandlungen und private Einigungen über Umweltnutzungen zu überlassen. In dem folgenden Schaubild ist die Situation durch zwei Kurven dargestellt: Eine *Kurve der Grenzvermeidungskosten GVK* bei Verminderung des Emissionsniveaus von E_0 in Richtung auf den Koordinatenursprung (also in Richtung auf 0), die (in infinitesimaler Betrachtung) die Veränderung der Höhe der Kosten der Emissionsvermeidung bei Verringerung der Emission angibt; und eine zweite *Kurve der* durch eine Emission bei den Betroffenen erzeugten *Grenzschäden GS*, die also (ebenfalls in infinitesimaler Betrachtung) die Zunahme der bewerteten Schadenshöhe bei Erhöhung der Emission um eine (infinitesimal kleine) Einheit angibt. Im Gegensatz zum obigen Beispiel nimmt hier die Grenzbelastung mit zunehmendem Emissionsniveau überproportional zu. Zunächst wird an dem Schaubild der Fall diskutiert, daß das Recht zur Emission beim Unternehmen liegt. Sodann betrachten wir den Fall, daß das Recht an der Verhinderung der Emission bei den sonst von externen Kosten Betroffenen liegt. (Vgl. auch FRISCH/WEIN/EWERS (1996) oder HARTWIG (1995)).

Private Verhandlungen und Einigungen über Umweltnutzung

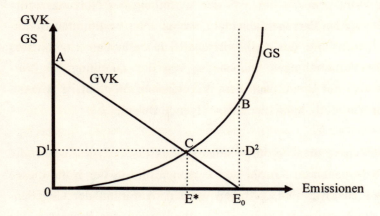

Wenn das Recht zur Emission beim Unternehmen liegt, wird es zunächst das Emissionsniveau E_0 wählen, denn hier entstehen keine Vermeidungskosten, so daß dieses Emissionsniveau dem Gewinnmaximum entspricht, da in den Schadensvermeidungskosten natürlich auch die durch eine etwa notwendige Produktionsverminderung entgehenden Gewinne enthalten sind. Dieses Emissionsniveau ist aber offenkundig nicht optimal, da eine Verminderung der Emissionen zwar Vermeidungskosten verursacht, die ja nach Höhe der Emissionsverminderung als Fläche unter der Funktion der Grenzvermeidungskosten abzulesen sind, aber in wesentlich bedeutsamerer Höhe eine Verminderung der Schäden eintritt, was als Fläche unter der Grenzschadensfunktion abzulesen ist (GS > GVK). Dies gilt für Emissionsverminderungen, bis im Punkt C Grenzschaden und Grenzvermeidungskosten übereinstimmen. Von E_0 ausgehend in Richtung auf den Koordinatenursprung besteht somit für die Träger der externen Kosten ein Anreiz, das Unternehmen für die mit einer Emissionsverminderung verbundenen Kosten zumindest zu kompensieren. Dieser Anreiz hält an, bis der Punkt C erreicht wird. Die Verminderung der Emissionen um eine weitere Einheit bedürfte zur Kompensation des Unternehmens einer größeren Zahlung als die Höhe des bewerteten Schadens, der vermieden würde. Mithin würden im Verhandlungsergebnis die von den externen Kosten Betroffenen dem Unternehmen für jede vermiedene Emissionseinheit einen Entschädigungspreis von D^1 ($=D^2$) zahlen, was zu einer freiwilligen Emissionsreduktion seitens des Unternehmens auf E^* führen würde, zu einer Emissionsreduktion also, die volkswirtschaftlich effizient wäre. Von diesem Ergebnis haben beide Seiten einen Vorteil. Die gesamte Schadensvermeidung entspricht der Fläche CBE_0E^* unter der Grenzschadensfunktion. Dies entspricht dem Bruttovorteil der von den externen Kosten Betroffenen. Wird davon die an das Unternehmen zu entrichtende Entschädigungsleistung von $CD^2E_0E^*$ abgezogen, so verbleibt den von den externen Kosten Betroffenen noch ein Nettovorteil in Höhe der Fläche CBD^2.

Betrachtet sei nun der Fall, daß das Recht zur Emissionsverhinderung bei den (sonst) von externen Kosten Belasteten liegt. In diesem Fall darf das Unternehmen zunächst gar keine Emissionen tätigen. Wir befinden uns im Schaubild im Koordinatenursprung. Es tritt kein Schaden in Form externer Kosten auf, aber die Vermeidungskosten sind maximal. Sie entsprechen der Fläche unter der gesamten Funktion der Grenzvermeidungskosten. Da nun aber bis zum Punkt C die Verminderung der Vermeidungskosten je weiterer Emissionseinheit über dem durch die weitere Emissionseinheit verursachten zusätzlichen Schaden liegt (GVK > GS), lohnt es sich in diesem Bereich für das Unternehmen, für jede Emissionseinheit eine Entschädigungszahlung an die von der Emission durch externe Kosten Betroffen zu zahlen. Im Ergebnis wird wiederum das Emissionsniveau E^* erreicht. Dafür zahlt nun aber das Unternehmen an den Inhaber der Rechte am Umweltmedium einen Entschädigungspreis von D^1 ($=D^2$) für alle Emissionen, so daß die von der Emission durch externe Kosten Betroffenen freiwillig ein Emissionsniveau von E^* hinnehmen, um in den Genuß der Entschädigungsleistung zu kommen. Auch in diesem Falle haben beide Seiten einen Vorteil. Hatte das Unternehmen zuvor Vermeidungskosten in Höhe der Fläche $0AE_0$ zu tragen, so beträgt seine Last nunmehr eine Entschädigungsleistung in Höhe der Fläche $0D^1CE^*$ plus Vermeidungskosten in Höhe der Fläche E^*CE_0. Die gesamten durch das Unternehmen zu tragenden Kosten entsprechen nach der Verhandlungseinigung der Fläche $0D^1CE_0$. Der Nettovorteil des Verhandlungsergebnisses entspricht für das Unternehmen der Fläche D^1AC. Die nunmehr von externen Kosten Betroffenen erhalten eine Entschädigungszahlung in Höhe der Fläche $0D^1CE^*$. Der von ihnen zu tragende bewertete Schaden entspricht aber nur der Fläche $0CE^*$, so daß ihr Nettovorteil eine Höhe annimmt, die der Fläche $0D^1C$ entspricht.

Aus dem Vergleich der beiden Lösungen ist ersichtlich, daß die unterschiedliche Zuteilung der Nutzungsrechte am Umweltmedium zwar unterschiedliche Verteilungswirkungen hat, aber in beiden Fällen ein Anreiz für private Verhandlungen besteht, die damit enden, daß das volkswirtschaftlich optimale Emissionsniveau von E^* erreicht wird. Das volkswirtschaftlich optimale Ergebnis ist also von der Zuteilung der Nutzungsrechte in diesem Falle unabhängig, eine Erkenntnis, die als *Coase-Theorem* bezeichnet wird. Bei der Betrachtung dieses Ergebnisses wird auch deutlich, wie schwammig der Begriff des Verursachers ist. Genau genommen, kann nur der Inhaber eines Rechts durch seine Ausübung eine Beeinträchtigung anderer verursachen. In der ersten Ausprägung unseres Beispiels hatte das Unternehmen das Recht und verursachte externe Kosten bei anderen durch Ausübung dieses Rechtes. Die Internalisierung erfolgte durch „Freikauf" von Emissionen durch die Betroffenen. Im zweiten Fall lag das Recht auf der anderen Seite, die durch Ausübung des Rechtes „externe Kosten" beim Unternehmen durch Schmälerung dessen Gewinnchancen erzeugte. In diesem Fall mußte sich das Unternehmen „freikaufen", um eine Emission vornehmen zu dürfen. Die dargestellten Verhandlungslösungen weisen aus ökonomischer Sicht als Mittel zur Internalisierung externer Effekte hervorragende Eigenschaften auf. Leider sind in der Realität äußerst selten die Bedingungen für einen wirksamen Einsatz dieses Internalisierungsverfahrens gegeben. Entweder kennt man, um nur einige Probleme zu nennen, die Kausalitätsbeziehungen oder die Verläufe der Grenzkostenkurven nicht oder die Gruppen sind für Verhandlungen zu groß und nicht genau abgrenzbar und ähnliches. Diese Probleme führen dazu, daß sehr häufig andere Verfahren zur Beeinflussung oder Korrektur der Marktergebnisse eingesetzt werden müssen.

2.2.3 Individuelle Planungsfehler und meritorische Güter

Ein weiteres Problem der Koordination durch das Marksystem resultiert daraus, daß die Menschen einen beobachtbaren Hang zur kurzsichtigen oder fehlerhaften Nutzenabschätzung haben. Überläßt man die Vorsorge gegen künftige Einkommensschwankungen oder -ausfälle ihnen selbst, so stellt man nicht selten fest, daß ihre freiwillige Alters- und Gesundheitsvorsorge ungenügend ist, und daß sie Güter konsumieren, die langfristig unerwünschte Wirkungen haben. Zwar könnte von dem Standpunkt ausgegangen werden, es handele sich um eine Privatangelegenheit, ob jemand zur Absicherung künftiger Risiken unter Konsumverzicht jetzt schon Vorsorge trifft oder nicht. Wenn allerdings nachweisbar ist, daß die unzureichende Vorsorge Ausfluß einer zu kurzfristigen Nutzenabschätzung, d. h. einer Minderschätzung künftiger Bedürfnisse ist, so daß diese Menschen später der Gemeinschaft zur Last fielen, kann staatliches Handeln begründet werden. Ein ähnlicher Fall wäre gegeben, wenn die Wirtschaftssubjekte gegenwärtigen Konsumverzicht nicht zur Absicherung von Risiken in Kauf nehmen, weil sie davon ausgehen, daß später die Gemeinschaft - also andere Menschen - für sie aufkommt. Deshalb ist in einem solchen Fall ein gewisser Staatseingriff gerechtfertigt. Dieser kann beispielsweise darin bestehen, daß ein Zwang zur Mindestvorsorge ausgeübt wird, etwa eine Versicherungspflicht oder - vielleicht weniger effizient - eine Pflichtversicherung auferlegt wird. Auch ist es gegebenenfalls zu rechtfertigen, die Produktion und den Vertrieb bestimmter Güter zu verbieten (z. B. Rauschmittel, Kriegsmaterial etc.) oder einzuschränken (z. B. Rezeptpflicht für Arzneimittel oder Vorschriften über bestimmte Vertriebswege und Zugangsvoraussetzungen für Rausch-mittel usw.).

Andere nützliche Güter werden in geringerem Maß genossen, als die Menschen es tun würden, wenn sie durch den Genuß dieser Güter mit ihrer Nützlichkeit vertraut wären. Wenn es sich dabei um Güter handelt, die von „Kundigen" oder einer gesellschaftlichen „Elite" als für alle Menschen nützlich angesehen werden, spricht man in Anlehnung an RICHARD A. MUSGRAVE von **meritorischen Gütern**, also Gütern, die als »verdienstvoll« angesehen werden, und zu deren Konsum deshalb gezwungen oder besonders angehalten werden sollte. Die Existenz solcher meritorischer Güter ist allerdings in der Fachwelt sehr umstritten, da hier ein gewisses paternalistisches Element in die Bewertung hineinkommt, das mit der ansonsten unter Ökonomen üblichen Vereinbarung, daß letztlich die Präferenzen der Individuen zählen, schwerlich in Übereinstimmung zu bringen ist. Gleichwohl gibt es Güter, die mit diesem Argument besondere staatliche Würdigung erfahren, etwa indem zu ihrem Genuß gezwungen wird, wie beispielsweise im Falle einer gesetzlichen Schulpflicht oder indem ihre Produktion und ihr Absatz besonders gefördert werden, wie z. B. bei Theatersubventionen. Am Beispiel der Theatersubventionen wird auch der zweifelhafte Charakter des Argumentes deutlich. Die Subventionierungen führen nämlich im allgemeinen nicht dazu, daß sich die Zusammensetzung der Theaterbesucher nach sozialem Status und Bildung signifikant ändert. Vielleicht ist hier der Verdacht nicht ganz unbegründet, daß in solchen Fällen das Argument, es handele sich um ein meritorisches Gut, von einer Gesellschaftsschicht mit gewissem politischen Einfluß verwendet wird, um der Besucherschicht ihren Genuß durch Deckung eines Teiles der Kosten aus allgemeinen Steuermitteln zu erleichtern. (Vgl. zu meritorischen Gütern ERLEI (1992), zu dem speziellen Beispielproblem SOLF (1993)).

2.2.4 Wirtschaftliche Macht und Wettbewerb

Der sich selbst überlassene marktwirtschaftliche Wettbewerb besitzt eine immanente Tendenz zur Selbstaufhebung, da die Wettbewerber sich der ständigen Anspannung, die von den marktwirtschaftlichen Anreizmechanismen ausgehen, zu entziehen suchen. Dies können sie einerseits durch vertragliche oder stillschweigende Wettbewerbsbeschränkungen erreichen oder indem sie Macht durch einen Konzentrationsprozeß erwerben.

Bei den *Wettbewerbsbeschränkungen* (vgl. dazu BERG (1995), S. 261 ff.) sind sogenannte *horizontale Wettbewerbsbeschränkungen*, bei denen Wettbewerber der gleichen Wirtschaftsstufe Kartelle bilden, d. h. Verträge abschließen, um den Wettbewerb zwischen den beteiligten Unternehmen zu beschränken, oder ein abgestimmtes Verhalten an den Tag legen, von den vertikalen Wettbewerbsbeschränkungen zu unterscheiden. Die *vertikalen Wettbewerbsbeschränkungen* sind Beschränkungen, die von einem Vorlieferanten auf die nächste Wirtschaftsstufe wirken. Dazu zählen die Preisbeschränkungen in Form von Preisbindungen oder Preisempfehlungen und die Vertriebsbeschränkungen in den Formen Vertriebsausschluß und Vertriebsdiskriminierung. Macht durch *Konzentration* entsteht entweder dadurch, daß ein Unternehmen durch Unternehmenswachstum eine *marktbeherrschende Stellung* erlangt oder mehrere Unternehmen eine solche marktbeherrschende Stellung erlangen, indem sie eine *Fusion* vornehmen. (Vgl. hierzu WOLL (1992))

Aus der den wettbewerbsbeschränkenden Praktiken resultierenden Einschränkung des Wettbewerbs ergeben sich Abhängigkeiten, die den Marktmechanismus lähmen oder ausschalten, ihn also daran hindern, seine vorteilhaften Wirkungen zu entfalten. Daraus folgt eine schlechtere Versorgung der Konsumenten. Um dies zu verhindern, muß der Wettbewerb als eine Veranstaltung betrieben werden, die der Staat funktionstüchtig zu halten hat, wozu es einer wirkungsvollen Wettbewerbserhaltungs- und Wettbewerbsförderungspolitik bedarf. In diesem einführenden Lehrbuch soll auf das weite Gebiet der Wettbewerbspolitik nur sehr oberflächlich in Form einer groben Übersicht eingegangen werden. (Für weiteres vgl. etwa BERG (1995) oder HERDZINA (1993)).

Bringen wir zunächst *einige wichtige gebräuchliche wettbewerbspolitische Instrumente in einen systematischen Zusammenhang.* Die Systematik soll dabei darin liegen, daß aus marktwirtschaftlicher Sicht in der Reihenfolge der Instrumente tendenziell gilt, daß die weiter unten aufgeführten Maßnahmen und Instrumente erst ergriffen werden sollten, wenn die vorher genannten nicht zum Ziel des Erhalts oder der Herbeiführung eines möglichst wirksamen Wettbewerbs führen.

Zunächst sollte durch die staatliche Wettbewerbspolitik versucht werden, die Entstehung privater Übermacht zu verhindern. Nur wenn und soweit dies nicht gelungen ist, wenn also private Macht bereits entstanden ist, kommt es darauf an, die Ausnutzung dieser privaten Macht möglichst weitgehend zu verhindern. Daraus ergeben sich die beiden oberen Gliederungspunkte. Insbesondere bei der Verhinderung der Entstehung privater Übermacht gibt es dann noch eine Reihung der Instrumente in abnehmender Vorzugswürdigkeit, die zu diesem Ziel führen können. Aus dieser Kombination ergibt sich das Bild der folgenden Übersicht. (Vgl. zur Wettbewerbspolitik beispielsweise HERDZINA (1993) oder BERG (1995)).

Demnach sollte zunächst versucht werden, durch Marktöffnung den Wettbewerb zu stärken, was erstens durch Vergrößerung der Märkte, vor allem durch Abbau von Handelsschranken zwischen Inland und Ausland, wie beispielsweise durch die EG-Binnenmarktliberalisierung oder die Liberalisierung des Welthandels, oder zweitens durch Abbau von Hindernissen für den Marktzugang, etwa wenn behördliche Anforderungen für den Marktzugang gesenkt werden, geschehen kann.

Übersicht: Einige wichtige Instrumente der Wettbewerbspolitik im systematischen Zusammenhang

1. VERHINDERUNG DER ENTSTEHUNG PRIVATER ÜBERMACHT
   Stärkung des Wettbewerbs durch
   1.1   Marktöffnung
   - zum Ausland
   - durch Abbau von Hindernissen für den Marktzugang
   1.2   Förderung des Wettbewerbs durch staatliche Mitwirkung unter Wettbewerbsbedingungen (fragwürdig)
   1.3   Verhinderung privater Wettbewerbsbeschränkungen
   - Rechtsunwirksamkeit oder Verbot von Kartellen
   - Nichtigkeit von Preisbindungen
   - Verbot abgestimmten Verhaltens
   1.4   Verhinderung oder wenigstens Behinderung der Entstehung zu großer, marktbeherrschender Unternehmen durch Fusionsverbot oder -kontrolle

2. VERHINDERUNG DER AUSNUTZUNG BEREITS VORHANDENER PRIVATER MACHT
   durch
   - Mißbrauchsaufsicht und Mißbrauchskontrolle
   - Diskriminierungsverbot

Droht auch dann noch die Entstehung privater Übermacht, kann der Staat durch seine Mitwirkung im Markt *unter Wettbewerbsbedingungen* (!) den Wettbewerb lebendig halten, weil nun Mitwettbewerber da sind, die nicht zu privaten wettbewerbsbeschränkenden Praktiken veranlaßt werden können. Allerdings ist die Mitwirkung des Staates als Anbieter im Wettbewerb nicht durchweg wünschenswert. Geraten nämlich die staatlichen Unternehmen unter Wettbewerbsdruck, so daß gegebenenfalls der Staat zur Haftung herangezogen werden könnte, kann der Staat jederzeit seinen Unternehmen Privilegien, z. B. Steuervergünstigungen oder Subventionen, verschaffen oder den Mitwettbewerbern die Existenz erschweren. Solche Praktiken sind aus der Wirtschaftsgeschichte bekannt. Diese Gefahr sollte nicht zu gering eingeschätzt werden!

Sind weiterhin wirkungsvolle private Wettbewerbsbeschränkungen zu befürchten, so sollten - als nächste Stufe - die auch aus dem deutschen *Gesetz gegen Wettbewerbsbeschränkungen GWB* bekannten Instrumente zur Verhinderung privater Wettbewerbsbeschränkungen eingesetzt werden. Diese betreffen etwa das Verbot von Kartellen oder aber deren Rechtsunwirksamkeit, die Nichtigkeit von Preisbindungen und das Verbot abgestimmten Verhaltens. Darüber hinaus kommt es schließlich darauf an, die Entstehung zu großer, und damit marktbeherrschender, Unternehmen möglichst zu verhindern oder doch wenigstens so weit wie eben möglich zu behindern. Führen all diese Maßnahmen nicht zum Ziel, kommt es also dennoch zu marktbeherrschenden Unternehmen, also zu wettbewerbspolitisch unerwünschter privater Macht, so gilt es, hierüber eine Aufsicht und eine Kontrolle auszuüben und ein wirksames Diskriminierungsverbot durchzusetzen.

Insgesamt ist es sehr schwierig, eine wirksame Wettbewerbspolitik durchzusetzen, wenn gleichzeitig hohe Arbeitslosigkeit herrscht und große Unternehmen ebenso wie vermeintliche Experten den Politikern plausibel zu machen versuchen, daß eine gewisse Konzentration und Machtstellung notwendig sei, damit die deutsche Wirtschaft im globalen Wettbewerb bestehen könne. Die Bedrohung, die von einem weiteren deshalb befürchteten Arbeitsplatzabbau für die Politiker ausgehen kann, kann diese dann leicht dazu verleiten, die Wettbewerbserhaltungs- und -förderungsaufgabe zu vernachlässigen. (Vgl. zu solchen Fehlschlüssen in der Außenwirtschaftslehre und den Folgen beispielsweise KRUGMAN (1996), insbes. Chapter 1 „Competitiveness: A Danerous Obsession".).

Dies wird auch immer wieder deutlich, wenn Unternehmensverbände fordern, das deutsche Wettbewerbsrecht dürfe nicht »strengere« Vorschriften enthalten als etwa das europäische Wettbewerbsrecht, da sonst den deutschen Unternehmen insgesamt im internationalen Wettbewerb Nachteile erwüchsen. Die Erfahrung lehrt allerdings eher das Gegenteil: Die Unternehmen sind und bleiben - auch für den Weltmarkt - fit, die wirksamem Wettbewerb unterworfen bleiben, der sie zu steter Anstrengung der Verbesserung der eigenen Leistung anhält. Und solcher wirksamer Wettbewerb kann nur durch einen starken Staat, der strenge Wettbewerbsregeln festlegt und ihre Einhaltung erzwingt, gesichert werden. Der Gedanke, oder besser Glaube, daß ganze Volkswirtschaften im Wettbewerb um globale Märkte stünden, entbehrt dabei einer fachlichen Grundlage. Er ist falsch und von ihm gehen so erhebliche Gefahren für die Wirtschaftspolitik aus, daß er keinen Einfluß auf die Politik haben sollte. „So let's start telling the truth: competitiveness is a meaningless word when applied to national economies. And the obsession with competitiveness ist both wrong and dangerous." (KRUGMAN (1996), S. 22.)

2.2.5 Gerechtigkeitsproblematik

Ein weiteres Problem rein marktlicher Koordination ist das Problem der sogenannten Ungerechtigkeit der Marktergebnisse. Der Markt führt nämlich eine Einkommens- und Vermögensverteilung herbei, die von den Menschen als nicht gerecht empfunden wird. Dies liegt daran, daß entsprechend der Distributionsfunktion freier Marktpreise nur diejenigen Einkommen erhalten, die für andere Menschen in dem Sinne etwas tun, daß diese bereit sind, dafür freiwillig zu bezahlen. Einige Menschen erhalten in der reinen Marktwirtschaft deshalb kein oder zuwenig Einkommen, weil sie nicht oder nicht in ausreichendem Maße am Produktionsprozeß teilnehmen können. Dies betrifft sehr junge und sehr alte Menschen, Kranke, Invalide, Behinderte usw. Es würde dem Gerechtigkeitsgefühl eines jeden mit natürlichen mitmenschlichen Empfindungen ausgestatteten und wohlsozialisierten Menschen widersprechen, solche Menschen sich selbst zu überlassen. Hier besteht deshalb dringender Korrekturbedarf durch staatliche Umverteilung zur Herbeiführung einer gewissen Mindestversorgung der Betroffenen.

Darüber hinaus wird eine ungleiche Verteilung von Gewinnen und Verlusten verbreitet dann als nicht gerecht empfunden, wenn diese Ergebnisse ohne erkennbares Verdienst oder zurechenbare Schuld zustande gekommen sind, also der Zusammenhang zur persönlichen Verantwortung fehlt. Etwa wenn bestimmte Unternehmensgruppen nur deshalb besonders hohe Gewinne verzeichnen, weil im vorderen Orient ein Ölpreiskartell gebildet wurde und aus dem gleichen Grunde andere Unternehmen untergehen. Auch hier wird von vielen ein gewisser Korrekturbedarf erkannt, so daß der Staat eine gewisse Umverteilung von Einkommen und Vermögen vornehmen kann.

Allerdings ist die Umverteilung von Einkommen und Vermögen durch den Staat immer eine problematische Angelegenheit, wenn dafür die Gerechtigkeit als Argument herangezogen wird. Das gesellschaftliche Grundziel der Gerechtigkeit ist nämlich nicht präzise definierbar und in sich widersprüchlich. (Zum folgenden vgl. BEHRENS (1998b)).

Das Gerechtigkeitsziel besitzt mehrere Dimensionen: Einerseits ist die Unterscheidung in *Verfahrensgerechtigkeit* oder *Regelgerechtigkeit* einerseits und *Ergebnisgerechtigkeit* andererseits wichtig (Vgl. hierzu auch HELMSTÄDTER (1997)) [Gerechtigkeitsdimension I]. Im ersten Fall ist jedes Ergebnis gerecht, das durch die Einhaltung »gerechter« Regeln zustande gekommen ist, gerechtes Handeln „besteht in einem Verhalten, das die Regeln, denen man einmal zugestimmt hat, nicht verletzt." (BRENNAN/BUCHANAN (1993), S. 129). Die Einigung kann sich dabei, etwa im Verfassungskonsens, auch auf gewisse Umverteilungsregeln beziehen. Im zweiten Fall wird Gerechtigkeit an den Verteilungsergebnissen, als erreichtem Zustand, gemessen. Zum anderen ist die Unterscheidung in *Verhaltensgerechtigkeit* oder *individuelle Gerechtigkeit* einerseits und *Verteilungsgerechtigkeit* oder *soziale Gerechtigkeit* andererseits wichtig (vgl. STREIT (1991), S. 213 ff. und GIERSCH (1991), S. 75 ff.) [Gerechtigkeitsdimension II]. Schließlich können die Sachverhalte in einen Anwendungszusammenhang gebracht werden, so daß *Tauschgerechtigkeit* (iustitia commutativa), bei bilateralen Tauschakten und im Austauschprozeß des freien Wettbewerbs, von *Aufteilungsgerechtigkeit* (iustitia distributiva), etwa in Erbfällen, bei der Teilung von Geschenken oder der Aufteilung einer Konkursmasse, und von *Umverteilungsgerechtigkeit* (iustitia redistributiva), bei der Umverteilung in der Sozial- und Steuerpolitik, zu unterscheiden sind (Vgl. HELMSTÄDTER (1997), S. 55) [Gerechtigkeits-dimension III]. Damit ergeben sich drei unterschiedliche Dimensionen der Gerechtigkeitsproblematik.

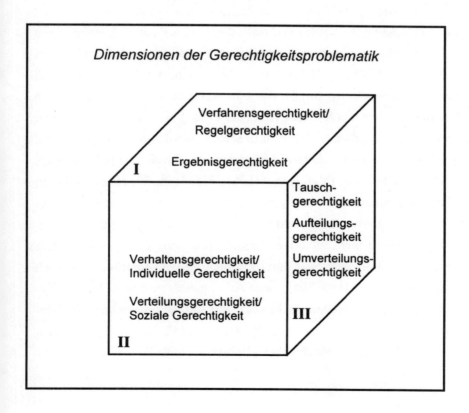

Hier soll wegen der besonderen wirtschaftspolitischen Bedeutung besonders auf die *Gerechtigkeitsdimension II*, also auf die Unterscheidung in *Individuelle Gerechtigkeit* einerseits und *Soziale Gerechtigkeit* andererseits eingegangen werden, insbesondere unter dem Aspekt der Erhellung der inneren Widersprüchlichkeit des Begriffs der sozialen Gerechtigkeit, der sich damit im Sinne eines Zieles als Illusion (vgl. auch VON HAYEK (1996), S. 193 - 203) erweist.

Der ursprüngliche Gerechtigkeitsbegriff betrifft die Gerechtigkeit im Sinne einer *Verhaltensgerechtigkeit* oder *individuellen Gerechtigkeit*. Er ist auf zwischenmenschliche Beziehungen gerichtet. Als wissenschaftlicher Begriff ist er ein Begriff aus der philosophischen Ethik. Die hierdurch erfaßten Sachverhalte beziehen sich auf die Kategorie des Guten. Es geht vereinfacht darum, daß das zwischenmenschliche Verhalten gewissen ethischen Regeln unterworfen sein soll, damit es als gut zu kennzeichnen ist. Man spricht auch von **Individualethik**. In der Moralphilosophie von IMMANUEL KANT (1724 - 1804) gipfelt die ethische Forderung darin, daß „[m]an .. wollen können [muß], daß eine Maxime unserer Handlung ein allgemeines Gesetz werde." (KANT (1961, 1785e), S. 72). In einer anderen Formulierung folgt daraus, daß man in seinen Handlungen den Menschen, sich selbst und andere, „jederzeit zugleich als Zweck, niemals bloß als Mittel" behandeln soll. (Vgl. KANT (1961, 1785e), S. 79) Hierzu gehören die Pflichten, niemanden um eigener Vorteile willen zu täuschen, zu betrügen oder zu übervorteilen, anderen in Not zu helfen, anderen kein Unrecht anzutun und nicht unnötiges Leiden zu erzeugen und vieles andere mehr. Diese Regeln sind zwar durchaus auch im wirtschaftlichen Bereich relevant, etwa in der Beziehung eines Arbeitgebers zu seinen Beschäftigten. Sie sind aber bei weitem nicht alles, was das ökonomische Gerechtigkeitsproblem umfaßt. (Vgl. zur Wirtschaftsethik beispielsweise HOMANN/BLOME-DREES (1992), HORN (1996)).

Betrifft also die Verhaltensgerechtigkeit bzw. individuelle Gerechtigkeit den zwischenmenschlichen Umgang, so zielt das Ziel der *Verteilungsgerechtigkeit* oder *sozialen Gerechtigkeit* auf gewünschte Zustände im Hinblick auf die Verteilung von Einkommen und Vermögen, meist verbunden mit der Forderung, daß Abweichungen von diesen gewünschten Zuständen durch staatliche Umverteilung zu beseitigen sind. Da diese Forderungen mit der Gestaltung der Wirtschaftsordnung verbunden sind, spricht man auch von **Ordnungsethik** oder **Sozialethik**, die die Kriterien für Gerechtigkeit von Ordnungen liefert. Hinsichtlich dieser anzustrebenden Zustände gibt es nun wiederum unterschiedliche Kategorien, mit deren Hilfe die »Gerechtigkeit eines Zustandes« gemessen werden kann. Unter Berücksichtigung dieser Kategorien (vgl. z. B. STREIT (1991) oder GIERSCH (1991)) ergibt sich bezüglich der hier angestellten Betrachtung der Gerechtigkeitsdimension II folgendes Bild:.

Übersicht zur Gerechtigkeitsproblematik (Gerechtigkeitsdimension II)

1   VERHALTENSGERECHTIGKEIT BZW. INDIVIDUELLE GERECHTIGKEIT

2   VERTEILUNGSGERECHTIGKEIT BZW. SOZIALE GERECHTIGKEIT

     2.1   Formale Gerechtigkeit /
             Gleichheit des staatsbürgerlichen Status

     2.2   Materielle Gerechtigkeit
             • Gleichheit
             • Bedürftigkeit
             • Verdienst
                • • aufgewendete Mühen:
                    objektive versus subjektive Mühen
                • • Leistung

Demnach ist hinsichtlich des Zieles der sozialen Gerechtigkeit zum ersten zu unterscheiden, ob damit gemeint ist, es solle gerechte gesellschaftliche

Regeln im Sinne von Fairneß geben, oder aber es solle materielle
»Gerechtigkeit« herrschen. Bezüglich der sozialen Gerechtigkeit im Sinne
fairer Regeln gibt es in den zivilisierten Demokratien der Welt weitestgehend Konsens, nach dem es für alle Menschen eine Gleichheit des staats-
bürgerlichen Status geben soll. Demnach sollte niemand aus Gründen der
Abstammung, des Geschlechtes, der Hautfarbe, der regionalen Herkunft,
des religiösen Bekenntnisses oder ähnlicher Unterscheidungsmerkmale
diskriminiert werden und etwa unterschiedlichen Zugang zu öffentlichen
Ämtern haben. Alle sollten den gleichen Gesetzen unterworfen sein. Hinsichtlich dieses Kriteriums der sozialen Gerechtigkeit ist demnach Gleichheit die Kategorie des Konsenses zivilisierter Menschen.

Ganz anders sieht es aus, wenn man sich auf das Gebiet der sogenannten
materiellen Gerechtigkeit begibt. Hier geht es um die Verteilung der Güter
auf die Menschen. Ohne zu tief zu gehen, seien die Kategorien kurz erläutert. Zunächst einmal kann man sich auf den Standpunkt stellen, nur
eine materielle Gleichstellung aller Menschen sei gerecht. Nach dieser
Sicht können Ungleichheiten in der materiellen Versorgung nicht gerechtfertigt werden. Diese könnten schließlich nur aus ungleichen Startbedin-
gungen resultieren. Wer mehr hat, muß entweder einen materiellen Startvorteil, z. B. durch ein Erbe, gehabt haben, oder der Startvorteil lag in
einer besseren Erziehung oder bessere soziale Kontakten, oder er verfügt
über körperliche oder geistige Kräfte oder Auszeichnungen, die ihm einen
Vorteil vor seinen Mitmenschen einbringen. All diese Vorzüge, die zu
Vorteilen werden, haben weder einen Zusammenhang mit der Bedürftigkeit des entsprechenden Menschen noch ihre Wurzel in einem Verdienst
dieser Menschen. Deshalb könnte aus Gerechtigkeitserwägungen der
Gleichheit das Wort geredet werden. Da die Menschen aber nicht gleich
sind, bedeutet Gleichheit in Wahrheit eine Ungleichstellung der Menschen, da die Bedürfnisse unterschiedlich sind.

Die Bedürftigkeit ist eine andere Kategorie, die zur Beurteilung der Gerechtigkeit eines Verteilungsstatus herhalten kann. Danach käme es darauf an, jedem nach seinen Bedürfnissen Mittel zukommen zu lassen. Unabhängig vom Verdienst des einzelnen soll jeder das gleiche Ausmaß an Bedürfnisbefriedigung erfahren. Wer beispielsweise unmündige Kinder mit zu versorgen hat, der soll entsprechend mehr bekommen als der, bei dem dieses nicht der Fall ist. Bei der Anwendung dieser Kategorie fragt sich natürlich, wie die Bedürftigkeit der einzelnen Menschen gemessen werden kann. Ein Verteilungskampf ist dann vorherzusehen, und das Prinzip öffnet die Tür zu einem diktatorischen Paternalismus, wie er kommunistische Obrigkeitsstaaten kennzeichnet, in dem die Obrigkeit, etwa eine Parteielite, festlegt, was für Bedürfnisse die einzelnen zu haben haben.

Die beiden Kriterien Gleichheit und Bedürftigkeit haben beide den wesentlichen Nachteil, daß sie die materielle Versorgung der Menschen abkoppeln von dem, was diese Menschen zur Versorgung mit Gütern und Leistungen beitragen. Dies kann einerseits zu einer Schlechterstellung aller führen, weil es keine Leistungsanreize gibt. Andererseits wird es von den meisten Menschen aber auch nicht als gerecht angesehen, wenn etwa im Falle zweier Handwerker, die sich in nichts unterscheiden, außer in ihrem Fleiß, der fleißigere Handwerker dafür, daß er pünktlicher kommt, zügiger und gewissenhafter arbeitet und auch zu Zeiten bereit steht, zu denen der andere Handwerker in der Hängematte liegt, dadurch bestraft wird, daß beide gleich gestellt werden.

Die dritte Kategorie zielt dagegen auf das Verdienst ab, das eine Person sich erworben hat, auf ein Kriterium also, das selbst wiederum verschiedene Aspekte umfaßt. Als Verdienst kann zum einen die aufgewendete Mühe bei der Bewältigung der Aufgaben eines Menschen angesehen werden. Wer mehr Mühe aufwendet, soll besser gestellt werden. Tut man dies, muß man allerdings entscheiden, ob man die objektiv meßbare Mühewaltung meint, etwa die tatsächlich im physikalischen Sinne geleistete

Arbeit oder den Zeiteinsatz eines Menschen, oder die subjektive Mühewaltung, die persönliche Unterschiede zwischen den Menschen berücksichtigt. Beispielsweise kann für einen jungen, kräftigen Hünen die Aufgabe, acht Stunden täglich Erde zu wenden, eine so leichte Aufgabe sein,
daß er dadurch gerade zureichend aufgewärmt ist, um den Rest des Tages
in vollen Zügen mit unterschiedlichsten weiteren Aktivitäten zu genießen.
Im Gegensatz dazu ist ein schmächtiges altes Männchen nach Vollendung
dieser Aufgabe so ermattet, daß er kaum mehr wach zu halten ist, um sein
Süppchen zu essen, das es ermöglicht, ihm am nächsten Tage wieder die
gleiche Arbeit abzuverlangen. Wird ohne Ansehen der Person eine objektive Messung vorgenommen, so wird natürlich der Hüne gewinnen und
eine bessere Versorgung erfahren. Gemessen an der subjektiven Mühewaltung hat das Männchen ein viel größeres Opfer gebracht, und es sollte
zumindest doch wohl nicht schlechter als der Hüne gestellt werden. Gerechtigkeit kann hier ja wohl nicht bedeuten, daß ein natürlicher Vorteil
belohnt wird.

Eine ganz andere Kategorie des Verdienstes ist die Leistung. Leistung ist
zunächst einmal keinesfalls mit Mühe gleichzusetzen. Wenn etwa allein
durch Fleiß, Engagement, zeitlichen Einsatz oder ähnlichem mehr produziert wird, dann kann darin eine Leistung liegen, muß es aber nicht! Wenn
beispielsweise der Taschenrechner den Rechenschieber verdrängt, dann
erzielen im Markt die Taschenrechnerproduzenten mehr als die Rechen-
schieberproduzenten, weil sie die Bedürfnisse der Kundschaft besser be-
friedigende Güter bereitstellen. Darin liegt die Leistung, nicht in der Mühewaltung, die bei der Taschenrechnerproduktion eingesetzt wird. Und die
Rechenschieberhersteller werden sich durch mehr Arbeitseinsatz bei der
Produktion von Rechenschiebern nicht retten können. Was Leistung ist,
das bestimmt der Abnehmer mit seiner Zahlungsbereitschaft. Dabei nimmt
er keinerlei Rücksicht auf Gleichheit, Bedürftigkeit oder aufgewendete
Mühe.

Schon diese nicht sehr tief gehende Betrachtung der Kriterien für materielle Gerechtigkeit zeigt, daß das Ziel der sozialen Gerechtigkeit als materielle Gerechtigkeit in sich widersprüchlich ist. Ja, die Kategorie des Verdienstes ist selbst auch noch in sich widersprüchlich. Es handelt sich in Wirklichkeit um verschiedene Ziele, die in einem Zielkonflikt untereinander stehen, aber alle mit dem *Gerechtigkeitsbegriff* als Oberbegriff überzogen werden. Ein Ziel, das aus sich widersprechenden Teilzielen besteht, ist aber kein Ziel, sondern eine *Kontradiktion, ein Widerspruch in sich*. In diesem Sinne gibt es gar kein Ziel »soziale Gerechtigkeit«. In der Realität scheint es sich bei diesem „Ziel" vielmehr um ein Mittel der Politik zu handeln, Wählerstimmen zu erwerben. Die Beteuerung, man wolle um der sozialen Gerechtigkeit willen eine Maßnahme ergreifen, soll häufig, in Anknüpfung an die Gewichtung der verschiedenen Kategorien durch die gerade anzusprechende Wählerschicht, den Wählern andeuten, daß hier zu ihren Gunsten umverteilt werden soll. (Vgl. FREY (1990), S. 143 ff.) Mit dieser Argumentation kann eine Umverteilung in jede beliebige Richtung begründet werden. Im Streben um Wählerstimmen werden sich die meisten Politiker allerdings an den subjektiven Vorstellungen der mittleren Wählerschichten orientieren - am sogenannten Medianwähler (vgl. HERDER-DORNEICH/GROSER (1977)) - und eine Umverteilung wählen, die aus Sicht dieser Wählerschichten vorzuziehen ist, auch dann, wenn sie zu Lasten genau dieser Wählerschicht geht, etwa, wenn ein Rückgang von Leistungsanreizen die Arbeitslosigkeit in diesen Schichten erhöht.

Gleichwohl ist eine gewisse Korrektur der Marktergebnisse natürlich zu rechtfertigen, indem dadurch eine soziale Absicherung gegen erhebliche Lebensrisiken erfolgt. In gewisser Hinsicht gehört eine entsprechende Umverteilung von Markteinkommen sogar zur Marktwirtschaft, da vernünftige Menschen sich unter dem *RAWLS*schen *Schleier des Nichtwissens* - einem Gedankenexperiment, unter dem die Menschen über keinerlei Informationen darüber verfügen, welche Rolle sie oder irgendwer sonst in der Gesellschaft spielen, wozu idealerweise auch gehört, daß die Menschen nichts darüber wissen, ob sie beispielsweise alt oder jung sind, ob sie weiblichen oder männlichen Geschlechts sind, welche Hautfarbe sie haben, ob sie krank oder gesund sind, wie mehr oder weniger intelligent sie sind, ob sie groß und kräftig oder klein und kränklich sind, ob sie jetzt oder später leben, ob sie arm oder reich sind usw. usf. - (vgl. RAWLS (1979), S. 29, 159 ff.) freiwillig unter Aufgabe gewisser Freiheitsrechte darauf einigen würden. (Vgl. auch GROSSEKETTLER (1982), S. 219 f.) Zum einen läßt sich die soziale Sicherung nämlich verstehen „als eine Versicherung auf Gegenseitigkeit, die die Mitglieder der Gesellschaft mit Blick auf die großen Risiken der Marktwirtschaft eingehen." (HOMANN/BLOME-DREES (1992), S. 59) Damit ist sie „gesamtwirtschaftlich ein Produktionsfaktor ersten Ranges", da sie die einzelnen dazu ermutigt, die Risiken einzugehen, die mit Sachkapitalinvestitionen, insbesondere aber auch mit Humankapitalinvesitionen, also Bildungsentscheidugen, verbunden sind. (HOMANN /BLOME-DREES (1992), S. 59 f.) Zum anderen ist eine gewisse Umverteilung erforderlich, um zu große Ungleichheiten zu vermeiden und damit das gesellschaftliche Ziel der Aufrechterhaltung des inneren Friedens zu fördern. Auch ohne das Rawls'sche Gedankenexperiment ist aus diesen Gründen eine nicht zu weit gehende Umverteilung in realen Gesellschaften konsensfähig.

Die Umverteilung darf aber keinesfalls zu weit getrieben werden, da jede Umverteilung auch mit einer Senkung der Leistungsanreize verbunden ist, die bis zur Zerstörung des Marktsystems gehen kann, weil Umverteilung immer bedeutet, daß Menschen rechtmäßig erworbene oder erarbeitete Güter unter Zwang genommen werden, um sie anderen zu geben. Dies mildert die Freude am Erwerb dieser Güter. Wachstums- und Verteilungsziele stehen insofern in einem Zielkonflikt. (Vgl. ZIMMERMANN (1996)) Ein Problem der verbreiteten Umverteilungspraxis in westlichen Wohlfahrtsstaaten ist darin begründet, daß durch diese Praxis bei der Bevölkerung Versorgungserwartungen geweckt werden, die erst zu sozialer Unzufriedenheit führen. Die Erzeugung von Neid in breiten Bevölkerungsschichten durch das öffentliche Infragestellen rechtmäßig zustande gekommener Einkommenspositionen, verbunden mit der Aufrechterhaltung der Illusion, eine je gewünschte Umverteilung sei problemlos möglich, bringt unter Umständen Wählerstimmen ein, so daß die Erzeugung der sozialen Unzufriedenheit zum politischen Aktionsparameter wird (Vgl. WOLL (1992), S. 209). Ein weiteres Problem liegt dann darin, daß dann, wenn in erheblichem Umfang Umverteilung vorgenommen wird, allgemein deutlich wird, daß die Einkommensverteilung „zu einem erheblichen Teil durch diskretionäre politische Entscheidungen und nicht nur durch anonyme Marktkräfte bestimmt wird." (BERTHOLD (1996), S. 15) Dadurch sinkt, worauf BERTHOLD aufmerksam macht, der „Respekt" vor der bestehenden Einkommensverteilung, weil Unterschiede nicht mehr als Indikator für Leistungsunterschiede genommen werden, die Akzeptanz von Unterschieden nimmt ab, und die Verteilungskonflikte verschärfen sich (Vgl. ebenda).

Eine staatliche Zwangsabsicherung gegen vielfältigste Lebensrisiken, die über eine Mindestsicherung hinausgeht, hat auch sozial überaus negative Wirkungen und ist zudem ethisch bedenklich! Sie

- „ist der Würde des Menschen abträglich, weil sie seine Selbstverantwortung, seinen Behauptungs- und Gestaltungswillen untergräbt und letztlich raubt und seiner menschlichen Schwäche in Form von Ausnutzungsbereitschaft der mannigfaltigen Quellen von Almosen - die nunmehr 'Rechte' sind und als solche empfunden werden - Vorschub leistet,

- nimmt dem Menschen Anreiz und Möglichkeit zu solidarischer Hilfe und Mitmenschlichkeit ... wegen schon erfolgter beachtlicher Zwangsabgaben, der Eröffnung von Verweismöglichkeiten auf staatliche Quellen zur Hilfe und der Schürung des mißgünstigen Verdachts, das Gegenüber sei nicht wirklich hilfsbedürftig, sondern wolle sich nur noch zusätzlich zur bereits empfangenen öffentlichen Hilfe bereichern,

- schädigt die Institutionen insbesondere zwischenmenschlicher Klein-
und Kleinstgemeinschaften - wie etwa die Familie -, die häufig nicht
nur, aber *auch* ... Hilfs- und Notgemeinschaften - etwa für die Versorgung in Krankheit und Alter - waren, da die Hilfsverbundenheit nachhaltig zerstört wird. Sie geben damit zwischenmenschlicher Vereinsa-
mung und Kälte ebenso Vorschub wie von keiner Moral gebremster
Genußsucht mit dem Blick auf den nach Zwangsabgaben verbliebenen
Teil des erarbeiteten Einkommens. Auf ähnliche Weise werden auch
Hilfsorganisationen in freier, nichtstaatlicher Trägerschaft geschwächt
und zumindest teilweise verdrängt oder von staatlicher Unterstützung
abhängig gemacht." (BEHRENS (1997), S. 369 f.)

Zur Beantwortung der Frage, wie weit denn staatliche Umverteilung gehen sollte, kann man *als einen möglichen Ansatz* das **Unterschiedsprinzip**
von *JOHN RAWLS* heranziehen (vgl. RAWLS (1979), S. 96 ff.). Wenn auch
angenommen würde, daß grundsätzlich mehr Gleichheit mehr Ungleichheit ethisch vorzuziehen wäre, so wäre nach *RAWLS* Ungleichheit doch
dann gerecht, wenn sie zu einer Verbesserung der Lage der am schlechtesten Gestellten beitrüge. *RAWLS* nennt entsprechend einen Zustand *vollkommen gerecht*, bei dem „die Aussichten des am wenigsten Begünstigten
tatsächlich maximiert werden ..., daß keine Veränderung der Aussichten
der Bevorzugten die Lage der am schlechtesten Gestellten verbessern
kann." (RAWLS (1979), S. 99) Solange dieser vollkommen gerechte Zustand nicht erreicht ist, ist eine Verbesserung der Aussichten der Bevorzugten gerecht, wenn und soweit sie zu einer Verbesserung der Aussichten
der am stärksten Benachteiligten führt.

Unter Berücksichtigung des Unterschiedsprinzips formuliert *RAWLS* die
beiden (noch weiter präzisierungsbedürftigen) *Gerechtigkeitsgrundsätze*:
„1. Jedermann soll gleiches Recht auf das umfangreichste System gleicher Grundfreiheiten haben, das mit dem gleichen System für alle
anderen verträglich ist." (RAWLS (1979), S. 81)

2. „Soziale und wirtschaftliche Ungleichheiten sind so zu regeln, daß sie sowohl (a) den am wenigsten Begünstigten die bestmöglichen Aussichten bringen als auch (b) mit Ämtern und Positionen verbunden sind, die allen gemäß der fairen Chancengleichheit offen stehen." (RAWLS (1979), S. 104)

Nach diesen Grundsätzen wäre demnach eine möglichst freie Marktwirtschaft mit einem materiellen Diskriminierungsverbot und einer gewissen Umverteilung zu Gunsten der Ärmsten sinnvoll. Wie weit die Umverteilung nach diesem Kriterium gehen darf, ist empirisch natürlich nicht leicht festzustellen, das Kriterium liefert aber einen Maßstab, der die Richtung vorgibt. Unseres Erachtens kommt das System der Sozialen Marktwirtschaft den Kriterien recht nahe.

2.2.6 Fazit und Konsequenzen

Aus den Grenzen und Problemen rein privatwirtschaftlicher Güterversorgung ergeben sich Ansatzpunkte für eine Ergänzung der Marktwirtschaft durch staatliches Handeln. Die Beantwortung der Frage, ob staatliches Handeln im Einzelfall tatsächlich erfolgen sollte, erfordert jedoch noch eine Abwägung, da auch staatliches Handeln unvollkommen ist. Insbesondere ist staatliches Handeln, wie jedes zentralverwaltungswirtschaftlich-hoheitliche Handeln, hinsichtlich seiner überaus negativen Wirkungen auf die individuelle Freiheit bedenklich; nicht zuletzt wird durch unnötiges staatliches Handeln der erste Gerechtigkeitsgrundsatz von RAWLS verletzt. Zudem erzeugt staatliches Handeln Fehlanreize und Ineffizienzen. Nur wenn nachgewiesen werden kann, daß staatliches Handeln ein Problem deutlich besser löst als der Markt, ist der Eingriff des Staates gerechtfertigt. Der Staat soll also prinzipiell dem Markt den Vorzug geben und nur subsidiär, unterstützend, aushelfend, eintreten (*marktwirtschaftliches Subsidiaritätsprinzip*). „Die Lösung lautet also: Im Zweifel für den Markt." (WISSENSCHAFTLICHER BEIRAT (1994), S. 22)

Es handelt sich bei dieser Erkenntnis um eine Anwendung des Subsidiaritätsprinzips auf der 'untersten' Entscheidungsebene, auf der entschieden wird, was dem Markt, also den Privaten, genommen werden soll, damit der Staat es erledige. Das **Subsidiaritätsprinzip** ist ein ethischer Grundsatz aus der katholischen Soziallehre (*Quadragesimo anno* von PIUS XI., 1931). Es verlangt, daß den Menschen nicht entzogen werden soll, was sie selbst leisten und zu einem guten Ende führen können. Und wenn sie es nicht können, dann sollen vor den großen Gemeinwesen zunächst die kleineren Gemeinwesen und Gemeinschaften, einschließlich privater Gemeinschaften, versuchen, den betroffenen Menschen zu helfen. Freie Selbstorganisation der Hilfe ist dabei staatlicher Zwangsorganisation vorzuziehen. Zunächst ist zu versuchen, den Menschen beziehungsweise die kleineren Gemeinschaften und Gemeinwesen ist den Stand zu setzen, daß sie sich selbst helfen können. Nur wenn dies scheitert, ist es zu rechtfertigen, daß größere Gemeinwesen die entsprechenden Aufgaben übernehmen. (Vgl. GROSSEKETTLER (1984), S. 38 f. und BEHRENS (1997), S. 366) Die Anwendung des Subsidiaritätsprinzips in der Wirtschaft als Entscheidungsprinzip zum einen bezüglich der Aufteilung zwischen privater und staatlicher Aufgabenerledigung und zum anderen hinsichtlich der Aufgabenzuweisung zu verschiedenen staatlichen Ebenen bringt ganz erhebliche ökonomische Vorteile mit sich, vor allem weil ein Höchstmaß an Verbundenheit von Problemempfindung und Problemlösungsverantwortung erhalten bleibt. (Vgl. GROSSEKETTLER (1984), S. 40)

Schließlich sei in diesem Zusammenhang noch eindringlich auf vier Fehler hingewiesen, die erfahrungsgemäß häufig von Laien bei der Beurteilung des Marktsystems begangen werden. Diese Beurteilungsfehler führen dann zu Forderungen nach Ersatz des Koordinationsverfahrens Markt durch staatliches Handeln oder zumindest zu Forderungen nach Eingriffen in den Markt, die nicht gerechtfertigt sind, weil die beanstandeten Mängel dem Marktsystem nicht anzulasten sind. Auf diese Weise entsteht viel

Schaden, weil dann ein effizientes Koordinationsverfahren aufgrund eines Fehlurteils gegen ein nicht effizientes Verfahren ausgetauscht wird.

Diese vier Fehler, die sich insbesondere über den Wahlmechanismus in fataler Weise negativ auf die Wirtschaftspolitik in Demokratien auswirken, sind in der folgenden Tabelle zusammengefaßt.

*Die erste Fehleinschätzung betrifft die Verwechslung von **Individualethik** und **Ordnungsethik** oder **Sozialethik**.* (Vgl. dazu HOMANN/BLOME-DREES (1992) oder HORN (1996)). Im Sinne der Individualethik übles Verhalten von Marktteilnehmern, etwa von Arbeitgebern gegenüber ihren Angestellten, wird der Wirtschaftsordnung angelastet, obgleich es keine ursächliche Verbindung gibt.

Vier häufige Fehler bei der Beurteilung des Marktsystems

* Verwechslung von Individualethik und Ordnungsethik.
Folge: Ethische Fehleinschätzung der Systemeigenschaften, insbesondere der Anreize, für andere tätig zu werden.

* Verwechslung von „Unternehmenswirtschaft" und Marktwirtschaft.
Folge: Ethische Anlastung von Mängeln, die nicht dem Marktsystem zuzurechnen sind.

* Fehlerhafte Verknüpfung von Effizienzfragen bzgl. der Lösung von Knappheitsproblemen mit Gerechtigkeitsfragen.
Folge: Unnötige Wohlstandseinbußen - auch für die, denen geholfen werden soll -!

* Irrtümlicher Glaube, andere Koordinationsverfahren seien fehlerfrei.
Folge: Befürwortung von Eingriffen, die das Gesamtergebnis verschlechtern. (Vergleich mit einem NIRWANA, nicht mit Realitäten)

Beispielsweise haben in funktionierenden Marktwirtschaften die Mitarbeiter die Möglichkeiten zu Abwanderung und Widerspruch (HIRSCHMAN (1974)). In anderen Wirtschaftssystemen fehlen diese Möglichkeiten weitestgehend, so daß die Ausbeutbarkeit ungleich größer ist als in Marktwirtschaften. Nicht nur haben üble Sitten dort viel schlimmere Auswirkungen, weil man sich ihnen nicht entziehen kann. Darüber hinaus wirkt die Marktwirtschaft, sofern der Wettbewerb auf den wichtigsten Märkten, wozu der Arbeitsmarkt gehört, funktioniert, disziplinierend und verhindert weitestgehend Willkür und Diskriminierung. weil diese im allgemeinen kostenerhöhend wirken. Zudem ist die Marktwirtschaft gerade ein phantastischer »Trick«, Egoismus für alle zu nutzen. In ihr halten sich die einander entgegenstehenden Interessen der Menschen so auf, „daß in ihrem öffentlichen Verhalten der Erfolg eben derselbe ist, als ob sie keine solche bösen Gesinnungen hätten." (KANT (1954, 1795e), S. 47) Auf diese Weise ist laut *IMMANUEL KANT* (1724 - 1804) das „Problem der Staatserrichtung ... selbst für ein Volk von Teufeln (wenn sie nur Verstand haben) auflösbar ..." (KANT (1954, 1795e), S. 47) Was sonst nur schädlich ist, wird in der Marktwirtschaft zum Guten gewendet, wie die berühmte Formulierung von *ADAM SMITH* (1723 - 1790) der Menschheit schon erhellte: „Nicht vom Wohlwollen des Metzgers, Brauers oder Bäckers erwarten wir das, was wir zum Essen brauchen, sondern davon, daß sie ihre eigenen Interessen wahrnehmen. Wir wenden uns nicht an ihre Menschen-, sondern an ihre Eigenliebe, und wir erwähnen nicht die eigenen Bedürfnisse, sondern sprechen von ihrem Vorteil." (SMITH (1978, 1776e), S. 17)

Die zweite Fehleinschätzung betrifft die Verwechslung von „Unternehmenswirtschaft" und Marktwirtschaft. Als verwerflich bewertete Taten von Unternehmen, die in Gesellschaften, die vornehmlich marktwirtschaftlich geordnet sind, ihren Sitz haben, werden psychisch auf die Marktwirtschaft übertragen und sodann ihr angelastet. Beispiele sind Bestechungen in Entwicklungsländern durch europäische oder amerikanische Unternehmen, durch sie hervorgerufene Umweltschäden, etwa bedenkliche Brandrodungen in der dritten Welt oder spektakuläre Entsorgungsskandale, wie im Beispiel der Ölplattform Brent Spar, Ausbeutungen durch Kartellierung und vieles andere mehr. Diese Übertragung auf das Marktsystem ist fehlerhaft, weil solches Verhalten in Zentralverwaltungswirtschaften ebenso vorkommt. Beispielsweise sei auf die beachtlichen Umweltbelastungen in den früheren sogenannten Ostblockstaaten hingewiesen. Zudem treten die meisten der bekannt gewordenen Skandale durch Unternehmen aus Marktwirtschaften ebenfalls in Zentralverwaltungswirtschaften der dritten Welt auf, wo eine korrupte Elite die Vorgänge gegen Bezahlung erlaubt. Die meisten der zu beanstandenden Aktivitäten sind nicht einmal systemunabhängig, denn sie treten systematisch eher in zentralverwaltungswirtschaftlich geordneten Staaten auf als in Staaten mit überwiegend marktwirtschaftlicher Ordnung, da sie in den entwickelten vorwiegend marktwirtschaftlich geordneten Staaten regelmäßig verboten sind, denn diese Volkswirtschaften sind durch den über marktwirtschaftliche Anreize hervorgebrachten Wohlstand auf eine solche Art des Einkommenserwerbs durch Erzeugung erheblicher volkswirtschaftlicher Schäden nicht angewiesen.

Des weiteren ist es falsch, das Fehlverhalten von Unternehmen dem marktwirtschaftlichen System anzulasten, weil Unternehmen ja gerade kleine, zentral gesteuerte Wirtschaften in der Marktwirtschaft sind, deren Existensberechtigung vornehmlich darin liegt, daß relativ hohe Transaktionskosten durch ihre Existenz vermieden werden (vgl. grundlegend COASE (1937)). Wie bereits weiter oben in diesem Lehrbuch ausgeführt, lieben diese kleinen Zentralverwaltungswirtschaften, die in ihrem Verhalten allerdings durch die Markteinbindung gebändigt werden, den Wettbewerb im allgemeinen nicht, sondern versuchen ihm, etwa durch Kartellabsprachen oder durch Unternehmenszusammenschlüsse, häufig zu entgehen. Daraus erwächst ja gerade eine Aufgabe des Staates, nämlich die, durch Wettbewerbserhaltungs- und -förderungspolitik den marktwirtschaftlichen Wettbewerb gegen anders laufende Bestrebungen funktionstüchtig zu halten. Schon daraus wird deutlich, daß Marktwirtschaft und Unternehmenswirtschaft nicht gleichzusetzen sind, sondern die erstere gegen Bestrebungen letzterer zu verteidigen ist. Fehlverhalten von Unternehmen wird häufig gerade da möglich und zu beobachten sein, wo der Wettbewerb seine wohltätigen Wirkungen nicht mehr wirksam zu entfalten vermag.

Die dritte Fehleinschätzung betrifft die fehlerhafte Verknüpfung von Effizienzfragen bezüglich der Lösung von Knappheitsproblemen mit Gerechtigkeitsfragen. Die ökonomischen Laien, deren Ansichten über den Wahlmechanismus auf die Politik durchschlagen, hegen eine Abneigung gegen das Preissystem und bevorzugen Verteilungsaspekte des politischen Handelns, nicht zuletzt, weil die Vorteile des Preissystems den Charakter eines öffentlichen Gutes haben, während die Vorteile von Umverteilungen selektiv und bestimmbar anfallen. (Vgl. zu diesem Zusammenhängen FREY (1990), S. 141 ff., vgl. auch BEHRENS (1992))

Die Verknüpfung von Problemlösungen mit Gerechtigkeitsfragen führt häufig zu einer suboptimalen Problemlösung oder zum Verfehlen der Lösung des Problems. Nur ein Beispiel sei angeführt: Wenn der Lohn als Preis für den Einsatz des Produktionsfaktors Arbeit markträumend sein soll, so daß keine (klassische) Arbeitslosigkeit auftritt, kann das zu unterschiedlichen Lohnhöhen für gleiche Arbeit führen. Regional ungünstiger gelegene Unternehmen müssen in ihrer Kalkulation ja noch Transportkosten und weitere Nachteile der ungünstigen Lage berücksichtigen und sind dann nur überlebensfähig, wenn entsprechende Lohneinbußen zum Ausgleich dieser Nachteile hingenommen werden können. Setzt man nun aus Gerechtigkeitserwägungen gleichen Lohn für gleiche Arbeit durch, so werden diese Betriebe schließen müssen. Ihr Marktanteil wird von günstiger gelegenen Betrieben übernommen. Die Mitarbeiter verlieren ihren Arbeitsplatz. Sie könnten zwar im Prinzip dort, wo durch die Übernahme der Marktanteile Arbeit entsteht, neue Arbeitsplätze erhalten, aber dies erfordert regionale Mobilität der Arbeitnehmer, die mit monetären und psychischen Mobilitätskosten verbunden ist. Diejenigen, denen durch die Forderung gleichen Lohns für gleiche Arbeit geholfen werden sollte, werden tatsächlich schlechter gestellt, denn auf die Möglichkeit zum Umzug in das Gebiet mit höheren Lohnzahlungen wurde ja freiwillig verzichtet. Durch solche Vermischungen von Effizienz- und Gerechtigkeitsfragen wird in der Realität viel Schaden angerichtet. Man prüfe unter diesem Aspekt die Probleme auf dem europäischen Agrar»markt«, die auf den Wohnungsmärkten, auf den Gesundheitsmärkten, der Kohle- und Stahlindustrie u.s.w. u.s.f. Überall beobachten wir unnötige Wohlstandseinbußen, die auch die treffen, denen eigentlich geholfen werden sollte.

Die vierte Fehleinschätzung schließlich betrifft den verbreiteten irrtümlichen Glauben, andere Koordinationsverfahren seien fehlerfrei. Sehr häufig wird - verbreitet auch von sogenannten Meinungsträgern in Presse, Fernsehen und Politik, einfach nur ein Marktversagen festgestellt in der Überzeugung, diese Feststellung begründe bereits zureichend einen Staatseingriff. Da die anderen Koordinationsverfahren allerdings auch Mängel aufweisen, ist die Kritik am Marktsystem durch Verweis auf einen Mangel fehlerhaft, denn hier findet ein Vergleich mit einer *Utopie der Mängelfreiheit* statt, mit einem Nirwana, nicht mit Realitäten. Ein Eingriff ist natürlich erst dann zureichend gerechtfertigt, wenn gezeigt wurde, daß er insgesamt zu einer Verbesserung führt. Dieser Fehler ist Grund für viele Eingriffe des Staates, die im Nachhinein als größere Last empfunden werden, als wenn es gleich beim Problem geblieben wäre. Beispiele sind Erhaltungssubventionen, komplizierte Genehmigungsverfahren und ähnliches.

Die genannten Fehleinschätzungen sind leider in den modernen Demokratien wirksam, da es bei den Wählern an ökonomischer Bildung mangelt und die Politik sich letztlich an den Vorstellungen der Wähler orientiert. Deshalb ist es wichtig, sich mit den Mängeln und Grenzen der zentralverwaltungswirtschaftlichen Koordination vertraut zu machen, die Gründe für *Staatsversagen* darstellen. Wenden wir uns deshalb im nächsten Abschnitt noch einmal diesen Mängeln zu.

2.3 Grenzen zentralverwaltungswirtschaftlicher Koordination

2.3.1 Die Bürokratieproblematik

Zentralverwaltungswirtschaftliche Koordination erfordert, sobald ein sehr kleines Planungsfeld überschritten wird, einen *riesigen bürokratischen Apparat*, um die Planungen auch nur einigermaßen bewältigen zu können. Neben den Problemen der Schwerfälligkeit und der Reibungsverluste bürokratischer Koordination, sowie dem Problem der immanenten, vom Aufgabenumfang abgekoppelten, Wachstumskräfte, ist vor allem das *Problem der Informationserfassung und -verarbeitung* bedeutsam. Nicht nur entziehen sich die vielen verschiedenen und ständig wechselnden Einzelinformationen einer sachgerechten und zeitnahen Erfassung und Verarbeitung, sondern ein nicht unerheblicher Teil der für die Lösung der ökonomischen Probleme der Güterversorgung erforderlichen Informationen ist prinzipiell einer zentralen Erfassung, Aufbereitung und Verwertung nicht zugänglich. Dies betrifft zum einen Informationen über die subjektiv empfundenen Wertschätzungen der Wirtschaftssubjekte, also Informationen über Werte, und zum anderen vorübergehende Kenntnisse von vergänglichen Umständen und Gegebenheiten, die zu ihrer Nutzung des sofortigen eigenverantwortlichen Handelns bedürfen. Die systematische Vernachlässigung solcher Informationen in den Planungen bei zentraler Verwaltung durch eine Bürokratie führt zu einer unzureichenden Knappheitsbewältigung.

2.3.2 Probleme des Anreizsystems

Ein weiteres ganz maßgebliches Problem ist das *Problem des Anreizsystems* bei zentralverwaltungswirtschaftlicher Steuerung. Bei dieser Form der Koordination gehen die Leistungsanreize nicht unmittelbar von denen aus, die den Nutzen von einer Leistung haben, dann aber auch deren Kosten tragen müssen. Als Ersatz für tatsächliche Zahlungsbereitschaften sind Befragungen nur sehr eingeschränkt tauglich. Die Folge ist, daß für die Handlungsergebnisse auf den verschiedenen Produktionsstufen echte Gewinne und Verluste, die durch Leistungs-Nutzen-Abgleich in freiem Austausch entstehen müssen, nicht mehr möglich sind. Statt dessen sind komplizierte und in der Regel wenig effektive Einrichtungen notwendig, um Sollerfüllungswillen und Initiative zu steigern, wobei nicht mehr feststellbar ist, ob diese Anreize zu etwas Gutem oder zu etwas Schlechtem beitragen. Die Meßlatte für Leistung besteht in den mangels wirklicher Marktkontrolle mehr oder weniger subjektiven Kriterien der jeweiligen Vorgesetzten, deren »Leistungen« ihrerseits wieder nur durch die Vorgesetzten oder das oberste Planungsgremium gemessen werden. Eine unbestechliche Beurteilung der Richtigkeit der Kriterien zur Messung dessen, was Leistung sein soll, gibt es, anders als im Marktsystem, nicht. Die zwischenmenschlichen Beziehungen ersetzen mit allen Problemen von Sympathie und Antipathie, von Anhänglichkeit zur Bezugsgruppe und Abneigung gegen die Anderen, die Fremden, von Neid, Mißgunst und Begünstigung, von Intrigen, Freundschaften und Streben nach Ansehen bei Gleichgesinnten, die anonymen Marktkräfte, die nur Leistung und Gegenleistung kennen, wenn nicht die Beteiligten *selbst* Nachteile ihres Tuns hinnehmen wollen. Wie bereits weiter oben dargelegt, ist es dabei besonders schwierig, das Problem zu lösen, wie Anreize für wirklich innovative Anstrengungen zu geben sind. Zwar können Anreize gegeben werden, die zur Planung und Organisation von Veränderungen führen. Ob diese aber zum Vorteilhaften wirken, kann nicht festgestellt werden, weil die Bewertung der Neuerung durch den Markt - auf allen Stufen der Produktion - fehlt.

2.3.3 Folgen der Vernachlässigung individueller Präferenzen

Aus den genannten Gründen der mangelhaften Informationserfassung und Informationsverarbeitung und des unzureichend zielgerichteten Anreizsystems folgt eine *systematische und notwendig auftretende Vernachlässigung individueller Bedürfnisse*. Die Zentralverwaltungswirtschaft ist nicht in der Lage, eine auch nur entfernt zureichende Güterversorgung der Menschen zu bewerkstelligen. Bei manchen Gütern entsteht Mangel, bei anderen ein Überangebot, weil sie nach Art und Menge nicht den Präferenzen entsprechen. Die Mangelwaren schöpfen ihren geplanten Teil der Kaufkraft ab, die Überschußwaren bleiben aber in den Regalen. Die Haushalte, die für deren Produktion aber planmäßig Einkommen erhalten haben, müssen Zwangssparen. Unter diesem Bedingungen „[können] selbst Prämienzahlungen für besondere Leistungen .. nicht als Anreiz dienen, wenn das erhaltene Einkommen ohnedies nicht für Güter und Leistungen ausgegeben werden kann." (BEHRENS (1993), S. 173)

Die Vernachlässigung der individuellen Bedürfnisse durch die offizielle Wirtschaft wird von den Menschen durch *illegale ökonomische Aktivitäten in der Schattenwirtschaft*, das heißt durch *Schwarzmärkte* und *Schwarzhandel*, kompensiert. Die Folge ist Leistungszurückhaltung in der offiziellen Wirtschaft, an der sich schon aus Eigeninteresse (nahezu) alle beteiligen, und die sich etwa in unrealistisch niedrigen Meldungen hinsichtlich des eigenen Leistungsvermögens für den nächsten Zentralplan niederschlägt. Für die Schattenwirtschaft benötigte Arbeitszeit und Material werden von der offiziellen Wirtschaft abgezweigt. „Statt planmäßig zu arbeiten bzw. über die Einhaltung der Pläne zu wachen, bilden sich als 'neue' Berufe *Kleptokraten*, die das Material für die Schwarzmärkte besorgen, *Spekulanten*, die das Material auf den Schwarzmärkten verkaufen, *Schwarzarbeiter*, die mit dem Material die knappen Leistungen herstellen und *Schmiergeldempfänger*, die das illegale Geschehen decken, heraus. Ganze *Untergrund-Firmen* entstehen, und in offiziellen Firmen werden, vom Management gedeckt oder sogar betrieben, private Produktionen organisiert." (BEHRENS (1993), S. 173 f., nach CASSEL (1986), S. 87 f. und S. 81 f.)

Da solche illegalen ökonomischen Aktivitäten, wie Schwarzarbeit, Schwarzhandel und Korruption, in der Regel weit höhere Transaktionskosten verursachen als eine Koordination über den Markt, sind sie weniger effektiv. Beispielsweise müssen Abhängigkeiten auf Gegenseitigkeit kreiert und gepflegt werden, damit die Geheimhaltung solcher Aktivitäten gesichert ist und vieles andere mehr. Dadurch werden auch Neuordnungen der Beziehungen erschwert, was Inflexibilitäten hervorruft. Dennoch sind die Menschen und auch die Betriebsleitungen gezwungen, an (meist illegalen) Naturaltauschen und anderen zweifelhaften Geschäften teilzunehmen, weil allfällige Planungsfehler und unerwartete äußere Ereignisse zu Versorgungsengpässen bei Vorprodukten oder Rohstoffen führen, die eines Ausgleichs zur Erreichung des Plansolls *bedürfen*. Der ineffiziente Zentralplan muß somit schon, um seine möglichst weitestgehende Einhaltung zu fördern, um Marktaktivitäten ergänzt werden, die in (nahezu) reinen Zentralverwaltungswirtschaften allerdings illegal, also ebenfalls weniger effektiv als offizielle Märkte, sind. Die dadurch erfolgende durchgehende Kriminalisierung der Gesellschaft hat überaus negative Folgen für die innere Einstellung zu Leistung und Regelbeachtung, was der Funktionstüchtigkeit ganzer Gesellschaftssysteme abträglich ist.

2.3.4 Probleme wirtschaftlicher Unfreiheit

Schließlich und endlich ist zentralverwaltungswirtschaftliche Koordination konstituierend durch die *wirtschaftliche Unfreiheit der Menschen* gekennzeichnet. Wirtschaftliche Freiheit ist aber von erheblicher wirtschaftlicher Nützlichkeit auch für die Menschen, die selbst von den Möglichkeiten, die ihnen die Freiheit bietet, gar keinen Gebrauch machen, weil die Vorteile der Erprobung neuer, profitabler, also nützlicher Wege, allen

Vorteile bringt. (Vgl. dazu das bahnbrechende Werk VON HAYEK'S (1983)) Darüber hinaus ist individuelle Freiheit im Sinne der Abwesenheit von Zwang, die Freiheit der wirtschaftlichen Betätigung einschließt, selbst ein von den Menschen hoch geschätztes Gut. Wird ein Mindestbedarf an individueller Freiheit durch das Gesellschaftssystem nicht gedeckt, sind Leistungsrückgang und schließlich Auflehnung und Abwanderung die Folgen. Dies haben zuletzt die ungeheuren gesellschaftlichen Umbrüche in den früheren (weitestgehenden) Zentralverwaltungswirtschaften Osteuropas gezeigt, die die alten, von Unfreiheit gekennzeichneten Gesellschaftssysteme hinweggefegt haben. (Vgl. TIETZEL/WEBER/BODE (1991))

Angesichts der überdeutlichen Mängel zentralverwaltungswirtschaftlicher Koordination und der absoluten Grenzen, die bürokratischer Planung und Steuerung gesetzt sind, ist es unzweifelhaft geboten, die Erkenntnis des *Wissenschaftlichen Beirats beim Bundesministerium der Finanzen* „Im Zweifel für den Markt." (WISSENSCHAFTLICHER BEIRAT (1994), S. 22) sehr ernst zu nehmen. Zentralverwaltungswirtschaftliche Koordination soll aus wirtschaftlicher Sicht - auch unter Berücksichtigung von Gerechtigkeitsaspekten - soweit wie es nur eben geht vermieden oder zumindest weitestgehend beschränkt werden. Wo immer der Markt funktioniert oder durch eine geeignete wirtschaftsordnungspolitische Regelsetzung funktionstüchtig gemacht werden kann, wie etwa bei manchen Umweltproblemen, sollte unbedingt dem Markt als Koordinationsverfahren der Vorrang eingeräumt werden. Dennoch kann natürlich aufgrund der weiter oben aufgezeigten Mängel und Grenzen marktwirtschaftlicher Koordination auf staatliche Güterbereitstellung und andere staatliche Eingriffe nicht völlig verzichtet werden. Das staatliche Handeln sollte dabei aber auf die wirklich notwendigen Fälle beschränkt bleiben.

Allerdings ist heute auch eine Warnung in umgekehrter Richtung angebracht: Dort, wo wegen systematischer Funktionslücken des Marktsystems staatliches Handeln, insbesondere in seiner hoheitlichen Form, notwendig ist, sollte auch staatliches Handeln erfolgen. Eine blind, d. h. ohne Beachtung der in diesem Abschnitt über die Probleme der reinen Wirtschaftssysteme dargelegten grundlegenden Aspekte, erfolgende Privatisierung von Staatsaufgaben ist ebenso wirtschaftlicher Unsinn wie eine Zuordnung von Aufgaben, die im Markt durch Private gelöst werden können, an den Staat. Es kommt eben auf die unter rationalen Aspekten richtige Mischung an. Ein solches Mischsystem, das für Deutschland von besonderer Bedeutung ist, ist die sogenannte *Soziale Marktwirtschaft*, der wir uns nun zuwenden werden.

3. Die Soziale Marktwirtschaft als „Mischform"

3.1 Historische Bemerkungen

Die wesentlichen Vorarbeiten zum Konzept der Sozialen Marktwirtschaft wurden noch während des Dritten Reiches von vorausschauenden Wissenschaftlern geleistet, die eine von der Bevölkerung akzeptierbare Wirtschaftsordnung für die Zeit nach dem Schreckensregime suchten und dabei die Fehler der Wirtschaftsordnung der Weimarer Republik vermeiden wollten. Entscheidende Impulse erhielt die Konzeption von der sogenannten *Freiburger Schule der Nationalökonomie*, deren Lehre auch als *Neoliberalismus* oder *Ordoliberalismus* bekannt ist (Vgl. hierzu und zum folgenden THIEME (1994)). Bedeutende Vertreter dieser Schule waren *WALTER EUCKEN* (1891 - 1950), *FRANZ BÖHM* (1895 - 1977) und *K. PAUL HENSEL* (1907 - 1975). Den Begriff der **Sozialen Marktwirtschaft** prägte *ALFRED MÜLLER-ARMACK* (1901 - 1978) im Jahre 1947 (THIEME (1994), S. 9 f.)., der von 1938 bis 1950 als Professor an der Universität Münster wirkte und dort 1941 die *Forschungsstelle für allgemeine und textile Marktwirtschaft* gründete und dann als Direktor leitete. Über die bereits genannten Vertreter der Freiburger Schule hinaus nennt *MÜLLER-ARMACK* als geistige Vorreiter, auf deren Einsichten der Gedanke der sozialen

Marktwirtschaft basiert noch *F. A. v. HAYEK* (1899 - 1992), *WILHELM RÖPKE* (1899 - 1966) und *ALEXANDER RÜSTOW* (1855 - 1963) (Vgl. MÜLLER-ARMACK (1956), S. 390).

In der Kennzeichnung seines geistigen Vaters, *ALFRED MÜLLER-ARMACK,* kann das Konzept der Sozialen Marktwirtschaft wie folgt gekennzeichnet werden: „Der *Begriff* der sozialen Marktwirtschaft kann so als eine ordnungspolitische Idee definiert werden, deren Ziel es ist, auf der Basis der Wettbewerbswirtschaft die freie Initiative mit einem gerade durch die marktwirtschaftliche Leistung gesicherten sozialen Fortschritt zu verbinden." (MÜLLER-ARMACK (1956), S. 390, Hervorhebung im Original) Es geht darum, „das Prinzip der Freiheit auf dem Markte mit dem des sozialen Ausgleichs zu verbinden." (ebenda)

Politisch durchgesetzt wurde das Konzept der Sozialen Marktwirtschaft als ordnungspolitische Grundentscheidung in der Bundesrepublik Deutschland von *LUDWIG ERHARD* (1897 - 1977), seit 1947 Honorarprofessor der staatswissenschaftlichen Fakultät der Universität München, der als Direktor der Verwaltung für Wirtschaft im vereinigten Wirtschaftsgebiet in unmittelbarem zeitlichen Anschluß an die Währungsreform vom 20. Juni 1948 die vorhandenen Bewirtschaftungsvorschriften aufhob und dieser Aufhebung durch den Wirtschaftsrat mit Zustimmung der westlichen Alliierten mit dem „Gesetz über die Leitsätze für die Bewirtschaftung und Preispolitik nach der Geldreform" vom 24. Juni 1948 Legalität verschaffte. Das Ergebnis dieser beiden Maßnahmen war die ordnungspolitische Grundsatzentscheidung für die Soziale Marktwirtschaft und der Beginn des westdeutschen Wirtschaftswunders.

Angemerkt sei, daß damit zugleich eines der größten volkswirtschaftlichen Experimente der Geschichte, ein wirtschaftsordnungspolitisches Experiment allererster Größenordnung, begann, denn die von der sowjetischen Besatzungsmacht kontrollierten Gebiete des besetzten Deutschland, die spätere Deutsche Demokratische Republik, gingen diesen Weg nicht mit. Dort entschieden sich die politisch Mächtigen für die Einführung der Zentralverwaltungswirtschaft als Ordnungsprinzip. Eine Bevölkerung von gleicher Sprache und Kultur, von gleichem Bildungsniveau und gleicher Ausgangsbasis wurde so durch Teilung in zwei unterschiedliche Wirtschaftssysteme gestellt. (Vgl. hierzu auch die Einleitung von MILTON FRIEDMAN in VON HAYEK (1981), S. 12 f.). Dies hielt bis zur sogenannten Wende 1989 und zur deutschen Vereinigung 1990 an. Das Ergebnis dieses Experiments liegt offen zu Tage. In dem einen Teil gab es Freiheit, in dem anderen Unfreiheit, in dem einen wurde Wohlstand erreicht, in dem anderen Armut, die einen reisten in der Welt herum, während die anderen am Versuch, der Republik zu entfliehen, durch Mauern und Zäune gehindert und erschossen wurden, wenn das Regime sie nicht entkommen lassen wollte, oder ausgebürgert und an der Rückkehr in ihre Heimat gehindert wurden, wenn das Regime sie loswerden wollte.

Und die Folgewirkungen der zentralverwaltungswirtschaftlichen Mißwirtschaft werden voraussichtlich noch lange sichtbare Unterschiede zwischen den ehemals getrennten Teilen Deutschlands erkennbar machen. So mutmaßt der Harvard-Ökonom ROBERT J. BARRO ((1996), S. 14) auf das wiedervereinigte Deutschland bezogen, „that it takes about fourteen years to eliminate one-quarter of the initial productivity gap, about thirty-five years to eliminate one-half of the gap, and almost seventy years to eliminate three-quarters of the gap. Thus, the east would eventually get close to the west, but the process will likely take a couple of generations rather than a couple of years or even decades."

Leider werden schon wieder viele Mängel, die heute beklagt werden, etwa die hohe Arbeitslosigkeit in den neuen Bundesländern, dem neuen System angelastet, weil es weitestgehend verabsäumt wurde, die Bevölkerung eindringlich darüber aufzuklären, welche Folgewirkungen aus der riesigen Fehlsteuerung von Ressourcen und der Zerstörung von Leistungsanreizen

im marktwirtschaftlichen Sinne im Transformationsprozeß zur Marktwirtschaft zu erwarten sind. Kaum einem Menschen ist heute klar, daß es sich
nicht um Mängel der Marktwirtschaft handelt, deren Folgen man beklagt,
sondern um die Aufdeckung der Mängel der Zentralverwaltungswirtschaft
durch die Marktwirtschaft. Eine breite Auswertung dieses extrem teuren
Experimentes, das immerhin Millionen von Menschen in erheblichem
Maße Lebenschancen geraubt hat, steht noch aus. Wir wollen uns nun der
Frage zuwenden, was denn die wesentlichen Eigenschaften des Konzepts
der Sozialen Marktwirtschaft, das seit 1990 auch für die neuen Bundesländer gelten soll, sind.

3.2 Wesensmerkmale des Konzeptes

Das Konzept der Sozialen Marktwirtschaft beinhaltet *vier Grundprinzipi-
en* (vgl. HARDES/KROL/RAHMEYER/SCHMID (1995), S. 23 ff.):

Zunächst einmal ist der marktwirtschaftliche Wettbewerb die ordnungspolitische Basis des Systems - *Wettbewerbsprinzip*. Eine Soziale Marktwirtschaft ist vor allem eine Marktwirtschaft. Allerdings sollte nach dem
Konzept der Sozialen Marktwirtschaft nicht, wie in der Weimarer Republik, die Vertragsfreiheit so weit gehen, daß Verträge geschlossen werden
können, die den Wettbewerb beschränken, also zu Lasten Dritter, des Ver-
brauchers und der Mitarbeiter, gehen. Vielmehr soll in der Sozialen
Marktwirtschaft hier eine Grenze durch den Staat gezogen werden, der
geeignete Wettbewerbsregeln schaffen muß und private Wettbewerbsbeschränkungen verhindern oder wenigstens entschärfen soll. Diese Wettbewerbsregeln werden in der Bundesrepublik Deutschland durch das Gesetz gegen den unlauteren Wettbewerb (UWG) und vor allem durch das
Gesetz gegen Wettbewerbsbeschränkungen vom 27. Juli 1957, „... das
häufig als Grundgesetz der Wirtschaftsordnung in der Bundesrepublik
Deutschland bezeichnet [wird], weil es das Instrumentarium zur Aufrecht-

erhaltung und Sicherung des Wettbewerbs enthält." (THIEME (1994), S. 66), gewährleistet.

Ergänzt wird das Wettbewerbsprinzip vom *Sozialprinzip*, so daß die Marktwirtschaft zur Sozialen Marktwirtschaft wird. Bezüglich dieses Sozialprinzips herrscht allerdings ein verbreiteter Irrglaube, hier sei im Konzept selbst der Eingriff in die Marktergebnisse vorgesehen, um mehr sozialer Gerechtigkeit willen. Mit dieser Begründung ist denn auch nach und nach die Wirtschaftsordnung des ursprünglichen Konzepts der Sozialen Marktwirtschaft in die Wirtschaftsordnung eines sogenannten Wohlfahrtsstaates, der stets und immer als guter Übervater über die soziale Gerechtigkeit im Lande wacht, umgewandelt worden, so daß heute von vielen Sachkundigen in Zweifel gezogen wird, ob das System, das in unserem Lande herrscht, noch die Soziale Marktwirtschaft ist.

Das *Sozialprinzip nach dem Konzept der Sozialen Marktwirtschaft* hat *zwei Ausprägungen*, die in einen Konflikt miteinander geraten können, wenn der zweite Aspekt überbetont wird. Zunächst einmal, das ist der erste Aspekt, gilt nach dem Konzept der Sozialen Marktwirtschaft der *marktwirtschaftliche Wettbewerb selbst* als *sozial*. In den Worten *MÜLLER-ARMACKS*: „Diese Orientierung am Verbrauch bedeutet bereits eine soziale Leistung der Marktwirtschaft. In gleicher Richtung wirkt die durch das Wettbewerbssystem gesicherte und laufend erzwungene Produktivitätserhöhung als eine soziale Verbesserung, die um so größer und allgemeiner ist, je mehr durch den Wettbewerb einseitige Einkommensbildungen, die aus wirtschaftlicher Sonderstellung herrühren, eingedämmt werden." (MÜLLER-ARMACK (1956), S. 391) Unter den „weitere[n] Möglichkeiten der sozialen Ausgestaltung der Wirtschaftsordnung" führt *MÜLLER-ARMACK* als erstes an: „In erster Linie ist hier an die vom Neoliberalismus geforderte institutionelle Sicherung des Wettbewerbs zu denken. Ihr Sinn ist es, Wettbewerbsbeschränkungen unmöglich zu machen ..." (ebenda) Wettbewerbspolitik ist also in erster Linie das, was Sozialpolitik ausmacht. Erst in einem weiteren Schritt denkt *MÜLLER-ARMACK* dann an den *zweiten Aspekt des Sozialprinzips*, an Sozialpolitik durch staatliche Umverteilung, aber nicht, ohne darauf hinzuweisen, daß „[d]er marktwirtschaftliche Einkommensprozeß .. der Sozialpolitik ein tragfähiges Fundament für eine staatliche Einkommensumleitung [bietet] ..." (ebenda). Und schließlich: „Es wäre eine Verkennung des sozialen Gehalts der sozialen Marktwirtschaft, wenn man diesen Umleitungsprozeß bei der sozialen Beurteilung des Marktprozesses, durch den er getragen wird, außer acht ließe." (ebenda) Diese zusätzliche staatliche Sozialpolitik, die durch den relativen Reichtum, den das Marktsystem schafft, erst ermöglicht wird, kann dann dort greifen, wo der Markt zu sozial nicht tragbaren Ergebnissen führt, etwa um Menschen zu helfen, die ohne Schuld in Not geraten oder aus anderen Gründen nicht in der Lage sind, ihren Lebensunterhalt zu verdienen. In der Bundesrepublik Deutschland ist der Staat durch den Artikel 20 des Grundgesetzes zu einer solchen Sozialpolitik verpflichtet (*Sozialstaatsprinzip*). Wird diese Form der staatlichen Umverteilung übertrieben, droht das Marktsystem selbst Schaden zu nehmen, was dann die Grundlage für eine solche Sozialpolitik beeinträchtigt oder gar völlig zerrüttet. Die Vermutung, daß in Deutschland bereits eine solche Beeinträchtigung des Marktsystems durch ein Zuviel an Sozialpolitik der zweiten Art verursacht ist, ist naheliegend.

Schließlich umfaßt das Konzept der Sozialen Marktwirtschaft ein *konjunkturpolitisches Prinzip*, das in diesem einführenden Lehrbuch, das sich an Leserkreise richtet, die über das Konjunkturphänomen noch nicht zureichend informiert sind, nur sehr knapp und unzureichend besprochen werden kann. Nach den Vorstellungen der Väter des Konzepts der Sozialen Marktwirtschaft ist eine konsequente Wettbewerbspolitik die Voraussetzung für Preisniveaustabilität. Wettbewerb hält die Preise niedrig. Die Preisniveaustabilität ihrerseits ist aber Voraussetzung für funktionstüchtige Märkte, da dann die Preisänderungen korrekte Signale an die Marktteilnehmer geben, die zu richtigen ökonomischen Entscheidungen führen.

Inflation oder Deflation, also Prozesse ständiger Preisniveauerhöhungen oder Preisniveauabsenkungen, verfälschen die relativen Preise und haben deshalb negative allokative Wirkungen. In der Schlußfolgerung sollten Konjunkturschwankungen geglättet werden, indem die geldpolitischen Maßnahmen so eingesetzt werden, daß Preisniveauschwankungen so weit es eben geht, verhindert werden. In diesem Sinne war und ist die an Preisstabilität orientierte Geldpolitik der Deutschen Bundesbank eine ausgezeichnete Konjunkturpolitik im Sinne des Konzepts der Sozialen Marktwirtschaft.

Das vierte Prinzip schließlich ist das *Prinzip der Marktkonformität*. *MÜLLER-ARMACK*: „Das regulative Prinzip sozialer Interventionen in der Marktwirtschaft ist hierbei ihre Verträglichkeit mit dem Funktionieren einer marktwirtschaftlichen Produktion und der ihr entsprechenden Einkommensbildung. ... So erstrebt die neue Wirtschaftspolitik sozialen Fortschritt über *marktkonforme* Maßnahmen. Sie versteht darunter Maßnahmen, die den sozialen Zweck sichern, ohne störend in die Marktapparatur einzugreifen." (MÜLLER-ARMACK (1956), S. 391, Hervorhebung im Original)

Betrachtet man diese vier Grundprinzipien des Konzepts der Sozialen Marktwirtschaft, so kann man feststellen, daß viele Aspekte, die weiter oben in diesem Lehrbuch zur Abgrenzung der sinnvollerweise marktwirtschaftliche geordneten Bereiche der Wirtschaft von den sinnvollerweise bürokratischer Steuerung ausgelieferten Bereichen angeführt wurden, zu einem Konzept führen würden, das in die Richtung des Konzepts der Sozialen Marktwirtschaft ginge. Lediglich in Einzelheiten würden inzwischen hinzu gewonnene Erkenntnisse der Volkswirtschaftslehre zu - verhältnismäßig kleineren - Abweichungen führen. Prüft man hingegen die Wirtschaftspolitik in der Bundesrepublik Deutschland beispielsweise seit Mitte der 70er Jahre, so stellt man eine Entfernung vom ursprünglichen Konzept fest. So wird man verhältnismäßig viele Verstöße gegen das

Prinzip der Marktkonformität finden. Aber auch die Konjunkturpolitik in der Bundesrepublik Deutschland ist seit vielen Jahren im allgemeinen eher von anderen Schulen der Nationalökonomie, als vom Konzept der Sozialen Marktwirtschaft geprägt, während die Sozialpolitik zu einer Überbetonung des zweiten Aspektes der Sozialpolitik nach dem Konzept der Sozialen Marktwirtschaft zu neigen scheint.

IV. Wirtschaftskreislauf und Volkswirtschaftliches Rechnungswesen

> „Bist Du Volkswirt, so beachte stets des anderen Gegenbuchung."
> Lt. *Wolfgang Stützel* „erster Lehrsatz" seines ersten nationalökonomischen Lehrers WILHELM LAUTENBACH.
> Aus: STÜTZEL (1978), S. X.

1. Der Wirtschaftskreislauf und seine Darstellungsformen

Die Volkswirtschaftliche Gesamtrechnung (VGR) stellt sich zur Aufgabe, das Wirtschaftsgeschehen in einer Volkswirtschaft quantitativ anhand aussagefähiger Kennzahlen wiederzugeben. Es wird jeweils das Wirtschaftsgeschehen einer abgelaufenen Periode wiedergegeben, d.h. die VGR ist als ex post Analyse zu betrachten. (Zu den folgenden Ausführungen vergleiche unter anderem HANUSCH/KUHN (1991), S.131 ff., BRÜMMERHOF (1991), S. 1 ff. und NISSEN (1992) S.4 ff.).

Das sogenannte **Sozialprodukt** ist eines der wichtigsten Indikatoren zur Beschreibung der wirtschaftlichen Leistungsfähigkeit der Einwohner einer Volkswirtschaft. Es wird auch als Wohlstandsindikator verwendet. Das **Sozialprodukt** kann definiert werden als der Wert der in einem Jahr durch die Einwohner einer Volkswirtschaft erzeugten Güter und Dienste. Man unterscheidet die **Definition des Sozialprodukts von der Entstehungsseite** (Summe der Wertschöpfungen) von der **Definition des Sozialprodukts von der Verwendungsseite** (Konsum, Investition etc.).

1.1 Wirtschaftskreislauf und Kreislaufanalyse

Die auf den französischen Arzt FRANÇOIS QUESNAY (1694 -1774) zurückgehende Kreislaufanalyse bildet das Fundament für die Volkswirtschaftliche Gesamtrechnung. Die Kreislaufanalyse stellt die relevanten Güter-

und Geldströme zwischen den Wirtschaftseinheiten einer Volkswirtschaft dar, wobei die Wirtschaftseinheiten zu Sektoren zusammengefaßt werden.

Ein einfaches Beispiel für ein Kreislaufmodell kann wie folgt dargestellt werden (vgl. HANUSCH/KUHN (1991),S. 132):

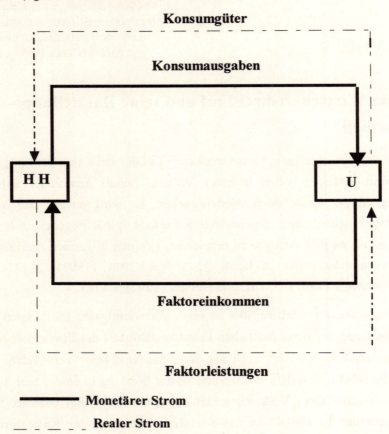

Das vorliegende Schaubild stellt eine Volkswirtschaft ohne staatliche Aktivität dar. Es handelt sich zudem um eine geschlossene Volkswirtschaft, weil es keine Wirtschaftsbeziehungen mit dem Ausland gibt. Die Haushalte stellen den Unternehmungen Faktorleistungen (Arbeit, Boden und Kapital) zur Verfügung und erhalten Faktoreinkommen (Lohn, Miete und Pacht, Zins) als Entlohnung. Sie verwenden ihr Einkommen für Konsumausgaben und erhalten dafür Konsumgüter.

1.2 Darstellung in Kontenform

Alle Transaktionen, die während einer Periode stattfinden, lassen sich nach den Regeln der doppelten Buchführung (Doppik) auch in Kontenform darstellen.

Man unterscheidet folgenden Kontenarten :

a) Das Produktionskonto

S Produktionskonto	
Aufwand	Ertrag
Saldo: Gewinn	

Das Produktionskonto bildet den unternehmerischen Produktionsprozeß ab. Auf der Sollseite steht der Aufwand (Löhne, Miete, Zinsen etc.). Auf der Habenseite steht der Ertrag durch Verkaufserlöse (= Umsatz). Als Saldo ergibt sich der unternehmerische Gewinn.

b) Das Einkommenskonto

S Einkommenskonto H	
Ausgaben	Einnahmen
Saldo: Ersparnis	

Das Einkommenskonto stellt die Einnahmen der Sektoren (Löhne, Zinsen etc.) auf der Habenseite und deren Verwendung (Konsumausgaben etc.) auf der Sollseite dar. Die Ersparnis ergibt sich als Saldo. Sie stellt die Differenz zwischen Einnahmen und Ausgaben (= Verbrauch) dar.

c) Das Vermögensänderungskonto

S	Vermögensänderungskonto	H
Veränderung des Sachvermögens	Finanzierung Eigenmittel Saldo: Finanzierungs- defizit (+) Finanzierungs- überschuß (-)	

Das Vermögensänderungskonto zeigt den Zuwachs des Sachvermögens in einer Periode und dessen Finanzierung. Wenn die Finanzierung aus eigenen Mitteln nicht ausreicht, dann ergibt sich ein Finanzierungsdefizit.

d) Kreditänderungskonto

S	Kreditänderungskonto	H
Veränderung der Forderungen	Veränderung der Verbindlichkeiten Saldo: Finanzierungs- defizit (-) Finanzierungs- überschuß (+)	

Das Kreditänderungskonto erfaßt die Veränderung der Forderungen und Verbindlichkeiten. Als Saldo erhält man entweder ein Finanzierungsdefizit oder einen Finanzierungsüberschuß. Der Saldo muß mit dem Saldo des Vermögensänderungskontos übereinstimmen, wobei sich jedoch das Vorzeichen umgekehrt hat.

2. Die geschlossene Volkswirtschaft im Wirtschaftskreislauf

2.1 Eine geschlossene stationäre Volkswirtschaft ohne staatliche Aktivität

Der Grundgedanke der Erfassung der Zusammenhänge des Wirtschaftskreislauf und der Volkswirtschaftlichen Gesamtrechnung sei am einfachsten Wirtschaftsmodell einer Wirtschaft ohne Nettokapitalbildung, Staat und außenwirtschaftliche Aktivitäten erläutert (vgl. u.a. NISSEN (1992), S. 47 ff. und HANUSCH/KUHN (1991*)*, S.132 ff.). Daß keine Nettokapitalbildung betrachtet wird bedeutet, daß der Kapitalstock dieser Volkswirtschaft, der sich ja durch Verschleiß oder wirtschaftliche Entwertung vermindert und durch Investitionen erhöht, unverändert bleibt. Die Wirtschaft wächst dann nicht und wird als stationäre Wirtschaft bezeichnet.

Als einfachstes Kreislaufmodell ohne Ersparnis und Investition erhält man:

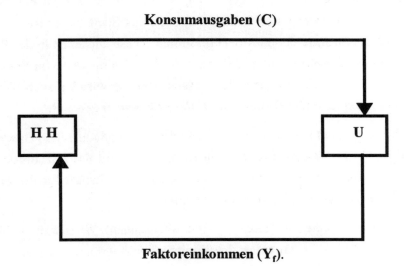

Konsumausgaben (C)

H H

U

Faktoreinkommen (Y_f).

Das Schaubild erfaßt den Wirtschaftskreislauf für die betrachtete Volkswirtschaft, die nur aus privaten Haushalten und Unternehmen besteht. Es werden *nur die monetären Ströme dargestellt*.

Die Haushalte stellen ihre Produktionsfaktoren den Unternehmen zur Verfügung und erhalten dafür Faktoreinkommen (Y_f). Für das Faktoreinkommen werden Konsumgüter gekauft, womit Konsumausgaben (C) von den Haushalten zu den Unternehmen fließen. Diese Einnahmen werden von den Unternehmen wiederum zur Entlohnung der Produktionsfaktoren verwendet. Den realen Strömen (Faktorleistungen, Konsumgüter) entsprechen somit monetäre Ströme (Faktoreinkommen, Konsumausgaben), die in entgegengesetzter Richtung laufen.

In dieser simplem Modellwirtschaft gilt:

Faktoreinkommen = Konsumausgaben oder

(III.1) $Y_f = C$

Wird das Sozialprodukt dort gemessen, wo es entsteht, spricht man von *Entstehungsrechnung*. Das Sozialprodukt ist aus Sicht dieser Rechnung definiert als **Summe der Faktoreinkommen**. Diese entstehen in der Produktion und sind Kosten bzw. Aufwand für den Unternehmer. Im Sprachgebrauch der Volkswirtschaftlichen Gesamtrechnung wird Y_f auch *Nettosozialprodukt zu Faktorkosten* oder *Volkseinkommen* genannt.

Das Sozialprodukt kann jedoch auch über die Verwendungsseite gemessen werden, *Verwendungsrechnung*. Für diesen Fall wird das Sozialprodukt als die Summe der mit Geld bewerteten Güter und Dienste für die Endnachfrage (Konsum und Investition) definiert.

Auch im Falle einer stationären (nicht wachsenden) Wirtschaft werden Bruttoinvestitionen getätigt um den Kapitalstock zu erhalten. Sie entsprechen den Abschreibungen, die den durch die Produktion entstandenen Werteverzehr an den Kapitalgütern messen. Die Nettoinvestition ist in diesem Falle gleich Null, der Kapitalstock bleibt unverändert. Es gilt:

Bruttoinvestition = Abschreibung oder

(III.2) $\qquad I_{br} = D$

Bei Berücksichtigung der Abschreibungen ist die Sozialproduktsdefinition zu präzisieren. Man erhält folgende Zusammenhänge:

- **Bruttosozialprodukt zu Marktpreisen (Y_{mbr});** es werden die zur Reinvestition produzierten Güter (= Abschreibungen) in die Berechnung der hergestellten Werte einbezogen;

- **Nettosozialprodukt zu Marktpreisen (Y_{mn});** es bleiben die Reinvestitionen unberücksichtigt.

Es gilt :

(III.3) $\qquad Y_{mn} = Y_{mbr} - D$

Für unsere stationäre Modellwirtschaft gilt außerdem:

(III.4) $\qquad Y_{mn} = C \qquad$ und

(III.5) $\qquad Y_{mn} = Y_f$

Die Darstellung der Zusammenhänge in Kontenform:

(vgl u.a. BRÜMMERHOF (1991*)*, S.18 ff.; NISSEN (1992*)*,S. 23 ff.)

A*) Der Unternehmenssektor*

Das Produktionskonto einer Unternehmung in der betrachteten Modellwirtschaft ergibt sich als:

S	Produktionskonto	H
Vorleistungseinsatz		Verkäufe an HH
Abschreibungen		Verkäufe an andere U
		- als Vorleistungen
Faktorentlohnung		*- als Investitionen*
		Selbsterstellte Anlagen
		Lagerbestands-
		erhöhung

Das Produktionskonto der Unternehmung enthält also auf der Auf-
wandsseite (Sollseite) neben den Faktorentlohnungen (Miete, Pacht, Zinsen, Gewinn, Löhne und Gehälter) und den Abschreibungen auch den
Aufwand für in der betrachteten Periode eingesetzte Vorleistungen. Dieser
blieb bei der Kreislaufdarstellung unbeachtet, da dort der aggregierte Unternehmenssektor betrachtet wurde, wobei die Vorleistungsaufwendungen
einer Unternehmung ja die Erlöse der anderen Unternehmung sind. Die
Position Verkäufe an andere Unternehmen erfaß Verkäufe von Vorleistungen, Anlagegüter und Vorprodukte. Einige weitere Begriffsdefinitionen seien nun angegeben.

Man bezeichnet als den Bruttoproduktionswert (BPW) einer Unternehmung die Summe der Verkäufe und der Werte der Fertigungen für die
Eigennutzung (selbsterstellte Anlagen etc.) sowie der Lagerbestandserhö-
hungen dieser Unternehmung. Es gilt :

+	Verkäufe an andere U
+	Verkäufe an HH
+	Lagerbestandserhöhung
+	selbsterstellte Anlagen
=	BPW

Der **Bruttoproduktionswert (BPW)** der Volkswirtschaft ergibt sich als Summe der Bruttoproduktionswerte der Unternehmen.

Zieht man vom Bruttoproduktionswert BPW die Vorleistungseinsätze ab, so erhält man die sogenannte **Bruttowertschöpfung** (BWS) oder auch den Nettoproduktionswert (NPW). Die **Nettowertschöpfung** (NWS) oder auch Wertschöpfung ist identisch mit den Faktorentgelten. Sie kann in unserer Wirtschaft ohne staatliche Aktivität auch als **Nettoproduktionswert minus Abschreibungen** definiert werden. Da es sich in unserem Fall um eine stationäre Wirtschaft handelt, gibt es weder Kapitalbildung noch unverteilte Gewinne in den Unternehmen. Das Einkommenskonto und das Vermögensänderungskonto der Unternehmen ist daher nicht relevant.

Aggregiert man nun alle Produktionskonten der Unternehmungen der Modellwirtschaft, so erhält man das *Produktionskonto des Unternehmenssektors* (U-Sektors):

S	Produktionskonto U-Sektor	H
Abschreibungen		**Verkäufe an HH** *(Konsum)*
Faktorentlohnung		**Bruttoinvestition** *(Ersatzinvestition)*

Dieses Konto unterscheidet sich gegenüber dem einzelnen Unternehmenskonto nur dadurch, daß die Vorleistungen zwischen den Unternehmen konsolidiert wurden. Es ist auch hier ersichtlich, daß für unsere stationäre Modellwirtschaft die Faktorentlohnung dem Konsum und die Bruttoinvestition der Abschreibung entspricht.

B) Der Sektor Private Haushalte

Das Einkommenskonto der privaten Haushalte ergibt sich, als:

S	Einkommenskonto HH	H
Konsumausgaben		Faktoreinkommen

Alle weiteren Konten sind für die stationäre Modellwirtschaft nicht relevant. Für den Haushaltsbereich ist auch eine Unterscheidung zwischen einzelnem Haushaltskonto und aggregiertem Haushaltssektor nicht zweckmäßig, da die Kontendarstellung identisch ist.

2.2 Eine geschlossene wachsende Volkswirtschaft ohne staatliche Aktivität

Die bisherige Modellbetrachtung einer stationären Volkswirtschaft soll nun verlassen werden. Betrachtet wird jetzt eine Volkswirtschaft mit Nettokapitalbildung. In diesem Fall verändert sich der Sachkapitalbestand. Haushalte werden nicht ihr gesamtes Einkommen zum Konsum verwenden. Sie werden auch Ersparnis bilden. Unternehmen werden Gewinne einbehalten und ebenfalls Ersparnis bilden. Die Investitionstätigkeit übersteigt die Abschreibungen, d.h. es werden Nettoinvestitionen gebildet .

Es gilt :

	Bruttoinvestition	I_{br}
-	Abschreibung	D
=	Nettoinvestition	I_n

Wirtschaftskreislauf der wachsenden Wirtschaft:

Um den Effekt des Kapitalwachstums zu berücksichtigen, wird das Modell um einen neuen Pol erweitert, den sogenannten Vermögensänderungspol (VÄ). Der Vermögensänderungspol wird von der Ersparnis der

Haushalte und der Ersparnis der Unternehmen (=einbehaltenen Gewinnen) gespeist und spiegelt die Vermögensänderung der Volkswirtschaft wieder. Die Ersparnis von Haushalten und Unternehmen fließt den Unternehmen wiederum zur Investitionstätigkeit zu. Die betrachteten Investitionen sind Nettoinvestitionen, da die aus Abschreibungen getätigten Ersatzinvestitionen keinen Vermögensänderungseffekt haben, d.h. eine interne Transaktion innerhalb des Unternehmenspoles sind. Im Schaubild (Vgl. hierzu HANUSCH/KUHN (1991), S.136 f.):

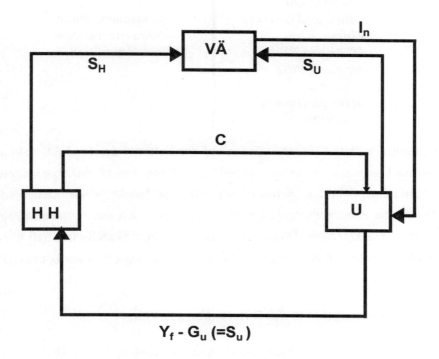

Erfassung der wachsenden Wirtschaft in Kontenform:

In Kontenform ergibt sich folgende Darstellung :

A) *Der Unternehmenssektor*

Das Produktionskonto des Unternehmenssektors:

S	Produktionskonto U-Sektor	H
Abschreibungen		**Verkäufe an HH** **(Konsum)**
Faktorentlohnung :		
-Löhne und Gehälter		**Bruttoinvestition:**
-Zinsen		*-Nettoinvestitionen*
-Miete und Pacht		*-Bruttoinvestitionen*
-ausgeschüttete *Gewinne*		
-unausgeschüttete *Gewinne*		

Unausgeschüttete Gewinne können auf der Sollseite des Produktionskontos des Unternehmenssektors als Saldo entstehen. Die Produktionskontensumme entspricht dem *Bruttosozialprodukt zu Marktpreisen*. Ziehen wir davon den Abschreibungsbetrag ab, dann ergibt sich das *Nettosozialprodukt zu Marktpreisen*. Dieses entspricht in unserer Modellwirtschaft ohne staatliche Aktivität der Summe der Faktorentlohnung (Volkseinkommen).

Das Einkommenskonto des Unternehmenssektors:

S	Einkommenskonto U-Sektor	H
Ersparnis		**unausgeschüttete** **Gewinne**

Die unausgeschütteten Gewinne auf der Habenseite des Einkommenskontos sind die Gegenbuchung der entsprechenden Position des Produktionskontos. Da Unternehmungen per Definition nicht konsumieren und die

Ersparnis allgemein als Einkommen *minus* Konsum definiert ist, stellen die unausgeschütteten Gewinne Ersparnis der Unternehmen dar.

Das Vermögensänderungskonto des U-Sektors:

S	Vermögensänderungskonto U-Sektor	H
Ersatzinvestitionen		**Abschreibungen**
Nettoinvestitionen		**Ersparnis im U-Sektor**
		Finanzierungsdefizit **(=*Kreditaufnahme*)**

Das Vermögensänderungskonto enthält mit den Größen Abschreibungen und Investitionen die entsprechenden Gegenbuchungen zum Produktionskonto der Unternehmung. Die Ersparnis ist die Zunahme des Reinvermögens der Unternehmung und die Gegenbuchung zur Buchung im Einkommenskonto des Unternehmenssektors.

Das Finanzierungsdefizit ist als **Finanzierungssaldo** zu ermitteln und gibt die Zunahme der Verbindlichkeiten gegenüber den Haushalten an.

Das Kreditänderungskonto des U-Sektors:

S	Kreditänderungskonto U-Sektor	H
Kreditaufnahme **(bei Haushalten)**		**Veränderung der** **Verbindlichkeiten** **gegenüber** **Haushalten**

Das Kreditänderungskonto enthält die Gegenbuchung zum Saldo des Vermögensänderungskontos und es ergibt sich die Veränderung der Verbindlichkeiten des Unternehmenssektors.

B) *Der Sektor Private Haushalte*

Das Einkommenskonto des Haushaltssektors:

S	Einkommenskonto H-Sektor	H
Konsumausgaben **Ersparnis**		**Faktorentlohnung :** *-Löhne und Gehälter* *-Zinsen* *-Miete und Pacht* *-ausgeschüttete* *Gewinne*

Das Einkommenskonto enthält die Gegenbuchungen zum Produktionskonto des Unternehmenssektors. Die Faktoreinkommen auf der Habenseite sind die Gegenbuchung der entsprechenden Position auf der Sollseite des Produktionskontos.

Die Konsumausgaben sind die Gegenbuchung der entsprechenden Position auf der Habenseite des Produktionskontos. Die Ersparnis der Haushalte kann als Saldo ermittelt werden.

Das Vermögensänderungskonto des Haushalts:

S	Vermögensänderungskonto H-Sektor	H
Finanzierungs- überschuß *(=Kreditvergabe an U)*		Ersparnis

Die Ersparnis der Haushalte ist die Gegenbuchung zum Saldo des Einkommenskontos.

Das Kreditänderungskonto des Haushaltssektors:

S	Kreditänderungskonto H-Sektor	H
Veränderung der Forderungen gegen private Unternehmen		Finanzierungs- überschuß

In der betrachteten Modellwirtschaft muß der Finanzierungsüberschuss der Haushalte natürlich dem Finanzierungsdefizit der Unternehmungen entsprechen.

C) *Das gesamtwirtschaftliche Kontensystem*

Für die geschlossene Volkswirtschaft ohne staatliche Aktivität erhält man durch Aggregation des Kontensystems der privaten Haushalte und Unternehmen das gesamtwirtschaftliche Kontensystem.

Das gesamtwirtschaftliche Produktionskonto:

Da in einer geschlossenen Volkswirtschaft ohne staatliche Aktivität der gesamte Produktionsprozeß im privaten Unternehmenssektor stattfindet, ist dieses Konto identisch mit dem Produktionskonto des Unternehmenssektors.

S	Gesamtw. Produktionskonto	H
Abschreibungen	**Privater Konsum**	
Faktoreinkommen:		
-Löhne und Gehälter	**Bruttoinvestition:**	
-Zinsen	*-Nettoinvestitionen*	
-Miete und Pacht	*-Bruttoinvestitionen*	
-ausgeschüttete		
* Gewinne*		
-unausgeschüttete		
* Gewinne*		

Das gesamtwirtschaftliche Einkommenskonto:

Durch Zusammenfügen der beiden relevanten Konten erhält man:

S	Gesamtw. Einkommenskonto	H
Konsumausgaben	**Faktoreinkommen:**	
	-Löhne und Gehälter	
Ersparnis HH-Sektor	*-Zinsen*	
	-Miete und Pacht	
Ersparnis U-Sektor	*-ausgeschüttete*	
	* Gewinne*	
	-unausgeschüttete	
	* Gewinne*	

Das gesamtwirtschaftliche Vermögensänderungskonto:

Bei Konsolidierung von beiden Sektoren hebt sich die Position des Finanzierungssaldos beider Konten auf, da das Finanzierungsdefizit des privaten Unternehmenssektors dem Finanzierungsüberschuß der privaten Haushalte entspricht. Man erhält:

S   Gesamtw. Vermögensänderungskonto   H

Ersatzinvestitionen	Abschreibungen
Nettoinvestitionen	Ersparnis HH-Sektor
	Ersparnis U-Sektor

Das gesamtwirtschaftliche Kreditänderungskonto:

Auch hier wird deutlich, daß gesamtwirtschaftlich in der betrachteten Modellwirtschaft kein Finanzierungssaldo besteht. Der Gesamtwert der Forderungen der privaten Haushalte entspricht dem Gesamtwert der Verbindlichkeiten der privaten Unternehmen.

S   Gesamtw. Kreditänderungskonto   H

Veränderung der Forderungen von HH-Sektor gegen privaten U-Sektor	Veränderung der Verbindlichkeiten des U-Sektors an den HH-Sektor

Die wichtigsten Zusammenhänge in Gleichungen:

Die Bestimmung des Bruttosozialprodukts von der Verwendungsseite, also in der *Verwendungsrechnung*, ergibt sich aus:

	Privater Konsum	C
+	Bruttoinvestition	I_{br}
=	Bruttosozialprodukt zu Marktpreisen	Y_{mbr}

(III. 6) $Y_{mbr} = I_{br} + C$

Für das Nettosozialprodukt gilt:

	Privater Konsum	C
+	Nettoinvestition	I_n
=	Nettosozialprodukt zu Marktpreisen	Y_{mn}

(III.7) $Y_{mn} = C + I_n$

Dabei gilt:

(III.3) $Y_{mbr} - D = Y_{mn}$

Berücksichtigt man **die Entstehungsseite,** so gilt:

	Privater Konsum	C
+	Nettoinvestition	I_n
=	Volkseinkomen (Faktoreinkommen)	Y_f

Die Bestimmungsgleichung des Volkseinkommens lautet demnach:

(III.8) $Y_f = C + I_n$

Über das gesamtwirtschaftliche Einkommenskonto ist für das Volkseinkommen eine alternative Beziehung ableitbar. Es gilt :

	Privater Konsum	C
+	Ersparnis der Haushalte	S_H
+	Ersparnis der Unternehmen	S_U
=	Volkseinkommen	Y_f

Verkürzt geschrieben erhalten wir die Gleichung:

(III.9) $\qquad Y_f = C + S_H + S_U$

Durch Gleichsetzung der beiden Bestimmungsgleichungen des Volkseinkommens findet man :

(III.10) $\qquad S_H + S_U = I_n$

Demnach entsprechen die gesamtwirtschaftlichen Ersparnisse den Nettoinvestitionen. Diese Beziehung wird auch durch das gesamtwirtschaftliche Vermögensänderungskonto ersichtlich.

Das Ergebnis ist unmittelbar einsichtig, wenn man bedenkt, daß Ersparnis der Teil des Einkommens ist, der nicht zum Konsum verwendet wird, und Investition der Teil der Güterproduktion, der nicht konsumiert wird. Ex post - also im Ergebnis - muß damit die Ersparnis größengleich der Investition sein. Das besagt jedoch keineswegs, daß die gewünschte Investition der gewünschten Ersparnis entspricht. Es können auch ungewünschte Lagerinvestitionen im Unternehmenssektor in einer Periode entstehen.

2.3 Identitäten und Kreislaufgleichgewicht

Die definitionsgemäß geltende ex post Identität oder Gleichheit von Ersparnis und Investitionen darf jedoch nicht verwechselt werden mit dem in der Volkswirtschaftslehre bedeutenden Begriff des Gleichgewichts.

Der Wirtschaftskreislauf im Gleichgewicht setzt nicht nur ex post, sondern auch ex ante (d. h. in der Planung) eine Gleichheit von Investition und Ersparnis voraus. Die betrachtete Modellvolkswirtschaft ist nämlich immer dann im Gleichgewicht, wenn die von den Wirtschaftssubjekten gewünschten (ex ante) Wirtschaftspläne auch ex post realisiert werden. In diesem Fall wird gewünschte Ersparnis der Haushalte der gewünschten Investition entsprechen. Man spricht deshalb von einem

Gleichgewicht, weil die Wirtschaftssubjekte keinen Anlaß zur Planrevision haben, da ihre Wünsche erfüllt werden.

Ein Beispiel möge dies verdeutlichen:

In der Modellwirtschaft planen die Unternehmen ein Nettosozialprodukt von 2000 Geldeinheiten (GE) zu realisieren. Sie erwarten eine Konsumnachfrage von 1600 Geldeinheiten und wünschen für 400 Geldeinheiten zu investieren. Abschreibungen und Vorleistungseinsatz sei im folgenden vernachlässigt, da für die Problematik unbedeutend. Die Investitionen stellen demnach Nettoinvestitionen dar.

Das Nettosozialprodukt von 2000 GE wird realisiert und an die Haushalte als Faktoreinkommen (Y_f) ausgeschüttet.

Die Haushalte entscheiden nun gemäß ihren Wünschen über die Aufteilung auf Konsum und Ersparnis.

Wir nehmen einmal an, daß die Haushalte ihre Konsumentscheidung aufgrund der folgenden Konsumverhaltensfunktion treffen. Der Konsum C der Haushalte ist in diesem Fall abhängig vom Einkommen Y_f. Es bestehe weiterhin ein einkommensunabhängiger Basiskonsum C_0. Der Basiskonsum kann, sofern nur ein Haushalt betrachtet wird, als eine Art Existenzminimumkonsum angesehen werden. Für eine gesamte Volkswirtschaft ist diese Betrachtung jedoch nicht zulässig, da der entsprechende Bereich der Nachfragefunktion nicht relevant ist. Es handelt sich dann bei empirischen Schätzungen der Konsumfunktion beispielsweise um eine Linearisierungskonstante, die sich aus dem Ansatz zur Ermittlung der Konsumfunktion ergibt. (Vgl. dazu den Anhang in HARDES/MERTES/SCHMITZ (1997))

Die Konsumverhaltensfunktion laute:

(III.11) $C = C_0 + c \cdot Y_f = 300 + 0{,}8 \cdot Y_f$

In dieser Beispielsfunktion ist 300 ist der sogenannte Basiskonsum. C_0, während 0,8 die einkommensabhängige marginale Konsumquote angibt

($\frac{dC}{dY_f}$ = 0,8). Bei einem Faktoreinkommen von 2000 werden die Haushalte einen Konsum von 1900 GE gemäß ihrer Konsumfunktion realisieren. Ihre Ersparnis ist definitionsgemäß:

(III.12) $S = Y_f - C = Y_f - (C_0 + c \cdot Y_f) = - C_0 + (1-c) \cdot Y_f$

Durch einsetzen der Beispielzahlen ergibt sich :

(III.13) $S = - 300 + 0,2 \cdot Y_f$

Demnach sparen in dem Zahlenbeispiel die Haushalte bei einem Einkommen von 2000 GE nur 100 GE und nicht, wie die Unternehmen planten, 400 GE. Es ist demnach festzustellen, daß die Wünsche der Haushalte nicht den Erwartungen der Unternehmungen entsprechen.

Unterstellen wir nun, daß die Haushalte ihre Konsumwünsche durchsetzen können. In diesem Fall werden die Unternehmer ihre Investitionen nicht durchsetzen können. Es gilt zwar *ex post I = S*, jedoch handelt es sich um **kein Erwartungsgleichgewicht**. Die Darstellung des Prozesses in Kontenform macht dies deutlich:

S	Gesamtw. Produktionskonto	H
Y_f = 2000		$C_{realisiert}$ = 1900 $C_{erwartet}$ = 1600 $C_{unerwartet}$ = 300
		$I_{realisiert}$ = 100 $I_{erwartet}$ = 400 $I_{unerwartet}$ = -300

S	Gesamtw. Einkommenskonto	H
C = 1900		Y_f = 2000
S = 100		

S	Gesamtw. Vermögensänderungskonto	H
$I_{realisiert} = 100$		$S = 100$
$I_{erwartet} = 400$		
$I_{unerwartet} = -300$		

Da im volkswirtschaftlichen Rechnungswesen nur die buchhalterische Erfassung von Vergangenheitswerten vorgenommen wird, kann man natürlich hieraus nicht erkennen, daß ein Ungleichgewicht herrscht.

Makroökonomisch würde dieses Ungleichgewicht in der Folge zu Anpassungsprozessen führen. Da die Unternehmer ihre Investitionen nicht realisieren konnten, werden sie in der nächsten Periode ihre Produktionsentscheidung verändern. Wie die Anpassungsvorgänge ablaufen, ist Gegenstand der Makroökonomik, die in diesem Lehrbuch nicht behandelt wird. Berücksichtigt man die Investitionswünsche der Unternehmungen und die Konsumfunktion der Haushalte, so erhält man das **gleichgewichtige** Faktoreinkommen (**Y_{fG}**).

Es muß im Gleichgewicht gelten:

(III.14) $Y_{fG} = C + I = 300 + 0,8 \cdot Y_{fg} + 400$

Man erhält in unserem Zahlenbeispiel dann:

(III.15) $Y_{fG} = \dfrac{700}{0.2} = 3500$

Bei diesem Gleichgewichtseinkommen entspricht die gewünschte oder erwartete Investition der Ersparnis (=tatsächlicher Investition).

Es gilt :

(III.16) $S = -300 + 0,2 \cdot 3500 = 400 = I_{erwartet}$.

2.4 Die Einbeziehung des Staates in den Wirtschaftskreislauf

Bisher wurde eine Wirtschaft ohne staatliche Aktivität betrachtet. Berücksichtigt man nun den Staat, so greift dieser an zahlreichen Punkten in den Wirtschaftskreislauf ein (vgl. u. a BRÜMMERHOF (1987), S. 11 ff., HANUSCH/KUHN (1991), S. 139 f.).

Die wesentlichen Anknüpfungspunkte des Staates im Wirtschaftskreislauf sind:

- **Steuern**:

Der Staat bezieht von den Haushalten und Unternehmen direkte Steuern (T_{dirH}, T_{dirU}) (Einkommensteuer und Körperschaftsteuer).

Unternehmen werden also von der Faktorentlohnung an die Haushalte neben den unausgeschütteten Gewinnen auch die direkten Unternehmenssteuern abziehen und dann an den Staat abführen. Der Staat erhebt indirekte Steuern (T_{ind}) (Mehrwertsteuer, Tabaksteuer, Mineralölsteuer etc.), die in den Güterpreisen enthalten sind. Diese werden von den Unternehmen an den Staat abgeführt.

- **Transfers (Tr) und Subventionen(Z)**:

Der Staat gewährt gleichzeitig Unterstützungszahlungen an private Haushalte (Transfers) und an Unternehmungen (Subventionen) .

- **Staatsausgaben(A_{st}) für Güter**:

Der Staat verwendet die Einnahmen, u.n selbst Güter nachzufragen (Staat als Konsument) oder ein Eigenangebot an Gütern bereitzustellen (Staat als Produzent).

- **Budgetdefizit/Budgetüberschuß (BD/S_{ST})**:

Die Differenz zwischen Einnahmen und Ausgaben des Staates wird zu einem Finanzierungsdefizit oder Überschuss führen. Die Staatsersparnis kann demnach negativ sein, wenn der Staat seine Verschuldung erhöht.

Der Staat im Wirtschaftskreislaufmodell:

Im folgenden soll der Wirtschaftskreislauf unter Einbeziehung des Staates dargestellt werden. Zur Vereinfachung sei angenommen, daß alle Produktion in privaten Unternehmungen stattfindet, d. h. Staatsausgaben entsprechen der Staatsnachfrage bei Unternehmungen. Von eigener Wertschöpfung des Staates (Faktoreinkommen der Beamten etc.) und von Staatsgewinnen aus Beteiligungen sei abgesehen. Diese Vereinfachung wird bei der Kontendarstellung aufgehoben.

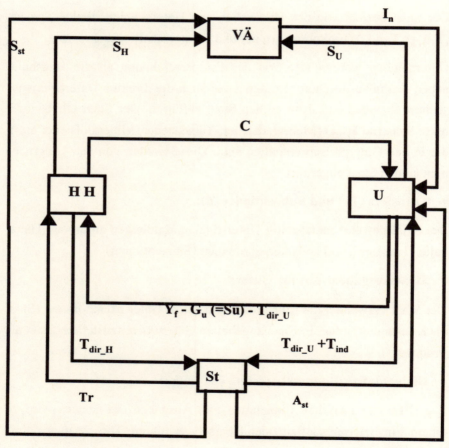

Die Einbeziehung des Staates in das Kontensystem:

A) *Der Unternehmenssektor*

Das Produktionskonto des Unternehmenssektors:

S	Produktionskonto U-Sektor	H
Abschreibungen	**Verkäufe an HH** *(Konsum der HH)*	
Faktorentlohnung : *-Löhne und Gehälter* *-Zinsen* *-Miete und Pacht* *-ausgeschüttete* *Gewinne* *-unausgeschüttete* *Gewinne* **Indirekte Steuern** **minus Subventionen**	**Verkäufe an Staat:** *-Vorleistungen* *-Staatsinvestitionen* *(Brutto)* **Investition U Sektor** *(Brutto)*	

Auf dem Produktionskonto des Unternehmenssektors macht sich die Staatstätigkeit durch die Verkäufe von Vorleistungen und Investitionsgütern an den Staat bemerkbar.

Die staatlichen Vorleistungen werden im Produktionskonto des Staates auf der Habenseite gegengebucht. Die Staatsinvestitionen werden dagegen im Vermögensänderungskonto des Staates gegengebucht.

Bei Einbeziehung des Staates ist auch zu berücksichtigen, daß ein Teil der Faktoreinkommen nun an den Staat ausgeschüttet werden kann, da dieser z.B. Gewinne aus Beteiligungen an Unternehmungen haben kann. Weiterhin ist zu berücksichtigen, daß nun die Nettoposition indirekte Steuern abzüglich Subventionen auf der Sollseite des Produktionskontos steht. Sie wird auf der Habenseite des Einkommenskontos des Staates gegengebucht.

Das Einkommenskonto des Unternehmenssektors:

S	Einkommenskonto U-Sektor	H
direkte Steuern		unausgeschüttete Gewinne
Ersparnis		

Mit Einführung des Staates sind nun die direkten Steuern auf der Sollseite des Einkommenskontos des Unternehmungssektors zu berücksichtigen. Sie werden auf der Habenseite des Einkommenskontos des Staates gegengebucht.

Das Vermögensänderungskonto des U-Sektors und das Kreditänderungskonto des U-Sektors:

Bei beiden Konten gibt es keine Veränderung zur Volkswirtschaft ohne staatliche Aktivität.

B) *Der Sektor Private Haushalte*

Das Einkommenskonto:

S	Einkommenskonto H-Sektor	H
Konsumausgaben		Faktoreinkommen:
		-Löhne und Gehälter
Ersparnis		*-Zinsen*
		-Miete und Pacht
Direkte Steuern		*-ausgeschüttete Gewinne*
		Transfereinkommen

Durch die Einführung des Staates taucht auch hier auf der Sollseite nun die Position direkte Steuern auf. Auf der Habenseite stehen Transfereinkommen, die die Haushalte vom Staat erhalten. Außerdem ist nun ein Teil der erzielten Faktoreinkommen vom Staat bezahlt worden

(Beamtengehälter etc.). Alle anderen Konten verändern sich nicht gegenüber dem Fall einer Wirtschaft ohne staatliche Aktivität.

C) *Der öffentliche Haushalt*

Das Produktionskonto des öffentlichen Haushalts:

S	Produktionskonto öffentl. HH H
Vorleistungsverbrauch **Faktorentlohnung :** *-Löhne und Gehälter* *-Zinsen* *-Miete und Pacht* **Abschreibungen**	**Eigenverbrauch des Staates oder Staatskonsum *(kostenlose Bereitstellung öffentlicher Güter)***

Das Produktionskonto gibt die Bedeutung des Staates als Anbieter von
Gütern und Diensten wieder. Auf der Sollseite werden Käufe von Vorleistungen von Unternehmen, Abschreibungen und Faktorentgelte als Aufwand verbucht. Auf der Habenseite steht der Wert der erstellten Güter und
Dienste. Da für staatliche Güter und Dienste kein Marktpreis existiert,
wird der Wert dieser Leistungen von der Inputseite her bemessen, d. h., es
wird der bei der Herstellung der Leistungen entstehende Aufwand zur
Bewertung herangezogen. Die erfaßten Abschreibungen im Staatssektor
können nur als „approximativ richtig" angesehen werden. Es werden
nämlich in der Regel nur Abschreibungen für Gebäude und Ausrüstungen
ziviler Nutzung ermittelt. Für Straßen, Brücken, Wasserwege etc. werden
die laufenden Reparaturkosten als Abschreibungen erfaßt (vgl.
BRÜMMERHOF (1991), S. 71 f.).

Das Einkommenskonto des öffentlichen Haushalts:

S Einkommenskonto öffentl. HH H	
staatlicher Konsum	Direkte Steuern:
	-von Unternehmen
staatliche Ersparnis	*-von priv. Haushalten*
Transferzahlungen	Indirekte Steuern
Subventionen	Gewinne von U-Sektor

Das Einkommenskonto des öffentlichen Haushalts enthält auf der Sollseite den Wert der erstellten öffentlichen Güter als staatlichen Konsum.
Dies ist die Gegenbuchung zur entsprechenden Position auf dem Produktionskonto des öffentlichen Haushalts. Strikt genommen ist dies nicht
richtig, da die Leistungen des Staates entweder als Konsum für die privaten Haushalte oder als Vorleistungen für die Unternehmen zu interpretie-
ren sind (vgl. NISSEN (1992), S. 158). Sie müßten also eigentlich auf dem
Produktionskonto der Unternehmung und dem Einkommenskonto der
privaten Haushalte gegengebucht werden. Die gegenwärtige Verbuchung
ist eine Vereinfachung, da eine korrekte Zurechnung nicht möglich ist. Im
übrigen enthält das Konto auf der Habenseite die öffentlichen Einnahmen
(Steuern, Gebühren, Gewinne).

Auf der Sollseite sind Transfers an Haushalte, Subventionen an Unternehmen und staatliche Ersparnis gebucht. Die staatliche Ersparnis ist als
Saldo ermittelt und kann negativ sein, wenn Steuereinnahmen und Gewinne kleiner sind als die laufenden Ausgaben. Besonders realistisch ist dies,
wenn man berücksichtigt, daß die Gewinne des öffentlichen Haushalts
negativ sein können, da sie als negative Komponente u.a. die Zinsen auf
die Staatsschuld, die überwiegend an Finanzunternehmungen gezahlt werden (vgl. NISSEN (1992*)*, S. 91 f.) beinhalten.

Das Vermögensänderungskonto des öffentlichen Haushalts:

S Vermögensänderungskonto öffentl. HH	H
Ersatzinvestitionen	Abschreibungen
Nettoinvestitionen	Staatsersparnis
	Finanzierungsdefizit (=Kreditaufnahme)

Das Vermögensänderungskonto enthält auf der Sollseite die Bruttoinvestitionen. Die Gegenbuchung der Bruttoinvestition befindet sich auf der Habenseite des Produktionskontos der Unternehmung. Der Staat produziert keine selbsterstellten Investition, d.h. die gesamte Staatsleistung ist Verbrauch dieser Periode. Auf der Habenseite stehen Abschreibungen, Staatsersparnis und staatliches Finanzierungsdefizit als Saldo.

Das Kreditänderungskonto des öffentlichen Haushalts:

S Kreditänderungskonto öffentl. HH	H
Kreditaufnahme *(Zunahme der Staatsschuld)*	Veränderung der Verbindlichkeiten

Das Kreditänderungskonto erfaßt die Gegenbuchung zum Finanzierungsdefizit des öffentlichen Haushalts auf dem Vermögensänderungskonto. Es gibt die Zunahme der Staatsschuld wieder.

D) *Das gesamtwirtschaftliche Kontensystem*

Das gesamtwirtschaftliche Produktionskonto:

S	gesamtw. Produktionskonto	H
Abschreibungen		Privater Konsum
Faktoreinkommen :		staatlicher Konsum
-*Löhne und Gehälter*		
-*Zinsen*		Bruttoinvestitionen
-*Miete und Pacht*		in U-Sektor u. Staat:
-*ausgeschüttete*		-*Nettoinvestitionen*
Gewinne		-*Ersatzinvestitionen*
-*unausgeschüttete*		
Gewinne		
Indirekte Steuern		

Durch Konsolidierung erscheint die Vorleistungsnachfrage des Staates nun nicht mehr. Die Summe des Produktionskontos stellt das ***Bruttosozialprodukt zu Marktpreisen*** dar. Die Struktur der Habenseite stellt die Verwendungsseite dar. Werden die **Abschreibungen** abgezogen, erhält man das *Nettosozialprodukt zu Marktpreisen*. Zieht man hiervon wiederum die Position **„indirekte Steuern minus Subventionen"** ab, so erhält man das *Nettosozialprodukt zu Faktorkosten* oder auch *Volkseinkommen*. Aus der Entstehungsseite geht natürlich hervor, daß in der geschlossenen Volkswirtschaft das Volkseinkommen der *Wertschöpfung* (Faktoreinkommen) entspricht.

Das gesamtwirtschaftliche Einkommenskonto:

S   Gesamtw. Einkommenskonto   H
privater Konsum   Faktoreinkommen:

S	Gesamtw. Einkommenskonto	H
privater Konsum	Faktoreinkommen:
	-Löhne und Gehälter
Staatskonsum	*-Zinsen*
	-Miete und Pacht
Ersparnis HH-Sektor	*-ausgeschüttete*
	Gewinne
Ersparnis U-Sektor	*-unausgeschüttete*
	Gewinne
Staatsersparnis	
	indirekte Steuern
	minus Subventionen

Durch die Konsolidierung fallen die direkten Steuern und Transferzahlungen an die Haushalte aus dem Einkommenskonto heraus, da sie lediglich eine Einkommensumverteilung zwischen den Sektoren bewirken.

Das gesamtwirtschaftliche Vermögensänderungskonto:

S	Gesamtw. Vermögensänderungskonto	H
Ersatzinvestitionen	Abschreibungen
Nettoinvestitionen	Ersparnis HH-Sektor
	Ersparnis U-Sektor
	Staatsersparnis

Bei der Interpretation dieses Kontos erinnere man sich daran, daß die Ersparnis des Staates auch negativ sein kann.

Das gesamtwirtschaftliche Kreditänderungskonto:

S	Gesamtw. Kreditänderungskonto	H
Veränderung der Forderungen von HH-Sektor gegen privaten U-Sektor und Staat		Veränderung der Verbindlichkeiten des U-Sektors und des Staates an den HH-Sektor

Auch hier wird deutlich, daß gesamtwirtschaftlich in der betrachteten Modellwirtschaft kein Finanzierungssaldo besteht. Der Gesamtwert der Forderungen der privaten Haushalte entspricht dem Gesamtwert der Verbindlichkeiten der privaten Unternehmen und des Staates.

Die wichtigsten Zusammenhänge in Gleichungsform:

Bei Betrachtung des gesamtwirtschaftlichen Produktionskontos erhält man von der Verwendungsseite:

	Privater Konsum	C
+	staatlicher Konsum	A_{st}
+	Bruttoinvestition	$I_{br} = I_U + I_{St}$
=	Bruttosozialprodukt zu Marktpreisen	Y_{mbr}

(III.17) $Y_{mbr} = C + A_{st} + I_{br}$

Für das Nettosozialprodukt zu Marktpreisen erhält man:

	Privater Konsum	C
+	staatlicher Konsum	A_{st}
+	Nettoinvestition	I_n
=	Nettosozialprodukt zu Marktpreisen	Y_{mn}

(III.18)　　　　$Y_{mn} = C + A_{st} + I_n$

Es gilt außerdem:

(III.3)　　　　$Y_{mbr} - D = Y_{mn}$

Berücksichtigt man die auf der Entstehungsseite erfaßten Größen so erhält man für das Nettosozialprodukt zu Faktorkosten (Volkseinkommen):

	Nettosozialprodukt zu Marktpreisen	Y_{mn}
-	(Indirekte Steuern – Subventionen)	$(T_{ind}-Z)$
=	Volkseinkommen	Y_f

(III.19)　　　　$Y_f = Y_{mn} - (T_{ind} - Z) = C + A_{st} + I_n - (T_{ind} - Z)$

Über das gesamtwirtschaftliche Einkommenskonto ist eine alternative Bestimmungsgleichung für das Volkseinkommen abzuleiten:

	privater Konsum	C
+	staatlicher Konsum	A_{st}
+	Ersparnis der Haushalte	S_H
+	Ersparnis der Unternehmen	S_U
+	Ersparnis des Staates	S_{St}
-	(Indirekte Steuern - Subventionen)	$(T_{ind}-Z)$
=	Volkseinkommen	Y_f

(III.20)　　　　$Y_f = C + A_{st} + S_H + S_U + S_{st} - (T_{ind} - Z)$

Durch Gleichsetzung der beiden Bestimmungsgleichungen des Volkseinkommens erhält man :

(III.21) $S_H + S_U + S_{st} = I_n$

Dieses Ergebnis wird auch aus dem gesamtwirtschaftlichen Vermögensänderungskonto ersichtlich. Es gilt damit wiederum, daß in der geschlossenen Volkswirtschaft ex post die Nettoinvestition der gesamtwirtschaftlichen Ersparnis entspricht. Es ist jedoch hier zu berücksichtigen,
daß in der Regel die Staatsersparnis negativ ist. Ein Budgetdefizit des
Staates wird nicht unbedingt für Staatsinvestitionen verwendet. Dies wirkt
sich negativ auf die gesamtwirtschaftliche Kapitalbildung aus.

3. Der Wirtschaftskreislauf einer offenen Volkswirtschaft

Das Ausland im Wirtschaftskreislaufmodell:

Es seien nun die Auslandsverflechtungen einer Volkswirtschaft berücksichtigt. In einer offenen Volkswirtschaft werden Güter und Dienstleistungen an das Ausland verkauft (**Export (Ex)**) und gleichzeitig vom
Ausland gekauft (**Import (Im)**).

Außerdem fließen **Faktoreinkommen in das Ausland (Y_{IA})** und das
Inland bezieht **Faktoreinkommen aus dem Ausland (Y_{AI})**. Ein Beispiel
hierfür sind Zinserträge inländischer Haushalte aus dem Ausland. Weiterhin finden **Übertragungen (Transfers) vom Inland zum Ausland (Z_{IA})**
und auch in entgegengesetzter Richtung (**Z_{AI}**) statt. Beispiel hierfür wären die Entwicklungshilfe und die Agrarsubventionen der EU. Bei der
folgenden graphischen Darstellung des Kreislaufmodells wird zur Vereinfachung nicht differenziert, welcher Inlandspol mit dem Ausland die entsprechende Transaktion durchführt. Das Wirtschaftskreislaufmodell, das
sich aus diesen Erweiterungen ergibt, ist im folgenden dargestellt.

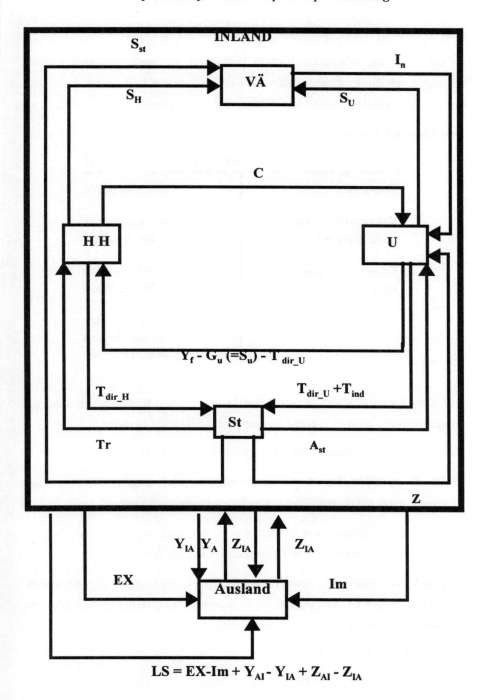

$$LS = EX\text{-}Im + Y_{IA} - Y_{IA} + Z_{AI} - Z_{IA}$$

Auswirkungen der offenen Volkswirtschaft in Konten:

Es seien nun die relevanten Konten betrachtet, in denen sich eine Veränderung durch die Einführung der offenen Volkswirtschaft ergibt. Es sollen *nur die gesamtwirtschaftlichen Konten* dargestellt werden.

Das Auslandskonto:

S	Auslandskonto	H
Exporte		Importe
Faktoreinkommen vom Ausland		Faktoreinkommen an das Ausland
Übertragungen vom Ausland		Übertragungen an das Ausland
		Veränderung der Verbindlichkeiten des Auslands

Auf dem Auslandskonto werden alle Transaktionen mit dem Ausland als Gegenbuchung zu den entsprechenden Inlandskonten verbucht.

Auf der Sollseite stehen (vgl. NISSEN (1992), S. 113 ff.):

- **Die Exporteinnahmen** für Güter und Dienstleistungen. Die Gegenbuchung wird auf dem inländischen Produktionskonto erfaßt.

- **Das Faktoreinkommen**, welches vom Ausland bezogen wird. Gegenkonto ist normalerweise das Einkommenskonto des Haushalts.

- **Die Übertragungen vom Ausland**. Hier werden z. B. die Agrarsubventionen der EU erfaßt, die als Einnahme im Unternehmenssektor gegengebucht wird.

Auf der Habenseite stehen:

- **Die Importausgaben** für Güter und Dienstleistungen.

- **Die Faktoreinkommen an das Ausland.**

Beide werden im inländischen Produktionskonto auf der Sollseite verbucht.

- **Die Übertragungen an das Ausland.** Dieses sind z. B. staatliche Entwicklungshilfeausgaben. Diese werden auf dem staatlichen Einkommenskonto gegengebucht. In dem Fall, daß Soll- und Habenpositionen nicht ausgeglichen sind, ergibt sich ein Saldo. Dieser wird auch **Leistungsbilanzsaldo (LS)** oder **Änderung der Nettoauslandsposition** genannt.

Es gilt:

(III.22) $$LS = EX - IM + Y_{AI} - Y_{IA} + Z_{AI} - Z_{IA}$$

Der Leistungsbilanzsaldo gibt die Zunahme der Verbindlichkeiten des Auslands gegenüber dem Inland an.

Das gesamtwirtschaftliche Produktionskonto:

Das gesamtwirtschaftliche Produktionskonto kann nach dem Inlandskonzept und nach dem Inländerkonzept definiert werden. Nach dem Inlandskonzept wird das im Inland erwirtschaftete Produktionsergebnis berücksichtigt. Nach dem Inländerprinzip wird das von Inländern erwirtschaftete Produktionsergebnis berücksichtigt. Als Inländer gelten Personen die im Inland ihren Wohnsitz haben.

Produktionskonto nach dem Inlandskonzept:

S	gesamtw. Produktionskonto	H
Abschreibungen		**Privater Konsum**
Faktoreinkommen :		**staatlicher Konsum**
- an den Staat		
- an inl. Haushalte		**Bruttoinvestitionen**
- an das Ausland		**in U-Sektor u. Staat:**
-unausgeschüttete		*-Nettoinvestitionen*
Gewinne		*-Ersatzinvestitionen*
Indirekte Steuern		**Exporte - Importe**
minus Subventionen		

Das gesamtwirtschaftliche Produktionskonto (Inlanskonzept) erfaßt die folgenden Gegenpositionen des Auslandskontos:

Der Außenbeitrag an Gütern und Dienstleistungen (Exporte - Importe) wird als Nettoverkaufserlös an das Ausland auf der Habenseite des Produktionskontos erfaßt.

Das hier erfaßte Faktoreinkommen ist das im Inland erwirtschaftete Faktoreinkommen (von Unternehmen und Staat). Das Faktoreinkommen an das Ausland ist Teil des im Inland erwirtschafteten Faktoreinkommens und steht auf der Sollseite des Produktionskontos. Die Habenseite des so definierten Produktionskontos stellt als Summe das *Bruttoinlandsprodukt zu Marktpreisen* (BIP_m) dar.

Das *Nettoinlandsprodukt zu Marktpreisen* (NIP_m) ist gleich BIP_m minus Abschreibungen. Das *Nettoinlandsprodukt zu Faktorkosten* (NIP_f) ist das im Inland erwirtschaftete Faktoreinkommen, verteilt an In- und Ausländer.

Produktionskonto nach dem Inländerkonzept:

S   gesamtw. Produktionskonto   H
Abschreibungen	**Privater Konsum**
Faktoreinkommen : - *an den Staat* - *an inl. Haushalte* *-unausgeschüttete* *Gewinne* **Indirekte Steuern** **minus Subventionen**	**staatlicher Konsum** **Bruttoinvestitionen** **in U-Sektor u.** Staat: *-Nettoinvestitionen* *-Ersatzinvestitionen* **Außenbeitrag**

Das gesamtwirtschaftliche Produktionskonto nach dem Inländerkonzept enthält das von Inländern erstellte Produktionsergebnis. Dieses Produktionsergebnis kann im In- oder im Ausland erstellt sein, daher ist das auf der Sollseite erfaßte Faktoreinkommen das an *Inländer* fließende Faktoreinkommen. Das Produktionskonto erfaßt die folgenden Gegenpositionen des Auslandskontos:

Der **Außenbeitrag** ist die Differenz zwischen den Einnahmen aus Verkäufen von Gütern, Diensten und Faktorleistungen (Y_{AI}) an das Ausland und den Ausgaben aus den Einkäufen von Gütern, Diensten und Faktorleistungen (Y_{IA}) vom Ausland. Er wird auf der Habenseite des Produktionskontos erfaßt. Das Faktoreinkommen gibt das von Inländern erwirtschaftete Faktoreinkommen im In- und Ausland an und steht auf der Sollseite des Produktionskontos. Die Habenseite des so definierten Produktionskontos stellt als Summe das **Bruttosozialprodukt zu Marktpreisen**(Y_{mbr}) dar. Das **Nettosozialprodukt zu Marktpreisen** (Y_{mn}) ist gleich Bruttosozialprodukt zu Marktpreisen minus Abschreibungen. Das **Nettosozialprodukt zu Faktorkosten** (Y_f) ist das von Inländern erwirtschaftete Faktoreinkommen.

Das gesamtwirtschaftliche Einkommenskonto:

S	gesamtw. Einkommenskonto	H

Privater Konsum
 Staatskonsum
 	
 Ersparnis HH-Sektor
 Ersparnis U-Sektor
 Staatsersparnis
 	
 Übertragungen an das
 Ausland minus
 Übertragungen vom
 Ausland
	Faktoreinkommen :
	 - an den Staat vom Inl.
	 - an inl. Haushalte
	   vom Inl.
	 -unausgeschüttete
	  Gewinne
	 -vom Ausl. an Inländer
	
	 Indirekte Steuern
	 minus Subventionen	

Als Gegenposition des Auslandskontos werden auf dem gesamtwirtschaftlichen Einkommenskonto die Faktoreinkommen vom Ausland an Inländer auf der Habenseite erfaßt. Auf der Sollseite steht der Übertragungssaldo als Nettoübertragung vom Inland an das Ausland als Einkommensverwendungskomponente.

Die Habenseite des Einkommenskontos entspricht dem **Nettosozialprodukt zu Marktpreisen (Y_{mn})**. Das Nettosozialprodukt zu Marktpreisen abzüglich der Größe [indirekte Steuern minus Subventionen] entspricht dem **Nettosozialprodukt zu Faktorkosten**. Dies ist das von Inländern erzielte Faktoreinkommen, das **Volkseinkommen**.

Das gesamtwirtschaftliche Vermögensänderungskonto:

S Gesamtw. Vermögensänderungskonto	H
Ersatzinvestitionen	Abschreibungen
Nettoinvestitionen	Ersparnis HH-Sektor
Zunahme der Forderungen an das Ausland	Ersparnis U-Sektor
	Staatsersparnis

Übersteigt die inländische Ersparnis die Nettoinvestition, dann resultiert daraus eine Zunahme der Forderungen gegen das Ausland. Falls die Nettoinvestitionen im Inland die inländische Ersparnis überstiegen, würde diese Position negativ sein, da die Auslandsverschuldung des Inlandes angestiegen wäre.

Das gesamtwirtschaftliche Kreditänderungskonto:

S Gesamtw. Kreditänderungskonto	H
Veränderung der Forderungen von Inländern	Veränderung der Verbindlichkeiten von Inländern
	Zunahme der Forderungen an Ausländer

Die Position der Zunahme der Forderungen an Ausländer entspricht der gleichnamigen Position auf dem Vermögensänderungskonto.

Die wichtigsten Zusammenhänge in Gleichungsform:

Bei Betrachtung des gesamtwirtschaftlichen Produktionskontos nach dem *Inländerkonzept* erhält man:

Von der **Verwendungsseite**:

	Privater Konsum	**C**
+	**staatlicher Konsum**	A_{st}
+	**Außenbeitrag**	**A**
+	**Bruttoinvestition**	I_{br}
=	**Bruttosozialprodukt zu Marktpreisen**	Y_{mbr}

(III.23) $Y_{mbr} = C + A_{st} + A + I_{br}$

Für das Nettosozialprodukt zu Marktpreisen gilt :

	Privater Konsum	**C**
+	**staatlicher Konsum**	A_{st}
+	**Außenbeitrag**	**A**
+	**Nettoinvestition**	I_n
=	**Nettosozialprodukt zu Marktpreisen**	Y_{mn}

(III.24) $Y_{mn} = C + A_{st} + A + I_n$

wobei gilt:

(III.3) $Y_{mbr} - D = Y_{mn}$

Berücksichtigt man die **Entstehungsseite** so erhält man:

	Nettosozialprodukt zu Marktpreisen	Y_{mn}
-	**(Indirekte Steuern – Subventionen)**	$(T_{ind} - Z)$
=	**Volkseinkommen**	Y_f

(III.25) $\qquad Y_f = Y_{mn} - (T_{ind} - Z) = C + A_{st} + A + I_n - (T_{ind} - Z)$

Über das gesamtwirtschaftliche Einkommenskonto erhält man:

	privater Konsum	**C**
+	**staatlicher Konsum**	A_{st}
+	**Ersparnis der Haushalte**	S_H
+	**Ersparnis der Unternehmen**	S_U
+	**Ersparnis des Staates**	S_{St}
-	**Übertragungssaldo**	$(Z_{IA} - Z_{AI})$
-	**(Indirekte Steuern - Subventionen)**	$(T_{ind} - Z)$
=	**Volkseinkommen**	Y_f

(III.26) $\qquad Y_f = C + S_H + S_U + S_{st} - (T_{ind} - Z) - (Z_{IA} - Z_{AI})$

Durch Gleichsetzung der beiden Bestimmungsgleichungen des Volkseinkommens erhält man:

(III.27) $\qquad S_H + S_U + S_{st} + Z_{IA} - Z_{AI} = I_n + \text{Außenbeitrag}$

oder (III.28) $I_n + \text{Außenbeitrag} - (Z_{IA} - Z_{AI}) = S_H + S_{st} + S_U$

Berücksichtigt man die Gleichung des Leistungsbilanzsaldos

(III.29) $LS = EX - IM + Y_{AI} - Y_{IA} + Z_{AI} - Z_{IA}$

sowie für den Außenbeitrag (III.30) $A = EX - IM + Y_{AI} - Y_{IA}$, so gilt:

(III.31) $I_n + LS = S_H + S_{st} + S_u.$

Demnach gilt, daß in einer offenen Volkswirtschaft in jedem Zeitraum die gesamte Ersparnis der Inländer ex post gleich der Nettoinvestition und dem Saldo der Leistungsbilanz ist.

Der Zusammenhang zwischen Bruttosozialprodukt und Bruttoinlandsprodukt kann bei Vergleich der Produktionskonten nach dem Inlands- und Inländerkonzept entwickelt werden. Es gilt (siehe Verwendungsseiten)

(III.32) $Y_{mbr} = BIP_m + Y_{AI} - Y_{IA}.$

Das Bruttosozialprodukt zu Marktpreisen ist demnach um das vom Ausland erhaltene Faktoreinkommen höher und um das an das Ausland geleistete Faktoreinkommen niedriger als das Bruttoinlandsprodukt zu Marktpreisen.

4. Entstehungs-, Verteilungs- und Verwendungsrechnung

Zur besseren Interpretation und besseren Übersichtlichkeit wird die Kontendarstellung aufbereitet. Die *Entstehungsrechnung* gibt die Wertschöpfung nach Wirtschaftsbereichen wieder, so daß der Anteil der einzelnen Sektoren am Bruttoinlandsprodukt deutlich wird. Die *Verwendungsrechnung* stellt die Komponenten der Endnachfrage des Bruttosozialprodukts dar. Die *Verteilungsrechnung* zeigt die Aufteilung des Volkseinkommens nach Einkünften aus unselbständiger Arbeit einerseits und Einkünften aus Selbständiger Tätigkeit und Vermögen andererseits. Der Anteil der Einkünfte aus unselbständiger Arbeit am Volkseinkommen kann dabei als **Lohnquote** bezeichnet werden. Der Anteil der Einkünfte aus Selbständiger Tätigkeit und Vermögen kann hingegen nicht als Gewinnquote bezeichnet werden, denn diese Einkommensart enthält neben dem Gewinn (als Residualeinkommen des Produktionsfaktors Unternehmerinitiative) noch Entlohnungen für die Produktionsfaktoren Kapital und Boden.

Entstehung	*Mrd. DM*	*Verteilung*	*Mrd. DM*	*Verwendung*	*Mrd. DM*
Bruttowert-schöpfungen					
Landwirtschaft Forstwirtschaft Fischerei	**31,1**	**Einkünfte aus unselb-ständiger Arbeit**	**989,4**	**Privater Ver-brauch**	**1041,8**
Warenproduzie-rendes Gewerbe	**755,6**			**Staatlicher Verbrauch**	**365,6**
Dienstleistungen	**1004,5**	**Einkommen aus Unter-nehmer-tätigkeit und Ver-mögen**	**439,9**	**Summe Verbrauch**	**1407,4**
davon Privat	**796,8**				
davon Staat	**207,7**				
Alle Bereiche	**1791,2**				
Bereinigt	**1706,9**	Y_f	**1423,3**		
Nichtabzugs-fähige Umsatz-steuer +Einfuhrabgabe	**133,0**	**indirekte Steuern - Subv**	**192,9**	**Investition**	**366,9**
BIP_m	**1839,9**	Y_{mn}	**1616,2**		
Saldo der Er-werbs- und Vermögenseink ünfte zw. In- u. Ausland	**7,1**	**Abschrei-bungen**	**230,08**	**Außenbeitrag**	**72,7**
Y_{mbr}	**1847,0**	Y_{mbr}	**1847,0**	Y_{mbr}	**1847,0**

Quelle: Monatsbericht der Deutschen Bundesbank, Januar 1987, Tab.VIII.1. (Zahlen für 1987); entnommen aus: Cezanne (1988),S. 26.

Die Differenz zwischen bereinigter und unbereinigter Bruttowertschöpfung in der Entstehungsrechnung ist auf den Bereich der Kreditinstitute zurückzuführen. Er ergibt sich durch die Differenz von Zinserträgen und Zinsaufwand der Kreditinstitute. Das statistische Bundesamt ermittelt die Einnahmen der Kreditinstitute als Summe von Gebühren und unterstellten Bankdienstleistungen in Höhe der Differenz zwischen Zinserträgen und Zinsaufwand. Sie tauchen im Produktionskonto der Kreditinstitute als Verkäufe auf. Zur Vermeidung einer Doppelzählung werden diese Zinsdifferenzeneinnahmen dann insgesamt von der unbereinigten Bruttowertschöpfung der Unternehmungen abgezogen.(vgl. BRÜMMERHOF (1991*)*, S. 5 Erfassungs- und Interpretationsprobleme der VGR)

5. Kritik an der Volkswirtschaftlichen Gesamtrechnung

Die Erfassung der wohlstandsrelevanten Vorgänge in der volkswirtschaftlichen Gesamtrechnung ist für einzelne Transaktionen nicht ohne Probleme. Zu vielen Bereichen sind Kritikpunkte anzumerken (vgl. auch: BRÜMMERHOFF (1991), S. 49 ff.). Die drei wichtigsten Komponenten sind:

5.1. Erfassung und Bewertung der Staatstätigkeit

Grundsätzlich werden in der Volkswirtschaftlichen Gesamtrechnung (VGR) die Güter zu ihren Marktpreisen bewertet. Hierdurch soll sichergestellt werden, daß das Sozialprodukt auch ein Wohlfahrtsmaß ist. "Von einem Wohlfahrtsmaß kann insofern gesprochen werden, als das Sozialprodukt auf Marktpreisen beruht und somit zeigt, welche Werte die Individuen den auf der Endstufe des Produktionsprozeß gehandelten Gütern und Dienstleistungen bei gegebener Verteilung beimessen." (BLANKART (1994), S. 130.) Da für die unentgeltlich angebotenen Güter kein Marktpreis existiert, entsteht ein Bewertungsproblem. In der Praxis der VGR wird dieses Problem gelöst, indem die staatlichen Leistungen zu Herstellungskosten bewertet werden. Es ist jedoch zweifelhaft anzunehmen, daß die staatlichen Leistungen den Empfängern der Leistungen gerade soviel

Wert sind, wie die Herstellung gekostet hat. Insbesondere die Tatsache, daß der Staat bei der Leistungserstellung hinsichtlich seiner Produktionskosten nicht dem gleichen Anpassungsdruck unterliegt, wie ihn im Wettbewerb auf dem Markt agierende Privatunternehmen verspüren, zugleich viele Staatsleistungen aber von den Bürgern angenommen werden müssen (wegen fehlender Ausschlußmöglichkeiten), kann zu einer Überschätzung des Wertes der Staatsleistungen führen. Umgekehrt ist es jedoch wegen der staatlich festgelegten Versorgungsmenge möglich, daß der Nutzen der Güter und Leistungen für die Bürger durch diese Bewertungsmethode auch unterschätzt wird. Bei einer relativ hohen Staatsquote bedeutet dieses Konzept eine bedeutende Einschränkung der Aussagefähigkeit des Sozialprodukts als Wohlfahrtsmaß (vgl. BRÜMMERHOFF (1987), S.14.).

Mit diesem Problem hängt die Einordnung der staatlichen Leistungen als Eigenverbrauch des Staates, d.h. Endverbrauch, eng zusammen. Dies ist sicherlich falsch, wenn man berücksichtigt, daß Teile der staatlichen Leistungen auch von Unternehmen genutzt werden und daher staatliche Vorleistungen an Unternehmen darstellen. (Vgl. NISSEN (1992), S. 158). Ist dies der Fall, tritt jedoch eine Doppelzählung auf. Damit wäre das Sozialprodukt um die öffentlichen Vorleistungen zu hoch ausgewiesen.

Außerdem wird in der Volkswirtschaftlichen Gesamtrechnung die Abschreibung des Staates im Vergleich zu privaten Unternehmen unterbewertet. Es wird lediglich auf öffentliche Ausrüstungsgegenstände und Gebäude in ziviler Nutzung abgeschrieben (vgl. BRÜMMERHOFF (1987), S. 17). Straßen, Kanäle, Brücken werden zum Beispiel nicht abgeschrieben.

5.2. Schattenwirtschaft

Unter dem Begriff der *Schattenwirtschaft* soll das nicht durch die amtliche Statistik erfaßte Wirtschaftsgeschehen zusammengefaßt werden. Hierzu zählt die Untergrundwirtschaft, die illegale Wirtschaft und die Selbstversorgungswirtschaft (vgl. BRÜMMERHOFF (1991), S. 58). Unter *Untergrundwirtschaft* ist das illegale Handeln von Gütern und Diensten zu verstehen, deren Erstellung normalerweise legal ist (z.B. in sogenannter Schwarzarbeit erstellte Handwerksgegenstände). Unter *illegaler Wirtschaft* ist der Handel mit illegalen Gütern und Diensten zu verstehen (z.B. Drogenhandel). Unter *Selbstversorgungswirtschaft* ist die ,z.B. im Haushalt, erstellte Eigenproduktion an legalen Gütern und Diensten zu verstehen.

Aus der Definition heraus ist schon erkennbar, daß die Volkswirtschaftliche Gesamtrechnung und das hieraus ermittelte Sozialprodukt diese Güter und Dienste nicht erfaßt. Damit tritt eine Unterbewertung der in einer Volkswirtschaft erzielten Sachgüter und Dienste durch das in der Volkswirtschaftlichen Gesamtrechnung ausgewiesene-Sozialprodukt auf. Dies ist u.a. dann von erheblicher Bedeutung, wenn zwei Länder mit systematisch unterschiedlicher Schattenwirtschaftskomponente anhand des Sozialprodukts verglichen werden sollen.

5.3. Externe Effekte

In der Volkswirtschaftliche Gesamtrechnung bleiben sowohl positive als auch negative externe Effekte unberücksichtigt. Es werden nur die marktmäßig bewerteten Komponenten der Leistungen erfaßt. Werden z. B. Produktionsverfahren eingesetzt, die die Umwelt betriebswirtschaftlich kostenlos schaden, so wird dies in der Volkswirtschaftliche Gesamtrechnung vernachlässigt. In der Volkswirtschaftliche Gesamtrechnung würden Maßnahmen zur Wiederherstellung der Umweltqualität, wie sie vor der Schädigung bestand, als wohlstandserhöhend betrachtet, d.h. das Nettosozialprodukt steigern. Dies ist natürlich volkswirtschaftlich nur dann richtig, wenn der Zustand nach Schädigung als Ausgangspunkt genommen wird. Unterblieben dann nämlich die Aufwendungen zur Beseitigung des Schadens, würden die Menschen sich aufgrund des Umweltschadens weniger wohl fühlen. Die Beseitigung des Schadens ist insofern mit positiver Nutzwirkung verbunden. Falsch ist allerdings, die Entstehung des Umweltschadens in der Volkswirtschaftlichen Gesamtrechnung nicht als Wohlstandsverminderung zu verbuchen. Eigentlich müßte eine Abschreibung auf das „Naturkapital" vorgenommen werden. Die volkswirtschaflichen Kosten der Nutzung der Umwelt müßten demnach als Abnutzung (Abschreibung) verbucht werden, der die Reparaturmaßnahme dann gegenübersteht. Dann wäre das Nettosozialprodukt in der betrachteten Volkswirtschaft geringer als bei der jetzigen Betrachtungsweise.

Die Kritikpunkte der Volkswirtschaftliche Gesamtrechnung haben zu zahlreichen Erweiterungen geführt, die aber bis heute noch nicht vollständig ausgereift sind. Beispiele hierfür sind:

- Ein Satellitensystem zur Erfassung der Haushaltsproduktion.

- Umweltsatellitensysteme zur Erfassung der Umweltproblematik und zur Berechnung eines sogenannten Ökoinlandsprodukts.

Der interessierte Leser sei auf die Spezialliteratur hingewiesen. (Vgl. z.B. STAHMER (1988).)

6. Input-Output (I/O-) Tabellen und Input-Output (I/O-) Analyse

Die *Input-Output Analyse* wurde in den dreißiger Jahren von dem Ökonom WASSILY LEONTIEF, Nobelpreisträger für Wirtschaft 1973, begründet. Sie hat zum Ziel, die Verflechtungen des Wirtschaftsprozesses bei der Leistungserstellung wiederzugeben. Die Interdependenzen des Produktionsprozesses, also die gegenseitigen Lieferabhängigkeiten der Wirtschaftssektoren, werden dabei in Matrixform wiedergegeben. Darstellungsform der Matrizen ist die Tabelle. Kern der Verflechtung ist die sogenannte Vorleistungsmatrix. In ihr werden die Lieferbeziehungen der einzelnen Branchen deutlich. (Vgl. zum folgenden NISSEN (1992), S. 178 ff., BRÜMMERHOF (1991), S. 77 ff. sowie, grundlegend, SCHUMANN (1968).)

6.1 Struktur der Input-Output Tabellen

Unterstellen wir zur Vereinfachung nur drei Produktionssektoren (U_I, U_{II} und U_{III}), so erhält man eine *Vorleistungsmatrix*, also eine Tabelle, die die Vorleistungen, durch welche die Sektoren miteinander verbunden sind, abbildet, mit folgender Struktur, wobei jeweils Werte erfaßt werden:

Input von \ Output an		S E K T O R			
		U_I	U_{II}	U_{III}	Summe
S E K T O R	U_I	V_{11}	V_{12}	V_{13}	$V_{1\_}$
	U_{II}	V_{21}	V_{22}	V_{23}	$V_{2\_}$
	U_{III}	V_{31}	V_{32}	V_{33}	$V_{3\_}$
	Summe	$V_{\_1}$	$V_{\_2}$	$V_{\_3}$	$V_{\_\_}$

Dabei gibt beispielsweise V_{12} den Wert der Lieferungen des Sektors U_I an den Sektor U_{II} an.

V_{11} gibt den Wert des Eigenverbrauchs des Sektors 1 an.

Die Summe des Inputs gibt den Vorleistungseinsatz im jeweiligen Sektor an. $V_{\_1}$ gibt den Einsatz aller Vorleistungen im Sektor 1 an.

Die Summe des Outputs gibt die Vorleistungsverkäufe eines Sektors an alle Sektoren an. $V_{1\_}$ gibt demnach alle Vorleistungsverkäufe des Sektors 1 an.

Neben der Vorleistungsmatrix gibt es noch die sogenannte *Endnachfragematrix* (Einkommensverwendung) und die *Matrix der primären Aufwendungen* (Einkommensentstehung).

Die Endnachfragematrix zeigt, welcher Sektor, welche Endproduktwerte hergestellt hat. Außerdem wird angegeben, welches die Verwendungen sind. Sie ergibt sich, wie folgt:

C sei die Konsumgüterproduktion. C_1 stellt damit die Konsumgüterproduktion des Sektors 1 dar.

I_{br} sei die Bruttoinvestition. I_1 stellt damit die Investitionsgüterproduktion des Sektors 1 dar.

EX sei der Export von Gütern und Diensten. EX_1 ist demnach die Exportproduktion des Sektors 1.

In der Matrix der primären Aufwendungen verzeichnet man alle Aufwendungen, die neben den Vorleistungen zum Produktionsergebnis beigetragen haben. Sie hat folgende Struktur :

Output an / Input von	SEKTOR			
	UI	UII	UIII	Summe
Importe	Im_1	Im_2	Im_3	
Abschreibung	D_1	D_2	D_3	
T_{ind} - Z	T_1	T_2	T_3	
Löhne	L_1	L_2	L_3	
Zinsen,Gew.	Z_1	Z_2	Z_3	
Summe				

Die Zeilen der Matrix geben an:

Importe: Im_1 stellt den Wert der Importe des Sektors 1 dar.

Abschreibungen: D_1 ist die Abschreibung des Sektors 1.

Indirekte Steuern abzüglich Subventionen (T_{ind} - Z): T_1 stellt die Netto-belastung aus indirekten Steuern abzüglich Subventionen im Sektor 1 dar.

Einkommen aus unselbständiger Arbeit (Löhne): L_1 stellt des Arbeitsein-kommen des Sektors 1 dar. Einkommen aus Unternehmertätigkeit und Vermögen (Zinsen, Gewinne): Z_1 gibt das Kapitaleinkommen des Sektors 1 wieder. Die drei Matrizen werden zur Input-Output Tabelle zusammen-gefaßt. Man erhält:

Output an / Input von		S E K T O R			Endnachfrage			BPW
		UI	UII	UIII	C	I_{br}	EX	
S E K T O R	UI	V_{11}	V_{12}	V_{13}	C_1	I_1	EX_1	X_1
	UII	V_{21}	V_{22}	V_{23}	C_2	I_2	EX_2	X_2
	UIII	V_{31}	V_{32}	V_{33}	C_3	I_3	EX_3	X_3
Importe		Im_1	Im_2	Im_3				
Abschreibung		D_1	D_2	D_3				
T_{ind} - Z		T_1	T_2	T_3				
Löhne		L_1	L_2	L_3				
Zinsen, Gew.		Z_1	Z_2	Z_3				
Summe = BPW		X_1	X_2	X_3				

Die **Input/Output Tabelle** ist auch in der Form eines **unkonsolidierten Produktionskontos** darstellbar. Die in den jeweiligen Summenspalten dargestellten Werte $(\mathbf{X_1}, \mathbf{X_2}, \mathbf{X_3})$ stellen hierbei den Bruttoproduktionswert in den Sektoren dar. Die Zeilensumme $\mathbf{X_1}$ ist der Bruttoprodukti-onswert des Sektors 1 bezogen auf die Güterverwendung. Die Spalten-summe $\mathbf{X_1}$ stellt den Bruttoproduktionswert des Sektors 1 nach der Gü-terentstehung dar. Es sei darauf hingewiesen, daß die Matrix-Darstellung in der Input-Output Tabelle als ein nach bestimmten Kriterien erweitertes Produktionskonto angesehen werden kann. Die Spalten der I/O Tabelle stellen nämlich nichts anderes als die Sollseite eines unkonsolidierten Produktionskontos dar. Die Zeilen stellen wiederum nichts weiter als die Habenseite dar. Dies sei am unkonsolidierten Produktionskontos des Sektors 1 verdeutlicht.

S	Produktionskonto des Sektors I	H
Vorleistungseinsatz von Sektoren 1- 3 (V_{11}, V_{21}, V_{31})	Verkäufe von Vorleistungen an Sektoren 1-3 (V_{11}, V_{12}, V_{13})	
Abschreibungen (D$_1$) Indirekte Steuern minus Subventionen (T$_1$)	Konsumgüterverkäufe (C$_1$) Bruttoinvestitionen (I$_1$)	
Einkommen aus unselbst. Arbeit (L$_1$)	Exporte (Ex$_1$)	
Einkommen aus Untern. u. Vermögen (Z$_1$) Importe (Im$_1$)		
Bruttoproduktionswert I	Bruttoproduktionswert I	

6.2 Analytische Auswertung der Input-Output Tabellen

Mit Hilfe des Datenmaterials der Input- Output Tabellen lassen sich sogenannte Input-Output-Koeffizienten berechnen, die Aussagen über die Zusammenhänge der Produktionsstruktur ermöglichen.

Die einzelnen Koeffizienten:

a) Der Vorleistungskoeffizient

$$v_{ij} = V_{ij}/X_j$$

Der *Vorleistungskoeffizient* gibt an, wie hoch in Werten gerechnet der
Anteil des Inputs am Produktionswert des Sektors j ist, den dieser Sektor j
vom Sektor i als Vorleistungen bezogen hat. Der *Inputkoeffizeint* v_{ij} gibt
demnach den Input von Vorleistungen des Sektors i im Sektor j an, der für
die Herstellung einer Einheit des Produktionswertes des Sektors j notwendig ist.

Unterstellen wir z. B., daß in unserer Beispieltabelle die Vorleistungseinsatz von Sektor 1 in Sektor 2 (V_{12}) gleich 100 Geldeinheiten (GE) wäre.
Außerdem sei der Bruttoproduktionswert des Sektors 2 gleich 2000 (GE).
Der Vorleistungskoeefizient v_{12} entspräche dann 0.05 GE. Der Sektor 2
wird Erzeugnisse des Sektors 1 im Wert von 0.05 GE einsetzen, wenn er
einen Bruttoproduktionswert von 1 GE erschaffen will.

Man kann auch die gesamten Vorleistungen eines Sektors zum Bruttoproduktionswert ins Verhältnis setzen. Man erhält:

$$v_j = V_j/X_j$$

Für den Sektor 2 in unserer Modelltabelle würde sich ergeben:

$$v_2 = (V_{12}+V_{22}+V_{32})/X_2.$$

Neben den Vorleistungskoeffizienten lassen sich entsprechende Koeffizienten für die Primär-Aufwands-Matrix formulieren.

b) Der Importkoeffizient:

Importkoeffizienten sind eine Maßzahl für die Inportabhängigkeit der Produktion. Die Importe des Sektors werden ins Verhältnis zum Produktionswert gesetzt. Man erhält:

$$im_j = Im_j / X_j$$

c) Der Lohnkoeffizient

Der Lohnkoeffizient errechnet sich, als:

$$l_j = L_j / X_j$$

Der Lohnkoeffizient gibt den Anteil des Einkommens aus unselbständiger Tätigkeit am Bruttoproduktionswert des Sektors an.

Auf dieselbe Weise können alle weiteren Input Koeffizienten bestimmt werden. Es lässt sich z.B. ein Abschreibungskoeffizient und der Anteil des Einkommens aus Unternehmertätigkeit und Vermögen bestimmen.

d) Outputkoeffizienten

Sie lassen die Bedeutung der Sektoren als Nachfrager eines Sektors erkennen. Sie sind definiert als :

$$o_{ij} = V_{ij} / X_i$$

Unterstellen wir z. B., daß in unserer Beispieltabelle die Vorleistungsverkäufe von Sektor 1 an Sektor 2 (V_{12}) gleich 100 Geldeinheiten (GE) wären. Außerdem sei der Bruttoproduktionswert des Sektors 1 gleich 5000 (GE). Der Outputkoeffizient o_{12} entspräche 0.02 GE. Der Sektor 1 wird Erzeugnisse an Sektors 2 im Wert von 0.02 GE absetzen, wenn er einen Bruttoproduktionswert von 1 GE erschafft.

Durch Vergleich der Koeffizienten wird deutlich, wie der Abhängigkeitsgrad der einzelnen Sektoren voneinander ist. Die sog. Input-Output Analyse untersucht dies und baut die Input- Output Tabellen für Prognosezwecke aus.

6.3 Input-Output Analyse

In diesem einführenden Lehrbuch kann die Input-Output Analyse lediglich in ihren elementaren Grundlagen dargelegt werden. Dies soll anhand eines Modells mit lediglich zwei miteinander verflochtenen Wirtschaftssektoren erfolgen. (Zur Input-Output Analyse vgl. SCHUMANN (1968), zu dem folgenden Modell mit zwei Sektoren vgl. HELMSTÄDTER (1986), S. 122 ff.).

Die charakteristische Annahme unseres einfachen Input-Output-Modells lautet, daß die laufenden Inputs eines Sektors proportional vom Output dieses Sektors abhängen.

(I/O.1) $$V_{ij} = v_{ij} \cdot X_j$$

Dabei gilt für den Inputkoeffizienten v_{ij}: $0 \leq v_{ij} < 1$.

Wie der Input-Output Tabelle zu entnehmen ist, lauten die Budgetgleichungen der beiden Produktionssektoren:

(I/O.2)
$$V_{11} + V_{12} + Y_1 = X_1$$
$$V_{21} + V_{22} + Y_2 = X_2$$

Dabei ist $Y_i = C_i + I_i + EX_i$ $i = 1,2$.

Setzen wir nun (I/O.1) in (I/O.2) ein, so erhalten wir:

(I/O.3)
$$v_{11} \cdot X_1 + v_{12} \cdot X_2 + Y_1 = X_1$$
$$v_{21} \cdot X_1 + v_{22} \cdot X_2 + Y_2 = X_2$$

Sind die Inputkoeffizienten und die Endnachfragen nach den Produkten der beidenSektoren vorgegeben, ist dies ein Gleichungssystem aus zwei Gleichungen mit den beiden Unbekannten X_1 und X_2. Wird die erste Gleichung in (I/O.3) nach X_1 aufgelöst und der gefundene Wert für X_1 in die zweite Gleichung eingesetzt, erhält man den Wert für X_2 durch die Auflösung der zweiten Gleichung. Der so gefundene Wert für X_2 kann dann in die erste Gleichung eingesetzt werden, so daß der korrekte Wert für X_1 ermittelt werden kann. Man erhält dann als Lösungswerte:

(I/O.4)
$$X_1 = \frac{1 - v_{22}}{D} \cdot Y_1 + \frac{v_{12}}{D} \cdot Y_2$$
$$X_2 = \frac{v_{21}}{D} \cdot Y_1 + \frac{1 - v_{11}}{D} \cdot Y_2$$

mit
$$D = (1 - v_{11}) \cdot (1 - v_{22}) - v_{12} \cdot v_{21}$$

Die den Endnachfragen Y_i voranstehenden Multiplikatoren werden auch als *Leontief-Multiplikatoren* bezeichnet.

In *Matrixschreibweise* stellt sich das Gleichungssystem und seine Lösung wie folgt dar:

(I/O.5)
$$\begin{bmatrix} v_{11} & v_{12} \\ v_{21} & v_{22} \end{bmatrix} \cdot \begin{bmatrix} X_1 \\ X_2 \end{bmatrix} + \begin{bmatrix} Y_1 \\ Y_2 \end{bmatrix} = \begin{bmatrix} X_1 \\ X_2 \end{bmatrix}$$

bzw., in verallgemeinerter Schreibweise:

(I/O.6)
$$\mathbf{A}\mathbf{x} + \mathbf{y} = \mathbf{x}.$$

Im Zwei-Sektoren-Fall ist dabei

$$\mathbf{A} = \begin{bmatrix} v_{11} & v_{12} \\ v_{21} & v_{22} \end{bmatrix}, \quad \mathbf{x} = \begin{bmatrix} X_1 \\ X_2 \end{bmatrix} \text{ und } \mathbf{y} = \begin{bmatrix} Y_1 \\ Y_2 \end{bmatrix}$$

Die Schreibweise (I/O.6) gilt auch für größere Matrizen. Allgemein ist hier:

$\mathbf{A}$: nxn-Matrix der Inputkoeffizienten,

$\mathbf{y}$: nx1-Vektor der exogenen Endnachfrage und

$\mathbf{x}$: nx1-Vektor der Bruttoproduktionen.

Für die Lösung nach $\mathbf{x}$ bildet man zunächst:

(I/O.7) $\mathbf{y} = (\mathbf{E} - \mathbf{A})\mathbf{x}$.

Dabei ist $\mathbf{E}$ die Einheitsmatrix. Im Zwei-Sektoren-Fall ist dann

(I/O.8) $(\mathbf{E} - \mathbf{A}) = \begin{bmatrix} 1 - v_{11} & -v_{12} \\ -v_{21} & 1 - v_{22} \end{bmatrix}$.

Die Lösung nach $\mathbf{x}$ ergibt dann

(I/O.9) $\mathbf{x}^* = (\mathbf{E} - \mathbf{A})^{-1} \mathbf{y}$.

Die Matrix $(\mathbf{E} - \mathbf{A})^{-1}$ ist darin die Inverse der Matrix $(\mathbf{E} - \mathbf{A})$, d. h.

$(\mathbf{E} - \mathbf{A})^{-1} \cdot (\mathbf{E} - \mathbf{A}) = \mathbf{E}$. Ökonomisch ist die Matrix $(\mathbf{E} - \mathbf{A})^{-1}$ die

Matrix der Leontief-Multiplikatoren. In unserem Zwei-Sektoren-Fall ist

(I/O.10) $(\mathbf{E} - \mathbf{A})^{-1} = \begin{bmatrix} \dfrac{1 - v_{22}}{\det(\mathbf{E} - \mathbf{A})} & \dfrac{v_{12}}{\det(\mathbf{E} - \mathbf{A})} \\ \dfrac{v_{21}}{\det(\mathbf{E} - \mathbf{A})} & \dfrac{1 - v_{11}}{\det(\mathbf{E} - \mathbf{A})} \end{bmatrix}$

mit $\det(\mathbf{E} - \mathbf{A}) = (1 - v_{11}) \cdot (1 - v_{22}) - v_{12} \cdot v_{21}$,

woraus sich ergibt:

(I/O.11)
$$X_1 = \frac{1 - v_{22}}{\det(\mathbf{E} - \mathbf{A})} \cdot Y_1 + \frac{v_{12}}{\det(\mathbf{E} - \mathbf{A})} \cdot Y_2$$
$$X_2 = \frac{v_{21}}{\det(\mathbf{E} - \mathbf{A})} \cdot Y_1 + \frac{1 - v_{11}}{\det(\mathbf{E} - \mathbf{A})} \cdot Y_2$$

Dies entspricht der oben gefundenen Lösung (I/O.4), wobei der in den Gleichungen (I/O.4) enthaltene Wert D gleich det($\mathbf{E}$-$\mathbf{A}$) ist.

Graphisch läßt sich die Lösung im Zwei-Sektoren-Fall darstellen, indem die Gleichungen (I/O.3) jeweils nach X_1 bzw. X_2 aufgelöst werden und die so erhaltenen linearen Funktionen $X_1 = f(X_2)$ bzw. $X_2 = f(X_1)$ in einem (X_1, X_2)-Quadranten dargestellt werden.

Die beiden Gleichungen lauten dann:

(I/O.3a)
$$X_1 = \frac{1}{1 - v_{11}} \cdot Y_1 + \frac{v_{21}}{1 - v_{11}} \cdot X_2 \text{ und}$$

(I/O.3b)
$$X_2 = \frac{1}{1 - v_{22}} \cdot Y_2 + \frac{v_{21}}{1 - v_{22}} \cdot X_1 .$$

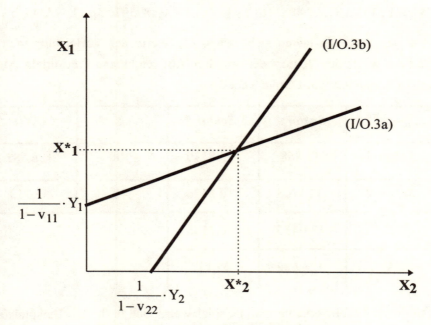

[Vgl. HELMSTÄDTER (1986), S. 125]

Der Leser möge sich die Zusammenhänge am *Beispiel* des Zwei-Sektoren-Modells mit den folgenden Inputkoeffizienten verdeutlichen:

$$v_{11} = 0,1; \qquad v_{12} = 0,3; \qquad v_{21} = 0,25; \qquad v_{22} = 0,2.$$

Dabei seien als Endnachfragen gegeben: $Y_1 = 100$ (GE) und $Y_2 = 10$ (GE).

In diesem Beispielsfall lauten die beiden Geradengleichungen $X_1 = f(X_2)$ bzw. $X_2 = f(X_1)$:

$$X_1 = 111,\overline{1} + \tfrac{1}{3} \cdot X_2 \quad \text{und} \quad X_2 = 12,5 + 0,3125 \cdot X_1.$$

Daraus ergeben sich die Lösungswerte:

$$X^*_1 = 128,682 \quad \text{und} \quad X^*_2 = 52,713.$$

Die gleichen Lösungswerte erhalten wir nach Einsetzen der Zahlen aus den Gleichungen (I/O.10), die dann werden:

$$X_1 = 1,24031 \cdot Y_1 + 0,465116 \cdot Y_2 \quad \text{und} \quad X_2 = 0,387597 \cdot Y_1 + 1,395349 \cdot Y_2.$$

Aus den Angaben lassen sich zudem die Werte der Vorleistungsmatrix und die Werte des Vektors der primären Aufwendungen **F** ermitteln. Man erhält folgende Input-Output Tabelle:

von \ an	Sektor 1	Sektor 2	Y	X
Sektor 1	12,868	15,8139	100	128,682
Sektor 2	32,1705	10,5426	10	52,713
F	83,6435	26,3566		
X	128,682	52,713		

An dieser Tabelle erkennt man beispielsweise, daß in diesem Beispielsfall im Sektor 1 ein Produktionswert von 128,682 GE erzeugt werden muß, um eine Endnachfrage nach Produkten aus dem Sektor 1 im Wert von 100 GE und eine Endnachfrage nach Produkten aus dem Sektor 2 im Wert von 10 GE zu befriedigen. Im Sektor 2 muß dafür ein Produktionswert von 52,713 GE entstehen. Zugleich erkennt man, daß rund 76 % des Sozialproduktes im Sektor 1 verdient wird und rund 24 % im Sektor 2. Das Bruttosozialprodukt beträgt 110 GE, der Bruttoproduktionswert 181,395 GE.

„Das Geheimnis des Fortschritts liegt im Interesse an abstrakten morphologischen Schemata."

Alfred North Whitehead (1861-1947),
(1974), S. 60.

Anhang 1: Die Indifferenzkurvenanalyse

Die Indifferenznutzenanalyse erklärt das Angebots- und Nachfrageverhalten eines Haushalts aus einem Nutzenmaximierungsansatz. Fundament
der Analyse ist die in Abschnitt 2 erläuterte Grenznutzenanalyse .

Das Modell sei für den Zwei-Güter-Fall analysiert. Es wird nur die Kon-
sumgüternachfrage betrachtet. (vgl. zur Indifferenzkurvenanalyse u.a.
SCHUMANN (1992), S. 43ff.)

Der Modellzusammenhang :

Ein Haushalt habe eine exogen gegebene Konsumsumme **c**, die er für den
Kauf zweier Güter X_1 und X_2 verwende. Er habe als Zielsetzung die Nutzenmaximierung.

a) Die Nutzenfunktion des Haushaltes:

Die Nutzenfunktion U des Haushalts laute:

$$U = f(x_1, x_2)$$

mit   U = Nutzenniveau

       x_1 = Verbrauchsmenge des Gutes 1

       x_2 = Verbrauchsmenge des Gutes 2

Es soll weiterhin gelten:

$$\frac{\partial U}{\partial x_1} > 0 \qquad \frac{\partial U}{\partial x_2} > 0 \quad \text{und}$$

$$\frac{\partial^2 U}{\partial x_1^2} < 0 \qquad \frac{\partial^2 U}{\partial x_2^2} < 0 \,.$$

Das Nutzenniveau des Haushalts steige demnach bei Erhöhung des Konsums von Gut 1 oder Gut 2. Allerdings gelte pro Gut das bereits erklärte Gesetz des abnehmenden Grenznutzens, das **Erste Gossensche Gesetz**. Dies wird durch die zweiten Ableitungen zum Ausdruck gebracht.

Die betrachteten Güter seinen substitutiv, d.h. der Haushalt kann ein konstantes Nutzenniveau halten, wenn er von Gut 1 weniger und von Gut 2 entsprechend mehr konsumiert. Dieses wird durch die sog. Indifferenzkurve zum Ausdruck gebracht. **Die Indifferenzkurve** ist der geometrische Ort aller Güterkombinationen von x_1 und x_2 auf dem das Nutzenniveau von x_1 <u>und</u> x_2 konstant ist.

Das folgende Schaubild verdeutlicht diesen Zusammenhang:

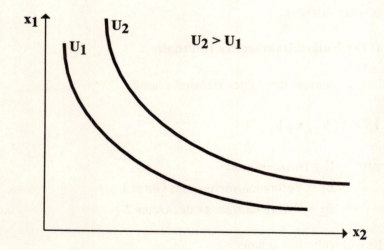

Für jedes vorgegebene Nutzenniveau ergibt sich eine Indifferenzkurve. Man erhält eine Indifferenzkurvenschar bei Variation des Nutzenniveaus. Je weiter die Indifferenzkurve vom Ursprung entfernt ist, um so höher ist das Nutzenniveau.

Das Substitutionsverhältnis zwischen den Gütern x_1 und x_2 können wir durch die Steigung der Indifferenzkurve dx_1/dx_2 messen. Diese wird auch *Grenzrate der Substitution* genannt. Die Grenzrate der Substitution gibt an, um wieviel der Haushalt auf den Konsum von x_1 verzichten kann, wenn er eine Einheit von x_2 mehr konsumieren kann und das Nutzenniveau konstant bleiben soll. Die Grenzrate der Substitution hat ein negatives Vorzeichen. Das folgende Schaubild verdeutlicht dies:

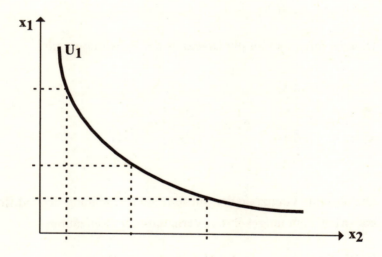

Es ist erkennbar, daß der Haushalt, bei zunehmendem Verbrauch von x_2 auf immer weniger von x_1 verzichten kann, wenn er seinen Nutzen konstant halten will. Dies ist das *Gesetz der abnehmenden Grenzrate der Substitution*. Wird die Grenzrate der Substitution wie oben als einfache

Ableitung definiert, so ist diese Bezeichnung des Gesetzes allerdings un-
korrekt, denn die errechnete Zahl wird offenkundig größer, nicht kleiner.
Das Gesetz will zum Ausdruck bringen, daß auf immer weniger von x_1
verzichtet werden kann. Dann ist es zweckmäßig, die Grenzrate der Substitution als Absolutzahl zu definieren. In der Lehrbuchliteratur findet man
beide Verfahrensweisen, so daß stets darauf geachtet werden muß, wie die
Grenzrate der Substitution jeweils definiert ist.

Über das totale Differential kann man die Beziehung zwischen der Grenzrate der Substitution und den Grenznutzen der beiden Güter ermitteln. Es
ist zu berücksichtigen, daß auf einer Indifferenzkurve das Nutzenniveau
konstant bleibt. Man erhält:

$$\frac{\partial U}{\partial x_1} \cdot d\, x_1 + \frac{\partial U}{\partial x_2} \cdot d\, x_2 = dU \overset{!}{=} 0$$

Hieraus folgt, daß für die Grenzrate der Substitution gilt :

$$\frac{d\, x_1}{d\, x_2} = -\frac{\dfrac{\partial U}{\partial x_2}}{\dfrac{\partial U}{\partial x_1}} \quad \text{bzw.} \quad \left|\frac{dx_1}{dx_2}\right| = \frac{\dfrac{\partial U}{\partial x_2}}{\dfrac{\partial U}{\partial x_1}}$$

Die absolute Grenzrate der Substitution (= Steigung der Indifferenzkurve)
entspricht dem umgekehrten Verhältnis der Grenznutzen.

b) Die Beschränkung des Haushalts - die Budgetgerade

Der von uns betrachtete Haushalt habe eine vorgegebene Konsumsumme.
Bei seiner Optimierung hat er zu berücksichtigen, daß er nicht mehr als
seine Konsumsumme für den Güterkauf verwenden kann. Da Entsparen
und Sparen vernachlässigt werden, denn die unterstellte einperiodige Nutzenfunktion enthält nur Konsumnutzen als Argument, wird der Haushalt

seine Konsumsumme voll für Güterkäufe verwenden. Die Güterpreise seien ihm exogen vorgegeben, d.h. seitens des Haushalts wird Mengenanpasserverhalten unterstellt. Das bedeutet, er kann mit seinem Verhalten nur über die von ihm nachgefragten Mengen seinen Haushaltsplan optimieren.

Als Restriktion des Haushalts erhalten wir die folgende *Bilanz- oder Budgetgleichung*:

$$c = p_1 \cdot x_1 + p_2 \cdot x_2$$

In einem (x_1, x_2) Diagramm kann diese Gleichung als *Budget- oder Bilanzgerade* eingezeichnet werden. Man erhält:

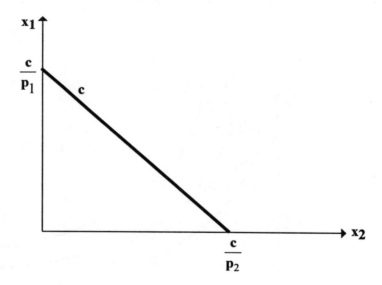

Die Achsenabschnitte entsprechen der Konsumsumme geteilt durch den jeweiligen Preis des Gutes. Sie würden realisiert, wenn der Haushalt seine Konsumsumme für nur ein Gut verwenden würde.

c) Das Haushaltsoptimum

Den optimale Verbrauchsplan des Haushalts erhält man, indem Nutzenfunktion und Budgetgleichung in der Analyse gemeinsam betrachtet werden. Mathematisch handelt es sich um ein Optimierungsproblem mit Nebenbedingung. Die Zielsetzung des Haushalts ist Nutzenmaximierung. Er
hat seine Budetgleichung als Nebenbedingung zu beachten.

Zuerst sei eine graphische Lösung des Problems dargestellt. Wir stellen
Indifferenzkurve und Budgetgerade in einem Schaubild dar. Das Optimum
ist in dem Punkt erreicht, in dem sich Indifferenzkurve und Budgetgerade
berühren (= der Tangentialpunkt). Dort ist das höchste Nutzenniveau realisiert, das der Haushalt mit vorgegebenem Konsumbetrag noch gerade
realisieren kann.

Dies ist in folgendem Schaubild dargestellt:

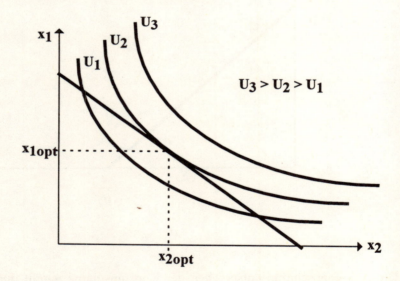

x_{1opt} und x_{2opt} stellen die gewünschten Nachfragemengen des Haushalts
dar. Einen Punkt auf der Indifferenzkurve mit U_1 zu realisieren ist suboptimal, da dort das Nutzenniveau kleiner ist als U_2. Die Indifferenzkurve

mit dem Nutzenniveau U_3 ist nicht erreichbar mit der gegebenen Konsumsumme.

Im Optimalpunkt müssen sich die Steigung der Indifferenzkurve (= Grenzrate der Substitution) und der Steigung der Budgetgerade entsprechen.

Durch Umstellen von der Budgetgleichung erhält man die folgende Gleichung für die Budgetgerade:

$$x_1 = \frac{c}{p_1} - \frac{p_2}{p_1} x_2$$

Durch Ableitung ergibt sich die Steigung der Budgetgerade. Man erhält:

$$\frac{d\,x_1}{d\,x_2} = -\frac{p_2}{p_1}$$

Wir berücksichtigen für die Grenzrate der Substitution die bereits oben abgeleitete Bedingung, daß *stets, d. h. für jeden Punkt der Indifferenzkurve,* die absolute Grenzrate der Substitution dem umgekehrten Verhältnis der Grenznutzen der beiden Güter entspricht, und erhalten *für den Optimalpunkt* (und nur für diesen Punkt auf der Indifferenzkurve!):

$$\frac{\frac{\partial U}{\partial x_2}}{\frac{\partial U}{\partial x_1}} = \frac{p_2}{p_1}$$

Im Optimum muß also das Verhältnis der Grenznutzen der Güter dem Preisverhältnis entsprechen. Dieses Ergebnis ist als *Gesetz vom Ausgleich der gewogenen Grenznutzen*, hier der Grenznutzen des Geldes bekannt und wird als **Zweites Gossensches Gesetz** bezeichnet. Man kann sagen, daß der Grenznutzen des Geldes in allen Verwendungsrichtungen gleich sein muß, damit das Haushaltsoptimum, also das Nutzenmaximum, erreicht ist:

$$\frac{\frac{\partial U}{\partial x_1}}{p_1} = \frac{\frac{\partial U}{\partial x_2}}{p_2}$$

Zur Vollständigkeit sei nun kurz die mathematische Ableitung angegeben. Für unseren Fall stellt sich das Optimierungsproblem dar als :

$$U = f(x_1, x_2) \Rightarrow max!$$

mit der Nebenbedingung

$$c = p_1 \cdot x_1 + p_2 \cdot x_2$$

Die Maximierung unter Nebenbedingung kann mit der Lagrangemethode gelöst werden. (Vgl. dazu etwa SCHWARZE (1996)) Für unser Problem ergibt sich folgende erweiterte Nutzenfunktion (Lagrangefunktion) U_L:

$$U_L = f(x_1, x_2) + \lambda \cdot (c - p_1 \cdot x_1 - p_2 \cdot x_2) \Rightarrow max!$$

Man erhält die folgenden notwendigen Bedingungen für das Nutzenmaximum:

$$\frac{\partial U_L}{\partial x_1} = \frac{\partial U}{\partial x_1} - \lambda \cdot p_1 \overset{!}{=} 0$$

$$\frac{\partial U_L}{\partial x_2} = \frac{\partial U}{\partial x_2} - \lambda \cdot p_2 \overset{!}{=} 0$$

$$\frac{\partial U_L}{\partial \lambda} = c - p_1 \cdot x_1 - p_2 \cdot x_2 \overset{!}{=} 0$$

Aus den ersten beiden Gleichungen erhält man:

$$\lambda = \frac{\dfrac{\partial U}{\partial x_1}}{p_1} = \frac{\dfrac{\partial U}{\partial x_2}}{p_2}$$

Dies entspricht der Optimalbedingung der graphischen Analyse. Im Optimum ist der Grenznutzen des Geldes λ in allen Verwendungsrichtungen gleich (Zweites Gossensches Gesetz).

d) Das Haushaltsoptimum bei Datenänderungen

Der Effekt von Datenvariationen auf das Haushaltsgleichgewicht wird nun untersucht.

Zuerst sei die verfügbare Konsumsumme verändert.

Durch Veränderung der Konsumsumme verschiebt sich die Budgetgerade des Haushalts. Das folgende Schaubild verdeutlicht den Zusammenhang:

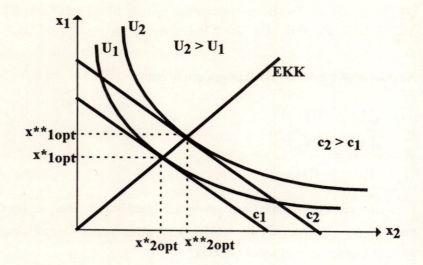

Im Schaubild hat sich die Konsumsumme von c_1 nach c_2 erhöht. Das führt zu einer Rechtsverschiebung des Haushaltsoptimums. Der Haushalt erreicht eine Indifferenzkurve mit höherem Nutzenniveau. Die Verbindungslinie aller Optimalkombinationen bei Variation des Einkommens wird **Einkommens-Konsum-Kurve (EKK)** genannt. Der Verlauf der EKK hängt davon ab, ob die betrachteten Güter für den Haushalt normal (superior) oder inferior sind. (vgl. WOLL (1996), S. 142 f.).

Normalerweise erwartet man, daß mit zunehmendem Einkommen die nachgefragte Menge bezüglich eines Gutes zunimmt. In vielen Lehrbüchern werden diesem Fall entsprechende Güter deshalb nicht besonders bezeichnet, in anderen werden sie *normale Güter*, auch *superiore Güter* genannt. Wir werden der häufig anzutreffenden Gepflogenheit, Güter, deren nachgefragte Mengen mit einer Vermögenszunahme (Einkommenszunahme) steigen, als *superiore Güter* zu bezeichnen, folgen. Güter, die mit zunehmendem Vermögen (Einkommen) weniger nachgefragt werden, werden im allgemeinen und auch hier *inferiore Güter* genannt (so beispielsweise - aus der mikroökonomischen Literatur - bei HICKS (1946), S. 28, SCHNEIDER (1972), S. 12, 25, KOUTSOYIANNIS

(1979), S. 24 sowie - aus der mikroökonomisch fundierten Makroökonomik - bei BARRO (1992), S. 45, BARRO/GRILLI (1996), S. 64 f.). Es kann natürlich auch vorkommen, daß die nachgefragte Menge sich nicht ändert, wenn das Einkommen variiert. In diesem Fall sprechen wir von *Sättigungsgut* (Vgl. WOLL (1996) S. 142 f.)

Besonders darauf hingewiesen sei, daß viele deutschsprachige Lehrbücher eine etwas weitergehende Unterscheidung treffen (vgl. etwa HELMSTÄDTER (1991), SCHUMANN (1992) und FEHL/OBERENDER (1994)). Danach würden folgende Definitionen gelten: Nimmt mit wachsendem Einkommen oder wachsender Konsumsumme die Nachfrage nach einem Gut nur unterproprtional zu oder sogar ab, läge ein *inferiores Gut* vor. Im Falle der unterproportionalen Zunahme handelte es sich um ein *relativ inferiores Gut*, im Falle der Abnahme um ein *absolut inferiores Gut*. Güter, bei denen mit wachsendem Einkommen oder wachsender Konsumsumme die nachgefragte Menge überproprtional zunimmt, bezeichnete man als *superiore Güter*. Um der detaillierteren Unterscheidung willen würden also einige Güter nunmehr als (relativ) inferior bezeichnet, die verbreitet als superiore Güter gelten, was unbefriedigend ist. Diese weitergehende Unterscheidung ist eher auf die Frage der Veränderung der Verbrauchs*anteile* am Haushaltsbudget gerichtet als auf die Frage der mengenmäßigen Reaktion, die im obigen Zusammenhang gestellt wurde. Nun können Definitionen weder falsch sein noch richtig, sondern nur zweckmäßig oder weniger zweckmäßig. Diese Beurteilung hängt vom Zweck ab. Bezüglich der Frage nach der mengenmäßigen Reaktion scheint die einfachere Unterscheidung zweckmäßiger.

Bei der Frage, welchem Definitionsmuster hier gefolgt werden soll, war uns *Occams Rasiermesser* (engl. Occams Razor) eine Hilfe. *WILHELM VON OCCAM* (zwischen 1290 u. 1300 - 1349 od. 1350) sagte: „Es ist unnütz, etwas mit mehr zu tun, was auch mit weniger getan werden kann." (Zitiert nach RUSSEL (1992), S. 481.) Und da weder für das Verständnis des Stoffes noch für die Analyse der gestellten Fragen die genauere Unterscheidung notwendig ist, folgen wir den Autoren, die die Unterscheidung vorziehen, die bei gleichem Erkenntnisgewinn weniger Begriffe braucht. Die übrigen Begriffe, die in diesem Sinne ja überflüssig sind, schneiden wir mit Occams Rasiermesser weg. Die über- oder unterproportionale Reaktion superiorer Güter auf Einkommensänderungen, die benötigt wird, um zu Aussagen über Entwicklungen bei den Verbrauchsanteilen zu kommen, werden wir dann durch die Einkommenselastizität erfassen, die im ersten Fall größer als Eins ist und im zweiten Fall kleiner als Eins. Für die proportionale Reaktion (Elastizität gleich Eins) bedarf es nach unserer Auffassung keines besonderen Begriffs.

Zu beachten ist, daß die Definitionen hier für einen einzelnen betrachteten Haushalt gelten. Es handelt sich demnach nicht um objektive Gütereigenschaften, sonderen um Bewertungen des Haushaltes im Lichte seiner Bedürfnisse. Bei einer bestimmten Konsumsumme und vorgegebenen Preisen der Güter gilt es dabei auch logische Beziehungen zu beachten. Weitet nämlich ein Haushalt bei Erhöhung der Konsumsumme die Nachfrage nach einem Gut überproportional aus, so muß bei gleichen Preisen notwendigerweise wenigstens eines der anderen von dem Haushalt konsumierten Güter entweder eine nur unterproportionale Zunahme erfahren oder inferior sein. Natürlich gibt es Gütergruppen, bei denen im Bevölkerungsdurchschnitt eine gleichgerichtete Bewertung erfolgt, wie z. B. bei Grundnahrungsmitteln. Mit dieser Feststellung hat man aber den hier gezogenen Analyserahmen bereits überschritten.

Unterstellen wir im folgenden Schaubild z. B , daß für den Haushalt X_1 inferior und X_2 superior ist.

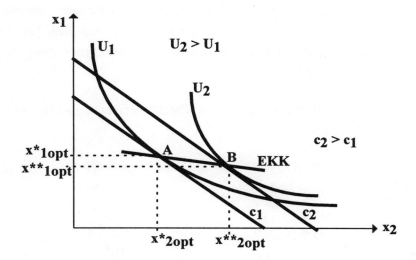

Die Erhöhung der Konsumsumme hat zu einem neuen Haushaltsgleich-gewicht geführt ($x_1{}^{**}, x_2{}^{**}$ im Punkt B). Der Vergleich mit der Ausgangssituation (Punkt A) macht deutlich, daß x_1 absolut gesunken und x_2 überproprtional gestiegen ist.

An dem Schaubild kann man sich auch klar machen, welche Beziehungen zwischen den Gütern aus Gründen der Logik gelten müssen. Eine proportionale Veränderung der konsumierten Mengen würde ja bedeuten, daß der alte und der neue Tangentialpunkt auf dem gleichen Fahrstrahl aus dem Koordinatenursprung lägen. Dann wären beide Güter normale, superiore Güter mit einer Einkommenselastizität von Eins. Sobald der neue Tangentialpunkte links oder rechts von diesem Fahrstrahl liegt, ist ein Gut überproportional superior (Einkommenselastitzität größer Eins) und das andere unterproportional superior (Einkommenselastizität größer Null aber kleiner Eins), ein Stättigungsgut (Einkommenselastizität gleich Null) oder inferior (Einkommenselastizität kleiner Null). Wird ein zusätzliches Koordinatenkreuz, dessen Achsen parallel zu den Achsen des bereits vorhandenen Koordinatenkreuzes verlaufen, durch den alten Tangentialpunkt gelegt, so würde ein neuer Tangentialpunkt, der sich innerhalb des ersten

Quadranten des zusätzlichen Koordinatenkreuzes befände bedeuten, daß beide Güter superior sind. Wäre der neue Tangentialpunkt im zweiten Quadranten, wäre Gut 1 superior und Gut 2 inferior. Im vierten Quadranten wäre es umgekehrt.

Wir wollen nun die Wirkung von Preisänderungen auf das Gleichgewicht untersuchen.

Es sei unterstellt, daß der Preis des Gutes 1 ceteris paribus ansteigt. Man erhält folgendes Schaubild:

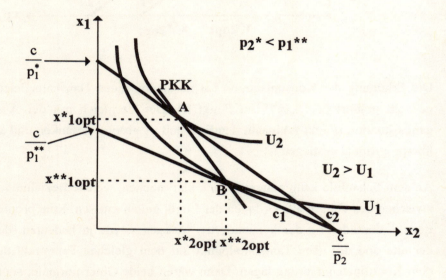

Die Preiserhöhung von p_1^* nach p_1^{**} hat zu einer Linksdrehung der Budgetgeraden um den (konstanten) Abszissenabschnitt $\frac{c}{p_2}$ geführt.

Der Haushalt kann durch den Preisanstieg entsprechend weniger von Gut 1 kaufen, wenn er seine gesamte verfügbare Konsumsumme für den Kauf von Gut 1 ausgeben würde. Im neuen Gleichgewicht B ist die Verbrauchsmenge x_1 gesunken und die Verbrauchsmenge x_2 gestiegen. Die Verbindungslinie aller Optimalkombinationen bei Variation eines Güterpreises und Konstanz aller übrigen Einflußfaktoren wird **Preis-Komsum-Kurve (PKK)** genannt.

Die Wirkung einer Preisänderung wird logisch in zwei Effekte aufgespalten, die erst gemeinsam den Gesamteffekt von Punkt A zu Punkt B bewirken: Den *Einkommenseffekt* und den *Substitutionseffekt* der Preisänderung.

Durch eine Preisänderung nur eines Gutes ändert sich das Verhältnis der relativen Preise. Aufgrund des Anstiegs von p_1 in unserem Beispiel steigt das Preisverhältnis p_1/p_2. Der seinen Nutzen maximierende Haushalt wird mehr von dem relativ billiger gewordenen Gut und weniger von dem relativ verteuerten Gut nachfragen, weil er sonst nicht den Ausgleich der Grenznutzen des Geldes herbeiführen kann, die Einhaltung des Zweiten Gossenschen Gesetzes aber die Bedingung für das Haushaltsoptimum abgibt. Dies ist der *Substitutionseffekt der Preisänderung*. Er ist bei substitutiven Gütern immer eindeutig.

Eine Preiserhöhung führt zum anderen dazu, daß das Realeinkommen oder die Kaufkraft des Einkommens in Gütern sinkt. Man spricht vom *Einkommenseffekt der Preisänderung*. Jede Preisänderung verändert damit die reale Kaufkraft des Haushalts. (vgl. HANUSCH/KUHN (1991), S. 397 f.).

Der Einkommenseffekt einer Preisänderung ist nicht immer eindeutig. Er hängt davon ab, ob es sich um inferiore oder superiore Güter handelt. Durch eine Preiserhöhung eines Gutes sinkt ja das Realeinkommen des Haushalts, was bei superioren (normalen) Gütern c. p. bedeutet, daß die mengenmäßige Nachfrage nach diesem Gut sinkt. Bei inferioren Gütern ist der Einkommenseffekt hingegen negativ, das heißt, eine Realeinkommenssenkung führt zu einer Zunahme der mengenmäßigen Nachfrage nach diesem Gut.

Der Gesamteffekt ergibt sich als die Summe von Einkommenseffekt und Substitutionseffekt. Seine Höhe und sein Vorzeichen sind offen je nach den Bewertungen der beteiligten Güter durch den Haushalt im Verhältnis zueinander. (vgl. WOLL (1996), S. 146).

Das folgende Schaubild stellt die graphische Unterscheidung zwischen Einkommens- und Substitutionseffekt dar.

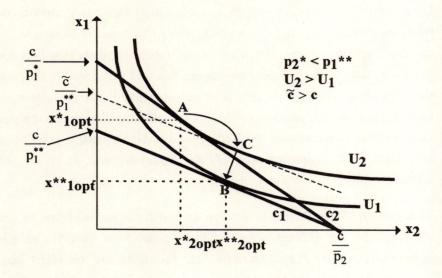

Im Diagramm haben wir zuerst den Substitutionseffekt der Preiserhöhung eingezeichnet (Bewegung von Punkt A zu Punkt C). Zur Ermittlung dieses Effektes wird wie folgt vorgegangen: Um den Einkommenseffekt der Preiserhöhung zu neutralisieren sei dem Haushalt hypothetisch eine Kompensationszahlung gewährt, die so bemessen wird, daß er ungeachtet der Erhöhung des Preises p_1 auf das alte Nutzenniveau U_2 zurückgelangen kann. Durch diese hypothetische Kompensationszahlung würde seine Konsumsumme auf $\tilde{c}$ steigen. Die notwendige Kompensationszahlung ist somit dem Schaubild zu entnehmen, sie beträgt $\tilde{c} - c$. Zur um die Kompensationszahlung ergänzten Konsumsumme $\tilde{c}$ gehört eine neue (hypothetische) Budgetgerade des Haushalts, die im Schaubild gestrichelt eingezeichnet ist. Sie verläuft parallel zur neuen Budgetgeraden, denn die relativen Preise haben sich ja geändert.

Die Kompensationszahlung versetzt den Haushalt in die Lage, gerade auf seine alte Indifferenzkurve zu gelangen, wenn er eine Substitution des Gutes 1 gegen das Gut 2 vornimmt, wodurch er von Punkt A zum Punkt C auf der Indifferenzkurve kommt. (Den alten Verbrauchspunkt A könnte er mit der Kompensationszahlung $\tilde{c} - c$ nicht mehr erreichen, dazu müßte die Kompensationszahlung so hoch sein, daß die gestrichelte Linie durch den Punkt A ginge.) Die *Bewegung vom ursprünglichen Tangentialpunkt A zum Tangentialpunkt C* gibt den *reinen Substitutionseffekt* wieder, da des Haushalts Bewertung des Güterbündels, das dem Punkt C entspricht, seiner Bewertung des Güterbündels, das dem Punkt A entspricht, exakt gleich ist, so daß von einer Realeinkommenseinbuße nicht mehr gesprochen werden kann. Das Realeinkommen wird bei dieser Betrachtung allerdings nicht in Gütereinheiten, sondern in Nutzeneinheiten gemessen. Durch diese Vorgehensweise wird die Wirkung der Veränderung des relativen Preises (p_1/p_2) isoliert. (vgl. SCHUMANN (1992), S. 70 f.).

In unserem Beispiel führt der Substitutionseffekt des Anstiegs von p_1 dazu, daß x_1 sinkt und x_2 ansteigt (Bewegung von A nach C). Den Einkommenseffekt können wir dann als Differenz zwischen Gesamteffekt (Veränderung von Punkt A zu Punkt B) und dem Substitutionseffekt (Veränderung von Punkt A zu Punkt C) bestimmen. Er entspricht der Veränderung von Punkt C zu Punkt B. In unserem Beispiel ist der Einkommenseffekt für beide Güter negativ (Bewegung von C nach B). Dies bedeutet, daß es sich um superiore, d. h. normale Güter handelt. In dem Beispiel des Schaubildes ist die mengenmäßige Reaktion beim Gut 1 überproportional (Einkommens-elastizität größer Eins), beim Gut 2 unterproportional (Einkommens-elastizität größer Null aber kleiner Eins).

e) Indifferenzkurvenanalyse der Zeitaufteilung des Haushalts

Neben der Aufteilung seiner Konsumsumme auf verschiedene Güter, die der Haushalt zu konsumieren wünscht, hat der Haushalt auch einen gegebenen täglichen Zeitvorrat auf verschiedene Aktivitäten aufzuteilen. Da Zeit knapp ist, ist auch hier ein ökonomisches Optimierungsproblem gegeben, das mit der Indifferenzkurvenanalyse behandelt werden kann.

Beginnen wir zunächst mit dem einfachsten Fall der Entscheidung zwischen Arbeitszeit und Freizeit pro Tag (Vgl. dazu z. B. SCHUMANN (1992), S. 112 f., HELMSTÄDTER (1991), S. 86 ff., WOLL (1993), S. 239 ff. und BARRO/GRILLI (1996), S. 53 ff.). Der Haushalt ziehe einerseits Nutzen aus dem Einkommen, das er in der täglichen Arbeitszeit erwirbt und andererseits Nutzen aus der Freizeit pro Tag. Da Einkommen gegen Freizeit substituiert werden kann und umgekehrt, weder auf das Einkommen, noch auf die Freizeit aber vollständig verzichtet werden kann, handelt es sich aus der Sicht des Haushalts um (peripher) substitutive Güter, deren Linien gleichen Nutzens durch Indifferenzkurven abgebildet werden können, für die das Gesetz der abnehmenden Grenzrate der Substitution gelten möge. Die für die Zeitaufteilung in Arbeitszeit und Freizeit verfügbare Zeit sei bereits um die absolut notwendige Erholungs- bzw. Mußezeit T_M bereinigt, so daß von den 24 Stunden des Tages noch $24 - T_M$ Stunden verbleiben.

Es ergibt sich folgendes Schaubild, wenn auf der Abszisse die Freizeit pro Tag T_F und auf der Ordinate das Einkommen pro Tag Y (real, d. h. in Gütereinheiten, die den Nutzen stiften, gemessen) abgetragen wird.

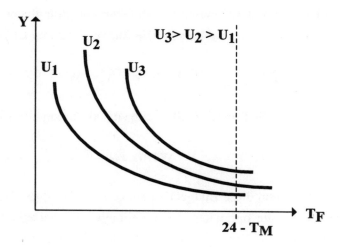

Würde statt dessen auf der Abszisse die Arbeitszeit pro Tag T_A abgetragen und auf der Ordinate das Einkommen pro Tag Y, ergäbe sich als Bild:

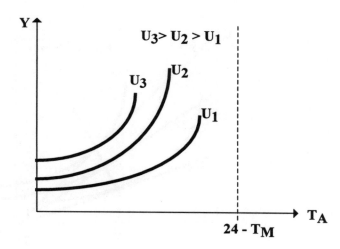

Diese Schaubilder, die von der inhaltlichen Aussage identisch sind, geben den Raum der Wünsche des Haushalts wieder. Die Wünsche sind nun mit den Möglichkeiten zu konfrontieren.

Die Möglichkeiten, durch Zeiteinsatz für die tägliche Arbeitszeit T_A Einkommen Y zu erwerben, werden durch den Lohnsatz bestimmt. Wir werden hier den Lohnsatz real, d. h. in Gütereinheiten, die den Nutzen stiften, definieren und mit w abkürzen. Die Budgetgleichung lautet dann:

$$Y = w \cdot (24 - T_M - T_F) \quad \text{bzw.} \quad Y = w \cdot T_A$$

Ist demnach die Freizeit Null, ergibt sich als maximales Einkommen:

$$Y_{max} = w \cdot (24 - T_M) \quad \text{wenn } T_F = 0 \Leftrightarrow T_A = 24 - T_M$$

Fügen wir nun diese Budgetgleichungen in die obigen Schaubilder ein, so finden wir die optimalen Zeitaufteilungen für verschiedene Lohnhöhen, indem wir die Tangentialpunkte der Budgetgleichungen an den Indifferenzkurven bilden und von dort ein Lot zur Abszisse fällen. Im ersten Schaubild wird dann die Freizeit vom Koordinatenursprung bis zum Lot abgelesen, so daß sich der Rest als Arbeitszeit im Optimum ergibt:

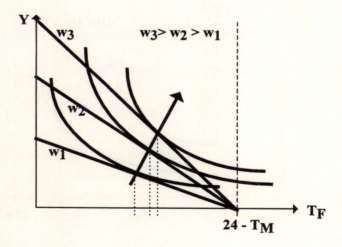

Beim zweiten Schaubild wird vom Koordinatenursprung bis zum Lot die Arbeitszeit gemessen, so daß sich als Rest die Freizeit im Optimum ergibt.

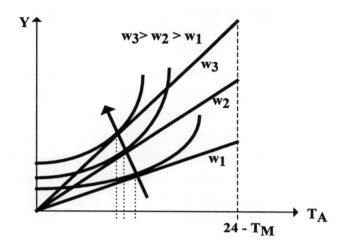

In unserem Fall findet sich das Ergebnis, daß mit steigendem realen Lohnsatz w sowohl die Freizeit als auch der Güterkonsum (= Realeinkommen) zunehmen, die Arbeitszeit nimmt ab. Freizeit und Güter sind demnach im betrachteten Fall, der durch den Verlauf der Indifferenzkurven determiniert ist, für den Haushalt superiore Güter.

Daß sowohl Freizeit als auch das Realeinkommen superiore Güter sind, ist keineswegs selbstverständlich. Diese Bewertung der Freizeit als superior gilt vor allem für sehr niedrige Lohnsätze, bei denen dann ein Anstieg des Lohnsatzes dem Haushalt ermöglicht, das Existenzminimum in kürzerer Zeit als bisher zu erarbeiten. Diese Bewertung der Freizeit gilt zudem bei sehr hohen Lohnsätzen, bei deren Anstieg der Einkommenseffekt der Lohnerhöhung den Substitutionseffekt überwiegt, so daß der zunehmende Wohlstand sowohl in Freizeitgewinn als auch in Erwerb zusätzlicher Güter umgemünzt wird. Dazwischen machen steigende Lohnsätze es im allgemeinen attraktiv, mehr zu arbeiten und weniger Freizeit zu genießen. Mit sehr niedrigem Lohnsatz beginnend, würde dann ein steigender Lohnsatz zunächst zu einer Verminderung der vom Haushalt angebotenen Arbeitszeit führen, dann zu einer Ausweitung der Arbeitszeit und schließlich wieder zu einer Einschränkung der Arbeitszeit. (Vgl. SCHUMANN (1992), S. 114).

Eine frühe Erklärung für einen solchen Verlauf der Arbeitsangebotskurve lieferte *WILHELM LAUNHARDT* (1832 - 1918) (LAUNHARDT (1885), S. 88 - 97). Nach Launhardt dient Arbeit dem Erwerb von Genußgütern, aus denen eine Bedürfnisbefriedigung fließt, während die Arbeit selbst als Mühsal empfunden wird. Arbeitsmühe ist demnach negativer Genuß. LAUNHARDT definierte eine Mühsalsgleichung und eine Genußgleichung, deren Verläufe er graphisch darstellt (S. 89), so daß sich für diese Gleichungen ergibt:

Mühsalsgleichung: $m = \psi(t)$ mit $m' > 0$ und $m'' > 0$.

Genußgleichung: $g = f(x)$ mit $g' > 0$ und $g'' < 0$.

Während also gemäß der Mühsalsgleichung die durch den Einsatz von Arbeitszeit t empfundene Mühsal m mit der Arbeitszeit überproportional ansteigt, nimmt der Genuß g zwar mit der konsumierten Menge an Genußmitteln (Gütermenge) x ebenfalls zu, jedoch unterproportional (Geltung des Ersten Gossenschen Gesetzes).

Der Lohn der Arbeit je Arbeitsstunde wird nun mit P_I bezeichnet, der Preis je Einheit der Genußmittel mit P_{II}. Die Menge der gegen den Lohn eines Arbeitstages einzutauschenden Genußmittel ergibt sich durch $P_I \cdot t = P_{II} \cdot x$ als $x = {P_I}/{P_{II}} \cdot t$. Wird diese Beziehung in die Genußgleichung eingesetzt, erhält man die Nutzengleichung $u = f\left({P_I}/{P_{II}} \cdot t\right) - \psi(t)$, aus der man dann durch Differenzierung nach t und Nullsetzung der ersten Ableitung (als Bedingung erster Ordnung für ein Maximum) das Nutzenmaximum als Überschuß des Genusses über die Mühsal dort findet, wo der Grenznutzen des Geldes gleich der Grenzmühsal des Gelderwerbs ist (S. 90):

$$\frac{f'(x)}{P_{II}} = \frac{\psi'(t)}{P_I}.$$

Zur weiteren Erläuterung nimmt LAUNHARDT (S. 90) dann folgende Funktionsformen für den relevanten Wertebereich von x (insbesondere muß für den oben angegebenen Verlauf der Genußgleichung $x < \frac{1}{2}\frac{\gamma}{\gamma_I}$ gelten) an:

$$f(x) = \gamma \cdot x - \gamma_I \cdot x^2 \qquad \text{und} \qquad \psi(t) = \beta \cdot t + \beta_I \cdot t^2.$$

Bei diesen unterstellten Funktionsverläufen steigt zunächst die günstigste tägliche Arbeitszeit mit dem Lohnsatz an. Dies ist allerdings nur der Fall bis zu einem bestimmten Lohnsatz, „welchen man den Anreizlohn nennen kann, weil bis zur Erreichung desselben ein Anreiz vor Vergrößerung der täglichen Arbeitszeit gegeben ist." (LAUNHARDT (1885), S. 91) Steigt der Lohnsatz darüber hinaus, sinkt die zur Erreichung des größten Genußüberschusses erforderliche Arbeitszeit.

Des weiteren betont *LAUNHARDT*, daß zur Aufrechterhaltung des Lebens ein Minimum von Genußmittels x_0 erforderlich ist. Der „Lohnsatz, bei welchem unter Festhaltung der günstigsten täglichen Arbeitszeit der notwendigste Lebensunterhalt noch gewonnen wird, mag als der Genügelohn bezeichnet werden." (LAUNHARDT (1885), S. 92).

Sinkt der Lohnsatz (bei gegebenem Preis für Genußmittel) unter den Genügelohn, dann kann die günstigste tägliche Arbeitszeit nicht mehr eingehalten werden, weil die tägliche Arbeitszeit zur Erhaltung von $x_0 = \frac{P_I}{P_{II}} \cdot t$

verlängert werden muß. Sinkt P_I/P_{II} weiter, wird schließlich ein Punkt erreicht, in dem $f(x) = \psi(t)$ bei $x = x_0$ ist. Der diesem Punkt zugehörige Lohnsatz wird von *LAUNHARDT* als „Nothlohn" bezeichnet (S. 92 f.).

Stilisiert ergibt sich daraus graphisch folgendes Bild (in Anlehnung an LAUNHARDT (1885), S. 95, wo der Lohnsatz als erklärende Variable auf der Abszisse steht.)

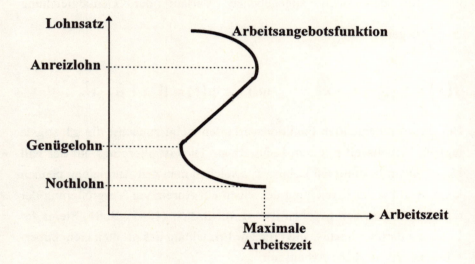

Ein erweitertes Modell der optimalen Zeitaufteilung des Haushalts:

Das Modell der optimalen Zeitaufteilung des Haushaltes werde nun erweitert, indem zum einen die gesamte Mußezeit als Variable betrachtet wird und mit *GARY S. BECKER*, Nobelpreisträger für Wirtschaft 1992, (BECKER (1993), S. 97 ff.) zum anderen angenommen wird, daß ein Haushalt nicht aus den am Markt bezogenen Gütern Y (= Realeinkommen in Gütern) selbst Nutzen zieht, sondern diese Güter erst mit Zeit kombiniert werden müssen, um sie in Güter umzuwandeln, die Nutzen stiften. Diese Zeit wird hier als einfache tägliche *Konsumzeit* T_C Berücksichtigung finden, sie könnte aber auch innerhaushaltliche Produktionszeit sein. Die nach Kombination mit Konsumzeit erhaltenen nutzenstiftenden Güter bezeichnen wir mit SCHUMANN ((1992), S. 93) als *Verbrauchsleistungen* V. (Das folgend dargestellte Modell stammt aus BEHRENS (1988), S. 171 - 175. Vgl. zur Modellgestaltung grundlegend BECKER (1982/1993), S. 97 ff. sowie SCHUMANN (1992), S. 93 ff. und 115 ff.)

Die tägliche Arbeitszeit T_A des Haushalts dient dem Zweck, Konsumgüter, also Realeinkommen Y, zu erwerben. Welche Menge erworben werden kann, hängt vom Reallohnsatz w ab. Es gilt:

$$Y = w \cdot T_A$$

Die erworbenen Konsumgüter wandelt der Haushalt durch Einsatz von täglicher Konsumzeit T_C in Verbrauchsleistungen V um. Dabei sei hier angenommen, daß der Haushalt in jeder für diese Umwandlung eingesetzten Zeiteinheit gerade z Einheiten Y in z Einheiten V umwandeln kann. Die Größe der Variablen z ist dabei durch die Eigenschaften der Konsumgüter bestimmt, also durch ihre Nähe zur Verbrauchsfertigkeit. Es gilt demnach:

$$V = z \cdot T_C \quad \text{und} \quad V \leq Y.$$

Des weiteren stiftet dem Haushalt die nach Abzug der täglichen Arbeitszeit T_A und der täglichen Konsumzeit T_C noch verbleibende tägliche *Mußezeit* T_M, die auch die Schlafenszeit enthält, Nutzen. Insgesamt gelte eine Nutzenfunktion der Form:

$$U = U(V, T_M)$$

$$\text{mit} \quad \frac{\partial U}{\partial V} > 0 \quad \wedge \quad \frac{\partial^2 U}{\partial V^2} < 0$$

und $\quad \dfrac{\partial U}{\partial T_M} > 0 \quad \wedge \quad \dfrac{\partial^2 U}{\partial T_M{}^2} < 0.$

Als Nebenbedingung ist einmal die Zeitrestriktion zu beachten, weil die gesamte Tageszeit von 24 Std. in tägliche Arbeits-, Konsum- und Mußezeit vollständig aufgeteilt werden muß:

$$\overline{T} = 24 = T_A + T_C + T_M = \frac{Y}{w} + \frac{V}{z} + T_M.$$

Eine weitere Restriktion ergibt sich daraus, daß nicht mehr Güter verbraucht werden können als erworben wurden:

$$V \le Y.$$

Unter Berücksichtigung dieser Beschränkungen erhält man als zu maximierende erweiterte Nutzenfunktion (Lagrange-Funktion) U_L:

$$U_L = U(V, T_M) + \lambda_1 \left(24 - \frac{Y}{w} - \frac{V}{z} - T_M \right) + \lambda_2 (Y - V) \Rightarrow \max!$$

Die Kuhn-Tucker-Bedingungen für ein Maximum (vgl. dazu z. B. HENDERSON/QUANDT (1983), S. 117 ff.) lauten:

$$\frac{\partial U_L}{\partial V} = \frac{\partial U}{\partial V} - \frac{\lambda_1}{z} - \lambda_2 \le 0 \qquad \text{und} \qquad V \frac{\partial U_L}{\partial V} = 0,$$

$$\frac{\partial U_L}{\partial T_M} = \frac{\partial U}{\partial T_M} - \lambda_1 \le 0 \qquad \text{und} \qquad T_M \frac{\partial U_L}{\partial T_M} = 0,$$

$$\frac{\partial U_L}{\partial Y} = -\frac{\lambda_1}{w} + \lambda_2 \leq 0 \qquad \text{und} \qquad Y\frac{\partial U_L}{\partial Y} = 0,$$

$$\frac{\partial U_L}{\partial \lambda_1} = 24 - \frac{Y}{w} - \frac{V}{z} - T_M \geq 0 \qquad \text{und} \qquad \lambda_1 \frac{\partial U_L}{\partial \lambda_1} = 0,$$

$$\frac{\partial U_L}{\partial \lambda_2} = Y - V \geq 0 \qquad \text{und} \qquad \lambda_2 \frac{\partial U_L}{\partial \lambda_2} = 0.$$

In ökonomischer Sicht ist es sinnvoll anzunehmen, daß die Variablen V, T_M und Y stets positive Werte haben, so daß für die ersten drei Ableitungen der Lagrange-Funktion das Gleichheitszeichen gilt. Außerdem kann es definitiongemäß keine tote Tageszeit geben, denn die gesamten 24 Stunden müssen für Arbeit, Konsum und Muße verbraucht werden. Mithin gilt auch für die vorletzte Ableitung der Lagrange-Funktion das Gleichheitszeichen. Schließlich werfen Güter, die zwar erworben aber nicht verbraucht werden im Modell keinen Nutzen ab, so daß auch für die letzte Ableitung der Lagrange-Funktion vernünftigerweise das Gleichheitszeichen gilt (was aber nicht unbedingt gilt, wenn die Arbeitszeit institutionell festgesetzt ist!).

Durch Auflösung des erhaltenen Gleichungssystems wird das Ergebnis gewonnen, daß im Haushaltsgleichgewicht das Zweite Gossensche Gesetz erfüllt ist. Die Grenznutzen der für Muße verwendeten Zeit T_M und der für Konsumzwecke aufgewendeten Zeit $T_A + T_C$ sind ausgeglichen:

$$\frac{\partial U}{\partial T_M} = \frac{\partial U}{\partial V} \cdot \left(\frac{zw}{z+w}\right)$$

Bei gegebenem Lohnsatz w und gegebener Produktivität der Konsumzeit z kann damit die optimale Zeitaufteilung ermittelt werden.

Da im Optimum Y = V gilt, kann die Zeitrestriktion geschrieben werden:

$$24 = \left(\frac{1}{w} + \frac{1}{z}\right) \cdot V + T_M = \left(\frac{z+w}{zw}\right) \cdot V + T_M.$$

Das ist die Zeitbudgetgerade in der [V,T_M]-Ebene (im folgenden Schaubild mit **Z** gekennzeichnet), in die, entsprechend der Nutzenfunktion, auch Linien gleichen Nutzens als Indifferenzkurven (im folgenden Schaubild mit $\overline{U}$ gekennzeichnet), für die das Gesetz der abnehmenden Grenzrate der Substitution gilt, eingetragen werden können. Im Haushaltsoptimum tangiert die Zeitbudgetgerade **Z** gerade eine Indifferenzkurve **U**.

Zudem gilt, da der Haushalt ja bei frei wählbarer Arbeitszeit keine Güter erzeugt, die er nicht auch verbrauchen möchte:

$$T_C = \frac{w}{z} \cdot T_A,$$

woraus sich unter Berücksichtigung der Zeitrestriktion ergibt:

$$T_A = \frac{z}{z+w} \cdot \left(24 - T_M\right)$$ (im folgenden Schaubild als **ZR** gekennzeichnet.)

Verbrauchsleistungsniveau, Arbeits- und Mußezeit in der Indifferenzkur-
venanalyse

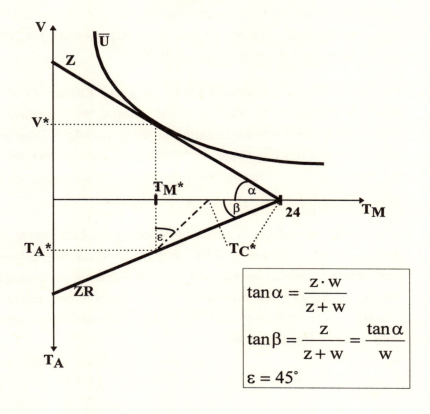

[Quelle: leicht abgewandelt aus BEHRENS (1988), S. 175.]

Die optimale, d. h. nutzenmaximale, Aufteilung der täglichen Arbeitszeit
ist durch T_M^*, T_A^* und T_C^* gegeben und mit einem nutzenmaximalen
Verbrauchsleistungsniveau (=Realeinkommensniveau) V^* verbunden.

e) **Indifferenzkurvenanalyse der intertemporalen Konsumaufteilung
   des Haushalts**

Ein weiteres Problem, dem sich der Haushalt gegenübersieht, liegt in der
optimalen Verteilung des Konsums über die Zeit. Dies sei an einem einfachen Zwei-Perioden-Modell erläutert. (Vgl. dazu SCHUMANN (1992), S.
122 ff. oder HELMSTÄDTER (1991), S. 86 ff.).

Der Haushalt habe eine Nutzenfunktion, in der der Konsum der Periode 1
und der Konsum der Periode 2 als Argumente enthalten seien:
$U=f(C_1,C_2)$. Für die Nutzenfunktion möge gelten, daß Linien gleichen
Nutzens in der $[C_1,C_2]$-Ebene als Indifferenzkurven, für die das Gesetz
der abnehmenden Grenzrate der Substitution gelten möge, darstellbar
sind.

Wir nehmen an, daß der Haushalt in Periode 1 ein Einkommen in Höhe
von Y_1 erwirbt, in Periode 2 eines von Y_2. Aus diesen Ausstattungen mit
Einkommen in den beiden Perioden ergeben sich die Konsummöglichkeiten. Der Haushalt möge nun, so sei weiter angenommen, jederzeit zum
Zinssatz r Geld aufnehmen oder Geld anlegen können. Daraus ergibt sich
seine zeitliche Budgetgerade:

$$C_2 = Y_2 + (1+r) \cdot Y_1 - (1+r) \cdot C_1 = Y_2 + (1+r) \cdot (Y_1 - C_1).$$

Was der Haushalt in der Periode 2 konsumieren kann, setzt sich zusammen aus dem, was der Haushalt in Periode 2 verdient und dem, was der
Haushalt in Periode 1 gespart hat ($Y_1 - C_1 > O$) oder als Kredit aufge-
nommen hat ($Y_1 - C_1 < O$), aufgezinst in Periode 2.

Als Achsenabschnitte der Budgetgleichung in der $[C_1,C_2]$-Ebene erhält
man:

$$C_2 = Y_2 + (1+r) \cdot Y_1 \quad \text{für} \quad C_1 = 0$$

$$C_1 = Y_1 + (1+r)^{-1} \cdot Y_2 \quad \text{für} \quad C_2 = 0$$

Natürlich kann der Haushalt auch einfach in jeder Periode verbrauchen, was er verdient hat:

$$C_1 = Y_1 \quad \wedge \quad C_2 = Y_2.$$

Das Haushaltsoptimum im Sinne einer nutzenmaximalen Aufteilung des in beiden Perioden erworbenen Einkommens auf den Konsum in beiden Perioden erhalten wir wieder, indem wir die Indifferenzkurve suchen, die die Budgetgleichung gerade noch tangiert.

In der Graphik erhält man:

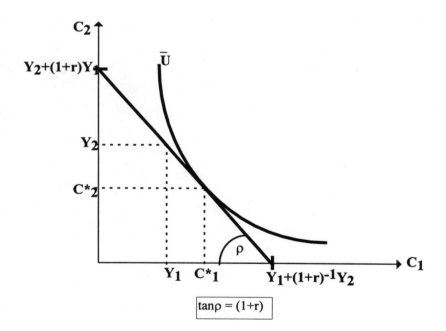

Im hier betrachteten Beispiel würde also der Haushalt sein Optimum erreichen, wenn er in Periode 1 einen Kredit in Höhe von $C^*_1 - Y_1$ aufnehmen würde, den er in der zweiten Periode mit Zins und Tilgung in Höhe von $Y_2 - C^*_2$ zurückzahlen würde.

„Die Leistungen des Marktes erschöpfen sich
aber nicht darin, daß er eine wechselseitige Anpassung der individuellen Pläne herbeiführt."

Friedrich A. von Hayek (1899-1992),
Nobelpreisträger für Wirtschaftswissenschaft 1974, (1969), S. 256.

Anhang 2: Marktkoordination und Preisbildung auf Produktmärkten

1 Marktbegriff, Markteigenschaften, Marktformen

Die bisherige Analyse der Nachfrage der Haushalte und des Angebots der
Unternehmen unterstellte, daß Anbieter und Nachfrager den Preis als Datum betrachten.

Die daraus abgeleiteten Resultate des Mengenanpasserverhaltens beruhen
auf dem Marktmodell der vollständigen Konkurrenz.

Andere Konstellationen, in denen der Preis für die Wirtschaftssubjekte
nicht Datum ist, sind durchaus realistisch. Es seien die Produktmärkte
und deren Preisbildung im folgenden untersucht. (vgl. zu folgenden z. B.
die Darstellungen in WOLL (1996), S 200 ff., SIEBKE (1995), HAR-
DES/MERTES/ SCHMITZ (1998)).

1.1 Begriff und Eigenschaften von Märkten

Der Markt ist allgemein definiert als der ökonomische Ort des Tausches.
Anbieter und Nachfrager treffen auf ihm zusammen. Für die Preisbildung
auf diesen Märkten und dessen Spielregeln sind die Struktur und Eigenschaften des Marktes relevant.

Insbesondere erfordert die Herleitung der Ergebnisse, bestimmte **Zielset-zungen der Marktparteien** anzunehmen. Im folgenden wird diesbezüg-lich immer unterstellt, daß alle Marktparteien nach dem ökonomischen Prinzip handeln. Konsumenten maximieren ihren Nutzen, und Unterneh-men haben die Zielsetzung der Gewinnmaximierung.

Darüber hinaus kommt es auf den **Vollkommenheitsgrad des Marktes** an. Der Vollkommenheitsgrad eines Marktes wird bestimmt durch die *Homogenität* der gehandelten Güter und die *Markttransparenz*. Man spricht von *homogenen Gütern* auf einem Markt, wenn dort *aus der Sicht der Nachfrager* gleichartige Güter gehandelt werden. Dies bedeutet, daß der Kunde keine sachlichen, zeitlichen, räumlichen oder persönlichen Prä-ferenzen gegenüber einzelnen Güteranbietern und ihren Produkten hat. Ist das nicht der Fall, spricht man von *heterogenen Gütern*. Auch technisch identische Güter können heterogene Güter sein, wenn der Kunde sie für verschieden hält. Diesem Phänomen begegnet man etwa, wenn das gleiche Produkt unter verschiedenen Markennamen verkauft wird, um Kunden-bindungen an die Marke auszunutzen.

Die Annahme der **Markttransparenz** besagt, daß Anbieter und Nachfra-ger über vollständige Informationen über die für die Preisbildung rele-vanten Daten verfügen. Im Falle eines Marktes für homogene Güter reicht die Annahme der vollständigen Preisinformation aus.

Sind die Bedingungen der Markttransparenz und der homogenen Güter erfüllt, so spricht man von *vollkommenen Märkten*. Andernfalls ist der betreffende Markt unvollkommen.

Des weiteren ist die Frage des **Marktzugangs** von erheblicher Bedeutung: Diese Eigenschaft beschreibt, ob ein Markt für den Zutritt einzelner An-bieter und/oder Nachfrager offen ist. Wenn Marktzutrittsbeschränkungen bestehen, wird sich dies auf die Preisbildungsergebnisse auswirken.

Schließlich sind **Entscheidungsinterdependenzen** und **strategisches Verhalten** der Marktteilnehmer zu beachten:

Entscheidungen können unabhängig oder in Abhängigkeit von anderen Marktparteien getroffen werden. Man denke an Preiskartelle etc. Natürlich ist bei Abhängigkeit der Entscheidungen die Berücksichtigung von strategischem Verhalten und potentiellen Gegenstrategien notwendig.

In vielen Fällen hat auch die Anzahl der Marktteilnehmer eine besondere Bedeutung. Die Anzahl der Marktteilnehmer kann sowohl auf der Anbieter als auch auf der Nachfragerseite zwischen einem Teilnehmer und vielen Teilnehmern variieren. Mit abnehmender Zahl der Marktpartner auf einer Seite nimmt natürlich die Macht des einzelnen Marktteilnehmers, auf das Marktergebnis Einfluß zu nehmen, tendenziell zu. Außerdem wird mit abnehmender Zahl der Marktteilnehmer die Entscheidungsinterdependenz auf dem Markt zunehmen.

1.2 Marktformeneinteilung und Wettbewerb

Eine übliche Art der Kategorisierung der Marktformen basiert auf dem Kriterium "Anzahl der Marktteilnehmer"

Man erhält das folgende Marktformenschema, das auf *HEINRICH VON STACKELBERG* (1905 - 1946) zurückgeht [Quelle: OTT (1986), S. 39]:

Anbieter / *Nachfrager*	einer	wenige	viele
einer	*Bilaterales Monopol*	*Beschränktes Monopol*	*Monopol*
wenige	*Beschränktes Monopson*	*Bilaterales Oligopol*	*Oligopol*
viele	*Monopson*	*Oligopson*	*Bilaterales Polypol*

Eine andere Art der Kategorisierung besteht darin, daß man die Anzahl der Marktteilnehmer mit dem Vollkommenheitsgrad des Marktes kombiniert. Man erhält dann die folgende Tabelle:

Vollkommenheitsgrad / Anbieter	Vollkommener Markt	Unvollkommener Markt
einer	*reines Monopol*	*monopolistische Preisdifferenzierung*
wenige	*homogenes Oligopol*	*heterogenes Oligopol*
viele	*vollständige Konkurrenz*	*monopolistische Konkurrenz*

[Nach WOLL (1996), S. 201.]

Schließlich sei noch die Theorie von ERNST HEUSS skizziert, der Marktformen in unmittelbaren Zusammenhang mit den Marktphasen im Verlauf des Entwicklungsprozesses eines Marktes bringt, so daß Wettbewerbsphasen unmittelbar mit Marktformen in Verbindung stehen. (Vgl. HEUSS (1965) und die Übersicht in BEHRENS (1988), S. 77 - 88 oder SCHUMANN (1992), S. 361 - 363. Vgl. auch die neuere Untersuchung von ERLEI (1998), der die Theorie der Entwicklungsphasen von Märkten nach HEUSS mit der Transaktionskostentheorie verbindet.)

Nach HEUSS durchläuft ein Markt typischerweise mehrere Phasen. In der **Experimentierungsphase** wird das Produkt entwickelt sowie Verfahren, die eine Produktion des Produktes zu einem annehmbaren Preis überhaupt erlauben. Die in dieser Experimentierungsphase vorherrschenden Unternehmertypen bezeichnet HEUSS als *Pioniere*. Typischerweise herrscht hier eher ein Wettlauf darum, wem die Kreation eines Marktes gelingt, als ein Wettbewerb im herkömmlichen Sinne. Wenn dann die technischen Probleme gelöst sind, tritt die Experimentierungsphase in ihr ökonomisches Stadium: Einer bringt ein Produkt zum Angebot, das einen Markt eröffnet.

Typischerweise handelt es sich, des Vorgangs gemäß, um einen *Monopo-listen*.

Wird das neue Produkt von den Nachfragern angenommen, tritt der Markt in seine *Expansionsphase*. In dieser Phase wird der Markt zunächst noch vom Innovator-Monopolisten beherrscht, der aber noch nicht an der Ausbeutung der Nachfrager interessiert ist, sondern eher daran, immer weitere Nachfragerschichten zu erschließen. Dabei sind weder Produkt noch Produktionsverfahren ausgereift. Mit den Poduktverbesserungen und den aus Verbesserungen der Produktionsverfahren resultierenden Kostensenkungen, die als Preissenkungen weitergegeben werden, nimmt das Marktvolumen dynamisch zu. Durch die Gewinnaussichten werden weitere Anbieter, *HEUSS* spricht von *spontan imitierenden Unternehmern*, angelockt, die eine Beschleunigung der Marktdurchdringung bewirken. In dieser Situation wird die Marktform des *Oligopols* vorherrschen. Die Oligopolisten werden sich dabei häufig einen Kostensenkungs- und damit Preissenkungswettbewerb liefern.

Schließlich geht die Expansionsphase in die *Ausreifungsphase* über, in der Produkte und Produktionsverfahren weitestgehend ausgereift sind und die Nachfragekurve eine relativ gegebene Funktion darstellt, die keinen drastischen Veränderungen unterliegt. Nun erfolgt der Wettbewerb vornehmlich durch Produktdifferenzierungen, durch die die einzelnen Anbieter versuchen, sich eine Nische zu schaffen, einen kleinen monopolistischen Bereich. Insofern gibt es auch in der Ausreifungsphase durchaus spürbaren Leistungswettbewerb. Zu den auf dem Markt vorhandenen Pionieren und spontan imitierenden Unternehmern kommen nun *konservative Unternehmer* (HEUSS) hinzu. Den in der Ausreifungsphase wichtigen konservativen Unternehmertypus bezeichnet HEUSS als *(unter Druck) reagierenden Unternehmer*. In der Ausreifungsphase entscheidet sich oft, ob der Markt *oligopolistisch geprägt* bleibt *oder* in ein *Angebotspolypol* übergeht, wenn zureichend Anbieter in den Markt gekommen sind.

Sind irgendwann die Spielräume für Produktdiffenzierungen erschöpft und auch die Herstellungsverfahren ausgereift, tritt der Markt in die *Stagnationsphase* oder sogar in die *Rückbildungsphase* ein. Der Markt wird nun von allen dynamischen Unternehmertypen verlassen. Neben den unter Druck reagierenden Unternehmern sind die *völlig immobilen Unternehmer* (HEUSS) für diese Marktphase/n prägend. Ungeachtet dessen, ob in dieser Phase ein Oligopol den Markt beherrscht oder ob es viele Anbieter gibt, ein Polypol, wird wegen der hohen Markttransparenz, die in dieser letzten Phase gegeben ist, Starrheit herrschen, wie sie in vielen Oligopolen zu beobachten ist.

Die Marktphasen, die hier nur äußerst skizzenhaft dargestellt werden konnten, bilden im allgemeinen zugleich einen Ablauf zunehmender Markttransparenz ab (im folgenden Schaubild als Punkt-Strich-Linie erkennbar). In der Experimentierungsphase ist alles noch völlig undurchsichtig und unvorhersehbar. In der Expansionsphase herrscht noch weitestgehende Unklarheit über die weitere Entwicklung, somit auch über Qualitäten, Preise, Marktanteile und so weiter. Erst in der Ausreifungsphase wird das Konkurrenzfeld nach und nach immer klarer erkennbar, bis schließlich in der Stagnations- oder der Rückbildungsphase jeder Teilnehmer alle relevanten Marktdaten und das Verhalten der Konkurrenten ziemlich genau kennt.

Von den wenigen Ausnahmen abgesehen, in denen sich ein Innovator-Monopolitst über alle Phasen hinweg als Monopolist halten kann (im folgenden Schaubild Entwicklungspfad A), ist die Entwicklung von einem zunächst zunehmenden Wettbewerb gekennzeichnet mit einer Entwicklung zum weiten Oligopol (relativ viele Oligopolisten) (Entwicklungspfad B) oder zum Polypol (Entwicklungspfad C). Später nimmt die Wettbewerbsintensität im allgemeinen wieder ab, und der Markt entwickelt sich zum engen Oligopol (B) oder zum Polypol der Preisnehmer (C). Die tatsächliche Entwicklung eines Marktes ist natürlich von Markt zu Markt etwas verschieden, und es ist auch möglich, daß die Stagnation oder die Rückbildung durch bahnbrechende Neuerungen durchbrochen werden.

Das folgende Schaubild skizziert die geschilderten Zusammenhänge:

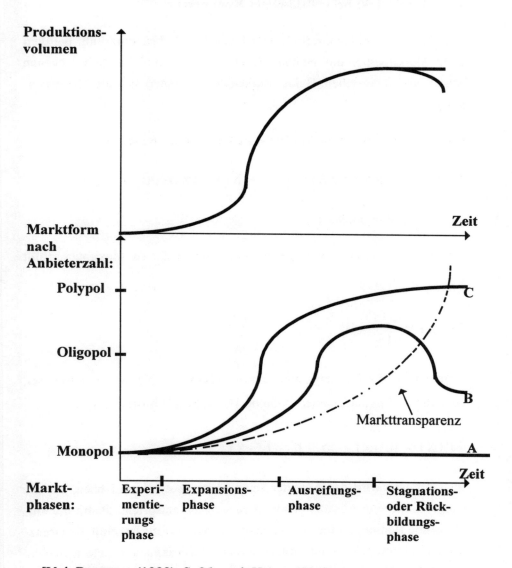

[Vgl. BEHRENS (1988), S. 86, nach HEUSS (1965); S. 15, 251, 265.]

2 Marktformen und Preisbildung

2.1 Polypolmarkt bei vollständiger Konkurrenz

Dies ist der modelltheoretisch dem Leser bereits bekannte Fall, bei dem viele Marktpartner auf beiden Marktseiten sich auf einem homogenen Markt gegenüberstehen. Beide Marktseiten verhalten sich als Mengenanpasser.

Der einzelne Anbieter maximiert seine Gewinngleichung:

$$G(x) = U(x) - K(x) = p \cdot x - K(x) \Rightarrow \max!$$

$$\text{mit } p = \text{const.}$$

Im Optimum muß die Bedingung erster Ordnung für ein Maximum erfüllt sein:

$$G'(x) = \frac{dG}{dx} \overset{!}{=} 0$$

Daraus folgt für das Gewinnmaximum, sofern, was hier angenommen sei, auch die Bedingung zweiter Ordnung $(G'' < 0)$ erfüllt ist:

$$U'(x) = K'(x) \quad \Rightarrow \quad p = K'(x)$$

Im Optimum wird der Anbieter seine Menge soweit ausdehnen, bis der exogen gegebene Absatzpreis den Grenzkosten entspricht. Damit die hinreichende Bedingung für ein Gewinnmaximum erfüllt ist, muß die Grenzkostenfunktion K'(x) eine mit steigender Ausbringungsmenge steigende Funktion sein (**steigende Grenzkosten**). Steht der Unternehmer konstanten Grenzkosten gegenüber (lineare Kostenfunktion), dann ist es für ihn optimal sein Angebot bis zu seiner Maximalkapizität auszudehnen, wenn der Marktpreis über seinen Grenzkosten (=variablen Stückkosten) liegt, da jede zusätzliche Ausbringungsmenge einen positiven Deckungsbeitrag liefert.

Die Marktpreisbildung:

Auf Märkten vollständiger Konkurrenz ist das Marktangebot jedes einzelnen Unternehmers durch seine Grenzkostenfunktion determiniert, wobei ein Unternehmer im Bereich steigender Grenzkosten der Bedingung Preis gleich Grenzkosten folgt.

Die Angebotsfunktion des einzelnen Unternehmers bei alternativen Preisen entspricht seiner Grenzkostenkurve.

Die **Marktangebotsfunktion** erhält man durch horizontale Aggregation der Angebotsfunktionen aller Unternehmen. Sie wird bestimmt durch die Grenzkostenverläufe der Unternehmungen des Marktes. Aufgrund dieser Tatsache steigt das Angebot mit steigendem Güterpreis.

Die **Marktnachfragefunktion** erhält man prinzipiell auf die gleiche Weise. Die Nachfragefunktionen aller Haushalte wird horizontal addiert. Wenn die Nachfrage der Konsumenten normal verläuft, dann sinkt die Nachfrage mit steigendem Preis.

Das Marktgleichgewicht läßt sich folgendermaßen darstellen:

Marktpreisbildung

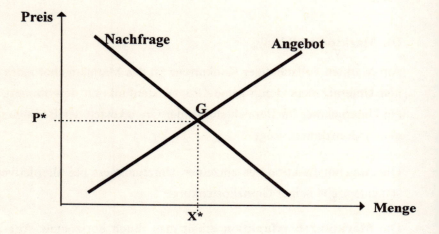

Im Marktgleichgewicht (G) stimmen demnach Angebotsmenge und Nachfragemenge mit X* überein.

Der Marktpreis P* entspricht den Grenzkosten des sogenannten Grenzunternehmers. Dies ist der letzte Unternehmer der gerade noch ohne Verluste zu machen auf dem Markt anbieten kann. Zugleich stiftet die letzte Einheit dem erwerbenden Nachfrager einen Nutzenzuwachs, der gerade noch seiner Zahlungsbereitschaft in Höhe von P* entspricht.

2.2 Monopolmärkte

Die Marktpreisbildung auf Monopolmärkten sei am Beispiel des Angebotsmonopols auf vollkommenen Markt erläutert.

Das **Angebotsmonopol** ist dadurch charakterisiert, daß der einzelne Anbieter eines Gutes einer Vielzahl von Nachfragern gegenübersteht. Der Angebotsmonopolist kann aufgrund seiner Marktmacht den Preis festsetzen. Er kann sich auf der Nachfragefunktion der Kunden diejenige Preis-Mengen-Kombination aussuchen, die seinen Gewinn maximiert.

Allgemein gilt :

$$G(x) = U(x) - K(x) = p(x) \cdot x - K(x) \Rightarrow \text{max!}$$

Dabei ist jetzt der Preis p nicht mehr gegeben und konstant, sondern es gibt einen funktionalen Zusammenhang zwischen Preis und Absatzmenge p(x). Dabei ist darauf zu achten, daß der Preis p die unabhängige Variable ist und die Menge x die abhängige Variable ist. Der Monopolist kann den Preis setzen und die entsprechend der Nachfragefunktion dann auftretende Nachfrage beliefern.

Im Gewinnmaximum muß wieder gelten:

$$G'(x) = 0 \Rightarrow U'(x) = K'(x) \qquad \text{(Grenzumsatz = Grenzkosten)}$$

Für den Gewinn des Monopolunternehmers gilt demnach auch, daß im Optimum der Grenzumsatz den Grenzkosten entsprechen muß. Da allerdings der Monopolunternehmer sich nicht als Mengenanpasser verhält, ist der Grenzumsatz nicht gleich dem Marktpreis sondern liegt höher. Es gilt im Gewinnmaximum:

$$p + p'(x) \cdot x = K'(x)$$

Beispielsweise sei der Einfachheit halber eine lineare Nachfragefunktion der folgenden Form unterstellt:

$$p = a - b \cdot x \qquad \text{mit } a > 0 \wedge b > 0.$$

Für die entsprechende Umsatzfunktion erhält man dann:

$$U(x) = p \cdot x = (a - b \cdot x) \cdot x = a \cdot x - b \cdot x^2.$$

Hieraus folgt für die Grenzumsatzfunktion:

$$U'(x) = a - 2 \cdot b \cdot x.$$

Im Gewinnmaximum gilt demnach:

$$K'(x) = a - 2 \cdot b \cdot x.$$

Die Preisbildung auf dem Monopolmarkt sei anhand des folgenden Schau bildes verdeutlicht:

Preisbildung im Monopol

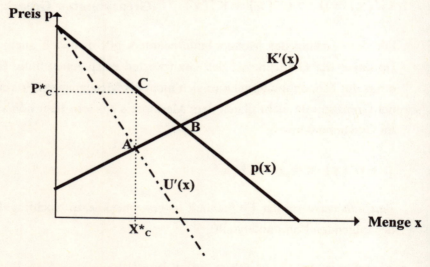

Der Monopolist wird die Konstellation, die durch den Punkt A ($U'(x) = K'(x)$) gekennzeichnet ist, realisieren. Im Optimum stimmen Grenzumsatz und Grenzkosten überein. Bei der Ermittlung des Grenzumsatzes hat der Monopolist die Reaktion der Nachfrager berücksichtigt. Er setzt nun den

Preis auf P^*_C, so daß sich eine nachgefragte Menge von X^*_C ergibt, denn exakt bei dieser Menge sind Grenzkosten und Grenzumsatz gleich. Der Monopollösungspunkt auf der Nachfragefunktion, die aus Sicht des Monopolisten auch als Preis-Absatz-Funktion bezeichnet wird, (Punkt C), wird **Cournotscher Punkt** genannt, da die beschriebene Lösung des Monopols von dem Wirtschaftswissenschaftler ANTOINE AUGUSTIN COURNOT (1801 - 1877) stammt.

Die Monopollösung läßt sich nun einfach mit der Lösung im Konkurrenzfall vergleichen, dem Punkt B, in dem sich die Grenzkostenfunktion mit der Nachfragefunktion schneidet, wobei angenommen sei, daß im Konkurrenzfall $K'(x)$ die aggregierte Grenzkostenfunktion der Anbieter darstellt. Der Monopolpreis ist höher als der Konkurrenzpreis. Die Monopolmenge ist kleiner als die bei Konkurrenz. Gäbe es eine Wahl, sollte das Monopol, etwa durch Wettbewerbspolitik, verhindert werden. Ist es entstanden, könnte eine Mißbrauchsaufsicht die ungünstige Versorgungswirkung mildern.

2.3 Polypol auf unvollkommenen Markt

Im Falle des Polypols auf unvollkommenem Markt wird eine große Anzahl von Anbietern unterstellt. Der Wettbewerb ist jedoch unvollständig, da die Konkurrenz unvollkommen ist. Die Begründung hierfür liegt in der Heterogenität der Güter aufgrund von spezifischen Präferenzen der Nachfrager. Anbieter dieser Produkte haben einen gewissen monopolistischen Preissetzungsspielraum. Dieses kann anhand der von dem Kölner Betriebswirt ERICH GUTENBERG (1897- 1984) entwickelten doppelt geknickten Nachfragekurve (Preis-Absatz-Funktion) dargestellt werden. (vgl. WOLL (1996), S. 218 f.), die - vermutlich unabhängig davon - von dem Nationalökonomen FRITZ MACHLUP (1902 - 1983) (MACHLUP(1966), S. 540 ff.), der die betreffende Marktform, aus dem Blickwinkel des monopolistischen Bereichs betrachtend, als unvollkommenes Monopol behandelt, welchem „jenseits der Sicherheitszone des Monopolisten" (MACHLUP (1966), S. 541) potentieller Wettbewerb droht, ebenfalls dargestellt wird.

Das folgende Schaubild verdeutlicht den Zusammenhang anhand *eines* solchen Funktionsverlaufs:

Doppelt geknickte Preis-Absatz-Funktion nach Gutenberg/Machlup

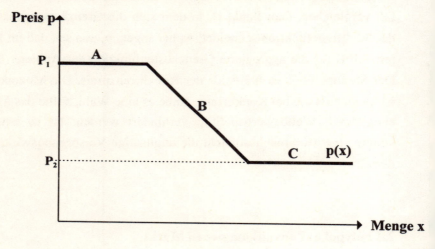

Im oberen und unteren Teil der Nachfragefunktion (A und C) unterliegt der Unternehmer vollständigen Konkurrenzbedingungen. Würde der Unternehmer einen Preis fordern, der höher als p_1 ist, würde er alle Kunden verlieren. Dieses ist ökonomisch natürlich nicht sinnvoll. Würde er einen Preis unterhalb p_2 fordern, dann würde er einer vollständigen Zuwanderung aller Kunden des Marktes gegenüberstehen. Dies ist natürlich auch nicht sinnvoll, da er nicht alle Kunden bedienen kann. Der Bereich B stellt den monopolistischen Bereich des Unternehmers dar. In diesem Bereich hat der Unternehmer Preissetzungsspielräume und kann sich somit bereichsweise als Monopolist verhalten aufgrund der heterogenen Marktverhältnisse. Operiert der Anbieter im monopolistischen Bereich, dann gilt die Gewinnmaximierungsregel des Monopols. Operiert der Unternehmer im unteren Konkurrenzbereich, dann verhält er sich als Mengenanpasser. Die Lösung werde nun graphisch erläutert:

Preisbildung im heterogenen Polypol

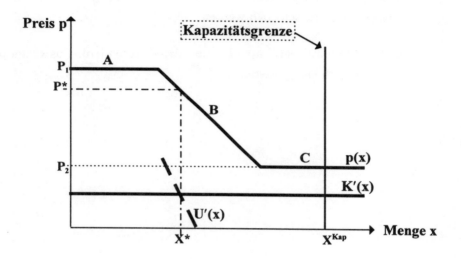

Zur Vereinfachung sind hier konstante Grenzkosten unterstellt, d.h. eine lineare Kostenfunktion. Die Grenzumsatzfunktion ist jetzt nicht mehr stetig. Wegen der drei Bereiche hat die Grenzumsatzfunktion Sprungstellen. Im Bereich A und C entspricht die Grenzumsatzfunktion dem Preis p_1 bzw. p_2. $U'(x)$ stellt den relevanten Bereich der Grenzumsatzfunktion des monopolistischen Bereichs dar.

Da die konstanten Grenzkosten kleiner als der untere Preis (p_2) bei vollständiger Konkurrenz liegen würde der betrachtete Unternehmer sowohl im monopolistischen Bereich als auch im unteren Konkurrenzbereich mit Gewinn anbieten können. (Fixkosten seien vernachlässigt. Sie sind für das Problem nicht relevant).

Sollte der Unternehmer im monopolistischen Bereich anbieten, dann wird er einen Preis p* fordern, so daß bei ihm die Menge x* nachgefragt wird.

Sollte der Unternehmer im unteren Konkurrenzbereich anbieten, dann wird er bei dem Preis p_2 bis zur Kapazitätsgrenze x^{Kap} anbieten.

In unserem Beispiel müßte zwischen beiden Lösung durch absoluten Gewinnvergleich entschieden werden.

Andere Kostenverläufe können die Lösung verändern. Das Grundprinzip bleibt dadurch unangetastet.

"Weder der Staat noch der Wilde ist edel, dieser
Tatsache müssen wir uns voll bewusst sein."

James M. Buchanan,
Nobelpreisträger für Wirtschaftswissenschaft 1986, (1984), S. XII.

Anhang 3: Preisbildung und Staat

In diesem Anhang geht es darum, die Analysen des Marktgeschehens in
diesem Lehrbuch um die Wirkungen staatlicher Preissetzungen zu ergänzen. Dabei soll eine Beschränkung auf lediglich vier typische Fälle erfolgen. Unter 1. wird gezeigt, wie sich die staatliche Setzung eines Mindestpreises oder eines Höchstpreises auf einem Markt auswirkt. Unter Punkt 2.
gehen wir auf die Möglichkeiten des Staates ein, auf einem Markt für ein
Mautgut bzw. ein Klubkollektivgut Knappheit durch Preissetzung oder
Kapazitätsanpassung zu bewältigen. Sodann widmet sich der Punkt 3 der
Preissetzung im Natürlichen Monopol. Schließlich wird unter Punkt 4 die
Preissetzung des Staates im Falle eines Öffentlichen Gutes bzw. Kollek-
tivgutes behandelt.

1. Setzung von Mindest- und Höchstpreisen auf dem Markt

Die Bedeutung eines freien Preissystems für die Funktionsfähigkeit
marktwirtschaftlicher Ordnungen ist unter Ökonomen unbestritten und
wird in zahlreichen Lehrbüchern zur Volkswirtschaftslehre eingehend beschrieben. Trotzdem kann man in den real existierenden Marktwirtschaften bedeutende Eingriffe in das Preissystem auf einzelnen Märkten feststellen. Beispiele hierfür sind etwa Mietpreisbindungsregelungen für
Wohnungsmärkte (Höchstpreise), Mindestpreisfestsetzungen für Agrarprodukte oder festgesetzte Abnahmepreise mit Vergütungspflicht für Anbieter erneuerbarer Energien.

Ziel dieses Abschnitts ist es, Auswirkungen der Eingriffe in das Preissystem auf die effiziente Allokation der Güterversorgung zu untersuchen.

Man kann zwei Arten von staatlicher Preisfestsetzung unterscheiden (vgl. zu folgendem: WEIMANN (1995), S.288 ff.):

- Die Festsetzung staatlicher Höchstpreise

- Die Festsetzung staatlicher Mindestpreise

Es gibt eine Vielzahl von Argumenten mit denen diese Eingriffe begründet werden. Zwei oftmals genannte verteilungspolitische Zielsetzung sind:

1. Höchstpreise sollen die Gewährleistung einer Güterversorgung zu einem sozial rechtfertigbaren Preis sicherstellen. Dies ist eine oft angeführte Begründung der Mietpreisbindungsgesetzgebung auf dem Wohnungsmarkt.

2. Mindestpreise sind festzulegen, um die Existenzsicherung der Anbieter zu gewährleisten. Dies ist beispielsweise eine der Begründungen von Mindestpreisen für Agrarprodukte.

1.1 Höchstpreise

Im folgenden soll zuerst der Fall der Festsetzung staatlicher Höchstpreise diskutiert werden. Dabei ist zu beachten, daß Höchstpreise natürlich nur dann wirksam sind, wenn der staatlich festgesetzte Höchstpreis p_H unter dem Gleichgewichtspreis p_G liegt, da sich sonst der niedrigere Gleichgewichtspreis durchsetzt. Ein solcher Höchstpreis läßt sich in das Marktdiagramm leicht einführen, wie das folgende Schaubild zeigt.

Bei Realisation des Höchstpreises p_H sind wiederum mehrere mögliche Situationen auf dem Markt denkbar. Nehmen wir an, daß der Staat keinen weiteren Staatseingriff mit dem Höchstpreis verbindet. In diesem Fall entsteht ein Nachfrageüberschuß auf dem Markt. Da die Anbieter mit Verlustproduktion ihr Angebot einstellen, wird eine im Vergleich zum Marktgleichgewicht geringere Marktangebotsmenge x_U realisiert. Die staatliche Höchstpreispolitik führt also zur Reduktion der Güterversorgung.

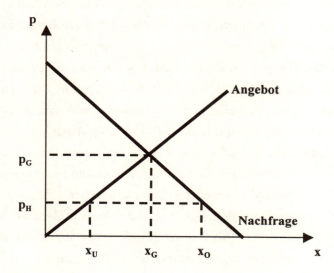

Dies widerspricht der angenommenen Zielsetzung der Höchstpreispolitik. Anstatt durch die Höchstpreisfestsetzung allen Bürgern eine ausreichende Güterversorgung mit einem sozialen Preis zu garantieren, hat die Höchstpreispolitik dazu geführt, daß die Güterversorgung abgenommen hat. Dies wird zur Folge haben, daß neue Zuteilungsmechanismen für die Güterverteilung eingeführt werden. Es werden Warteschlangen auftreten und es könnten sich neue Verteilungsmechanismen bilden, z. B. das Windhund- oder Wer-zuerst-kommt-malt-zuerst-Verfahren, Zuteilungen über Beziehungen oder vermittels Korruption oder über Schwarzmärkte.

Für den Fall der Mietpreisbindung auf Wohnungsmärkten kann dies empirisch beobachtet werden. Anstatt des Mietpreises werden andere Kriterien zur Verteilung knappen privaten Wohnraums in Städten mit Unterversorgung angewandt. Mieter werden von Vermietern in sozial erwünschte Gruppen eingeteilt oder es werden neben der Mietzahlung andere Leistungen mit dem Mietvertrag verbunden (hohe Kautionen, Übernahme von Einrichtungsgegenständen gegen Entgelte etc.) (vgl. WEIMANN (1995), S. 295f.).

Da die eben geschilderten Auswirkungen so offensichtlich der staatlichen
Zielsetzung widersprechen, wird der Staat weitere Eingriffe durchführen
müssen. Sollte der Staat z.B. die bei dem festgesetzten Höchstpreis entstehende Nachfrage befriedigen wollen, dann muß er entweder selbst ein
Güterangebot erstellen (z.B. sozialer Wohnungsbau) oder private Anbieter
subventionieren. Beides verursacht natürlich volkswirtschaftliche Kosten.
Unterstellen wir, daß der Staat die Produktionskosten auf dem betreffenden Markt nicht verändern kann, dann muß der Staat soviel Mittel auf-
wenden, daß zumindest die zusätzlichen Produktionskosten einer Mengenausweitung gedeckt werden. Unterstellen wir z.B., daß der Staat die
privaten Anbieter auf dem Markt soweit subventioniert, daß sie in der Lage sind, ihr Angebot bis zur Nachfragemenge x_O auszudehnen. Dieses
kann wie folgt im Marktdiagramm dargestellt werden:

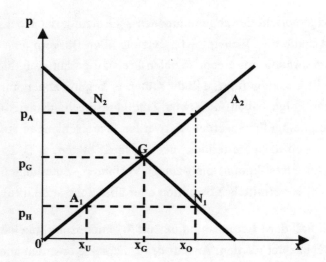

Wie bereits festgestellt, werden die Anbieter ohne staatlichen Eingriff den
Punkt A_1 realisieren, bei dem die Menge dem Punkt x_U entspricht. Die
Produktionskosten dieses Angebots ergeben sich durch den Flächeninhalt
des Dreiecks $\overline{0x_U A_1}$. Wenn der Staat ein Angebot von x_O sicherstellen
will, dann muß der Angebotspunkt A_2 realisiert werden. Die Produktions-

kosten für diesen Punkt betragen $\overline{0x_0A_2}$. Die durch die Produktionsausdehnung entstehenden zusätzlichen Kosten sind durch die Fläche
$\overline{x_UA_1A_2x_0}$ repräsentiert. Da diese die Einnahmen aus der Produktionsausdehnung (Fläche $\overline{x_UA_1N_1x_0}$) übersteigen, ist zumindest eine Subvention von $\overline{A_1A_2N_1}$ nötig, um Kostendeckung zu gewährleisten. Das er-
höhte Angebot ist also immer mit volkswirtschaftlichen Kosten verbunden, da eine Finanzierung der Subvention aus Steuermitteln die Wirtschaftssubjekte der Volkswirtschaft natürlich belastet.

Es ist außerdem wahrscheinlich, daß eine Subvention von $\overline{A_1A_2N_1}$ nicht
ausreicht, um die erwünschte Produktion sicherzustellen. Dieses würde
nämlich bedeuten, daß jeder Unternehmer der zur Produktionsausweitung
beiträgt, gerade eine Subvention in Höhe seiner zusätzlichen Kosten erhält. Da Unternehmer unterschiedliche Produktionskosten haben, müßten
unterschiedliche Subventionsbeträge bezahlt werden. Dies ist unwahr-
scheinlich. Ein zentraler Planer wird in der Regel die Produktionskosten
jedes Unternehmens an einem Markt kaum kennen oder überprüfen können (vgl. WEIMANN (1995), S. 291f.) Es ist deshalb davon auszugehen,
daß ein konstanter Subventionsbetrag pro Stück bezahlt wird. Der Subventionsbetrag wird sich nach den Produktionskosten des Grenzanbieters
richten. Es sei angenommen, daß die Subvention gerade so hoch ist, daß
der Grenzanbieter seine Produktionskosten deckt. Unter der Annahme,
daß jeder Anbieter diese Subvention in Höhe von p_A- p_H je Stück erhält,
beträgt der benötigte gesamte Subventionsbetrag zur Produktionserweite-
rung $(p_A-p_H) \cdot x_O$ und damit der Fläche $\overline{p_Ap_HA_2N_1}$.

Ohne Eingriff des Staates in den Markt würde der Gleichgewichtspunkt G
realisiert werden. Der volkswirtschaftliche Nettonutzen wäre der Fläche
$\overline{0P_0G}$ gleich. Durch Festsetzung des Höchstpreises wird diese Situation
nun verändert. Wie wirkt sich nun die Höchstpreispolitik des Staates auf
den volkswirtschaftlichen Nettonutzen aus?

Hierbei haben wir mehrere Fälle zu unterscheiden.

1. Der Staat setzt nur einen Höchstpreis fest. Es wird keine weitere Maßnahme getroffen. Wie bereits festgestellt worden ist, werden die Anbieter den Punkt A_1 realisieren und es wird zur Mengenrationierung
   kommen. Eine Aussage über den volkswirtschaftlichen Nettonutzen ist
   nicht ohne weitere Annahmen durchführbar, da unklar ist, welche
   Nachfrager zum Zuge kommen. Unterstellen wir den denkbar günstigsten Fall, daß die Nachfrager mit der höchsten Zahlungsbereitschaft
   die Güter erhalten. Dann würde der volkswirtschaftliche Nettonutzen
   durch das Viereck $\overline{0A_1N_2P_0}$ realisiert. Gegenüber der Marktgleichgewichtssituation ist der volkswirtschaftliche Nettonutzen um das Dreieck $\overline{A_1N_2G}$ gesunken.

2. Der Staat setzt nicht nur den Höchstpreis sondern betreibt auch Sub-
   ventionspolitik/Mengenpolitik um die Nachfrage zu befriedigen. Er
   stellt das Angebot x_O bereit. Hierbei hängt der volkswirtschaftliche
   Nettonutzen von der möglichen Subventionspolitik ab. Sollte der Staat
   die minimal Subvention $\overline{A_1A_2N_1}$ durchsetzen können, entsteht im
   Vergleich zur Marktgleichgewichtssituation eine Senkung des volkswirtschaftlichen Nettonutzens um das Dreieck $\overline{N_1A_2G}$. Wenn wir unterstellen, daß die Allgemeinheit der Konsumenten dieses trägt, muß
   die Konsumentenrente um den entsprechenden Betrag sinken. Sollte
   der Staat jedoch eine Subvention in Höhe von $(p_A\text{-}p_H) \cdot x_O$ zahlen
   müssen, dann tritt neben der Senkung des volkswirtschaftlichen Nettonutzens auch noch eine Umverteilung zwischen Konsumentenrente und
   Produzentenrente ein, da der Subventionsbetrag auch an bereits ge-
   winnbringende Unternehmen gezahlt wird.

Allgemein ist also festzustellen, daß die Höchstpreispolitik den Nettonutzen in einer Volkswirtschaft insgesamt senkt. Zwar bekommen Nachfrager das Gut zu einem vordergründig geringeren Preis aber dies ist volks-

wirtschaftlich nicht vorteilhaft oder kostenlos. Entweder führt die Höchst-
preispolitik zur Verknappung des Angebots. Dann werden die Kosten der
Politik von den Wirtschaftssubjekten getragen, welche die Güter gar nicht
mehr erhalten. Oder eine Subventionspolitik ist nötig. Hierbei müssen die
Konsumenten als Steuerzahler die Kosten tragen, wobei die zusätzlichen
Steuerkosten größer sind als der zusätzlichen Nutzen.

1.2 Mindestpreise

Es soll nun die staatliche Festlegung von Mindestpreisen untersucht werden. Wir werden hierbei feststellen, daß ähnliche negative Effekte auftreten. Dabei sind Mindestpreise natürlich nur dann effektiv, wenn der staatliche Mindestpreis p_M über dem Gleichgewichtspreis p_G liegt. Dies läßt
sich wieder leicht graphisch veranschaulichen. Man erhält:

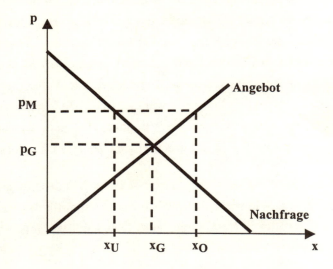

Bei Realisation des Mindestpreises p_M sind wiederum mehrere mögliche
Situationen auf dem Markt denkbar. Nehmen wir an, daß der Staat keinen
weiteren Staatseingriff mit dem Mindestpreis verbindet. In diesem Fall
entsteht ein Angebotsüberschuß auf dem Markt. Da die Anbieter mit Ab-

satzschwierigkeiten ihr Angebot einstellen, wird eine im Vergleich zum Marktgleichgewicht geringere Produktionsmenge x_U realisiert. Die staatliche Mindestpreispolitik führt also auch zur Reduktion der Güterversorgung und der Anbieterzahl. Dies widerspricht natürlich der angenommenen Zielsetzung der Politik und kann auch nicht als stabile Situation angesehen werden. Unternehmen könnten ja durch Preissenkung ihren Absatz und ihren Gewinn steigern (vgl. WEIMANN (1995) S. 296f.). Da die eben geschilderten Auswirkungen so offensichtlich der staatlichen Zielsetzung widersprechen, wird der Staat weitere Eingriffe durchführen müssen. Staatlich festgesetzte Mindestpreise ergeben nur eine gewünschte Wirkung, wenn der Staat mit dem Mindestpreis auch gleichzeitig eine Abnahmegarantie verbindet. Der Staat muß also Regelungen schaffen, die dazu führen, daß der Angebotsüberschuß auch aufgekauft wird, d. h. die Angebotsmenge x_O realisiert wird. Dies kann z. B. bedeuten, daß der Staat die Angebotsüberschußmenge selbst aufkaufen, lagern und verteilen muß. Butterberge im Agrarbereich sind ein anschauliches Beispiel. Da der Staat diese Maßnahme in der Regel zur Erhaltung von Anbietern mit höheren Kosten einsetzt (heimische Landwirtschaft, erneuerbare Energienanbieter) sind zahlreiche weitere staatliche Regelungen zur Aufrechterhaltung dieser Politik notwendig. Bereits erwähnte Beispiele sind Importzölle auf kostengünstige landwirtschaftliche Produkte aus dem Ausland oder ein Abnahmezwang für Strom aus erneuerbaren Energien für Netzbetreiber.

Es soll nun kurz auf den Wohlfahrtseffekt der Mindestpreispolitik eingegangen werden. Wie wirkt sich die Mindestpreispolitik des Staates auf den volkswirtschaftlichen Nettonutzen aus? Dies kann wie folgt im Marktdiagramm dargestellt werden.

Ohne Markteingriff des Staates würde der Gleichgewichtspunkt G realisiert werden. Der volkswirtschaftliche Nettonutzen entspricht dem Dreieck $\overline{0 P_0 G}$.

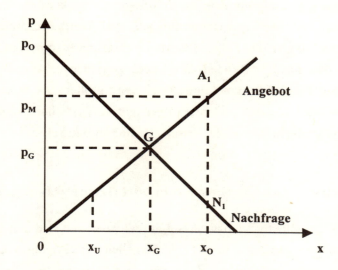

Durch Festsetzung des Mindestpreises mit Abnahmegarantie wird diese Situation nun verändert. Es wird das Angebot x_O bereitgestellt. Da die zusätzlichen Produktionskosten der Mengenausweitung den zusätzlichen Nutzen der Konsumenten übersteigen findet im Vergleich zur Marktgleichgewichtssituation eine Senkung des volkswirtschaftlichen Nettonutzens um das Dreieck $\overline{N_1 A_1 G}$ statt. Es ist also festzustellen, daß auch die Mindestpreispolitik den Nettonutzen in einer Volkswirtschaft insgesamt senkt. Zwar werden vordergründig einzelne Anbieter in ihrer Existenz erhalten. Dies ist jedoch volkswirtschaftlich nicht vorteilhaft, da die Grenzkosten ihrer Produktion deren Grenznutzen übersteigen. Die Kosten dieser Politik werden von den Wirtschaftssubjekten getragen, welche die Güter zu den Preisen gar nicht wünschen. Außerdem ist eine Subventionspolitik nötig. Hierbei müssen die Konsumenten als Steuerzahler die Kosten tragen, wobei die zusätzlichen Steuerkosten größer sind als der zusätzlichen Nutzen. Ein dynamischer Aspekt dieser Politik ist außerdem absehbar (vgl. WEIMANN (1995) S. 299f.). Die staatlich garantierte Mindestpreispolitik schafft für die Anbieter Anreize auf diesem Markt zu investieren und die Kapazität auszuweiten. In unserer Graphik würde dies die Angebotsfunktion nach rechts verschieben. Auf Wettbewerbsmärkten wären Preissenkungen die Folge. Im Mindestpreismarkt mit Abnahmegarantie kann dies nicht stattfinden. Die Lücke zwischen zahlungsbereiter Nachfrage und Angebot zum Mindestpreis wird größer. Der Staat muß entweder größere Mengen aufkaufen oder andere Wirtschaftssubjekte zur Abnahme zwingen. Der volkswirtschaftliche Nettonutzen sinkt.

2. Bewirtschaftung eines Klubkollektivgutes/Mautgutes

Ein Klubkollektivgut bzw. Mautgut zeichnet sich dadurch aus, dass ein Ausschluss von Nutzern mit wirtschaftlich vertretbaren Mitteln möglich ist, es jedoch, solange die Kapazität nicht überschritten wird, keine Rivalität im Konsum gibt (s. S 167 f.). Ist eine bestimmte Kapazität vorhanden, so ist, solange Kapazitätsreserven bestehen, ein Ausschluss von Nutzern insofern nicht sinnvoll, als hier auf die Realisierung eines Nutzens verzichtet würde, ohne daß dadurch (zusätzliche) Kosten entstünden. Bei Ausschluß würde auf die Realisierung eines volkswirtschaftlichen Nettonutzens verzichtet.

Wie stellt sich diese Situation dar, wenn die Kapazität geringer ist als die Sättigungsmenge der Nachfrage? In diesem Fall muss die Kapazität bewirtschaftet werden, wozu es verschiedene Ansätze gibt. (Vgl. zum folgenden z. B. BLANKART (1998), S. 58 f., DICKERTMANN/GELBHAAR (2000), S. 145 ff., DREYHAUPT/FRECHEN (1995), S. 77 ff., GROSSE-KETTLER (1999), S. 535 – 542.)

2.1 Bewirtschaftung eines Klubkollektivgutes/Mautgutes durch Kapazitätsanpassung

Betrachten wir zunächst den Fall, daß das Gut von einer öffentlichen Verwaltung bereitgestellt wird, so daß die Leistung entgeltfrei abgegeben wird und eine Finanzierung über Steuern oder öffentliche Kreditaufnahme erfolgt. Man denke etwa an die Bereitstellung einer Autobahn, eines ent-geltfreien öffentlichen Gesundheitssystems oder ähnliches. Zur Veran-schaulichung bedienen wir uns des folgenden Preis-Mengen-Diagramms, in das eine normal verlaufende lineare Nachfragefunktion mit dem Prohi-bitivpreis p_{proh} und der Sättigungsmenge x_{satt} sowie eine völlig preisune-lastische Angebotskurve mit der Angebotsmenge x_0, mit $x_0 < x_{satt}$, einge-zeichnet sind.

Durch die entgeltfreie Bereitstellung des Gutes wird die Menge x_{satt} nach-gefragt, es kann aber ohne Rivalität im Konsum nur maximal die Menge x_0 konsumiert werden. Wird angenommen, daß jede Einheit der Menge x_0 nur einmal konsumiert werden kann, d. h. von der Ausschöpfung der Ka-pazität x_0 an vollkommen Rivalität im Konsum herrscht, ist nun die Fra-ge, welche Einheiten der Nachfrage x_{satt} zum Zuge kommen.

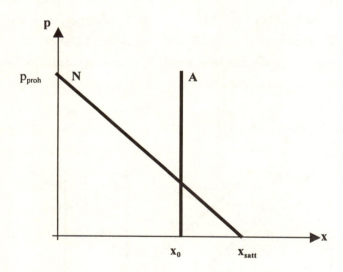

Würde zufällig genau die Nachfrage zum Zuge kommen, die auch bei ei-nem funktionierenden Markt zum Zuge käme, nämlich der Teil der Nach-fragefunktion, der höchste Zahlungsbereitschaft widerspiegelt, wäre der Nutzen maximal und wir könnten ihn als Fläche unter der Nachfragefunktion bis zur Menge x_0 messen (Fläche $\overline{p_{proh}Gx_00}$ im folgenden Schaubild). Käme hingegen die Nachfrage mit der niedrigsten Zahlungsbereitschaft zum Zuge, entstünde eine maximale Nutzeneinbuße, denn der Nutzen entspräche nurmehr der Fläche unter der Nachfragekurve, die entsteht, wenn wir die Nachfragekurve so nach links verschieben, dass ihr Abszissenschnittpunkt mit x_0 übereinstimmt (Fläche $\overline{p'x_00}$ im folgenden Schaubild). Die Nutzeneinbuße wird im folgenden Schaubild durch die Fläche $\overline{p_{proh}Gx_0p'}$ ($= \overline{p_{proh}Gx_00} - \overline{p'x_00}$) repräsentiert.

Die entgeltfreie Bereitstellung des Gutes in der Menge $x_0 < x_{satt}$ bewirkt folglich eine Übernachfrage mit Nutzeneinbußen, da die Realität zwischen den beiden Fällen liegt. Ist die Rivalität an der Kapazitätsgrenze x_0 nicht vollkommen, können beispielsweise mehr Automobile auf eine Autobahn als es eigentlich der Kapazität dieser Autobahn entspricht, kommt es zu Nutzeneinbußen bei den Nutzern durch Übernutzung. Beispielsweise dürfte die Zahlungsbereitschaft, die sich in der Lage der Nachfragekurve niederschlägt, für die Nutzung einer Autobahn mit Stau geringer sein, als für die Nutzung einer Autobahn ohne Stau.

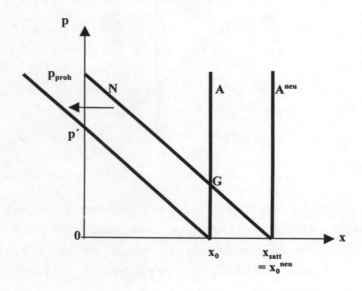

Zur Behebung dieses Problems hätte die öffentliche Verwaltung, die ja definitionsgemäß keine Nutzungspreise nimmt, nur die Möglichkeit, die angebotene Kapazität an die Sättigungsmenge anzupassen. Bliebe die Lage der Nachfragekurve unverändert, könnte x_0 so erhöht werden, dass gilt: $x_0^{neu} = x_{satt}$, wie es der Angebotsfunktion A^{neu} im vorangegangenen Schaubild entspricht. In einer Wirtschaft, in der Knappheit herrscht, ist die Herbeiführung einer Lösung mit $x_0 = x_{satt}$ allerdings nicht mit ökonomischer Vernunft vereinbar. In der Ausgangslage $x_0 < x_{satt}$ liegt eine Entscheidungssituation vor, in der der mögliche Nutzenzuwachs durch einen Kapazitätsausbau mit den durch den Ausbau verursachten zusätzlichen Kosten zu vergleichen ist, denn die *zusätzliche* Kapazität ist ja noch nicht vorhanden. Geht man realistischerweise davon aus, dass auch die letzte Ausbaueinheit noch volkswirtschaftliche Grenzkosten > 0 verursacht, im Punkt $x_0^{neu} = x_{satt}$ jedoch der Grenznutzen = 0 ist, liegt gesamtwirtschaftlich jedenfalls eine Verletzung des Zweiten Gossenschen Gesetzes vor. Die entsprechende Kapazität sollte also nicht geschaffen werden. Das Bewirtschaftungsproblem kann jedoch auch noch anders gelöst werden.

2.2 Bewirtschaftung eines Klubkollektivgutes/Mautgutes durch Preissetzung

Statt des Ausbaus der Kapazität zur Behebung des Übernutzungsproblems kann auch eine Bewirtschaftung des Gutes durch einen Preis erwogen werden. Wenn weiter die öffentliche Hand der Anbieter ist, liegt ein Angebot eines öffentlichen Betriebes vor, da ein Entgelt für die Nutzung genommen wird. Die Erhebung eines Preises hat natürlich zur Folge, dass nur noch die Nachfrage zum Zuge kommt, bei der die Zahlungsbereitschaft für die Nutzung über dem Preis liegt. Sofern allerdings des öffentlichen Betrieben vorgeschrieben ist, einen Preis zu nehmen, der den Durchschnittskosten des Gutes, also einer *Kostendeckungsregel* bzw. einer *Nullgewinnbeschränkung* entspricht, p_{KD}, ist nicht gewährleistet, dass dieser Preis auch der markträumende Preis, also der Gleichgewichtspreis, p_G, ist.

Liegt der Kostendeckungspreis jedoch unter dem Gleichgewichtspreis, wie in dem folgenden Schaubild der Preis p_{KD1} ($< p_G$), wird das unter 2.1 geschilderte Problem nur kleiner, aber nicht gelöst. Liegt der Kostendeckungspreis hingegen über dem Gleichgewichtspreis, wie im folgenden Schaubild der Preis p_{KD2} ($> p_G$), bleibt eine vorhandene Kapazität ungenutzt. Kann aber eine *vorhandene* Kapzität, für deren Nutzung keine Grenzkosten anfallen (keine Rivalität im Konsum!) nicht bis zur Kapazitätsgrenze genutzt werden, liegt ebenfalls Verschwendung vor, da auf einen realisierbaren zusätzlichen Nutzen verzichtet wird, obwohl keine zusätzlichen Kosten auftreten würden. Richtig ist demnach allein die Realisierung des Gleichgewichtspreises p_G, die Angebot und Nachfrage in Übereinstimmung bringt.

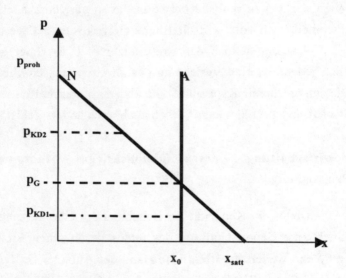

Bleibt noch die Frage zu klären, was mit dem Überschuss- oder Defizitbetrag geschieht, der durch die Erhebung eines markträumenden Preises entsteht. Zur Lösung dieses Falles wäre es beispielsweise möglich, die Nutzung des Gutes an eine Klubmitgliedschaft zu binden. Die Klubmitgliedschaft könnte etwa mit der Zahlung des Nutzungspreises erworben werden, bei einer Autobahn beispielsweise mit der Zahlung einer Maut. Die Höhe der markträumenden Maut / des markträumenden Nutzungspreises bewirkt dann eine optimale Nutzung der Kapazität. Ein Finanzierungsdefizit könnte durch einen Mitgliedsbeitrag, ähnlich einer Grundgebühr beim Fernsehen oder beim Telefon, abgedeckt werden, ein erzielter Überschuss könnte, sofern die Klubmitglieder glauben, der dadurch gewonnene Nutzenzuwachs wäre größer als das Opfer, zu einem Ausbau der Kapazität verwendet werden oder, wenn die Klubmitglieder dies für ein schlechtes Geschäft hielten, ausgeschüttet werden.

3. Preissetzung im Natürlichen Monopol

3.1 Gewinnmaximum und volkswirtschaftliches Optimum im Falle eines Natürlichen Monopols

Viele Klubkollektivgüter bzw. Mautgüter weisen die Eigenschaften eines so genannten Natürlichen Monopols auf. Ein **Natürliches Monopol** liegt vor, wenn die Durchschnittskosten über den gesamten durch die Nachfragefunktion (Preisabsatzfunktion) begrenzten Outputbereich fällt, weil dann „ein Produzent den Markt kostengünstiger beliefern kann als mehrere." (BLANKART (1998), S. 59, vgl. auch BORRMANN/FINSINGER (1999), S. 122 f..) Dies trifft vor allem für Güter zu, die, etwa wegen eines teuren Netzes, nur mit hohen Fixkosten hergestellt werden können, so daß die *Fixkostendegression*, d. h. mit der Produktionsmenge sinkende Fixkosten pro Stück, den Verlauf der Durchschnittskosten bestimmt. Im folgenden Schaubild ist ein solcher Fall graphisch dargestellt.

Zur Beantwortung der Frage, wo das Gewinnmaximum eines (privaten) Monopolisten liegt, benötigen wir noch die Grenzumsatzkurve $U'(x)$ (siehe zur Monopolpreisbildung den Anhang 2 dieses Lehrbuches). Damit können wir dann den (gewinnmaximalen) *Cournotschen Punkt* C mit dem Preis p^*_C und der Menge x^*_C bestimmen. Diese Situation wird im folgenden Schaubild mit dem volkswirtschaftlichen Optimum verglichen, das da liegt, wo die marginale Zahlungsbereitschaft (Punkt auf der Preisabsatzfunktion) den Grenzkosten entspricht (Vgl. BORRMANN/FINSINGER (1999), S. 22 f.). Dies ist bei der Menge x_{opt} und dem Preis p_{opt}.

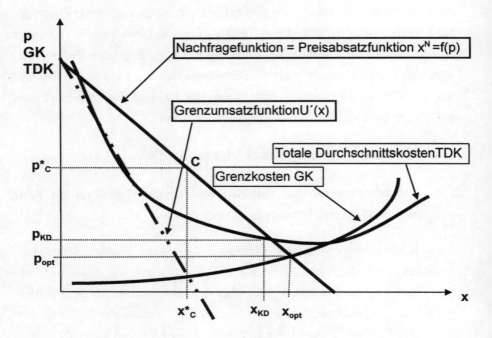

Im Cournotschen Punkt entspricht der Gewinn der Fläche, die entsteht, wenn man den Abstand zwischen der Preisabsatzfunktion und der Funktion der totalen Durchschnittskosten bei der Menge x^*_C mit dieser Menge x^*_C multipliziert. Im Optimalpunkt entstünde ein Verlust, der der Fläche entspricht, die entsteht, wenn bei der Menge x_{opt} der Abstand zwischen der Funktion der totalen Durchschnittskosten und der Preisabsatzfunktion (an dieser Stelle gleich Grenzkostenfunktion) ermittelt und mit der Menge x_{opt} mulipliziert wird. Aus Gründen der Übersichtlichkeit sind diese Flächen im Schaubild nicht eingezeichnet, können aber leicht eingetragen werden. Die volkswirtschaftlich optimale Situation wäre demnach mit einem Verlust verbunden, was darin begründet liegt, dass die *Fixkosten* kurzfristig nicht entscheidungsrelevant sind. Handelt es sich gar um *versunkene Kosten (sunk costs)*, die „... den Wert von Aufwendungen bzw. Produktionsfaktoren [bezeichnen], der für den Markteintritt erforderlich ist und bei einem Marktaustritt unwiederbringlich abgeschrieben werden muß" (FRITSCH/ WEIN/EWERS (1996), S. 161), so sind diese niemals mehr entscheidungsrelevant (vgl. BORRMANN/FINSINGER (1999), S. 110 ff.). Insofern ist ein betriebswirtschaftlicher Verlust notwendige Begleiterscheinung einer optimalen Güterversorgung im Falle eines Natürlichen Monopols. Allerdings gibt es hier ein erhebliches Bereitstellungsproblem: Ein freies privates Angebot führt im Cournotschen Punkt zu einer Ausbeutung der Nachfrager. Ein Zwang, markträumende Grenzkostenpreise (wie im Polypol) zu nehmen, würde einen betriebswirtschaftlichen Verlust bedeuten, so daß ein privater Anbieter nicht in den Markt käme. Zur Lösung dieses Problems gibt es eine Vielzahl von Vorschlägen (Vgl. z. B. FRITSCH/ WEIN/EWERS (1996), S. 161 – 184, DICKERTMANN/GELBHAAR (2000), S. 146 ff.). Sehr verbreitet sind beispielsweise Vorschläge, die auf eine staatliche Regulierung der Preisgestaltung der Monopolisten oder auf die Übernahme des Angebotes durch öffentliche Unternehmen zielen (vgl. z. B. SCHUMANN/MEYER/STRÖBELE (1999), S. 295). Auch wird vorgeschlagen, bereits vorhandene Monopole unter Wettbewerbsdruck zu setzen. So könnte beispielsweise potentielle Konkurrenz erzeugt werden, indem für neue Anbieter durch politische Maßnahmen die Marktzutrittskosten gesenkt werden (beispielsweise könnte der Staat das Netz bereitstellen und mehreren Anbietern zur Verfügung stellen oder er könnte privaten Netzbetreibern eine Pflicht auferlegen, das eigene Netz auch fremden Leistungsanbietern zur Verfügung zu stellen). Dadurch würden solche Märkte durch potentielle Konkurrenz bestreitbar, so daß von *bestreitbaren Märkten* oder *contestable markets* gesprochen wird (vgl. BAUMOL (1982), BORRMANN/FINSINGER (1999), S. 278 ff.), der (bereits existierende) Monopolist wäre gezwungen, seine Preise auf die Grenzkostenpreise herabzusetzen.

2.2 Das Kostendeckungsprinzip und seine Folgen im Falle eines Natürlichen Monopols

Beispielhaft sei hier eine Situation betrachtet, in der eine Preisbildung nach dem *Kostendeckungsprinzip* (der *Kostendeckungsregel*) / der Vorgabe einer *Nullgewinnbeschränkung* (BANKART (1998), S. 469), sei es durch Preisregulierung oder durch Bereitstellung der Leistung durch ein öffentliches Unternehmen, durchgesetzt wird.

Würde von einem privaten Monopol ausgegangen, das den Cournotschen Punkt realisiert, so wäre der Übergang zu einer Nullgewinnbeschränkung oder Kostendeckungsregel insofern eine Verbesserung, als eine deutliche Annäherung an den volkswirtschaftlichen Optimalpunkt bewirkt würde. Die neue Situation ist im vorangegangenen Schaubild durch die Preis-Mengen-Kombination p_{KD} und x_{KD} dargestellt.

Problematisch dabei ist allerdings, daß die Einführung oder Auferlegung einer Kostendeckungsregel bzw. Nullgewinnbeschränkung die Anreize dramatisch verändert. „Jeder kostenorientiert verordnete Preis birgt .. die Gefahr, daß nicht die Minimalkostenkombinationen realisiert oder dem staatlichen Regulierer mitgeteilt werden und daß Anreize zu kostensenkenden Maßnahmen fehlen." (SCHUMANN/MEYER/STRÖBELE (1999), S. 292. Vgl. auch DICKERTMANN/GELBHAAR (2000), S. 147.) Bei einem privaten Monopolisten wirkt der Anreiz zur Kostensenkung hingegen solange weiter, wie dadurch der Gewinn gesteigert werden kann.

Näher betrachtet stellt sich der Vorgang wie folgt dar. Sieht man eine *Unternehmung* als Koalition von Individuen an, mit deren Hilfe die Mitglieder der Koalition ihre je eigenen Ziele besser verfolgen können als außerhalb dieser Koalition (vgl. zur modernen Institutionenökonomik der Unternehmung z. B. SCHÜLLER (1983), ERLEI/LESCHKE/SAUERLAND (1999), Kap. 3, RICHTER/ FURUBOTN (1996), Kap. VIII.), so ist es plausibel anzunehmen, daß die Mitglieder des Managements vor allem nach einem hohen (Lebens-)Einkommen und, auf Grund der unmittelbar nutzenstiftenden Wirkung, einem hohen Ansehen als „Unternehmer" streben. Beides ist im allgemeinen von der Höhe des Gewinns des entsprechenden Unternehmens oder daraus abgeleiteten Größen, wie z. B. Kapitalrentabilität u. ä., abhängig. Der Erfolg des Unternehmens gilt als Erfolg der Manager. Wird nun eine Nullgewinnbeschränkung auferlegt, entfällt der Gewinn als Erfolgsindikator. Es müssen Ersatzgrößen als Erfolgsindikatoren hinhalten. Beispielsweise zählt besonders die Versorgungssicherheit. Auch aus der Größe des Unternehmens wird ein Rückschluss auf die Bedeutung der Manager abgeleitet. Da Ineffizienzen durch die Kostendeckungsregel bei der Preissetzung abgegolten und von außen schwer zu kontrollieren sind (vgl. zum Problem asymmetrischer Informationsverteilungen z. B. SCHUMANN/MEYER/ STRÖBELE (1999), S. 436 ff.), führt dies zu überdimensionierten Unternehmensgrößen (diese Zusammenhänge sind aus der Industrieökonomik bekannt. Vgl. z. B. die einschlägigen Ausführungen in KAUFER (1980).), weil mit der Größe des Unternehmens einerseits unmittelbar das Ansehen und damit die Weiterentwicklungsmöglichkeiten des Managements steigen und andererseits auch die Versorgungssicherheit besser gewährleistet werden kann. Folglich ist ein Durchschnittskostenwachstum zu erwarten. Damit besteht die Möglichkeit, dass die staatliche regulierten Preise oder die Preise, die ein öffentlicher Betrieb nimmt, sogar höher liegen können als der Preis eines unregulierten privaten Monopols (worauf schon FRIEDMAN (1984), S. 169, hinweist.) Eine solche Situation ist im folgenden Schaubild dargestellt, in dem der *Spezialfall* eingezeichnet ist, daß die totalen Durchschnittskosten so lange wachsen, bis die totale Durchschnittskostenfunktion oberhalb des Cournotschen Punktes zur Tangente an der Nachfragefunktion (= Preisabsatzfunktion) wird (die zugehörige veränderte Grenzkostenfunktion ist nicht eingezeichnet). Der Kostendeckungspreis p_{KD}^{END} wäre in diesem Spezialfall noch höher als der gewinnmaximierende Preis des privaten Monopols p^*_C. Und die entsprechende Versorgungsmenge x_{KD}^{END} würde im hier dargestellten *Spezialfall* sogar unter der Versorgungsmenge im Falle des privaten, gewinnmaximierenden Monopols x^*_C liegen.

Beim privaten Monopolisten bleibt zudem der Kostensenkungsanreiz bestehen. Und Kostensenkungen führen hier zu mehr Wohlfahrt. Denn selbst wenn die Lage der Grenzkostenfunktion unverändert bleibt, bedeuten niedrigere Kosten, daß für die gleiche Versorgungsmenge Ressourcen in

geringerem Maße als zuvor in Anspruch genommen werden. Die freien
Ressourcen können nunmehr einer anderen sinnvollen Verwendung zugeführt werden. Sinken auch noch die Grenzkosten, so steigt die Versorgungsmenge bei sinkendem Preis an.

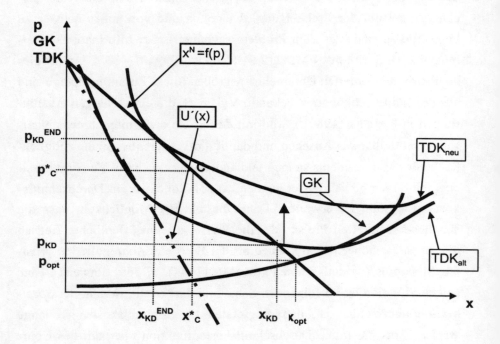

Was unter einer statischen Betrachtung aussieht wie eine günstige Veränderung, nämlich der Ersatz der privaten Monopollösung durch die Kostendeckungsregel, kann sich in langfristiger, dyamischer Betrachtung als
Fehler erweisen, wenn durch das Durchschnittskostenwachstum die Versorgung am Ende gar schlechter als im privaten Monopol sein sollte. Ob
dieses Risiko besteht, wird wohl im Einzelfall zu prüfen sein, wie auch
FRIEDMAN [(1984), S. 53, 169] feststellt.

4. Staatliche Preissetzung im Falle eines Öffentlichen Gutes

Als **rein öffentliche Güter** werden Güter bezeichnet, von deren Nutzung sowohl niemand ausgeschlossen werden kann (Nichtgeltung des Ausschlußprinzips), als auch Nichtrivalität im Konsum vorherrscht (vgl. oben S. 165 ff.). Als Beispiel hierfür wird in der Literatur vielfach die Landesverteidigung genannt, da durch die Maßnahmen der Landesverteidigung eines Landes alle Bürger geschützt werden und durch einen weiteren Nutzer (z.B. Geburt eines neuen Bürgers) der Schutz der alten Bürger nicht beeinträchtigt wird.

Für die Bereitstellung rein öffentlicher Güter hat die moderne Finanzwissenschaft allgemein akzeptierte Grundkriterien abgeleitet, von denen im folgenden einige wesentliche dargestellt werden.

4.1 Die Nutzung vorhandener öffentlicher Güter
   (vgl. BLANKART (1994) S. 56ff)

Ist ein rein öffentliches Gut einmal produziert, sind die Grenzkosten der Nutzung Null, da vollkommene Nichtrivalität der Inanspruchnahme herrscht. Ein zusätzlich auftretender Nutzer *sollte* für die Inanspruchnahme der Leistung in diesem Fall keinen Preis zahlen, denn schließlich entstehen durch die Inanspruchnahme keine Kosten, aber ein Nutzen. Sollte die Vorhaltung des rein öffentlichen Gutes Kosten verursachen, ist eine Zwangsabgabe angebracht. Die Steuerfinanzierung des rein öffentlichen Gutes Landesverteidigung mag dies verdeutlichen.

Daß bei einem rein öffentlichen Gut ohne jede Rivalität im Konsum zudem das Ausschlussprinzip nicht angewendet werden kann, ist, nachdem das Gut produziert ist, nicht als Problem anzusehen. Da die Inanspruchnahme keine Grenzkosten der Nutzung verursacht, wäre ja eine Anwendung des Ausschlussprinzips nicht sinnvoll, selbst wenn sie möglich wäre.

4.2 Die Bereitstellung neuer öffentlicher Güter und die Ermittlung des Leistungsumfanges

Die eigentliche Problematik der öffentlichen Güter liegt in der Frage der Bereitstellung neuer öffentlicher Güter und in der Ermittlung des Leistungsumfangs. Bei der Bereitstellung neuer öffentlicher Güter führt die Nichterfüllung des Ausschlußprinzips zu Marktversagen, d. h. zur Unmöglichkeit einer effizienten Leistungsversorgung aufgrund von Individualentscheidungen von privaten Anbietern und Nachfragern.

Aufgrund der Nichtgeltung des Ausschlußprinzips, könnte ein privater Unternehmer die Nutzer, die sich nicht an den Kosten der Bereitstellung beteiligen wollen, nicht vom Konsum ausschließen. Damit fehlt für potentielle Nutzer der Anreiz, für eine Leistung etwas zu bezahlen. Der private Unternehmer hat somit keinen Anreiz, diese Leistung anzubieten. Über Befragungen der Nachfrager eines solchen Gutes ist das Problem nicht zu lösen, da diese aus Gründen individueller Nutzenmaximierung keinen Anreiz haben, ihre eigenen Präferenzen zu offenbaren. Sie werden bestrebt sein, als sogenannte Trittbrettfahrer in den Genuß des Gutes zu kommen. Dabei wird davon ausgegangen, daß andere Wirtschaftssubjekte, die an der Erbringung der Leistung interessiert sind, mit der Beteiligung an der Finanzierung vorangehen, so daß die Leistung dann kostenlos mitgenutzt werden kann.

Es ist unmittelbar einsichtig, daß ein solches Verhalten aller Wirtschaftssubjekte nicht zu einer Bereitstellung dieses Gutes führt. Der Marktprozess bewirkt eine Tendenz zur Unterversorgung mit öffentlichen Gütern. Es wird somit ein kollektiver Entscheidungsprozess (Gruppeneinigung, Demokratie oder Bürokratie) als Koordinationsverfahren benötigt. Bevor die Effizienz der kollektiven Entscheidungsprozesses Demokratie zur Bestimmung des optimalen Leistungsumfanges betrachtet wird, sei jedoch der prinzipielle wohlfahrtstheoretische Ansatz zur Bestimmung des optimalen Angebots öffentlicher Güter erläutert.

Ein Vergleich mit der Optimalversorgung privater Güter unter Konkurrenz sei kurz angebracht. (Vgl. zu folgendem: BLANKART (1998), S.95 ff.)

Bei privaten Gütern wird die Marktnachfrage durch horizontale Addition der individuellen Nachfragefunktionen ermittelt. Eine individuelle Nachfragefunktion gibt die in Geld ausgedrückten Grenznutzeneinschätzungen eines Wirtschaftssubjektes bezüglich des betrachteten Gutes wieder. Dies wird im folgenden *marginale Zahlungsbereitschaft (MZB)* genannt. Eine individuelle Angebotsfunktion gibt die angebotene Menge in Abhängigkeit vom Preis an. Die Angebotsfunktion des Marktes ergibt sich durch Addition der von den einzelnen Anbietern angebotenen Mengen in Abhängigkeit vom Preis. Unter Konkurrenzbedingungen bietet jeder Anbieter nach der Regel Preis = Grenzkosten an, so daß sich die angebotene Menge somit nach der über die Menge aggregierten Grenzkostenfunktion richtet. Im Marktgleichgewicht zahlt jedes Wirtschaftssubjekt den gleichen Preis, der der marginalen Zahlungsbereitschaft des Grenznachfragers entspricht. Dieser Preis ist gleich den Grenzkosten des Grenzanbieters (GK). Alle Wirtschaftssubjekte konsumieren eine in aller Regel unterschiedliche Menge.

Zur Vereinfachung beschränken wir die Betrachtung auf zwei Wirtschaftssubjekte, A und B. Man erhält die folgende Optimalbedingung:

$$p^A = p^B = GK$$

Die folgende Graphik verdeutlicht diesen Zusammenhang:

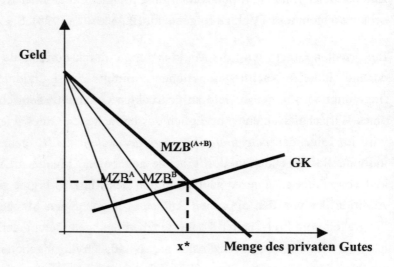

Für öffentliche Güter gilt nun, daß es keine Marktnachfragekurven gibt, da ein Markt nicht existiert. Stattdessen existieren für jedes Wirtschaftssubjekt sogenannte *Pseudonachfragekurven.* Diese geben die Grenznutzeneinschätzung jedes Wirtschaftssubjektes bezüglich des öffentlichen Gutes wieder. Sie werden auch als *marginale Zahlungsbereitschaft (MZB)* bezeichnet. Da bei öffentlichen Gütern die Wirtschaftssubjekte die produzierte Menge **gemeinsam** nutzen, ist die gesellschaftliche Nachfrage als vertikale Addition der individuellen Pseudonachfragefunktionen zu erhalten. Die Optimalversorgung liegt dort, wo der gesellschaftliche Grenznutzen den Grenzkosten der Produktion des öffentlichen Gutes entspricht. (Siehe folgendes Schaubild.)

Für unsere zwei Wirtschaftssubjekte A und B erhält man die folgende Optimalbedingung:

$$p^A + p^B = MZB^A + MZB^B = GK$$

Bei öffentlichen Gütern konsumieren im gesellschaftlichen Optimum die Wirtschaftssubjekte die gleiche Menge. Sie müssten jedoch einen unterschiedlichen Preis zahlen, damit Äquivalenz zwischen individuellem Grenznutzen und individuell zu zahlendem Preis gegeben wäre. Der individuell zu zahlende Preis würde wie eine Steuer zwangsweise erhoben, so daß von einem *Steuerpreis* gesprochen werden kann.

Die folgende Graphik verdeutlicht diesen Zusammenhang (vgl. BLANKART (1998), S.96):

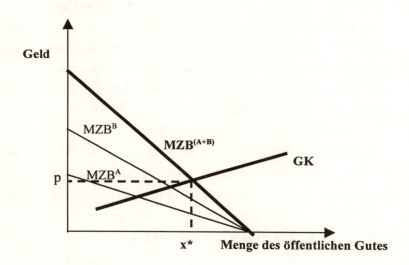

Ein Vergleich zwischen der *optimalen* Versorgung einer Gesellschaft mit privaten und öffentlichen Gütern ergibt:

Bei privaten Gütern zahlen alle Wirtschaftssubjekte den gleichen Preis und konsumieren eine unterschiedliche Menge. Der Preis des Gutes entspricht den Grenzkosten und der marginalen Zahlungsbereitschaft jedes einzelnen Wirtschaftssubjektes.

Bei öffentlichen Gütern zahlen alle Wirtschaftssubjekte einen unterschiedlichen Preis und konsumieren die gleiche Menge. Der Preis des Gutes entspricht den Grenzkosten und der Summe der marginalen Zahlungsbereitschaft aller Wirtschaftssubjekte bei der vorgegebenen Menge. Alle Nutzer insgesamt decken also die Grenzkosten der Produktion des öffentlichen Gutes. In der Optimallösung wird jedes Wirtschaftssubjekt nur entsprechend seiner marginalen Zahlungsbereitschaft belastet. Folglich könnte jedes Wirtschaftssubjekt in einer gesellschaftlichen Vereinbarung einer solchen Lösung freiwillig zustimmen. Der Staat handelte bei einer entsprechenden Bereitstellung sozusagen im Auftrag seiner Bürger.

Allerdings haben die Bürger ja, worauf weiter oben hingewiesen wurde, kein Interesse, ihre (marginalen) Zahlungsbereitschaften offenzulegen. Und wegen der Nichtgeltung des Ausschlußprinzips werden sie auch von einem Markt nicht dazu veranlaßt. Der Staat wiederum hat keine Möglichkeiten, die (marginalen) Zahlungsbereitschaften zu ermitteln. Deshalb können die Bereitstellungsprobleme nicht durch einen wohlmeinenden Diktator gelöst werden. Statt dessen werden in der Demokratie Mehrheitsentscheidungen gefällt. Dabei wird im Allgemeinen die Finanzierung von Staatsleistungen von der Frage, wem die Leistungen in welchem Maße nützen, gelöst. Es erfolgt beispielsweise eine Zuweisung von Finanzierungslasten nach der Einkommenshöhe der Bürger. Eine Alternative wäre beispielsweise, von jedem Nutzer einen gleichen Betrag zu nehmen. In jedem dieser Fälle würde vom volkswirtschaftlichen Optimum abgewichen.

4.3 Die Bereitstellung öffentlicher Güter in der Demokratie

Inwieweit, dieser Frage wird jetzt nachgegangen, kann ein demokratischer Entscheidungsprozess eine optimale Versorgung mit dem öffentlichen Gut gewährleisten? Bei der Beantwortung sei unterstellt, daß die demokratische Entscheidung aufgrund einer Mehrheitsregel gefällt wird. (Zum folgenden vgl. BLANKART (1994), S.108 ff., (1998), S. 110 ff.). Es sollen folgende wichtige Grundannahmen gelten:

1. Die Wahlberechtigten sind sowohl Nutznießer des öffentlichen Gutes als auch Steuerzahler. Die Steuerzahlung wird zur Finanzierung des öffentlichen Gutes verwendet.

2. Kostendeckung ist vorgeschrieben. Die Kosten des öffentlichen Angebots werden auf alle Bürger gleich verteilt.

3. Jedes Angebot einer öffentlichen Leistung wird für sich abgestimmt und finanziert. Ein Verbund mit anderen Leistungen ist unzulässig.

4. Das Angebot öffentlicher Leistung gilt als angenommen, wenn mehr als 50% der Wahlbürger zustimmen (einfache Mehrheit). Koalitionen und Absprachen unter den Wahlbürgern seien wegen prohibitiv hoher Verhandlungskosten ausgeschlossen.

Zu welchen Ergebnissen dieses einfache demokratische Bereitstellungsverfahren führt, läßt sich am Beispiel eines Modells mit drei Wirtschaftssubjekten erschließen.

Das folgende Schaubild verdeutlicht den Zusammenhang:

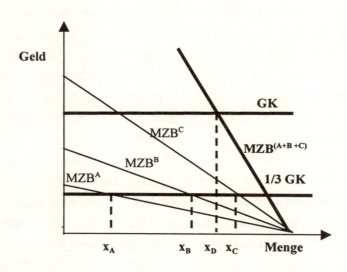

Zur Abstimmung stehe der optimale Umfang des öffentlichen Gutes. Die Kurven MZB^A, MZB^B und MZB^C geben die marginale Zahlungsbereitschaft der drei betrachteten Wirtschaftssubjekte in der Volkswirtschaft an. $MZB^{(A+B+C)}$ stellt die Summe der marginalen Zahlungsbereitschaften dar. Da Kostendeckung vorgeschrieben ist, sieht die Steueraufteilungsregel vor, daß jedes Wirtschaftssubjekt 1/3 der Kosten trägt. Da konstante Stückkosten unterstellt sind, beträgt der Steuerpreis pro Mengeneinheit 1/3 der Grenzkosten für jeden Bürger. Die Wirtschaftssubjekte sollen nun unter der angegebenen Mehrheitsregel über alternative Budgetumfänge abstimmen.

Eine Mindestmenge von x_A bereitzustellen, würde von allen Wirtschaftssubjekten angenommen. Bei der Menge von x_A ist die marginale Zahlungsbereitschaft von allen Wirtschaftssubjekten größer oder gleich dem Steuerpreis. Sollte eine Menge größer als x_A zur Abstimmung kommen, dann wird Wirtschaftssubjekt A nicht mehr zustimmen, da der Steuerpreis über seiner marginalen Zahlungsbereitschaft liegt. Da aber die Wirtschaftssubjekte B und C eine größere Nachfrage nach dem Gut haben, wird bei Mehrheitsabstimmung das Wirtschaftssubjekt A überstimmt werden. Mehrheitsfähig ist die Menge x_A. Hier entspricht der Steuerpreis der marginalen Zahlungsbereitschaft des mittleren Wählers im Sinne eines *Medianwählers*, d. h. es sind ebenso viele Wähler gegeben, die eine geringere Menge wünschen, wie es Wähler gibt, die eine größere Menge wünschen. (Vgl. zum Medianwähler, an dessen Vorstellungen sich in einer Demokratie in der Tendenz die Politiker ausrichten z. B. BLANKART (1998), S. 110 ff., STIGLITZ (1999), S. 625 f.) Eine höhere Menge wird nicht realisiert, da diese nicht mehr mehrheitsfähig ist. Unsere graphische Darstellung läßt erkennen, daß die Medianwählermenge unterhalb der gesellschaftlich optimalen Menge x_D liegt. Es ist also festzuhalten, daß bei Mehrheitswahlrecht nicht die gesellschaftlich optimale Menge, sondern eine mehrheitsfähige Menge (Medianwählergleichgewicht) realisiert wird. Die Mengenabweichung vom gesellschaftlichen Optimum ist abhängig von den Verläufen der Pseudonachfragefunktionen. Das Medianwählergleichgewicht kann sowohl zu einer Überversorgung als auch zu einer Unterversorgung mit öffentlichen Gütern führen.

Anhang 4: Systemänderungen in der VGR

Im Jahre 1999 wurden einige Systemänderungen in der deutschen Volkswirtschaftlichen Gesamtrechnung vorgenommen. Hierdurch wurde ein
einheitliches Europäisches System Volkswirtschaftlicher Gesamtrechnungen (ESVG) implementiert. In diesem Anhang geht es darum, die Änderungen zu dokumentieren, die für die Darstellung der VGR–Zusammenhänge des Kapitels III dieses Lehrbuches relevant sind. Die Darstellung
basiert weitgehend auf der vom *Statistischen Bundesamt* im Internet verfügbaren Veröffentlichung der Konzeptänderung (vgl. STATISTISCHES
BUNDESAMT (1999)) und den Veröffentlichungen in der Zeitschrift Wirtschaft und Statistik des Statistischen Bundesamtes (vgl. STATISTISCHES
BUNDESAMT (4/1999) u. STATISTISCHES BUNDESAMT (6/1999)).

1. Neue Begriffe

Die in unserem Zusammenhang wesentlichen neu eingeführten Begriffe
und ihre Erklärung seien in folgender Tabelle zusammengefaßt
(STATISTISCHES BUNDESAMT (4/1999),S.266). :

Neue Begriffe	Bisherige Begriffe (Erklärung)
Bruttonationaleinkommen	Bruttosozialprodukt + Empfangene Subventionen aus der übrigen Welt - Geleistete Produktions – und Import-abgaben an die übrige Welt
Sparen	Ersparnis
Konsumausgaben, Konsum	Letzter Verbrauch
Konsum des Staates	Staatsverbrauch
Konsumausgaben der privaten Haus-halte und der privaten Organisationen ohne Erwerbscharakter	Privater Verbrauch
Arbeitnehmerentgelt	Bruttoeinkommen aus unselbständiger Arbeit

Neue Begriffe	Bisherige Begriffe (Erklärung)
Selbständigeneinkommen	Entstandene Einkommen aus Unternehmen ohne eigene Rechtspersönlichkeit
Betriebsüberschuß	Entstandene Einkommen aus Unternehmertätigkeit und Vermögen inländischer Sektoren
	- Entstandene Einkommen aus Unternehmen ohne eigene Rechtspersönlichkeit
Primäreinkommen (= Nettonationaleinkommen)	Nettosozialprodukt zu Marktpreisen
	+ Empfangene Subventionen aus der übrigen Welt
	- Geleistete Produktions- und Importabgaben an die übrige Welt
Gütersteuern	Nichtabziehbare Umsatzsteuer, Einfuhrabgaben und Teil der Produktionssteuern
Nettoproduktionsabgaben = Produktions- und Importabgaben - Subventionen	Indirekte Steuern – Subventionen

2. Einige wesentliche methodische und berechnungstechnische Änderungen

1. **Investitionen und Abschreibungen**: In der Position Anlageinvestitionen werden nun auch immaterielle Wirtschaftsgüter (z.B. Computerprogramme, Urheberrechte, Suchbohrungen) erfasst. Außerdem gehören hierzu nun auch zivil nutzbare militärische Ausrüstungen und Bauten (z.B. Lastwagen). Deren Abschreibungen erhöhen die Konsumausgaben des Staates. Auf öffentliche Tiefbauten (z.B. Straßen, Brücken, Wasserstrassen) werden nun auch Abschreibungen berechnet.

2. **Entstehungsrechnung des Bruttoinlandsproduktes**: Die Bruttowertschöpfung und die Produktionswerte werden nun nicht mehr zu
Marktpreisen sondern zu Herstellungspreisen bewertet. Dies bedeutet,
daß von den Marktentgelten nicht nur die Mehrwertsteuerpositionen
(wie früher auch) sondern auch sonstigen Gütersteuern (z.B. Mineralölsteuer) abzuziehen sind und Gütersubventionen hinzuzurechnen
sind.

3. **Darstellung nach Sektoren:** Der zusammengefaßte Unternehmenssektor wurde abgeschafft. Unternehmen mit eigener Rechtspersönlichkeit werden in den Sektoren Finanzielle und Nichtfinanzielle Kapitalgesellschaften dargestellt. Zu dem Sektor Private Haushalte gehören nun die Unternehmungen ohne eigene Rechtspersönlichkeit. Private Organisationen ohne Erwerbszweck sind in einem eigenen Sektor
zusammengefasst. Der Staatssektor enthält nun nicht mehr die selb-
ständigen Eigenbetriebe des Staates. Diese sind den Nichtfinanziellen
Kapitalgesellschaften zugeordnet. (Vgl. HUBER (2000). S. 460).

4. **Saldo der Primäreinkommen**: Außer den vom Ausland empfangenen und an das Ausland geleisteten Erwerbs- und Vermögenseinkommen umfaßt dieser nun auch den Saldo der an die übrige Welt
geleisteten Produktions- und Importabgaben und den von der übrigen
Welt empfangenen Subventionen. Diese wurden früher in der Position
laufende Übertragungen dargestellt.(Vgl. STATISTISCHES BUNDESAMT
(6/1999), S. 470ff). Dieses sind von der Europäischen Union empfan-
gene Subventionen und an die Europäische Union gezahlte Produkti-
ons- und Importabgaben, z.B. Zolleinnahmen aus dem Handel mit
Drittländern (Vgl. STATISTISCHES BUNDESAMT (4/1999), S. 264). Für
den Saldo der Primäreinkommen ergibt sich daher folgende Gleichung:

Saldo der Primäreinkommen
=Vom Ausland erhaltenes Erwerbs- und Vermögenseinkommen
- An das Ausland geleistete Erwerbs- und Vermögenseinkommen
+ Empfangene Subventionen aus der übrigen Welt
- Geleistete Produktions- und Importabgaben an die übrige Welt

3. Beispielhafte Darstellung von VGR Daten 1999

Die wesentlichen Änderungen seien nun beispielhaft für 1999 verdeutlicht. Hierbei wurden vom statistischen Bundesamt im Internet ausgewiesene und abrufbare Zahlen zugrundegelegt (//www.statistik–bund.de./basis/d/vgr./):

3.1 Bruttoinlandsprodukt (Inlandseinkommen):

Produktionskonto Inland

Soll			Haben
Abschreibungen	570,19	Konsum	2979,17
Faktoreinkommen Inland	2891,28	Bruttoinvestition	860,41
Nettoproduktionsabgaben	415,73	Exporte – Importe	37,62
Summe (Bruttoinlandsprodukt)	3877,20	Summe	3877,20

3.2 Bruttonationaleinkommen (Inländereinkommen):

Produktionskonto Inländer

Soll			Haben
Abschreibungen	570,19	Konsum	2979,17
Volkseinkommen	2871,22	Bruttoinvestition	860,41
Produktions- und Import-abgaben minus Subventionen	404,46	Exporte – Importe	37,62
		Saldo der Primäreinkommen mit der übrigen Welt	-31,33
Summe (Bruttonationaleinkommen)	3845,87	Summe	3845,87

Die Differenz zwischen dem Volkseinkommen und den Faktoreinkommen Inland ergibt sich aus dem Saldo der Erwerbs – und Vermögenseinkommen mit dem Ausland.

Die Differenz zwischen der Position Nettoproduktionsabgaben und der Position Produktions- und Importabgaben minus Subventionen ergibt sich aus dem Saldo der an die übrige Welt geleisteten Produktions- und Importabgaben und den von der übrigen Welt empfangenen Subventionen.

Literaturverzeichnis:

ARISTOTELES, Metaphysik · Schriften zur Ersten Philosophie. Übersetzt und herausgegeben von *Franz F. Schwarz*. Bibliographisch ergänzte Ausgabe, Stuttgart 1984.

BARRO, ROBERT J., Makroökonomie. Aus dem Amerikanischen von *Hans-Jürgen Ahrns*, 3. Aufl., München Wien 1992.

BARRO, ROBERT J., Getting it Right · Markets and Choices in a Free Society, Cambridge (Mass.) · London 1996.

BARRO, ROBERT J. und GRILLI, VITTORIO, Makroökonomie. Europäische Perspektive. Aus dem Amerikanischen von *Hans-Jürgen Ahrns*, München Wien 1996.

BAUMOL, WILLIAM J., Contestable Markets: An Uprising in the Theory of Industry Structure, in: American Economic Review, Vol. 72 (1982), S. 1 – 15.

BEA, FRANZ X., DICHTL, ERWIN und SCHWEITZER, MARCELL, Allgemeine Betriebswirtschaftslehre, 5. Aufl., Stuttgart 1988/1991.

BECKER, GARY S., Der ökonomische Ansatz zur Erklärung menschlichen Verhaltens, ins Deutsche übertragen von *Monika Vanberg* und *Viktor Vanberg*, Tübingen 1982, 2. Aufl., Tübingen 1993.

BECKER, GARY S. und NASHAT BECKER, GUITY, Die Ökonomik des Alltags · Von Baseball über Gleichstellung zur Einwanderung: Was unser Leben wirklich bestimmt, übersetzt von *Gerhard Engel*, Tübingen 1998.

BEHRENS, CHRISTIAN-UWE, Dynamischer Wettbewerb und Wachstum, Frankfurt a. M. u. a. 1988.

BEHRENS, CHRISTIAN-UWE, Beharrungstendenzen eines falschen Wirtschaftsdenkens, in: List Forum für Wirtschafts- und Finanzpolitik, Band 18 (1992), S. 89 - 96.

BEHRENS, CHRISTIAN-UWE, Inflationseffekte nach den Wirtschaftsrefor-
men in Osteuropa, in: List Forum für Wirtschafts- und Finanzpolitik,
Band 19 (1993), S. 165 - 179.

BEHRENS, CHRISTIAN-UWE, Praxisnähe des Wirtschaftsstudiums und
Verbreitung wirtschaftlichen Wissens in der Gesellschaft, in: List Forum für Wirtschafts- und Finanzpolitik, Band 20 (1994), S. 285 - 293.

BEHRENS, CHRISTIAN-UWE, Das Wirtschaftsstudium: Ausbildung einer
Berufung oder Berufsausbildung? In: WiSt - Wirtschaftswissenschaft-
liches Studium, 25. Jahrg. (1996), S. 651 - 653.

BEHRENS, CHRISTIAN-UWE, Marktwirtschaft und christliche Ethik, in:
List Forum für Wirtschafts- und Finanzpolitik, Bd. 23 (1997), S. 363 -
372.

BEHRENS, CHRISTIAN-UWE und PEREN, FRANZ W., Grundzüge der gesamtwirtschaftlichen Produktionstheorie, München 1998 (1998a).

BEHRENS, CHRISTIAN-UWE, Gerechtigkeitsprobleme in der Marktwirtschaft - und einige wirtschaftspolitisch fatale Fehler bei der Beurteilung des Marktsystems -. Diskussionsbeitrag. Als Manuskript vervielfältigt, Wilhelmshaven, Juli 1998 (1998b).

BEHRENS, CHRISTIAN-UWE, Preise, Opportunitätskosten und Tauschvorteile, Diskussionsbeitrag. Als Manuskript vervielfältigt, Wilhelmshaven, Juli 1998 (1998c).

BEHRENS, CHRISTIAN-UWE, Wirtschafts- und unternehmensethische Aspekte der Tourismuswirtschaft, in: Tourismus Jahrbuch, 3. Jahrg.
(1999), S. 149 – 172.

BEHRENS, CHRISTIAN-UWE, Makroökonomie – Wirtschaftspolitik, München · Wien 2000.

BERG, HARTMUT, Wettbewerbspolitik, in: *Bender, Dieter* u. a., Vahlens
Kompendium der Wirtschaftstheorie und Wirtschaftspolitik, Band 2, 6.
Aufl., München 1995, S. 239 – 300, 7. Aufl., München 1999, S. 299 –
362.

BERG, HARTMUT und CASSEL, DIETER, Theorie der Wirtschaftspolitik, in: *Bender, Dieter* u. a., Vahlens Kompendium der Wirtschaftstheorie und Wirtschaftspolitik, Band 2, 6. Aufl., München 1995, S. 163 - 238. In der 7. Aufl. zusammen mit HARTWIG, KARL-HANS, München 1999, S. 171 - 298.

BERTHOLD, NORBERT, (Hrsg.), Allgemeine Wirtschaftstheorie · Neuere Entwicklungen, München 1995.

BERTHOLD, NORBERT, Sozialstaat auf dem Prüfstand, in: *Frankfurter Allgemeine Zeitung*, Samstag, 02. 11. 1996, S. 15.

BLANKART, CHARLES B., Öffentliche Finanzen in der Demokratie, 2. Aufl., München 1994, 3. Aufl., München 1998.

BLEYMÜLLER, JOSEF, GEHLERT, GÜNTER und GÜLICHER, HERBERT, Statistik für Wirtschaftswissenschaftler, 12. Aufl., München 2000.

BLÜMLE, GEROLD, Die Rolle der Einkommens- und Gewinnstreuung für die wirtschaftliche Entwicklung, in: ULRICH WITT (Hrsg.), Studien zur Evolutorischen Ökonomik II, Berlin 1992, S. 145 - 170.

BOETTCHER, ERIK, Kooperation und Demokratie in der Wirtschaft, Tübingen 1974.

BORCHERT, MANFRED, Geld und Kredit. Einführung in die Geldtheorie und Geldpolitik, 4. Aufl., München · Wien 1997, 6. Aufl., München · Wien 1999.

BORRMANN, JÖRG und FINSINGER, JÖRG, Markt und Regulierung, München 1999.

BOULDING, KENNETH E., Ökonomie als Wissenschaft, Mit einer Einführung von *Hans Möller*, München 1976.

BREMER, GEORG, Der Mann, der Robinson war · Auf den Spuren des schottischen Seemanns Alexander Selkirk: Eine Insel und ihre Geschichte, in: DIE ZEIT - Nr. 30 - 18. Juli 1986, S. 54.

BRENNAN, GEOFFREY und BUCHANAN, JAMES M., Die Begründung von Regeln · Konstitutionelle Politische Ökonomie. Übersetzt von *Monika Vanberg*, mit einer Einleitung herausgegeben von *Christian Watrin*, Tübingen 1993.

BRÜMMERHOF, DIETER, Finanzwissenschaft, 2. Aufl., München · Wien 1987, 8. Aufl., München · Wien 2001.

BRÜMMERHOF, DIETER, Volkswirtschaftliche Gesamtrechnung, 3. Aufl., München · Wien 1991, 6 Aufl., München · Wien 2000.

BUCHANAN, JAMES M., Die Grenzen der Freiheit · Zwischen Anarchie und Leviathan, Tübingen 1984.

CASSEL, DIETER, Funktionen der Schattenwirtschaft im Koordinationsmechanismus von Markt- und Planwirtschaften, in: ORDO, Jahrbuch für die Ordnung der Wirtschaft und Gesellschaft, Bd. 37 (1986), S. 73 - 104.

CEZANNE, WOLFGANG, Makroökonomik, 4. Aufl., München · Wien 1988.

COASE, RONALD H., The Nature of the Firm, in: Economica, Vol. 4 (1937), S. 386 - 405.

COASE, RONALD H., Das Problem der sozialen Kosten (1960[e]). Übersetzung und Einleitung von *Christian Kirchner*, in: *Heinz-Dieter Assmann, Christian Kirchner* und *Erich Schanze* (Hrsg.), Ökonomische Analyse des Rechts · mit Beiträgen von Calabrese, Coase, Posner und anderen, Tübingen 1993, S. 129 - 183.

DAHL, ROBERT A. und LINDBLOM, CHARLES E., Politics, Economics, and Welfare, New York 1963 (1963/1953[e]).

DEFOE, DANIEL, Robinson Crusoe. Bearb. d. dt. Übers. aus dem Jahre 1836 von *Dorothea Rahm*,. 6. Aufl., Würzburg 1996.

DICKERTMANN, DIETRICH und GELBHAAR, SIEGFRIED, unter Mitwirkung von PIEL, VIKTOR WILPERT, Finanzwissenschaft – Eine Einführung in die Institutionen, Instrumente und ökonomischen Ziele der öffentlichen Finanzwirtschaft, Herne · Berlin 2000.

DONGES, JUERGEN B., Deutschland in der Weltwirtschaft · Dynamik sichern, Herausforderungen bewältigen, Mannheim 1995.

DREYHAUPT, KLAUS und FRECHEN, STEFAN, Volkswirtschaftslehre · Theorie und Politik. Eine Einführung unter besonderer Berücksichtigung der Bezüge zur öffentlichen Verwaltung, 6. Aufl., Köln 1995.

ERHARD, LUDWIG, Wohlstand für Alle. Bearbeitet von *Wolfram Langer*. Mit einem Vorwort von Bundeskanzler *Helmut Kohl*, Düsseldorf 1997.

ERLEI, MATHIAS, Meritorische Güter, Münster 1992.

ERLEI, MATHIAS, Institutionen, Märkte und Marktphasen - Allgemeine Transaktionskostentheorie unter spezieller Berücksichtigung der Entwicklungsphasen von Märkten, Tübingen 1998.

ERLEI, MATHIAS, LESCHKE, MARTIN und SAUERLAND, DIRK, Neue Institutionenökonomik, Stuttgart 1999.

EUCKEN, WALTER, Grundsätze der Wirtschaftspolitik, Herausgeg. von *Edith Eucken-Erdsiek* und *K. Paul Hensel*, Hamburg 1959.

FEESS, EBERHARD, Umweltökonomie und Umweltpolitik, 2. Aufl., München 1998.

FEHL, ULRICH, Die Theorie dissipativer Strukturen als Ansatzpunkt für die Analyse von Innovationsproblemen in alternativen Wirtschaftsordnungen, in: *A. Schüller, H. Leipold* und *H. Hamel* (Hrsg.), Innovationsprobleme in Ost und West, Stuttgart · New York 1983, S. 65 - 89.

FEHL, ULRICH und OBERENDER, PETER, Grundlagen der Mikroökonomie · Eine Einführung in die Produktions-, Nachfrage- und Markttheorie, 6. Aufl., München 1994, 7. Aufl., München 1999.

FELDERER, BERNHARD und HOMBURG, STEFAN, Makroökonomik und neue Makroökonomik, 6. Aufl., Berlin 1994.

FREY, BRUNO S., Ökonomie ist Sozialwissenschaft, München 1990.

FRIEDMAN, DAVID, Der ökonomische Code – Wie wirtschaftliches Denken unser Handeln bestimmt. Aus dem amerikanischen Englisch von Sebastian Wohlfeil, Frankfurt a. M. 1999.

FRIEDMAN, MILTON, Kapitalismus und Freiheit. Übersetzt von *Paul C. Martin*, Frankfurt/M. u. a. 1984.

FRIEDMAN, MILTON and FRIEDMAN, ROSE, Chancen, die ich meine · »Free to Choose«. Übersetzt von *Isabel Mühlfenzl*, Frankfurt/M. u. a. 1983.

FRISCH, MICHAEL, WEIN, THOMAS und EWERS, HANS-JÜRGEN, Marktversagen und Wirtschaftspolitik · Mikroökonomische Grundlagen staatlichen Handelns, 2. Aufl., München 1996, 3. Aufl., München 1999.

GIERSCH, HERBERT, Allgemeine Wirtschaftspolitik - Grundlagen, Wiesbaden 1960/61, Nachdr. 1991.

GROSSEKETTLER, HEINZ, Ist die neoklassische Theorie wirklich nur l'art pour l'art? - Zur methodologischen Kritik an der Preis- und Außenhandelstheorie, in: Jahrbuch für Sozialwissenschaft, Band 28 (1977), S. 1 - 34.

GROSSEKETTLER, HEINZ, Zur wirtschaftspolitischen Relevanz neoklassischer und verhaltenstheoretischer Ansätze der Volkswirtschaftslehre, in: *Wolfgang Rippe* und *Hans-Peter Haarland* (Hrsg.), Wirtschaftstheorie als Verhaltenstheorie, Berlin 1980, S. 11 - 57.

GROSSEKETTLER, HEINZ, Konzepte zur Beurteilung der Effizienz von Koordinationsmethoden, in: Jahrbuch für Neue Politische Ökonomie, 1. Band (1982), S. 213 - 257.

GROSSEKETTLER, HEINZ, Verwaltungsstrukturpolitik, in: *Hans-Jürgen Ewers* und *Helmut Schuster* (Hrsg.), Probleme der Ordnungs- und Strukturpolitik, *Hellmuth Stefan Seidenfus* zur Vollendung des 60. Lebensjahres gewidmet, Göttingen 1984, S. 16 - 51.

GROSSEKETTLER, HEINZ, Mikroökonomische Grundlagen der Staatswirtschaft, in: *Gustav Dieckheuer* (Hrsg.), Beiträge zur angewandten Mikroökonomik, *Jochen Schumann* zum 65. Geburtstag, Berlin u. a. 1995 (1995b), S. 3 - 28.

GROSSEKETTLER, HEINZ, Die Wirtschaftsordnung als Gestaltungsaufgabe - Entstehungsgeschichte und Entwicklungsperspektiven des Ordoliberalismus nach 50 Jahren Sozialer Marktwirtschaft, Reihe: Ökonomische Theorie der Institutionen, herausgeg. von *H. Dietl, Ch. Erlei, M. Erlei* und *M. Leschke*, Bd. 1, Münster Hamburg 1997.

GROSSEKETTLER, HEINZ, Öffentliche Finanzen, in: *Dieter Bender* u. a., Vahlens Kompendium der Wirtschaftstheorie und Wirtschaftspolitik, Band 1, 6. Aufl., München 1995 (1995a), S. 483 – 628, 7. Aufl., München 1999 (1999), S. 519 - 672.

GUTMANN, GERNOT, Volkswirtschaftslehre · Eine ordnungstheoretische Einführung, 5. Aufl., Stuttgart 1993.

HANUSCH, HORST und KUHN, THOMAS, Einführung in die Volkswirtschaftslehre, 3. Aufl., Berlin u. a. 1994, 4. Aufl., Berlin u. a. 1998.

HARDES, HEINZ-DIETER, KROL, GERD J., RAHMEYER, FRITZ und SCHMID, ALFONS, Volkswirtschaftslehre · Problemorientiert, 19. Aufl., Tübingen 1995.

HARDES, HEINZ-DIETER, MERTES, JÜRGEN und SCHMITZ, FRIEDER, Grundzüge der Volkswirtschaftslehre, 6. Aufl., München · Wien 1997.

HARTWIG, KARL-HANS, Umweltökonomie, in: *Dieter Bender* u. a., Vahlens Kompendium der Wirtschaftstheorie und Wirtschaftspolitik, Band 2, 6. Aufl., München 1995, S. 123 – 162, 7. Aufl., München 1999, S. 127 – 170.

HASLINGER, FRANZ, Volkswirtschaftliche Gesamtrechnung, 7. Aufl., München · Wien 1995.

HAYEK, FRIEDRICH AUGUST VON, Wirtschaftstheorie und Wissen (1937e), in: *F. A. von Hayek*, Individualismus und wirtschaftliche Ordnung, 2. Aufl., Salzburg 1976, S. 49-77.

HAYEK, FRIEDRICH AUGUST VON, Die „Tatsachen" der Sozialwissenschaften (1943e), in: *F. A. von Hayek*, Individualismus und wirtschaftliche Ordnung, 2. Aufl., Salzburg 1976, S. 78-102.

HAYEK, FRIEDRICH AUGUST VON, Die Verwertung des Wissens in der Gesellschaft (1946[e]a), in: *F. A. von Hayek*, Individualismus und wirtschaftliche Ordnung, 2. Aufl., Salzburg 1976, S. 103-121.

HAYEK, FRIEDRICH AUGUST VON, Der Sinn des Wettbewerbs (1946[e]b), in: *F. A. von Hayek*, Individualismus und wirtschaftliche Ordnung, 2. Aufl., Salzburg 1976, S.122 - 140.

HAYEK, FRIEDRICH AUGUST VON, Arten der Ordnung (1963[e]), in: Freiburger Studien, Gesammelte Aufsätze von F. A. von Hayek, Tübingen 1969, S. 32 - 46.

HAYEK, FRIEDRICH AUGUST VON, Die Anschauungen der Mehrheit und die zeitgenössische Demokratie (1965[e]), in: Freiburger Studien, Gesammelte Aufsätze von *F. A. von Hayek*, Tübingen 1969, S. 56 - 74.

HAYEK, FRIEDRICH AUGUST VON, Die Ergebnisse menschlichen Handelns, aber nicht menschlichen Entwurfs (1967[e]a), in: Freiburger Studien, Gesammelte Aufsätze von *F. A. von Hayek*, Tübingen 1969, S. 97 - 107.

HAYEK, FRIEDRICH AUGUST VON, Rechtsordnung und Handelnsordnung (1967[e]b), in: Freiburger Studien, Gesammelte Aufsätze von *F. A. von Hayek*, Tübingen 1969, S. 161 - 198.

HAYEK, FRIEDRICH AUGUST VON, Der Wettbewerb als Entdeckungsverfahren (1968[e]), in: Freiburger Studien, Gesammelte Aufsätze von *F. A. von Hayek*, Tübingen 1969, S. 249 - 265.

HAYEK, FRIEDRICH AUGUST VON, Die Irrtümer des Konstruktivismus und die Grundlagen legitimer Kritik gesellschaftlicher Gebilde, Walter Eucken Institut, Vorträge und Aufsätze 51, Tübingen 1975. Wiederabgedruckt in: F. A. VON HAYEK (1996), S. 16 - 36.

HAYEK, FRIEDRICH AUGUST VON, Die drei Quellen der menschlichen Werte, Walter Eucken Institut, Vorträge und Aufsätze 70, Tübingen 1979. Wiederabgedruckt in: F. A. VON HAYEK (1996), S. 37 - 75.

HAYEK, FRIEDRICH AUGUST VON, Der Weg zur Knechtschaft, 4. unveränderte Aufl., ins Dt. übertr. von *Eva Röpke*, mit einer Einleitung von *Milton Friedman*, Landsberg am Lech 1981.

HAYEK, FRIEDRICH AUGUST VON, Die Verfassung der Freiheit, 2. Aufl., Tübingen 1983 (1983a).

HAYEK, FRIEDRICH AUGUST VON, Die überschätzte Vernunft, in: *R. J. Riedl* und *F. Kreuzer* (Hrsg.), Evolution und Menschenbild, Hamburg 1983, S. 164 - 192. (1983b) Wiederabgedruckt in: F. A. VON HAYEK (1996), S. 76 - 101.

HAYEK, FRIEDRICH AUGUST VON, Die Überheblichkeit der Vernunft, in: Hanns Martin Schleyer-Preis 1984 und 1985: Verleihung des Preises an Professor Dres. Dr. h.c. Friedrich August von Hayek und Professor Dr. Ernst Nolte am 3. Mai 1985 im Neuen Schloß Stuttgart, Veröffentlichungen der Hanns Martin Schleyer-Stiftung, Bd. 19, Köln 1985, S. 47 - 55.

HAYEK, FRIEDRICH AUGUST VON, Die Anmaßung von Wissen · Neue Freiburger Studien, herausgegeben von *Wolfgang Kerber*, Tübingen 1996.

HAYEK, FRIEDRICH AUGUST VON, Die verhängnisvolle Anmaßung: Die Irrtümer des Sozialismus, übersetzt von *Monika Streißler*, Tübingen 1996 (1996a).

HELMSTÄDTER, ERNST, Wirtschaftstheorie I, Mikroökonomische Theorie, 4. Aufl., München 1991.

HELMSTÄDTER, ERNST, Wirtschaftstheorie II, Makroökonomische Theorie, 3. Aufl., München 1986.

HELMSTÄDTER, ERNST, Perspektiven der Sozialen Marktwirtschaft · Ordnung und Dynamik des Wettbewerbs, Münster 1996.

HELMSTÄDTER, ERNST, Über die Gerechtigkeit gerechter Regeln, in: *Martin Held* (Hrsg.), Normative Grundfragen der Ökonomik · Folgen für die Theoriebildung, Frankfurt a. M. · New York 1997, S. 41 - 57.

HENDERSON, JAMES M. and QUANDT, RICHARD E., Mikroökonomische Theorie. Eine mathematische Darstellung, 5. Aufl., München 1983.

HENRICHSMEYER, WILHELM, GANS, OSKAR und EVERS, INGO, Einführung in die Volkswirtschaftslehre, 10. Aufl., Stuttgart 1993.

HERDER-DORNEICH, PHILIPP und GROSER, MANFRED, Ökonomische Theorie des politischen Wettbewerbs, Göttingen 1977.

HERDZINA, KLAUS, Wettbewerbspolitik, 4. Aufl., Stuttgart 1993, 5. Aufl., Stuttgart 1999..

HERDZINA, KLAUS, Einführung in die Mikroökonomik, 6. Aufl., München 1999.

HEUSS, ERNST, Allgemeine Markttheorie, Tübingen · Zürich 1965.

HEUSS, ERNST, Grundelemente der Wirtschaftstheorie. Eine Einführung in das wirtschaftstheoretische Denken, 2. Aufl., Göttingen 1981.

HICKS, JOHN R., Value and Capital · An Inquiry into some fundamental Principles of Economic Theory, Second Edition, Oxford 1946.

HILLEBRAND, KONRAD A., Elementare Mikroökonomik, München · Wien 1992, 2. Aufl. 1998.

HILLEBRAND, KONRAD A., Elementare Makroökonomik, München · Wien 1996, 2. Aufl. 1998.

HIRSCHMAN, ALBERT O., Abwanderung und Widerspruch · Reaktionen auf Leistungsabfall bei Unternehmungen, Organisationen und Staaten, übersetzt von *Leonhard Walentik*, Tübingen 1974.

HOMANN, KARL, Die moralische Qualität der Marktwirtschaft, in: List Forum für Wirtschafts- und Finanzpolitik, Bd. 20 (1994), S. 15 - 27.

HOMANN, KARL und BLOME-DREES, FRANZ, Wirtschafts- und Unternehmensethik, Göttingen 1992.

HOPPMANN, ERICH, Freiheit, Marktwirtschaft und ökonomische Effizienz, in: List Forum für Wirtschafts- und Finanzpolitik, Bd. 18 (1992), S. 97 - 111.

HORN, KAREN I., Moral und Wirtschaft, Tübingen 1996.

HUBER, ROBERT, Systemwechsel im Volkswirtschaftlichen Rechnungswesen, in: Das Wirtschaftsstudium, Heft 4/2000, S. 460 – 464.

HÜBL, LOTHAR, Wirtschaftskreislauf und Gesamtwirtschaftliches Rechnungswesen, in: *Dieter Bender* u. a., Vahlens Kompendium der Wirtschaftstheorie und Wirtschaftspolitik, Band 1, 6. Aufl., München 1995, S. 49 – 85, 7. Aufl., München 1999, S. 53 – 94.

JONES, ERIC LIONEL, Das Wunder Europa · Umwelt, Wirtschaft und Geopolitik in der Geschichte Europas und Asiens, übersetzt von *Monika Streissler*, Tübingen 1991.

KAMPMANN, RICARDA, SIEBE, THOMAS UND WALTER, JOHANN, Markt und Wettbewerb – Eine Einführung in die VWL, Köln 1999.

KANT, IMMANUEL, Grundlegung zur Metaphysik der Sitten (1785^e), Zweyte Auflage, Riga 1786, herausgegeben und eingeführt von *Theodor Valentiner*, Stuttgart (Reclams UB 4507), 4. Aufl. 1961.

KANT, IMMANUEL, Zum ewigen Frieden - Ein philosophischer Entwurf (1795^e), Herausgegeben von *Theodor Valentiner*, Stuttgart (Reclams UB 1501), 3. Aufl. 1954.

KAUFER, ERICH, Industrieökonomik, München 1980.

KELLER, RUDI, Sprachwandel. Von der unsichtbaren Hand in der Sprache, Tübingen 1990, 2. Auflage, Tübingen 1994.

KERBER, WOLFGANG, Wettbewerb als Hypothesentest: Eine evolutorische Konzeption wissenschaffenden Wettbewerbs, in: *Delhaes, Karl von* und *Fehl, Ulrich* (Hrsg.), Dimensionen des Wettbewerbs · Seine Rolle in der Entstehung und Ausgestaltung von Wirtschaftsordnungen, Schriften zu Ordnungsfragen der Wirtschaft, Band 52, herausgeg. von *G. Gutmann* u. a., Stuttgart 1997, S. 29 - 78.

KIRSPEL, MATTHIAS, Die Bedeutung der Finanzwissenschaft für die moderne Managementlehre – am Beispiel der Theorie des Marktversagens, Diskussionsbeitrag. Als Manuskript vervielfältigt, Wilhelmshaven 1999.

KIRZNER, ISRAEL M., Wettbewerb und Unternehmertum. Aus dem Englischen übertragen von *Erich Hoppmann*, Tübingen 1978.

KORTMANN, WALTER, Mikroökonomik – Anwendungsbezogene Grundlagen, 2. Aufl., Berlin u. a. 1999.

KOSLOWSKI, PETER, Ethik des Kapitalismus. Mit einem Kommentar von *James M. Buchanan*, Walter Eucken Institut, Vorträge und Aufsätze 87, 5. Aufl., Tübingen 1995.

KOUTSOYIANNIS, A., Modern Microeconomics, Second Edition, London and Basingstoke 1979.

KRUGMAN, PAUL, Pop Internationalism, Cambridge (Mass.) · London 1996.

LAUNHARDT, WILHELM, Mathematische Begründung der Volkswirtschaftslehre, Leipzig 1885. (Ein Neudruck der Ausgabe Leipzig 1885 mit Vorwort von *Erich Schneider* ist erschienen Aalen 1963.)

LUCKENBACH, HELGA, Grundlagen der Volkswirtschaftslehre, München 1994.

LUCKENBACH, HELGA, Theoretische Grundlagen der Wirtschaftspolitik, 2. Aufl., München 2000.

MACHLUP, FRITZ, Wettbewerb im Verkauf. Modellanalyse des Anbieterverhaltens. Vom Verfasser autorisierte Übersetzung aus dem Englischen von *Hans-Wolfram Gerhard*, Göttingen 1966 (1952e).

MANDEVILLE, BERNARD, Die Bienenfabel oder Private Laster, öffentliche Vorteile. Mit einer Einleitung von *Walter Euchner*, Frankfurt a. M. 1980.

MANKIW, N. GREGORY, Grundzüge der Volkswirtschaftslehre. Aus dem amerikanischen Englisch übertragen von *Adolf Wagner*, Stuttgart 1999.

MISES, LUDWIG VON, Die Wirtschaftsrechnung im sozialistischen Gemeinwesen, in: Archiv für Sozialwissenschaften und Sozialpolitik, Bd. 47 (1920/21), S. 86 - 121.

MISES, LUDWIG VON, Nationalökonomie, Theorie des Handelns und Wirtschaftens, München 1980 (unveränderter Nachdruck der 1. Auflage, Genf 1940).

MISES, LUDWIG VON, Die Bürokratie, aus dem Amerikanischen übersetzt von *Carsten* und *Jörg-Guido Hülsmann*, Sankt Augustin 1997.

MÜLLER-ARMACK, ALFRED, Stichwort „Soziale Marktwirtschaft", in: Handwörterbuch der Sozialwissenschaften, Bd. 9, Stuttgart u. a. 1956, S. 390 - 392.

MÜLLER-MEERKATZ, PETER, Wirtschaftskreislauf und Gesamtrechnung, Neuwied 1974.

MUSGRAVE, RICHARD A., MUSGRAVE, PEGGY B. und KULLMER, LORE, Die öffentlichen Finanzen in Theorie und Praxis, Bd. 1, 6. Aufl., Tübingen 1994.

NELSON, RICHARD R. and WINTER, SIDNEY G., An Evolutionary Theory of Economic Change, Cambridge (Mass.) · London 1982.

NIEHANS, JÜRG, Geschichte der Außenwirtschaftstheorie im Überblick, Tübingen 1995.

NISSEN, HANS-PETER, Makroökonomie I, Einführung in die Volkswirtschaftliche Gesamtrechnung, 2.Aufl., Heidelberg 1992, 3. Aufl. 1995.

NORTH, DOUGLASS C., Theorie des institutionellen Wandels. Übersetzt aus dem Amerikanischen von *Monika Streissler*, Tübingen 1988.

OLSON, MANCUR, Aufstieg und Niedergang von Nationen. Ökonomisches Wachstum, Stagflation und soziale Starrheit. Übersetzt von *Gerd Fleischmann*, 2. Aufl., Tübingen 1991.

OLSON, MANCUR, Die Logik des kollektiven Handelns. Kollektivgüter und die Theorie der Gruppen, 3. Aufl., Tübingen 1992.

OSTROM, ELIONOR, Die Verfassung der Allmende – Jenseits von Staat und Markt, übersetzt von *Ekkehard Schöller*, Tübingen 1999.

OTT, ALFRED E., Grundzüge der Preistheorie, 3. Aufl., Göttingen 1986 (Durchges. Neudruck 1997).

OTT, ALFRED E., Wirtschaftstheorie · Eine erste Einführung, Göttingen 1989.

PETO, RUDOLF.,·Einführung in das Volkswirtschaftliche Rechnungswesen, 2. Aufl.,. München 1985, 5. Aufl., München · Wien 2000.

PIEPER, JOSEF, Was heißt akademisch?, 2. Aufl., München 1964.

PIES, INGO und LESCHKE, MARTIN, (Hrsg.), John Rawls' politischer Liberalismus, Tübingen 1995.

POLANYI, MICHAEL, Implizites Wissen, übersetzt von *Horst Brühmann*, Frankfurt am Main 1985.

POPPER, KARL R., Die offene Gesellschaft und ihre Feinde, Band I: Der Zauber Platons, Band II: Falsche Propheten - Hegel, Marx und die Folgen, beide Bände: 7. Aufl., Tübingen 1992.

RAHMEYER, FRITZ, Technischer Wandel und sektorales Produktivitätswachstum, in: Jahrbücher für Nationalökonomie und Statistik, Bd. 211 (1993), S. 259 - 285.

RAWLS, JOHN, Eine Theorie der Gerechtigkeit, Frankfurt a. M. 1979.

RECKFORT, JÜRGEN, Dynamischer Wettbewerb und Gewinngefälle. Eine empirische Untersuchung zur langfristigen Entwicklung der Gewinnverteilung im deutschen Verarbeitenden Gewerbe, Bergisch Gladbach · Köln 1996.

RICARDO, DAVID, Grundsätze der politischen Ökonomie und der Besteuerung (1817[e]) * Der hohe Preis der Edelmetalle, ein Beweis für die Entwertung der Banknoten (1809[e]). Nach der Übersetzung von *Heinrich Waentig* bearbeitet von *Fritz Neumark*. Herausgegeben und mit einer Einführung versehen von *Fritz Neumark*, Frankfurt a. M. 1972.

RICHTER, RUDOLF, Institutionen ökonomisch analysiert, Tübingen 1994.

RICHTER, RUDOLF und FURUBOTN, EIRIK, Neue Institutionenökonomik · Eine Einführung und kritische Würdigung, übersetzt von *Monika Streissler*, Tübingen 1996, 2. Aufl., Tübingen 1999.

RIEDL, RUPERT, Biologie der Erkenntnis · Die stammesgeschichtlichen Grundlagen der Vernunft, München 1988.

RÖPKE, JOCHEN, Die Strategie der Innovation - Eine systemtheoretische Untersuchung der Interaktion von Individuum, Organisation und Markt im Neuerungsprozeß -, Tübingen 1977.

ROSE, KLAUS und SAUERNHEIMER, KARLHANS, Theorie der Außenwirtschaft, 12. Aufl., München 1995, 13. Aufl., München 1999.

RUSSEL, BERTRAND, Philosophie des Abendlandes · Ihr Zusammenwirken mit der politischen und der sozialen Entwicklung, 6. Aufl., Wien · Zürich 1992.

SAMUELSON, PAUL A. und NORDHAUS, WILLIAM D., unter Mitarbeit von MANDEL, MICHAEL J., Volkswirtschaftslehre. Übersetzung der 15. Auflage. Aus dem Amerikanischen von *Regina* und *Helmut Berger*. Mit einem Vorwort von *Carl Christian von Weizsäcker*, Wien 1998.

SCHNEIDER, ERICH, Einführung in die Wirtschaftstheorie, Band II, 13. Aufl., Tübingen 1972.

SCHÜLLER, ALFRED, Property Rights, Theorie der Firma und wettbewerbliches Marktsystem, in: *Schüller, Alfred* (Hrsg.), Property Rights und ökonomische Theorie, München 1983, S. 145 – 183.

SCHUMANN, JOCHEN, Input-Output-Analyse, Berlin · Heidelberg · New York 1968.

SCHUMANN, JOCHEN, Grundzüge der mikroökonomischen Theorie, 6. Aufl., Berlin u. a. 1992.

SCHUMANN, JOCHEN, MEYER, ULRICH und STRÖBELE, WOLFGANG, Grundzüge der mikroökonomischen Theorie, 7. Aufl., Berlin u. a. 1999.

SCHUMPETER, JOSEPH A., Theorie der wirtschaftlichen Entwicklung, 5. Aufl., Berlin 1952, 9. Aufl. 1998 (1912^e).

SCHUMPETER, JOSEPH A., Kapitalismus, Sozialismus und Demokratie, 7. Aufl., Mit einer Einführung von *Eberhard K. Seifert*, Tübingen und Basel 1993 (1950^e).

SCHUMPETER, JOSEPH A., Das Wesen und der Hauptinhalt der theoretischen Nationalökonomie, 3. Aufl., Berlin 1998 (1908[e]).

SCHWARZE, JOCHEN, Mathematik für Wirtschaftswissenschaftler. Elementare Grundlagen für Studienanfänger mit zahlreichen Kontrolltests, Übungsaufgaben und Lösungen, 5. Aufl., Herne 1993.

SCHWARZE, JOCHEN, Mathematik für Wirtschaftswissenschaftler. Band II: Differential- und Integralrechnung, 10. Aufl., Herne 1996.

SIEBERT, HORST, Aussenwirtschaft, 6. Aufl., Stuttgart 1994.

SIEBERT, HORST, Disziplinierung der nationalen Wirtschaftspolitik durch die internationale Kapitalmobilität, in: *Dieter Duwendag* (Hrsg.), Finanzmärkte im Spannungsfeld von Globalisierung, Regulierung und Geldpolitik, Jahrestagung des Vereins für Socialpolitik - Gesellschaft für Wirtschafts- und Sozialwissenschaft - in Bern 1997, Schriften des Vereins für Socialpolitik, N. F., Band 261, Berlin 1998, S. 41 - 67,

SIEBKE, JÜRGEN, Preistheorie, in: *Bender, Dieter* u. a., Vahlens Kompendium der Wirtschaftstheorie und Wirtschaftspolitik, Band 2, 6. Aufl., München 1995, S. 61 – 121, 7. Aufl., München 1999, S. 63 – 125.

SIMON, HERBERT A., Homo rationalis · Die Vernunft im menschlichen Leben. Aus dem Englischen von *Thomas Steiner*, Frankfurt a. M. · New York 1993.

SMEKAL, CHRISTIAN, Finanzen intermediärer Gewalten (Parafisci), Artikel im Handwörterbuch der Wirtschaftswissenschaft (HdWW), Bd. 3, Stuttgart u. a. 1981, S. 1 -17.

SMITH, ADAM, Der Wohlstand der Nationen · Eine Untersuchung seiner Natur und seiner Ursachen. (1776[e]) Aus dem Englischen übertragen und mit einer umfassenden Würdigung des Gesamtwerkes von *Horst Claus Recktenwald*. Vollständige Ausgabe nach der 5. Auflage (letzter Hand), London 1789, München 1978.

STAHMER, CHRISTIAN, Umwelt-Satellitensystem zu den Volkswirtschaftlichen Gesamtrechnungen , in: Statistisches Archiv Bd. 72 (1988), S. 58-71.

STATISTISCHES BUNDESAMT, Revision der Volkswirtschaftlichen Gesamtrechnung 1999 – Anlaß, Konzeptänderung und neue Begriffe, in: Wirtschaft und Statistik, Heft 4/1999, S. 257 – 281.

STATISTISCHES BUNDESAMT, Revision der Volkswirtschaftlichen Gesamtrechnung 1991 – 1998, in: Wirtschaft und Statistik, Heft 6/1999, S. 449 – 478.

STATISTISCHES BUNDESAMT, Basisdaten der Volkswirtschaftlichen Gesamtrechnung, unter: //www.statistik-bund.de./basis/d/vgr./

STIGLITZ, JOSEPH E., Volkswirtschaftslehre. Aus dem Englischen übersetzt von *Michaela I. Kleber* und *Angela Lechner*, 2. Aufl., München · Wien 1999.

SOLF, GÜNTER, Theatersubventionierung: Möglichkeiten einer Legitimation aus wirtschaftstheoretischer Sicht, Bergisch Gladbach u. a. 1993.

STOBBE, ALFRED, Volkswirtschaftliches Rechnungswesen, 8. Aufl., Berlin u. a. 1994.

STREISSLER, ERICH und STREISSLER, MONIKA, Friedrich August von Hayek, Sankt Augustin 1993.

STREIT, MANFRED, Theorie der Wirtschaftspolitik, 4. Aufl., Düsseldorf 1991.

STREIT, MANFRED, Wissen, Wettbewerb und Wirtschaftsordnung - Zum Gedenken an Friedrich August von Hayek, in: ORDO Jahrbuch für die Ordnung von Wirtschaft und Gesellschaft, Bd. 43 (1992), S. 1 - 29.

STÜTZEL, WOLFGANG, Volkwirtschaftliche Saldenmechanik, 2. Aufl., Tübingen 1978.

SUNTUM, ULRICH VAN, Die unsichtbare Hand – Ökonomisches Denken gestern und heute, Berlin u. a. 1999.

SWEDBERG, RICHARD, Joseph A. Schumpeter · Eine Biographie. Aus dem Englischen übersetzt von *Johannes G. Pankau*, Stuttgart 1994.

THEISEN, MANUEL RENÉ, Wissenschaftliches Arbeiten. Technik - Methodik - Form, 8. Aufl., München 1997, 9. Aufl., München 1998.

THIEME, H. JÖRG, Soziale Marktwirtschaft, Ordnungskonzeption und wirtschaftspolitische Gestaltung, Beck-Wirtschaftsberater im dtv, 2. Aufl., München 1994.

THIEME, H. JÖRG, Wirtschaftssysteme, in: *Dieter Bender* u. a., Vahlens Kompendium der Wirtschaftstheorie und Wirtschaftspolitik, Band 1, 6. Aufl., München 1995, S. 1 – 48, 7. Aufl., München 1999, S. 1 – 52.

TIETZEL, MANFRED, WEBER, MARION und BODE, OTTO F., Die Logik der sanften Revolution. Eine ökonomische Analyse, Walter Eucken Institut, Vorträge und Aufsätze 133, Tübingen 1991.

TUCHTFELDT, EGON, Wirtschaftssysteme, Artikel im Handwörterbuch der Wirtschaftswissenschaft (HdWW), Stuttgart u. a. 1982, S. 326 - 353.

VANBERG, VIKTOR, Markt und Organisation. Individualistische Sozialtheorie und das Problem korporativen Handelns, Tübingen 1982.

VAUBEL, ROLAND und BARBIER, HANS D. (Hrsg.), Handbuch Marktwirtschaft, 2. Aufl., Stuttgart 1993.

WAGNER, ADOLF, Makroökonomik · Volkswirtschaftliche Strukturen II, Stuttgart · New York 1990, 2. Aufl. 1998.

WAGNER, ADOLF, Volkswirtschaft für jedermann · Die marktwirtschaftliche Demokratie, Beck-Wirtschaftsberater im dtv, 2. Aufl., München 1994.

WANDRUSZKA, ADAM, Die europäische Staatenwelt im 18. Jahrhundert, in: *Golo Mann* und *August Nitschke* (Hrsg.), Propyläen Weltgeschichte · Eine Universalgeschichte, Siebenter Band, Von der Reformation zur Revolution, Frankfurt am Main · Berlin 1991, S. 385-465.

WEIMANN JOACHIM, Wirtschaftspolitik. Allokation und kollektive Entscheidung, Berlin u. a. 1996.

WEISE, PETER, BRANDES, WOLFGANG, EGER, THOMAS und KRAFT, MANFRED, Neue Mikroökonomie, 2. Aufl., Heidelberg 1991.

WELFENS, PAUL J., Grundlagen der Wirtschaftspolitik, Berlin u. a. 1995.

WHITEHEAD, ALFRED N., Die Funktion der Vernunft, aus dem Englischen übersetzt und herausgegeben von *Eberhard Bubser*, Stuttgart 1974.

WILLIAMSON, OLIVER E., Die ökonomischen Institutionen des Kapitalismus, aus dem Amerikanischen von *Monika Streissler*, Tübingen 1990.

WILLIAMSON, OLIVER E., Transaktionskostenökonomik, aus dem Amerikanischen übersetzt von *Christina Erlei*, 2. Aufl., Reihe: Ökonomische Theorie der Institutionen, herausgeg. von *H. Dietl* und *M. Erlei*, Bd. 3, Hamburg 1996.

WINKEL, HARALD, Wirtschaftswissenschaft I: Geschichte, Artikel im Handwörterbuch der Wirtschaftswissenschaft (HdWW), Band 9, Stuttgart u. a. 1982, S. 413 - 425.

WISSENSCHAFTLICHER BEIRAT beim Bundesministerium der Finanzen, Gutachten: Perspektiven staatlicher Ausgabenpolitik, Schriftenreihe des Bundesministeriums der Finanzen, Heft 51, Bonn (Stollfuß Verlag), Januar 1994.

WISSENSCHAFTLICHER BEIRAT beim Bundesministerium der Finanzen, Gutachten: Umweltsteuern aus finanzwissenschaftlicher Sicht, Schriftenreihe des Bundesministeriums der Finanzen, Heft 63, Bonn (Stollfuß Verlag), Mai 1997.

WÖHE, GÜNTER, Einführung in die Allgemeine Betriebswirtschaftslehre, 19. Aufl., München 1996, 20. Aufl., München 2000.

WOLL, ARTUR, Allgemeine Volkswirtschaftslehre, 11. Aufl., München 1993, 12 Aufl., München 1996, 13. Aufl., München 2000.

WOLL, ARTUR, Wirtschaftspolitik, 2. Aufl., München 1992.

ZIMMERMANN, HORST, Wohlfahrtsstaat zwischen Wachstum und Verteilung. Zu einem grundlegenden Konflikt in Hocheinkommensländern, München 1996.

Stichwortverzeichnis: